Diseño de juegos en América latina V

Diseño de juegos
en América latina

Edición al cuidado de
Jerónimo & Zoe Nallar.

DURGAN A. NALLAR
CECILIA BARAT

Diseño de juegos en América latina

TEORÍA Y PRÁCTICA

V

GAME LEVEL DESIGN

Diseño de juegos en América latina V

Nallar, Durgan A.
Diseño de juegos en América latina V : Game Level Design : teoría y práctica / Durgan A. Nallar ; Cecilia Barat ; Ilustrado por Zoe Nallar. - 1a ed. - Ciudad Autó-noma de Buenos Aires, Argentina, 2025.
504 p. + Kit de diseño online : il. ; 9 x 6" - (Diseño de juegos en América latina / Durgan A. Nallar)

Independently published.

Primera edición: marzo de 2025

Textos: Durgan A. Nallar, Cecilia Barat
Ilustraciones: Zoe Nallar
Corrección: Jerónimo Nallar
Diseño de portada: Rafael A. Zabala

BUENOS AIRES
REPÚBLICA ARGENTINA

game designla
Escuela de Game Design América latina

www.gamedesignla.com

A nuestros lectores de estos últimos diez años,
a nuestras familias
y a los amigos de la vida.

Muchas gracias.

Versión 1.0

¿Para quién es este libro?

PUEDE SER DE INTERÉS PARA CUALQUIERA que provenga de una disciplina creativa o de diseño y desee explorar lo que implica crear entornos interactivos, niveles en videojuegos y experiencias de realidad virtual, entre otras posibilidades.

Este libro final de *Diseño de juegos en América latina* busca introducir y luego profundizar en la disciplina del diseño de niveles. Junto al poderoso guerrero Chimalpopoca el Bruto damos una serie de consejos prácticos sobre cómo crear niveles para un videojuego y otras experiencias similares. Analizamos cómo los profesionales de la industria, desde desarrolladores independientes hasta los grandes estudios, dominan y realizan su oficio.

El diseño de niveles puede ser una más que interesante vía de entrada a la industria. En especial si nos atrae la arquitectura, el arte y la tecnología.

— —

Importante: *No es el propósito de este libro abarcar las cuestiones técnicas de los diversos motores gráficos disponibles en el mercado, como es el caso de Unreal, Unity, Godot y otros, 2D y 3D, sino proporcionar conceptos teóricos que ayuden a entender y crear mejores espacios virtuales en cualquier formato o tecnología.*

La civilización surge con el juego y como juego para no volver a separarse nunca más de él.

Johan Huizinga

Instrucciones de lectura

LEVEL I | *Los fundamentos*: Si ya conocés los conceptos que hemos propuesto en los tomos anteriores de esta serie, no hará falta que te detengas en este capítulo. Sin embargo, te servirá de síntesis en caso de que no cuentes con los libros o necesites repasar. *p. 25*

LEVEL I | *La planificación*: Aunque tengas experiencia desarrollando juegos en cualquiera de sus especialidades, recomendamos detenerte en este capítulo debido a que el resultado depende del plan de trabajo. Es mejor leerlo antes que lo demás. *p. 68*

LEVEL II | Trata sobre el personaje jugable (PJ), el no jugable (PNJ) y los enemigos y criaturas que pueblan los espacios de juego. Si solamente te interesa la construcción espacial (arquitectura), y es otra persona la que diseña el *gameplay*, se puede evitar. *p. 129*

LEVEL III | Recomendaciones sobre el diseño de la interfaz, la cámara, el control y otros aspectos técnicos como UX/UI, incluyendo realidad virtual y aumentada. *p. 209*

LEVEL IV | Un Level Designer necesita conocer la evolución de las estructuras arquitectónicas a lo largo de la historia. Imprescindible leerlo al menos una vez, y tenerlo como referencia para que tus niveles sean creíbles y emocionantes. *p. 263*

LEVEL V | Conceptos arquitectónicos y de diseño funcional de espacios virtuales, pero que son útiles para otros medios donde las personas deban habitar o moverse. *p. 373*

BONUS STAGE | Conceptos básicos para el pulido estético de los niveles. *p. 451*

LA ÉPICA GESTA DE CHIMALPOPOCA EL BRUTO

ÍNDICE

LEVEL II - MOVIMIENTO, PROGRESIÓN Y COMBATE
EL GRAN VIAJE DE CHIMALPOPOCA EL BRUTO

IV. El Personaje Jugable, *131*

LEVEL IV - ESTRUCTURAS ARQUITECTÓNICAS
LAS FORMAS DE CHIMALPOPOCA EL BRUTO

XI. Neuroarquitectura, *362*

LEVEL V - MAPAS Y ESCENARIOS

EL PAÍS DE CHIMALPOPOCA EL BRUTO

XII. Mapas y escenarios, *375*

XIII. Progresión y dificultad, *421*

Prólogo

Y EL FINAL DE UN LARGO VIAJE

DISEÑAR NIVELES DE VIDEOJUEGOS ES COMO ENSEÑAR A GOMABOLA A BAILAR TANGO. No es que a nuestro lanudo amiguito le falte ritmo; es que la pista de baile está llena de obstáculos, enemigos y trampas mortales que se activan al pisar el azulejo equivocado.

Este libro es una suerte de manual para paladines, bárbaras, magos y en general hippies que buscan la técnica correcta para no perder los calzones en la batalla. A lo largo de sus capítulos, encontraremos los conceptos necesarios para hacer buenos niveles (¡eso esperamos!). Hablaremos de todo, desde escenarios, arquitectura, estilos, personajes, movimientos, cámaras y combate hasta cómo hacer que un jugador llore de alegría en lugar de reventar su control contra la pared.

¿Por qué trabajamos esta última vez en un libro sobre *level design*? Descubrimos que se trata de un arte oscuro, o por lo menos sombrío. Un arte arcano, algo así. Y nos sentimos irresistiblemente atraídos, porque en el mundo real a veces vamos de paseo a pata, admirando las variopintas arquitecturas porteñas. Buenos Aires es una colección de estilos que son un placer de observar. Y como resulta lógico, hacer la conexión con los videojuegos es automático.

En los libros anteriores de esta serie aprendimos a diseñar armando prototipos, haciendo pruebas e incorporando los cinco elementos sagrados de la estructura lúdica, que hacen que nuestros queridos fieles den la vida por los juegos que inventamos (!), y aprendimos a gamificar (*Estructura lúdica*, 2015). Luego, propusimos un método para crear proyectos transmedia viables (*Diseño y narrativa transmedia*, 2016). Dimos un paseo por la historia del juego, contándola con hiperficciones desde el origen de la Humanidad hasta un lejano futuro (*Memoria del juego*, 2017) y, por último, establecimos un método práctico para escribir historias multitrama para videojuegos (*Diseño y narrativa interactiva*, 2021). ¡En 2023 tuvimos el honor de que fueran declarados de interés para la comunicación social y la cultura de la Ciudad Autónoma de Buenos Aires!

Tres años más tarde, a fuerza de pura demencia, nos enfrentamos a un nuevo monstruo de muchas cabezas y pocas pulgas: el diseño de niveles, el oficio de crear la experiencia de juego a través de un recorrido estratégico. ¡Game Design en movimiento! Con esto estamos cerrando un ciclo de investigación y trabajo que comenzó (por accidente) más de 40 años atrás. Por esa épica razón nos embarcamos en una epopeya que haría estallar de envidia al mismísimo Ulises, el verdulero de la esquina. Decididos, fuimos al desván y abrimos el viejo cofre repleto de pergaminos polvorientos. Fuimos en busca de los planos y mañas que, en las legendarias épocas del editor de *Wolfenstein 3D*, *Doom*, *Warcraft* y la primera versión de *Unreal*, nos hizo soñar con laberintos imposibles. No es que los autores nos consideremos level designers, no, tan solo hemos recopilado y combinado el saber de diversos autores con conceptos de estructura, neuroarquitectura, y la experiencia de haber pasado meses haciendo niveles allá lejos en el tiempo, más casi 25 años viciando y analizando videojuegos en el papel de game journalists. Todo un estofado. El objetivo es que, tras estudiar este libro, se tengan mejores herramientas conceptuales para el oficio. Algo que, por supuesto, se logrará efectivamente con la práctica.

Y aquí estamos ahora, listos para iniciar un largo viaje final junto a nuestro héroe legendario, el panzón Chimalpopoca y su guanaco de combate, el pegajoso Gomabola. Lo primero es conseguir los elementos que necesitaremos para adentrarnos en el Templo de los Mil Despropósitos. Seguro que debemos guardar por ahí un buen trozo de cuerda, una espada, un escudo (o tapa de olla), una toalla y el coso que cura.

Ceci & Dan

Ciudad de Buenos Aires,
marzo de 2025

UN VIDEOJUEGO es un sistema informático en el que intervienen múltiples tecnologías y disciplinas artísticas para crear un *espacio de ficción* con desafíos y objetivos, donde una o más personas se divierten e interactúan para expresarse, socializar y aprender.

I. Estructura lúdica (2015)

EL DISEÑO DE NIVELES es el proceso de planificar, diseñar, construir y probar los espacios jugables de un videojuego.

V. Game Level Design (2025)

Con la actuación estelar de
Chimalpopoca el Bruto

Guerrero lvl 4
Pangea, Mar Occidental,
Verano, XXV.

LEVEL I

FUNDAMENTOS DEL LEVEL DESIGN

CHIMALPOPOCA EL BRUTO SALE DE AVENTURAS

Un diseñador de niveles tiene una posición de mucha responsabilidad, porque es en los mapas donde ocurre el juego.

John Romero

I

Fundamentos

Definiciones. El juego. El videojuego. Pinball Construction Set y el origen del level design. La era del contenido colaborativo. Jugabilidad (gameplay). Videojuegos AAA vs. videojuegos indie. La arquitectura y los videojuegos. Ambientación o World Setting. Relación con el diseño de un juego. Relación con la narrativa de un juego. Relación con la narrativa transmedia.

UN JUEGO ES COMO LA VIDA, PERO CON MENOS PAPELEO Y MÁS DRAGONES. Es ese momento en el que decidimos que, en lugar de preocuparnos por las deudas y las tareas pendientes, preferimos salvar el mundo, ganar puntos o simplemente lanzar un par de dados para ver qué pasa. En el juego a veces se gana y en otras se pierde, pero, a diferencia de la vida real, siempre hay una oportunidad de jugar otra partida.

Algo que hemos advertido en esta serie de libros sobre diseño, es que el juego —la actividad juego— tiene siempre los mismos elementos constitutivos, aunque difiera el formato en el que se experimenta. Un juego es un juego, sea de mesa, de video, de naipes, de rol, de realidad virtual, aumentada, o en cualquier combinación; también puede presentarse como una revista con crucigramas y enigmas, una sala de escape, un recorrido gamificado, un parque temático o dentro de un metaverso, entre otras posibilidades. El juguete es un juego sin reglas predefinidas o, si se prefiere, con reglas espontáneas y dinámicas. El deporte es un juego en cuanto a que está reglado. Estos elementos constitutivos de la actividad de jugar son los que hemos llamado estructura lúdica.

El dispositivo que se utiliza para representar el juego y su interfaz inciden en las posibilidades de su jugabilidad o *gameplay*. Un juego de mesa tiene en cuenta la proximidad física entre los jugadores[1], incluso

[1] En este libro nos referimos a «los jugadores» en el sentido de seres humanos. En ningún caso estaremos estableciendo relación con un género en particular.

la gestualidad; una consola portátil o un smartphone permiten el control mediante el tacto, el sonido y el movimiento; un librojuego depende de las decisiones y saltos entre párrafos. En una computadora, mouse y teclado definen una manera distinta de desplazarse a través del espacio.

En este primer capítulo, estableceremos los fundamentos del diseño de juegos y de la narrativa en sus distintas formas, y de qué manera estos se relacionan con el diseño de niveles. Estos conceptos fueron desarrollados en nuestros libros anteriores, por lo que si los has estudiado no encontrarás sorpresas y podrás saltar directamente al *Cap. II*, «Planificación». Sin embargo, cuando hayas terminado el libro, es buena idea volver aquí. ¡Gran parte del oficio del diseñador de niveles depende de comprender esas relaciones! Además, sirven como tema a la hora del café.

El juego

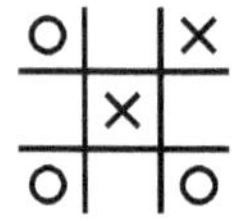

Veamos antes que nada qué es el juego, lo que nos servirá para entender el *espíritu* del diseño de niveles. Varios investigadores a lo largo de la historia han definido el juego en términos generales. Mencionaremos unos pocos viejos conocidos en el ámbito académico. Para Johan Huizinga (Países Bajos, 1872-1945), se trata de una actividad libre, separada de la vida cotidiana, que se realiza dentro de ciertos límites de tiempo y espacio.[2]

El sociólogo Roger Caillois (Francia, 1913-1978) clasificó los juegos en cuatro categorías: competencia, azar, simulacro y vértigo.

- **Competencia**: juegos que se basan en la competición y en los que el objetivo es ganar.
- **Azar**: juegos que dependen de la suerte o el destino y no de las habilidades del jugador.
- **Simulacro**: juegos que implican la imitación o la representación, como el teatro, el disfraz y el cosplay.
- **Vértigo**: juegos que buscan provocar sensaciones de vértigo o desorientación, como las montañas rusas y los deportes extremos (paracaidismo, esquí, etc.), y los juegos de girar como las sillas giratorias y las calesitas (y las borracheras).

[2] Huizinga, J. (1938). *Homo Ludens*. Routledge & Kegan Paul.

Caillois argumenta, con razón, que estos tipos de juegos no son mutuamente excluyentes y pueden combinarse. Su teoría busca explorar las diferentes maneras en que los juegos y el jugar se manifiestan en las culturas y sociedades, proporcionando un marco para entender la diversidad y la universalidad del juego en la experiencia humana.[3]

El psicólogo Jean Piaget (Suiza, 1896-1980) piensa que el juego es una forma en que los niños aprenden sobre el mundo. A través del juego, la gente chiquita puede explorar, inventar y familiarizarse con su entorno, mientras también aprende sobre normas sociales y reglas.[4]

El videojuego

Considerando estas definiciones, podemos decir que un videojuego es una plataforma digital que combina diversas herramientas tecnológicas y manifestaciones artísticas para construir un universo imaginario lleno de retos y metas. En este espacio, individuos o grupos encuentran desafíos, entretenimiento, interactúan entre sí, expresan su creatividad, establecen conexiones sociales y adquieren nuevos conocimientos. Todo ello lo hemos expresado en nuestra definición formal de videojuego, que pueden ver como puerta de ingreso a este capítulo.

La diseñadora e investigadora Jane McGonigal (EE.UU., 1947) cree que los videojuegos pueden usarse para resolver problemas del mundo real.[5] El diseñador de videojuegos, crítico y profesor Ian Bogost (EE.UU., 1975) los ve como una manera de persuadir y comunicar ideas, permitiendo explorar sistemas complejos y conceptos de una forma única y participativa.[6] La socióloga y psicóloga Sherry Turkle (EE.UU., 1948) explora cómo estos afectan nuestra identidad y cómo nos relacionamos con la tecnología. Ella ha examinado cómo las personas forman

---

[3] Caillois, R. (1958). *Les jeux et les hommes*. París, Francia: Gallimard.

[4] Piaget, J. (1961). *La formación del símbolo en el niño: Imitación, juego y sueño, imagen y representación*. México: Fondo de Cultura Económica.

[5] McGonigal, J. (2011). *Reality is Broken: Why Games Make Us Better and How They Can Change the World*. New York, NY: Penguin Books.

[6] Bogost, I. (2007). *Persuasive Games: The Expressive Power of Videogames*. Cambridge, MA: MIT Press.

relaciones con las máquinas y cómo estas relaciones afectan nuestras interacciones humanas.[7]

Toda esta gente no se equivoca: con el juego aprendemos, entrenamos habilidades, socializamos, nos expresamos. Para nosotros, es una poderosa forma de comunicación y, como tal, puede emitir un mensaje hacia un receptor para que lo interprete. Puede formar opinión.

Lo que hemos planteado en *Estructura lúdica* (2015), nuestro primer libro, es que el juego es un mecanismo motivacional. Por traslación, los niveles que conforman un videojuego también lo son. Si lo vemos de esa manera, es posible diseñar estos espacios virtuales con fundamentos técnicos y una metodología concreta.

Pinball Construction Set y el origen del Level Design

En un rincón polvoriento de la historia de los videojuegos, un ingeniero de software recibido en la Universidad de California llamado Bill Budge (EE.UU., 1954) decidió que el mundo necesitaba más pinball. Pero no cualquier pinball, uno que pudiéramos moldear con nuestras propias manos pixeladas.

Corría el lejano año de 1982 cuando Bill presentó su *Pinball Construction Set* (PCS), escrito para Apple II. No era un simple videojuego de pinball, sino un lienzo en blanco, una paleta de creación que transformaba a cualquier jugador con una computadora —y algo de imaginación— en un diseñador de pinball. En el modo de edición, PCS te dejaba construir una mesa con bordes personalizados, y colocar bumpers, spinners y flippers en cualquier parte. ¡Hasta podías alterar la física de los objetos! Fue algo impresionante para la época. Todo era negro, celeste y rosado, porque se hacía con gráficos CGA, y con geometría simple, pero ahí estaba la magia que te permitía no solamente jugar, sino meter mano, crear tus propias mesas. Y tenía todavía más amor: era posible meter lo que habías hecho en un *diskette*[8] y compartirlo con otros quemados del barrio. En la práctica, inauguró lo de crear y compartir contenidos.

---

[7] Turkle, S. (1995). *Life on the Screen: Identity in the Age of the Internet.* New York, NY: Simon & Schuster.

[8] Un **diskette**, también conocido como «floppy disk», es un medio de almacenamiento de datos que fue ampliamente utilizado desde la década de 1970 hasta la década de 2000. Hoy su imagen todavía se utiliza en el software como ícono de grabar. :D

Bill venía de hacer otro videojuego de pinball llamado *Raster Blaster* (1981), circunstancia en que se le ocurrió la idea: ¿por qué no desarrollar un juego que fuera al mismo tiempo un editor? Lo curioso es que este genio realmente odiaba los pinballs —según dicen, debía jugarlos incansablemente para imitar su funcionamiento en el juego, cosa que le hacía rechinar los dientes—, hasta que un año más tarde, en 1983, metió contrato con Electronic Arts y PCS terminó portado en Atari y Commodore 64. Para 1984 se habían vendido casi trescientas mil copias, un éxito impresionante en aquellos tiempos. Podemos suponer que para ese momento Bill ya no odiaba tanto a los pinballs.

El ingeniero Budge no solo creó un juego: dio nacimiento a un universo paralelo donde cada jugador se convirtió en un arquitecto de sus propias fantasías. Y aunque las herramientas eran primitivas, la imaginación de los jugadores no conocía límites. Las mesas de pinball volaban de un disquete a otro, cada una con su propia personalidad, desde creaciones que seguían las reglas no escritas del diseño de pinball hasta aquellas que se reían en la cara de cualquier norma.

Sin saberlo, se había encendido una antorcha que iluminaría el camino para los futuros level designers. Los jugadores no solo eran consumidores, eran creadores, diseñadores y, en algunos casos, trolls (había mesas de pinball que parecían diseñadas por un maníaco).

La belleza de *Pinball Construction Set* radicaba en su simplicidad y accesibilidad. No necesitabas un título en ingeniería para construir una mesa. Tampoco tenías que ser un programador para entender cómo funcionaba. Solo necesitabas una idea, el deseo de crear y, por supuesto, una buena dosis de paciencia para lidiar con las limitaciones tecnológicas de la época. Y así, en las profundidades de los años 80, una revolución silenciosa tuvo lugar en los dormitorios y salas de estar de los jugadores de todo el mundo. Las mesas de pinball, en todas sus formas y tamaños, comenzaron a proliferar, cada una un reflejo de la mente de su creador, cada una un pequeño acto de rebelión contra la idea de que los videojuegos eran solo para jugar.

Bill Budge nos dio las llaves de un reino donde las reglas eran nuestras para hacerlas y romperlas. La única limitación era cuánto estábamos dispuestos a soñar. ¿No es espectacular? Fue el nacimiento de una de las disciplinas más importantes del desarrollo de videojuegos.

Bumpers, spinners y flippers

ESTA ES INFORMACIÓN ESPECIAL para aquellas personas que, por cuestiones de corta edad, o por cabeza dura, desconocen el increíble mundo de los pinballs. ¡Vergüenza!

¿Qué son los *bumpers*? Son componentes redondeados y elásticos en las mesas de pinball que rebotan la bola cuando esta los golpea, aumentando el puntaje del jugador. Por lo general, están estratégicamente ubicados en la mesa para crear secuencias de rebote y hacer el juego más desafiante y entretenido. Los *spinners* son obstáculos giratorios colocados en distintas áreas del tablero de pinball. Al ser golpeados por la bola, giran sobre su eje y, dependiendo del juego, pueden activar eventos especiales, incrementar el puntaje o abrir caminos secretos. Su movimiento genera una interacción dinámica y añade un elemento de habilidad adicional al juego. Los *flippers* son palancas o paletas controladas por el jugador, ubicadas en la parte inferior del campo inclinado de juego. Su función principal es golpear la bola para mantenerla en juego y dirigirla hacia diferentes objetivos en la mesa. Los flippers son esenciales para el control del juego, permitiendo al jugador desarrollar estrategias y apuntar a objetivos específicos para maximizar su puntaje. En casi todos los países de América latina solemos llamar «flippers» a los pinballs, con la excepción de México, donde los llaman pinballs como debe ser, pero en tono informal les dicen «maquinitas», y en Perú, donde también son conocidos como «tragabolas».

Sin duda que trabajar en el diseño de una mesa de pinball ha de ser una experiencia alucinante. ¡Algún día!

La era del contenido colaborativo

Los primeros pasos de la edición de niveles de videojuegos surgieron en títulos como *Pitman* (Sharp MZ-700, 1983) y *Lode Runner* (Apple II, Commodore 64, entre otras, 1983). *Pitman* era un juego de puzzles donde los jugadores debían mover bloques y resolver acertijos. Aunque no incluía un editor, su estructura sencilla inspiró a los jugadores a modificar los niveles mediante la manipulación directa de datos en la memoria, anticipando la relación interactiva entre usuarios y diseño. Por su parte, *Lode Runner* fue un juego de plataformas y puzzles en el que los jugadores recolectaban oro mientras evitaban enemigos en laberintos diseñados en rejilla (serie de celdas o cuadros dispuestos en filas y columnas, formando una especie de red o malla). Su gran avance fue incluir un editor accesible, que permitía a los usuarios crear y compartir sus propios niveles.[9]

Douglas E. Smith (1960-2014) creó *Lode Runner* mientras era estudiante de arquitectura en la Universidad de Washington. En la imagen, la versión de Game Boy de 1989.

Durante los años 80 y 90, la idea de permitir a los jugadores moldear sus experiencias evolucionó con títulos como *Excitebike* (Nintendo Entertainment System, 1984), un juego de motocross donde los jugadores corrían en pistas llenas de obstáculos. Tenía un editor de niveles que permitía diseñar circuitos personalizados. ¡Era para volverse loco! Más adelante, *Doom* (MS-DOS, 1993) llevó el concepto más lejos: ofrecía una estructura abierta que incentivó la creación de niveles mediante herramientas externas, como *Doom Builder*. Estos juegazos, entre muchos posteriores, sentaron las bases del contenido generado por los jugadores.

Jugabilidad (Gameplay)

En *Estructura lúdica* mencionamos que el término «gameplay» cuenta con diferentes acepciones y que solemos traducirlo a nuestro idioma como «jugabilidad». Pero dijimos también que esta palabra en español no consigue expresar el concepto con precisión ni abarcarlo por entero (ver *Cap. V, Fundamentos* en ese libro). El concepto de gameplay contiene distintas aristas, que exponemos a continuación:

Interacción y reglas: si consideramos el término con relación a estas, cuando decimos «gameplay» los jugadores estaremos refiriéndonos a la experiencia de juego concreta que obtenemos al jugar, incluyendo cómo el jugador interactúa con las mecánicas, reglas y desafíos que le

---

[9] Mientras escribíamos este libro, recibimos el siguiente **mensaje extorsivo**: «En el broli number five TIENE que haber una referencia al *PITMAN* (Sharp MZ-700 y su versión más popular para Gameboy, *Catrap* por estos lares) y otra al *Lode Runner* y su editor de niveles. Quedan ustedes debidamente notificados. Atte., Prof. Gustavo del Dago».

plantea. Esta interacción determina cómo se percibe y disfruta del juego.

Dinámicas de juego: es el conjunto de acciones y *reacciones* disponibles para el jugador dentro del universo del videojuego, abarcando desde la mecánica básica, como moverse o saltar, hasta acciones más complejas y específicas del contexto del juego; por ejemplo, resolver puzzles o combatir enemigos. Son el resultado directo de las reglas.

Experiencia del jugador: gameplay también se refiere a la calidad y tipo de experiencia que ofrece un juego, que puede ser influenciada por elementos como la trama, los gráficos, la arquitectura de los niveles, el sonido, la inteligencia artificial y la interacción con otros jugadores, pero se centra en cómo el jugador se involucra y responde.

Fluidez y jugabilidad: a menudo, el término se utiliza para describir qué tan intuitivo y gratificante es un videojuego. Un «buen gameplay» implica que el juego proporciona una experiencia fluida, donde las mecánicas y los objetivos están bien integrados y son claros para el jugador, permitiéndole sumergirse plenamente en la experiencia.

Estrategia y toma de decisiones: en algunos contextos, el gameplay también se refiere a las estrategias y decisiones que los jugadores deben tomar mientras juegan, lo cual puede afectar el desarrollo del juego, sus desenlaces y la experiencia general del jugador.

Como se ve, la palabra jugabilidad se queda corta para expresar todos los significados que pueden asignarse al término, pero por todos lados hablamos de *una experiencia.*[10] Según desde dónde miramos, estaremos refiriéndonos a alguna de estas aristas o características de un juego. En el contexto del diseño de niveles, el objetivo principal es crear espacios y momentos que sean desafiantes, emocionantes, satisfactorios. Esto implica diseñar entornos, colocar obstáculos, enemigos, recompensas y otros elementos de manera que el gameplay sea fluido, coherente y mantenga entusiasmado al jugador.

Un buen diseño de niveles debe asegurarse de que los desafíos y las mecánicas se ajusten a las habilidades y capacidades de quien juega. Por ejemplo, en un juego de plataformas, el nivel tiene que presentar obstáculos que sean superables con los movimientos y saltos disponibles

[10] La **experiencia** es el conjunto de conocimientos, habilidades y aprendizajes adquiridos a través de la vivencia directa, la observación y la participación personal.

para el personaje. Además, el gameplay debe evolucionar y presentar nuevos desafíos a medida que se avanza en el juego. Esto mantiene la experiencia fresca y emocionante, y evita que el jugador se aburra o se sienta frustrado por la falta de progreso.

Estos son conceptos básicos de game design que, desde luego, se trasladan al level design. Ambas categorías —o si se prefiere, especialidades— van de la manito. Es inconcebible una sin la otra. Cuando el level designer construye los espacios del juego, está *haciendo* game design; al revés no es así, porque el game designer diseña el juego (de qué trata, su premisa, género, lo que contiene, las reglas, los desafíos, sus condiciones de victoria y derrota, el avatar, los personajes jugadores y no jugadores, su narrativa, las recompensas, etc.) pero no se encarga de crear la arquitectura de los espacios lúdicos donde las personas interactuarán.

Las características mencionadas en este apartado (interacción y reglas, dinámicas de juego, experiencia del jugador, fluidez y jugabilidad, estrategia y toma de decisiones) pueden transformarse en *preguntas* que el level designer y el resto del equipo de desarrollo se harán para verificar que se cumplen con los objetivos de calidad del proyecto.

Por otra parte, estas características y conceptos son aplicables al diseño de juegos de mesa, de cartas, de rol *pen & paper* y más. En esencia, esta estructura lúdica puede estar presente en cualquier formato de juego. Cuando se aplica a una actividad mundana o rutinaria, la llamamos *gamificación*.

Videojuegos AAA vs. videojuegos indie

Los videojuegos AAA son aquellos de mayor presupuesto y producción más ambiciosa, desarrollados por los grandes estudios y publicados por las principales compañías. Últimamente, las tres «A» significan: (A) alta calidad de gráficos y efectos visuales que aprovechan al máximo las capacidades técnicas del hardware; (A) alta producción, con enormes equipos de desarrollo que en ocasiones pueden superar las 500 personas trabajando durante varios años, y (A) alto costo de marketing y publicidad con presupuestos que suelen superar los 100 millones de dólares.

Un videojuego indie (abreviatura de «independiente») se refiere a aquellos juegos desarrollados por estudios o equipos pequeños y autónomos, sin el respaldo financiero o publicitario de las grandes compañías y con el espíritu de ser independientes. Veamos estos conceptos con mayor detalle.

Los juegos indie se distinguen de los juegos AAA en varios aspectos que reflejan sus enfoques y prioridades distintivas. En primer lugar, el presupuesto marca una gran diferencia: los juegos AAA cuentan con enormes presupuestos, que pueden alcanzar decenas de millones de dólares, destinados tanto al desarrollo como a la mercadotecnia. En contraste, los estudios indie operan con recursos mucho más limitados, lo que influye directamente en cómo desarrollan sus proyectos.

Este menor presupuesto también se refleja en el equipo de desarrollo: mientras que un juego AAA involucra a cientos de profesionales, incluyendo desarrolladores, artistas, diseñadores y especialistas en marketing, los juegos indie suelen ser creados por equipos pequeños, a veces de menos de diez personas, o incluso por un único desarrollador.

Otra característica destacada es la libertad creativa. Al no depender de grandes publishers ni de las presiones del mercado masivo, los desarrolladores indie tienen mayor libertad artística para explorar conceptos innovadores, arriesgados y únicos. Esta libertad permite que surjan experiencias frescas y originales que, en muchos casos, no encontrarían espacio en la industria AAA. Además, el alcance de ambos tipos de juegos también difiere mucho: los juegos AAA buscan convertirse en grandes éxitos comerciales, con ventas multimillonarias y apelando a audiencias globales. Por otro lado, los juegos indie suelen enfocarse en nichos de mercado específicos, priorizando experiencias más íntimas, personales o experimentales que conecten con jugadores interesados en propuestas fuera de lo convencional.

Finalmente, en términos de tecnología, los juegos AAA aprovechan al máximo las capacidades de hardware más avanzadas disponibles, buscando gráficos ultrarrealistas y mecánicas complejas. Los juegos indie, en cambio, suelen optimizarse para funcionar bien en hardware más modesto, priorizando la creatividad y el diseño sobre la espectacularidad técnica. Esta diferencia no solo refleja limitaciones de recursos, sino también un enfoque diferente en cómo se define la calidad y el impacto de un juego.

En general, un videojuego indie tendrá menos niveles —espacios y ubicaciones— y menor duración. Se hará con pocos integrantes en el equipo de desarrollo y solo tendremos una o dos personas en el rol de diseñadores de nivel. En un juego AAA se necesitan varios; a menudo, serán unos pocos game designers y muchos level designers. Por ejemplo, *Assassin´s Creed: Brotherhood* (Ubisoft, 2010) requirió una media docena de game designers y 26 level designers.

¿Y los juegos AA? Refieren a una categoría intermedia entre los juegos indie y los grandes lanzamientos AAA. La frontera entre indie y AA puede ser algo difusa, pero un AA sigue lejos de un AAA.

La arquitectura y los videojuegos

Aunque parezcan disciplinas distantes, comparten el mismo enfoque hacia la creación y conceptualización de espacios. Ambos crean entornos diseñados para evocar emociones, facilitar interacciones específicas y transmitir historias a través de su estructura espacial.

La arquitectura ha sido históricamente un medio para contar historias, desde los antiguos templos y pirámides que narran mitos y honran a los dioses, hasta los modernos museos que cuentan historias a través de su diseño y las obras que albergan. Los espacios arquitectónicos guían a los visitantes a través de una narrativa, utilizando la disposición de las habitaciones, la iluminación y los materiales para evocar emociones y comunicar ideas. Si no somos de prestar atención, y queremos dedicarnos al diseño de niveles, es hora de empezar a dar unos lindos paseos para observar con atención la arquitectura del mundo real.

De manera similar, los videojuegos usan el diseño de sus espacios virtuales para contar historias y sumergir al jugador en su mundo. Un juego bien diseñado puede utilizar la arquitectura virtual para guiar a los jugadores a través de su narrativa, incentivando la exploración, presentando obstáculos y recompensas, y estableciendo el tono y el ambiente del juego. La disposición de los espacios en un videojuego sirve para avanzar en la trama, y también profundiza la inmersión en el universo del juego.

Tanto en la arquitectura como en los videojuegos, la funcionalidad y la emoción van de la mano. La arquitectura busca no solo crear espacios útiles y habitables sino también evocar sentimientos y respuestas emocionales en quienes los habitan o los visitan. Un edificio puede diseñarse para inspirar asombro o serenidad, para fomentar la comunidad o para destacar el poder y la autoridad.

Un aspecto clave donde la arquitectura y los videojuegos se entrecruzan es en su enfoque en la interactividad y la participación. La arquitectura invita a las personas a interactuar con el espacio físico, a moverse por él y a experimentarlo con todos los sentidos. De manera similar, los videojuegos ofrecen mundos virtuales que los jugadores pueden explorar libremente, interactuando con el entorno, los objetos y otros personajes de maneras que pueden cambiar el curso de la narrativa o el resultado del juego.

Ambientación o *World Setting*

La ambientación del mundo es un elemento fundamental en el diseño de un videojuego, y particularmente en el diseño de sus espacios, donde cobra forma tangible («tangible» en su virtualidad, claro). El llamado *world setting* se refiere al universo ficticio en el que se desarrollan la historia y las mecánicas del juego. Una buena ambientación no solo proporciona un telón de fondo atractivo, además influye en el gameplay, la narrativa y la inmersión. En primer lugar, establece las reglas y leyes físicas que rigen el mundo del juego. Esto puede abarcar desde las leyes de la física hasta la existencia de un sistema de magia o de tecnología avanzada. Estas reglas determinan las acciones que el jugador puede realizar y las limitaciones que enfrentará. Por ejemplo, en un mundo de fantasía, el uso de la magia podría ser una mecánica fundamental, mientras que en un mundo de ciencia ficción lo serían las habilidades tecnológicas.

Además, y no menos importante, el world setting define la estética visual y la atmósfera del juego. Esto incluye el diseño de los entornos, los personajes, las criaturas y los objetos. Un mundo postapocalíptico tendrá un aspecto desolado y sombrío, un mundo de fantasía podría ser colorido y lleno de criaturas míticas.

La ambientación del mundo también influye en la narrativa y la trama del juego. Los conflictos, las culturas y las creencias de los personajes a menudo se derivan del world setting. Por ejemplo, en un mundo dividido por facciones en guerra, la trama podría girar en torno a los conflictos entre estas facciones, y las motivaciones de los personajes podrían estar influenciadas por sus lealtades y creencias.

Otro aspecto importante del world setting es la coherencia y la profundidad del mundo (que acostumbramos a llamar «universo narrativo», como veremos más adelante). Un mundo bien construido debe tener una historia y una mitología ricas, así como reglas y leyes consistentes. Esto no solo hace que el mundo sea más creíble, también brinda oportunidades para la exploración y el descubrimiento.

En las próximas páginas veremos también la relación del diseño del mundo o *worldbuilding* con la técnica conocida bajo el nombre de narrativa transmedia.

El diseño de niveles / *Level Design*

Partiendo de los conceptos vistos hasta ahora, podemos afirmar que el diseño de niveles es una disciplina que combina elementos de diseño de juegos, arquitectura, narración y psicología del jugador. ¡Un buen diseño de niveles sin duda marca la diferencia entre un juego memorable y otro para olvidar!

Lo definimos como el **proceso de planificar, diseñar, construir y probar los espacios jugables de un videojuego**. Implica la creación de entornos interactivos, la colocación de objetos, criaturas, enemigos, obstáculos, desafíos y recompensas, así como el equilibrio y la progresión de la dificultad. El objetivo principal del level design, como hemos dicho, es brindar una experiencia de juego emocionante, desafiante y satisfactoria.

Alguien podría preguntarse si todavía existen los «niveles» en los videojuegos, especialmente en los más modernos. Bueno, siempre están, aunque a veces no los vemos separados por pantallas estilo *Pac-Man* ni hay cortes en el flujo del gameplay, como puede pasar con los juegos de mundo abierto, donde el contenido aparece sin pantallas de carga. Sin embargo, podríamos encontrar separadores de capítulos, como en una novela. En tal sentido, podremos decir que cada capítulo es un «nivel». A veces, llamaremos así a las áreas del mundo cuando son muy diferentes.

Características el Level Design

Una de sus principales características del diseño de niveles es la estructura arquitectónica. Esta se orienta a garantizar una experiencia coherente y fluida: un buen diseño de niveles debe guiar al jugador sin generar confusión o frustración, asegurando transiciones suaves entre secciones y desafíos. Este aspecto será explorado en detalle en un capítulo especial.

Otro elemento central es el equilibrio y la progresión. Los niveles tienen que ofrecer un equilibrio adecuado entre desafíos y recompensas, aumentando gradualmente la dificultad para permitir que el jugador desarrolle habilidades y gane confianza a medida que avanza. Una progresión bien diseñada no solo mantiene al jugador motivado, sino que también refuerza su sensación de logro.

Las recompensas son esenciales para mantener el interés del jugador, es decir, que lo mantengan motivado a jugar y premien su esfuerzo o actividad. Los niveles deben incluir incentivos como objetos coleccionables, *power-ups*, puntos de experiencia, avances en la historia o simplemente la satisfacción de superar un desafío. Estas recompensas actúan como catalizadores para la exploración y el compromiso.

La variedad y la novedad son igualmente importantes para evitar la monotonía. Introducir diferentes entornos, obstáculos y mecánicas a lo largo del juego mantiene la experiencia fresca y emocionante (este aspecto requiere especial atención, ya que la repetición excesiva puede hacer que los jugadores pierdan interés, como veremos en adelante).

Además, el diseño temático debe ser coherente con el mundo y la narrativa del juego. Los entornos, objetos y desafíos tendrán que reflejar la estética y la atmósfera general del título, debido a que esto contribuye a la inmersión del jugador, un aspecto que siempre queremos conseguir.

Por último, los niveles deben incluir guías que ayuden al jugador a orientarse y comprender los objetivos. Estas pueden manifestarse como señales visuales, iluminación estratégica, señalización o tutoriales integrados que faciliten la navegación sin romper la inmersión.

En conjunto, estas características conforman un level design efectivo. Cuando todo esto se cumple, decimos que el juego está buenísimo, y lo vamos a recordar como una gran vivencia. A lo largo de este libro iremos profundizando en cada una de estas cuestiones, así como en los detalles que hacen a un videojuego una de las experiencias más fabulosas del mundo del entretenimiento.

I. CHIMALPOPOCA Y EL REINO DE LA CALAVERA

CHIMALPOPOCA EL BRUTO SE DETUVO EN SECO, sus pies descalzos hundiéndose en la tierra húmeda. Sus ojos, normalmente entrecerrados en una expresión de desconfianza perpetua, se abrieron de par en par. El aroma a musgo y decadencia llenó sus fosas nasales. Nunca había sido un hombre de sutilezas, pero incluso él podía sentir el peso del desafío que tenía delante. El camino estrecho, el muro intransitable de roca mohosa a la izquierda y el abismo oscuro e insondable a la derecha le recordaban las historias que la Abuela Bruta solía contarle junto al fuego crepitante, historias de héroes y monstruos, de pruebas y triunfos.

La calavera brillante en la distancia capturó su atención y, por un momento, todo lo demás desapareció. Podía escuchar el susurro sibilante de las plataformas suspendidas, como si estuvieran burlándose de él, desafiándolo a intentar el salto. «¿Crees poder lograrlo, Bruto?», parecían decir con desdén. Chimalpopoca apretó con fuerza su macuahuitl, la bestial espada con navajas de obsidiana incrustadas en los filos, su fiel compañera en innumerables batallas, aunque sabía que aquí no iba a ser de mucha ayuda.

—Quedate acá, Gomabola —ordenó al guanaco que lo observaba mascando unas hierbas frescas. El animal agitó las orejas en señal de entendimiento.

El guerrero respiró hondo, llenando sus pulmones con el aire viciado de la gruta. Sintió el peso de su armadura de cuero emplumada oprimir sus hombros. Tensó los músculos, preparándose. Calculó el primer salto, recordando todos los desafíos que había superado en el pasado. «Si fallo, los gusanos disfrutarán de un festín con mis entrañas», murmuró. Con un rugido que resonó en el abismo y estremeció las estalactitas, se lanzó hacia adelante. Cada aterrizaje era una victoria, cada pausa, un momento para reunir fuerzas mientras el sudor se deslizaba por su frente. La calavera de oro parecía estar al alcance, pero las plataformas traicioneras, resbalosas por la humedad, tenían otros planes.

Cuando una de ellas se desvaneció bajo sus pies en una nube de polvo, Chimalpopoca no gritó ni se desesperó. En su lugar, lanzó una mirada desafiante al abismo, donde podía vislumbrar una masa de dientes y tentáculos que se retorcía en la oscuridad, como si estuviera diciendo: «¿eso es todo lo que tenés, cobarde?» Y mientras caía hacia el aterrador agujero, ya estaba planeando su próximo intento, porque Chimalpopoca el Bruto nunca se rendía.

Relación con el diseño de un juego

Una pregunta que sin duda queda pendiente de párrafos anteriores es: ¿el level design es la misma disciplina técnica que el game design? Respuesta: no siempre. Es lo habitual en estudios pequeños, pero en los mayores van separadas y por una buena razón: ambas facetas del diseño lúdico requieren mucha habilidad y conocimientos específicos. Cuanto más se especializa alguien en su área, más valioso resulta.

¡Y se puede pedir aumento!

Un game designer podría no ser un level designer, pero un level designer *necesita* ser un game designer. El diseñador de niveles tiene que comprender los conceptos esenciales del diseño de juegos; por ejemplo, la estructura lúdica que produce la retención de jugadores. Por lo tanto, ¿es posible decir que el level design es una disciplina de mayor valor que el game design? No necesariamente, ya que se necesitan entre sí.

Hay casos en los que un juego consiste en una mecánica simple y repetitiva, como en el género de los «hiper casuales» donde puede haber un tipito saltando sobre plataformas móviles y el objetivo es aguantar sin caerse. En ese caso, hay poco o nada de diseño de conceptos, más allá de quién es el tipito y por qué anda a los saltos, así que solo es cosa de crear niveles uno tras otro procurando que la dificultad aumente gradualmente, haya un *score*, alguna que otra insignia o logro, y poco más. En juegos más ambiciosos, existe una ambientación rica, personajes, tramas, desafíos de dificultad creciente y un subsistema de recompensas más elaborado. Es aquí cuando hará falta el game designer. El diseñador de niveles construye sobre los conceptos y la narrativa creada por esta criatura malvada que llaman game designer. Este es el principal responsable de escribir y mantener actualizado el *game concept*, y especialmente la «biblia» del proyecto; es decir, la documentación que permite desarrollar el juego.[11]

Entonces podemos afirmar que el level designer es un constructor que trabaja sobre los cimientos puestos por el game designer. En toda su dimensión, una persona que diseña niveles o espacios lúdicos es quien *vuelve realidad* los conceptos teóricos generados durante el proceso de diseño del juego. La Abuela Bruta podría explicarlo así: el game designer escribe la receta, y el level designer cocina siguiendo esas indicaciones. Pero, como sabemos, el cocinero tiene que poner su propia creatividad. El cocinero completa y mejora la receta, prueba, escupe, condimenta y vuelve a revolver la sopa. La Abuela Bruta vigila con el ceño fruncido y el palo de amasar preparado para el golpe. Y así como los grandes chefs inventan platos novedosos, un gran level designer debe procurar ser más que un simple cocinero, tiene que elevarse por encima de ollas y sartenes. Debe volverse un artista, un creador, un salvaje bendecido por Baco.

A veces uno se pregunta: como level designer, ¿es posible construir un juego complejo, con todos sus escenarios, sin estudiar los planos del diseñador del juego? ¿Podemos encerrar al odioso game designer en el sótano? La respuesta es sí. Depende del talento o el hábito de cada persona. Algunos diseñan sin una planificación, otros van construyendo intuitivamente hasta cierto momento en el que sienten la necesidad de hacer el trabajo de un game designer (hora de sacar al pobre tipo del sótano). También debemos tener en cuenta que no a todos los diseñadores de niveles les gusta el trabajo conceptual que le es propio al diseñador del juego. Por ejemplo, la creación de un personaje con su historia

---

[11] Para más información sobre los documentos de diseño de un juego, ver el Capítulo XI de *Estructura lúdica* o el apartado sobre *GDD / Mitología*, más adelante en este libro.

de fondo, motivaciones, antagonistas, etc., no es trabajo del level designer. Este tomará el personaje creado —por un game designer o un narrative designer— para colocarlo «físicamente» en el espacio jugable; lo hará actuar, hablar, moverse, luchar, tomando como base el diseño conceptual. De la misma manera, tampoco será quien dibuje, modele y anime ese personaje, tarea que le pertenece al *game artist* o a un grupo de especialistas. Sobre estos procesos hablaremos más adelante.

Por lo tanto, aunque sea posible afrontar el desafío de crear el juego sin un *game concept*, no suele ser la manera más eficaz de trabajar. ¿Qué diría la Abuela Bruta? Sería como hacer la sopa sin la receta. Puede salir sabroso o asqueroso. Sin planificación, es más probable que la sopa sea intragable y venga el palo de amasar. Otra forma, que mucha gente loca también hace, es cocinar litros y litros de sopa, mares de sopa, océanos enteros, hasta que un día no se necesita la receta. Ese es el camino largo y difícil. Y no tan gratificante como dicen los manuales de autoayuda.

Meta de diseño

Imposible dejar de lado el elemento primordial de la industria del entretenimiento, la emoción. ¿Qué diría la abuela? **Si no emociona, no sirve**. Si no emociona, aburre. Si no emociona, uno se olvida.

¿Qué es la emoción? Esta se define como un estado complejo del organismo caracterizado por una excitación o perturbación que impulsa una respuesta conductual, fisiológica y cognitiva. Se origina en respuesta a un estímulo externo o interno que puede ser real o percibido, y es mediada por la liberación de neurotransmisores y hormonas que afectan diversos sistemas del cuerpo. Se puede chusmear más sobre este asunto en nuestro primer libro o en manuales de neurofisiología.

Desde un punto de vista fisiológico, las emociones pueden inducir una variedad de cambios en el organismo, como alteraciones en la frecuencia cardíaca, la respiración, la transpiración y la expresión facial. Conductualmente, influyen en nuestra toma de decisiones, nuestras interacciones sociales, y nuestra capacidad para afrontar desafíos y oportunidades. ¡La buena noticia es que podemos desatar las emociones de nuestros jugadores, e incluso provocar emociones específicas!

Un juego emocionante será recordado, recomendado y potencialmente comprado. ¡Justito lo que queremos!

Ahora bien, ¿cómo haremos? En *Estructura lúdica* expusimos el célebre paper de 2004 escrito por Robin Hunicke, Marc LeBlanc y Robert Zubek, que llamaron *MDA: A Formal Approach to Game Design and Game*

Research.[12] Este «MDA Framework» (Mechanics, Dynamics, Aesthetic) o marco de trabajo es especialmente relevante en el campo del diseño de juegos, proporcionando un modelo para entender cómo se diseñan, cómo interactúan los jugadores con estos, y qué experiencias resultan de esas interacciones.

Mechanics son las reglas que creamos para el juego (los límites, lo que se puede y no se puede hacer, más los objetivos perseguidos). *Dynamics* son las interacciones entre esas reglas, que surgen cuando ponemos a prueba el prototipo del juego. *Aesthetic* en nuestra disciplina refiere a las emociones y experiencias que arrojan como resultado las dinámicas de las reglas. Ojo, no confundamos esta «estética» con los gráficos del juego. «Aesthetic» en arte se refiere a la rama de la filosofía que se ocupa de la naturaleza del arte, la belleza y el gusto, así como la creación y apreciación de la belleza. Y no solo trata sobre lo bello, sino también sobre lo sublime, lo feo, lo curioso o cualquier otra cualidad que genere una experiencia significativa para quien percibe una obra o un objeto. Para nosotros es lo emocionante.

A veces nuestros alumnos preguntan qué significa concretamente esto de las dinámicas. Lo que ocurre es que las reglas siempre nos parecen lógicas y divertidas al crearlas, pero cuando probamos si funcionan, es seguro que deberemos hacer ajustes, porque el resultado (*aesthetic*) dista de ser el que pretendemos. Las dinámicas no son aparentes a la hora de crear las reglas. Recién mostrarán los colmillos cuando los jugadores prueben el prototipo y encuentren estrategias para ganar. ¡Es que nadie juega para perder! Así que las primeras veces los jugadores estarán aprendiendo las reglas, pero a continuación buscarán ganar el juego, o sea conseguir los objetivos, que es el cumplimiento de una o más condiciones de victoria. En ese proceso van encontrando maneras de vencer, incluso intentando torcer las reglas a su favor. Es misión principal de un game designer registrar las pruebas, detectar las fortalezas y debilidades del sistema, ajustando las reglas para volver a probar. Este trabajito se hace cíclicamente hasta llegar a un resultado óptimo.

En esencia, el MDA Framework nos dice que deberíamos empezar a pensar un juego desde su *aesthetic*; es decir, desde las emociones, la belleza, la armonía que deseamos evocar en los jugadores. Por instinto, acostumbramos a pensar en las reglas en primer lugar, apuntando a cierto resultado (al que no siempre llegamos). Pero los jugadores

---

[12] Hunicke, R., Leblanc, M. y Zubek, R. *MDA: A Formal Approach to Game Design and Game Research.* In: Proceedings of the AAAI Workshop on Challenges in Game AI. 2004.

experimentan el gameplay desde su *aesthetic*. Así que será conveniente empezar por esta. Al principio, cuesta bastante.

¿Cómo se hace? En tres pasos: 1) identificamos las emociones que queremos que evoquen nuestros jugadores; por ejemplo, miedo, impotencia, alegría, tristeza, serenidad; 2) imaginamos visualmente situaciones que podrían transmitir esas emociones, como si fueran escenas de una película, y 3) creamos las reglas que permitirán representar esas escenas. Así estaremos yendo «al revés», como propone el framework.

Veamos un ejemplo simple. Supongamos que queremos diseñar un juego de pesca. Si hiciéramos como casi todo el mundo, empezaríamos por imaginar las mecánicas: tengo una caña de pescar, un anzuelo y carnada, estoy a orillas de un lago o en una pequeña barca, y busco pescar un espécimen determinado, o algo que no sea un zapato viejo. Pero, si empezáramos por la *aesthetic*, deberíamos identificar lo emocionante, lo bello, del acto de pescar. Podrían ser la sensación de serenidad, el sonido de la naturaleza, el gorgoteo del agua, la luz del sol centelleando entre las hojas de los árboles. Y claro, la curiosidad por saber si pica un pez, algo de ansiedad.

Si no sabemos mucho del tema, siempre será buena idea preguntarle al Abuelo Bruto, que pescó toda su vida, para que nos cuente qué *siente* al pescar. Con esa lista de emociones, vamos hacia el segundo paso: ¿qué escenas visualizo, como si fuera una película o una obra de teatro? Bien, puedo ver en mi mente el paisaje, un espejo de agua tranquila, un día soleado, pajaritos revoloteando. Con esa colección de escenas, ya puedo pensar en las reglas que me permitirán transmitir esos momentos, mostrar visualmente esas emociones, simular esa belleza y armonía. Ahora daré paso a la caña de pescar, la carnada y el bote. Pero ya estaré andando sobre terreno firme, porque sé que mi juego será capaz de transmitir la serenidad y expectación de una pesca, mucho más importante, porque eso es lo que los jugadores van a recordar por encima de lo mecánico. ¡Claro que lo mecánico también tiene que estar bueno!

Eso es lo que dimos en llamar meta de diseño. De manera que, antes de enfrascarnos en crear reglas a lo bestia, haremos este ejercicio de descubrimiento. Al hacerlo, ahorramos tiempo y recursos del equipo. Es aconsejable practicar este procedimiento a la hora de planificar un nivel de un juego. El nivel, lo que hacemos, lo que vemos, tiene que ser *emocionante* en cada momento. Hay que huir de las situaciones aburridas como si nos persiguiera la bola de piedra de *Indiana Jones y los cazadores del arca perdida*. Habremos de aguzar el ingenio. Si tenemos un corredor especialmente largo donde no pasa nada, o donde ya liquidamos todo lo que se mueve, ahí tenemos un problema. Pondremos diálogos o monólogos para que la caminata no sea solo un acto de movimiento.

Tenemos aquí una directiva principal, en palabras del diseñador Scott Rogers: *caminar no es gameplay.*[13]

Sensación de juego / *Game Feel*

El concepto de *game feel*, a menudo denominado como «juice», describe la experiencia táctil e intuitiva que un jugador experimenta al interactuar con un videojuego. Se trata de esa conexión profunda que se establece entre el usuario y el juego a través de la interfaz, una relación que trasciende lo visual y narrativo y se involucra con lo sensorial.

En el núcleo del game feel están los controles y la capacidad del juego para responder de forma instantánea y precisa a las acciones del jugador. La retroalimentación rápida, la anticipación en las respuestas y la previsibilidad en el comportamiento son aspectos esenciales. Cuando un jugador presiona un botón y el personaje en pantalla reacciona de manera fluida, exacta y coherente, surge una sensación de control y presencia que resulta clave. Sin embargo, el game feel no se limita solo a la funcionalidad de los controles. También abarca la estética del movimiento, la calidad de las animaciones y cómo los efectos visuales y sonoros se sincronizan con las acciones del jugador. Todos estos elementos trabajan juntos para construir una experiencia armoniosa. Los mejores videojuegos son aquellos que equilibran estos componentes.

La importancia del game feel se hace especialmente evidente en los géneros que dependen mucho de la precisión y la respuesta, como los juegos de plataformas o los *shooters*. En estos casos, un game feel malo puede arruinar la experiencia de juego, frustrando al jugador con controles que se sienten torpes o imprecisos. Por otro lado, un buen game feel puede elevar un juego sencillo a una experiencia memorable, haciendo que los jugadores regresen una y otra vez por el puro placer de la interacción. El game feel también está presente en otros géneros. Lo llamamos *atmósfera* en una aventura de terror psicológico, en un apacible juego de ingenio o en un entorno virtual. Es el *cómo se siente.*

El game feel no es algo que pueda ser fácilmente cuantificado o medido, pero es indudablemente sentido por los jugadores, quienes a menudo lo citan como uno de los aspectos más críticos y memorables de sus títulos favoritos.

---

[13] Rogers, S. (2014). *Level Up! The Guide to Great Video Game Design* (2nd ed.). Wiley.

Muchos juegos nacen de la búsqueda inicial de un gran game feel. Por ejemplo, estás jugando con un motor gráfico, haciendo que nuestro brutal guerrero Chimalpopoca salte entre plataformas que se mueven o desaparecen. En verdad, todavía no será Chimalpopoca, lo más probable es que sea un monigote genérico. Pruebas y pruebas, salto tras salto, ajuste tras ajuste, un valor aquí y otro allá, hasta que el movimiento y los brincos se sientan suaves, naturales, potentes. El muñequito salta, se agarra a los bordes de las plataformas y trepa, se queda colgado, se balancea, cae con estilo, tira pataditas y hachazos con la gracia de un hermoso gordo asesino. Los controles responden al instante, la sensación es súper disfrutable. Y bien... ahora para continuar habrá que hacer el trabajo que falta. Los chicos de diseño y arte tendrán que conceptualizar, dibujar, modelar, animar y texturizar a Chimalpopoca para que se vea fabuloso. Más tarde, reemplazaremos el muñequito de pruebas con el poderoso guerrero animado. El buen game feel ya estará allí.

A veces, será al revés. Antes de que agarremos el engine, el game designer habrá pensado en Chimalpopoca, le habrá escrito una semblanza, creado sus aliados, enemigos, una historia, y de allí pasará a manos del artista de concepto, del modelador y del animador. Recién cuando Chimalpopoca esté casi listo, nos pondremos a buscar el mejor game feel posible, ya en el rol de level designers o *devs* (desarrolladores).

No importa desde dónde empezamos —esto depende siempre de cómo se está trabajando el proyecto—, lo único que debemos cuidar es que al jugar el movimiento y la sensación sean **fantásticas**.

Es prudente tener el game feel resuelto antes de diseñar los niveles del juego. Al menos, los movimientos principales, ya que algunos niveles podrían requerir mecánicas particulares. Para ello usaremos una *toy box*, como explicaremos en capítulos venideros.

Estructura lúdica

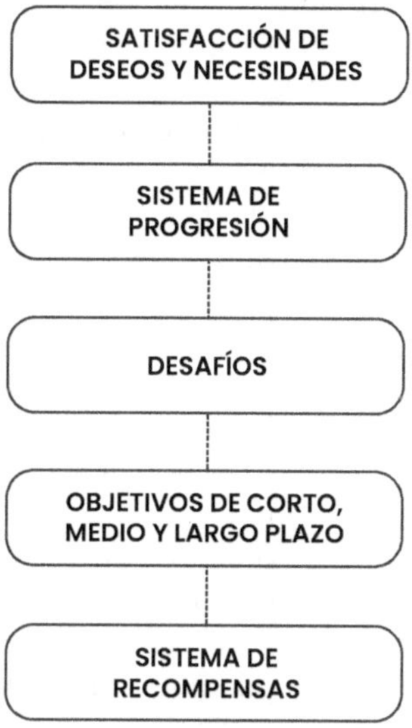

Con este nombre hemos denominado a los **cinco elementos esenciales** del sistema de retención de un juego.[14] La estructura lúdica es común a todos los formatos participativos siempre que tengan como propósito el acto de jugar. Como sostenemos en nuestro primer libro, es un **mecanismo motivacional**. Por lo tanto, puede estudiarse y entenderse aplicando el conocimiento derivado de la psicología, la sociología e incluso la neurociencia.

Cuando cada elemento está presente en el mecanismo lúdico, se produce **retención**. La retención es la propiedad de un juego —o de cualquier otro producto— de fidelizar a sus usuarios. En el mundo audiovisual, lo conocemos como retención de audiencias. Para la mercadotecnia es fidelización de clientes o de consumidores. Para los videojuegos es retención de jugadores, o *player retention*. La retención es un indicador clave del éxito y la longevidad de un producto, así como de su capacidad para construir y mantener una comunidad activa. ¡Es decir, para que nos compren y nos amen! ¡Es importante que nos amen!

Esto conduce a la idea de que eliminar un elemento de la estructura lúdica genera una *disminución de la probabilidad* de retención de jugadores. Cada elemento que retiremos reducirá el poder de retención.

Cuando los cinco elementos están presentes, la retención es muy buena, incluso excelente. Si, como decimos en el cuarto tomo de esta colección —*Diseño y narrativa interactiva*—, además el mecanismo de la estructura lúdica va acompañado de una estructura dramática, es decir de una historia o trama, el poder de retención es el máximo. Esto se debe a que una estructura dramática es en sí misma un mecanismo motivacional, similar en sus efectos al de una estructura lúdica, como veremos más adelante. Así que, a veces, llamamos informalmente «el sexto elemento» a la historia que presenta un juego.

---

[14] *Estructura lúdica, una propuesta metodológica* (paper #208) presentado en IEEE ARGENCON, el congreso bienal de la Sección Argentina de IEEE realizado en la Universidad Tecnológica Nacional de Buenos Aires, junio de 2016.

Lo sensato sería buscar siempre la máxima retención. Esto depende, por supuesto, del objetivo del proyecto. En un juego artístico o experimental, o cuando lo que se persigue es entrenar una habilidad o simular una situación específica, no tiene sentido montar una estructura lúdica completa, pero en uno comercial puede ser la diferencia entre el éxito y el fracaso.

Como ya hemos dedicado todo un libro a la estructura lúdica[15], veremos aquí, a vuelo de cucaracha, cuáles son los cinco elementos:

1. **SATISFACCIÓN DE DESEOS Y NECESIDADES**: el juego permite satisfacer deseos básicos y necesidades. ¿Cómo es esto posible? Por vía de la simulación. El juego representa actividades reconocibles y a nuestro cerebro mucho no le interesa si lo que vemos es real o imaginario. Ganar en un juego, aunque en la vida real no tiene incidencia, igualmente produce dopamina, lo que sentimos como una sensación agradable (bienestar psíquico). De la realidad o la ficción depende la «cantidad» de dopamina, por nombrar uno de los neurotransmisores involucrados. Es decir, ganar una Copa Mundial en una partida de videojuego es menos satisfactorio que ganarla en el torneo auténtico. Desde luego, igualmente pegaremos un salto hasta el techo.

2. **SISTEMA DE PROGRESIÓN**: el jugador crea un lazo emocional con el avatar y se esfuerza en mejorar. Este mecanismo virtuoso emula la voluntad de evolucionar que tenemos los seres humanos. Se indica en el juego como puntos de experiencia y otros elementos (subir de nivel, obtener equipamiento, mejorar habilidades, etc.). Es la lógica de los juegos de rol, hoy presente en los grandes títulos de cualquier género. El sistema de progresión es un fenomenal mecanismo de retención y *nunca* debería estar ausente en un gran juego.

3. **DESAFÍOS**: la curva de dificultad se debe mantener ligeramente por encima del nivel de habilidad actual del jugador. Esa habilidad se incrementará a medida que el jugador la ponga en práctica. Por lo tanto, es necesario aumentar paulatinamente la dificultad mientras progresa el juego, para que el jugador no se aburra, resultado de una actividad que no presenta sorpresas o no implica esfuerzo. Pero cuidado, tampoco hay que hacer el

---

[15] Los **libros** de esta colección se consiguen en gamedesignla.com y están disponibles en Amazon y otros editores en todo el mundo.

juego muy difícil de repente, porque en ese caso un jugador con bajo nivel de tolerancia se irá frustrado. La mayoría de las personas tiene un nivel de tolerancia bajo.

4. **OBJETIVOS**: de corto, mediano y largo plazo. Los objetivos de corto y largo plazo son simples de entender. El de corto, es lo que jugamos, la actividad principal, la sesión de juego o partida. El de largo plazo es el *big boss*, el desafío definitivo, la prueba final para la que estuvimos preparándonos al transitar el juego. Los objetivos de mediano plazo son más complicados. Representan los recursos que vamos recogiendo a lo largo del juego. Por ejemplo, las partes que necesitamos para ensamblar una armadura, o las armas y las tecnologías, las pociones de energía, los poderes sin los que sería imposible vencer al último de los desafíos (largo plazo). ¡Cuando un juego carece de objetivos de mediano plazo pierde muchísima retención! Podríamos comparar esto con una carrera universitaria, donde el objetivo de corto plazo sería asistir a clases cada día; el de mediano, aprobar parciales y finales; y el de largo, la tesis con la que obtenemos el título. Como contra, introducir objetivos de mediano plazo en un mecanismo lúdico extiende (incluso duplica) el tiempo de desarrollo y sus costos. Hay que tenerlo en cuenta a la hora de planificar los plazos de producción.

5. **SISTEMA DE RECOMPENSAS**: funcionan como reforzamiento conductual y *jamás* son el motivo principal por el que jugamos, aunque muchos lo crean así. Los puntos, insignias, logros, títulos honoríficos, artefactos narrativos, barras de progresión, secretos, subidas de nivel, mascotas, sorpresas y demás tipos de recompensas tienen que estar presentes, porque ayudan a mantener la motivación y nos brindan reconocimiento. Sin embargo, deben ser distribuidos de una manera estratégica (como veremos más adelante) y representan, al igual que los objetivos de medio plazo, un aumento considerable del tiempo y el costo de desarrollo. Si las recompensas no son el motivo principal por el que jugamos, ¿cuál es? Jugamos por el desafío, para satisfacer deseos, para sentir una sensación de progreso, para cumplir objetivos... esto es, por fin, la estructura lúdica, y vale lo mismo para juegos en solitario y para juegos multijugador.

La sugerencia es que los cinco elementos deben estar presentes en el mecanismo lúdico —y quizás también el «sexto elemento», la narrativa—, aunque sea en muy poca cantidad. Quitar cualquiera es lastimar el poder de retención del juego. ¿Qué significa esto? Si estoy haciendo un juego de rol, pondré unas pocas espaditas, un par de caballitos, unas poquitas piezas de armadura (objetivo de mediano plazo: sin esa armadura no se podría vencer al jefe final), algunos cofrecitos con tesoros. Nos concentraremos en que el juego sea pequeño, pero poderoso, lindo, ¡emocionante! A menudo, es mucho más satisfactoria una breve e intensa experiencia que un juego gigantesco lleno de momentos vacíos.

Aquí acudimos a nuestro mantra principal, regalo del animador estadounidense Bill Plympton[16] cuando estuvo en Buenos Aires: sea lo que sea que hagas, que sea «corto, barato y divertido».

Pensemos proyectos bajo esa premisa. ¡Miren que descuidarse es fácil! Muchas veces nos embarcamos en extravagantes misiones que llevan años, y eso puede ser dramático si somos un estudio pequeño. Los proyectos de larga duración seguro que son mucho más ricos en detalle y alcance («todos queremos hacer *Skyrim*») pero, por contrapartida, requieren mucho tiempo de desarrollo y toneladas de recursos y financiamiento. Hay que embarcarse en proyectos chicos, manejables, y terminarlos. **¡Es fundamental terminarlos!** Mejor dicho, dejar de *mejorarlos*, porque los videojuegos, al ser productos de una gran complejidad, son imposibles de terminar del todo. Simplemente, en un punto es necesario cerrar los proyectos, entregar lo mejor posible, cerrar.

De todos los consejos que podríamos dar en este libro, es posible que este de «corto, barato y divertido» sea el *más importante*.

Relación con el diseño de juegos de mesa

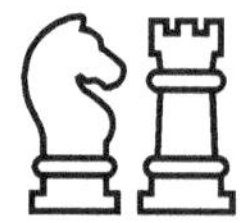

El diseño de juegos de mesa y el diseño de niveles para videojuegos comparten una conexión profunda, enraizada en la capacidad de ambos para construir mundos a través de abstracciones. La necesidad de extensos paisajes detallados se disuelve cuando un tablero de juego puede encapsular la esencia de un entorno, estrategia, o conflicto con simplicidad y elegancia. El ajedrez, por ejemplo, destila la complejidad de la guerra en un cuadrilátero de 64 casillas, fomentando un pensamiento estratégico profundo con una representación totalmente abstracta. Juegos más «modernos»,

[16] **Bill Plympton** es un animador estadounidense, conocido por su nominación al Oscar al mejor cortometraje animado en 1987. Pueden visitarlo en *www.plymptoons.com*. Bill visitó Argentina invitado por el BITBANG (*bitbangclub.com*), el mayor festival de animación del país.

como *Catan* o *Carcassonne*[17], expanden esta abstracción a economías y civilizaciones, mostrando cómo la gestión de recursos y el desarrollo territorial pueden ser igualmente envolventes con simples piezas y tableros.

Esta abstracción no solo facilita una comprensión más profunda de conceptos estratégicos, sino que también abre la puerta a elementos fantásticos que enriquecen la experiencia de juego. La posibilidad de transportar jugadores a través de portales mágicos en un tablero, o enfrentarlos contra criaturas, introduce una dimensión adicional a la jugabilidad. Estos elementos, junto con el azar introducido por cartas o dados, aportan una capa de imprevisibilidad y emoción.

Además, la disposición y el diseño de los tableros en sí mismos son interesantes para analizar. La forma en que los caminos se entrelazan en *Carcassonne*, por ejemplo, invita a los jugadores a considerar cada colocación de ficha como una decisión estratégica que afecta el panorama global del juego. Estudiar estos diseños puede revelar cómo la disposición espacial afecta la interacción del jugador y el flujo del juego, lecciones valiosas para cualquier diseñador de niveles de videojuegos.

El legado histórico de los juegos de mesa, con algunos remontándose a siglos atrás, ofrece una gran fuente de inspiración. Juegos como *Go* o *Mancala*, con sus reglas simples, pero profundamente estratégicas, demuestran cómo la simplicidad de diseño puede trascender el tiempo y las culturas. Aquí nos toca recomendar *Memoria del juego*, el tercer libro de esta colección (se puede leer gratis y completo ingresando en el sitio web *gamedesignla.com/memoria*), donde se puede apreciar la evolución del juego desde sus orígenes y cómo este históricamente impulsó la tecnología.

Al sumergirnos en el análisis de los diseños de tablero existentes, podemos extraer principios fundamentales para la creación de entornos interactivos y narrativas envolventes. Este estudio no solo mejora las habilidades de diseño, también fomenta un aprecio por la artesanía detrás de los juegos de mesa. Aunque difieren en medio, videojuegos y juegos de mesa comparten el desafío común de crear experiencias.

---

[17] **Catan** (originalmente llamado *Die Siedler von Catan*) fue diseñado por Klaus Teuber y publicado por primera vez en 1995. **Carcassonne** fue creado por Klaus-Jürgen Wrede y publicado en el año 2000. Ambos son alemanes y desde entonces han tenido decenas de reediciones.

Relación con la narrativa de un juego

Decíamos antes que la estructura dramática es un mecanismo semejante a la estructura lúdica. En una historia, como en un videojuego, también existe un recorrido que harán los personajes, un objetivo, una serie de desafíos que superarán, quizás un premio al final del camino. Al ver o experimentar una historia, queremos saber qué pasa con los personajes y cómo se resuelve la trama. Esta última también progresa en una curva de «dificultad» y para quien finalice la historia la recompensa será el conocimiento de lo ocurrido.

Así diremos que, cuando la estructura dramática se *imbrica* con la estructura lúdica, tenemos el combo más emocionante. En nuestro cuarto libro hemos analizado y presentado las distintas topologías narrativas multitrama. También hablamos allí de las técnicas para unirlas al mecanismo de un juego (y desde luego, de cómo escribir guiones para videojuegos). Mencionamos la «espina dorsal», o sea la historia imprescindible que deben ver nuestros jugadores, el «camino dorado», que representa el recorrido ideal que puede lucir todos los detalles, pero que no necesariamente todos los jugadores recorrerán, e incluso los «artefactos narrativos», en forma de pequeñas piezas de información que los jugadores podrán consumir o simplemente coleccionar. Y todo ello distribuido mediante distintos vehículos narrativos, una propiedad prácticamente única de los videojuegos, en los que podemos presentar una historia a través de una sucesión de textos, imágenes, animaciones, jugabilidad y más. Volvemos sobre estos conceptos unas páginas más adelante.

Para el diseño de niveles de un juego en donde hay una historia, saber cómo presentar la trama y distribuirla en distintos formatos a lo largo de un escenario es crucial. Habrá que poner atención tanto en la curva de dificultad del gameplay como en la curva de progresión de la trama y hacer que ambas mecánicas funcionen juntas, dependientes una de otra.

Estructura dramática

Lo estructura dramática es como el esqueleto que sostiene el cuerpo. De este último solo vemos los músculos, la carne, la piel, pero, sin los huesos ahí debajo, seríamos como el montón de ropa para lavar que tenemos amontonado en el rincón. La estructura dramática permite diseñar una historia controlando los momentos de giro, el clímax y otros elementos. Es conveniente diseñarla antes de escribir.

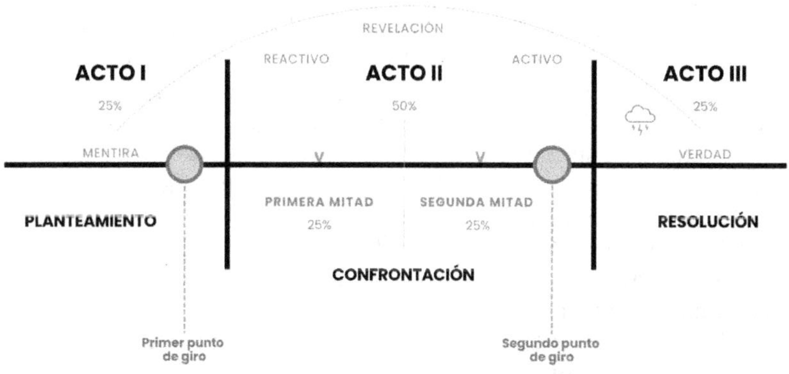

¿Podemos escribir sin una estructura dramática? No hay manera, porque lo que sea que hagamos siempre tendrá un esqueleto. ¡El asunto pasa por si es un esqueleto lindo y saludable, o uno con osteoporosis! La imagen que vemos arriba, en la mayoría de los casos, es la que se siente «correcta», especialmente en las historias típicas de aventuras que podemos relatar a través de un videojuego. Como se ve, los Actos I y III ocupan cada uno el 25% del total de la trama, mientras que el restante 50% se lo queda el Acto II, la *Confrontación*, trayecto donde ocurre lo más excitante. Muchos diseñadores narrativos planifican la historia antes de escribirla; es decir, definen la estructura dramática y piensan qué cosas van a pasar y en qué momento lo harán.

Se dice que, para diseñar una historia, necesitamos cuatro elementos principales en este orden: el final, el principio, y dos puntos de giro. ¿Por qué el final antes que el principio? Porque nos da un objetivo, es el norte de nuestra brújula mental. Ese final probablemente cambie varias veces, porque a la historia sí que la vamos a escribir desde el principio hacia el final y, al hacerlo, muchas ideas lindas y buenas vendrán a alterar los planes como esos parientes que llegan sin avisar. Sirve tener un final, aunque sea provisorio.

Con el final, también es más fácil imaginar el principio.

Los puntos de giro o *plot twists* son aquellos que ponen todo de cabeza. Se sitúan al final del Acto I (planteamiento, donde presentamos los personajes principales y el contexto) y al final del Acto II (confrontación, donde pasa todo lo interesante). El primer punto de giro es como una patada que empuja al protagonista al segundo acto, es decir, a resolver el problema. El segundo punto de giro trae una gran sorpresa y es el puñetazo que lleva al tercer acto, para que la historia finalice. Puede terminar bien o mal, pero ese es otro tema.

En una historia estándar, siempre vamos a tener esos dos puntos de giro principales, pero no serán los únicos. Habrá otros giros pequeñitos, dicen que un promedio de 25 por trama, número del que conviene desconfiar. Pueden ser menos, o más si es una trama muy larga o si tenemos subtramas y multitramas como en un videojuego.

El clímax, es decir el momento de mayor tensión dramática, suele situarse al principio o mitad del Acto III (resolución, donde la trama cierra y todos lloramos de emoción).

Hay otros elementos en la estructura dramática que podemos considerar: el punto medio (cuando el protagonista tiene una revelación) y las «pinzas», que son escenas, diálogos, mensajes o señales que nos mantienen encaminados. Las pinzas están en la confrontación, una en la primera mitad y otra en la segunda mitad.

Como se puede apreciar, trabajar en este esqueleto facilita controlar dónde estarán los momentos más emocionantes, y nos evitará desviarnos del camino. Luego, es cosa de llenar los huecos, para lo que existen una buena cantidad de técnicas. Nosotros, como la gran mayoría del medio audiovisual, utilizamos el célebre Monomito de Campbell[18] para completar la confrontación, que es la más difícil y larga en una historia.

Encima de la estructura dramática es necesario superponer o, mejor dicho, *interconstruir* los distintos arcos de transformación de los personajes. Estos tienen que empezar de una manera y finalizar de otra. Hay arcos de transformación positiva (el personaje termina mejor), negativa (termina peor) y plana o nula (el personaje no cambia, pero consigue cambiar a los demás, para mejor o peor, como en las historias de superhéroes y supervillanos).

Luego, habrá otros elementos para tener en cuenta, algunos propios del Acto I. Por ejemplo, empezar *in medias res* o punto de ataque (en medio del conflicto) y, si fuera literatura, un cuidadoso *íncipit* (la frase inicial que «obliga», por lo intrigante, a seguir adentrándose en la historia). En el Acto III, tenemos que cerrar bien la trama, satisfacer lo que la audiencia espera y meter un final sorprendente y emotivo.

Para más información sobre la estructura dramática, recomendamos *El manual del guionista* de Syd Field[19] —es de cine, pero sirve para

---

[18] Campbell, J. (2008). *The Hero with a Thousand Faces* (3ra ed.). New World Library.

[19] Field, S. (1995). *El manual del guionista: Ejercicios e instrucciones para escribir un buen guion paso a paso.* (M. Heras, Trad.). Plot Ediciones.

todos los formatos— y, si el inglés no es problema, *Creating Character Arcs* de la profe K. M. Weiland.[20] Un imprescindible absoluto es *El viaje del escritor*, de Christopher Vogler[21] (¡corran a buscarlo!). Por supuesto, también tenemos que recomendar *Diseño y narrativa interactiva*, nuestro cuarto libro, donde enseñamos estas técnicas de trabajo contando el «backstage» de *¡Desperfecto!*, novela steampunk ambientada en la Patagonia.

Otra pregunta típica: ¿Qué pasa con esos autores que no planifican sus historias? En efecto, hay muchos grandes escritores que odian planificar tanto, y teniendo solo una premisa y un par de ideas buenas se lanzan a teclear como simios enfurecidos. Estos autores cuentan con dos dones divinos: talento y tiempo. Pueden dedicarse meses o años a escribir una novela, les pagan fortunas por adelantado y sus lectores esperan el lanzamiento segregando litros de baba. Esos que escriben así son llamados «escritores de brújula» porque solo conocen un norte, más o menos para dónde ir en medio de esa selva de incógnitas, y rumbean armados solo con el machete de su talento. Uno de los casos más reconocidos de escritores de brújula es el de Stephen King. El autor de *A Game of Thrones*, George R. R. Martin, llama «jardineros» a esos extraños seres, en contraposición a los «arquitectos» que planifican la estructura dramática, también conocidos como «escritores de mapa». Él mismo se considera un jardinero. Brandon Sanderson (de la saga *Mistborn* o *Nacidos en la niebla*) habla respectivamente de autores de descubrimiento y autores de esquema.

Cualquiera sea la forma de idear una historia, hay algo para tener en cuenta: una estructura dramática es como un camino con postas, y los tramos entre postas se hacen, al fin y al cabo, con una brújula en la mano. Vamos más seguros, pero igualmente improvisando.

Los escritores de brújula odian planificar una estructura dramática porque sienten que ya escribieron la historia y se desaniman. Es que hay mucho de sorpresa y diversión al escribir al tuntún. Uno mismo queda maravillado (o escandalizado) al crear una trama, debido a que los personajes dan la sensación de tener vida propia. Se esfuerzan por salir de los problemas que les ponemos por delante. ¿Qué magia es esa? Los personajes tienen su personalidad, sus habilidades, debilidades y dones; estos los hemos ideado en la fase de diseño conceptual de personajes. Sabemos lo que quieren, a qué le tienen miedo, a quién aman u

---

[20] Weiland, K. M. (2016). *Creating Character Arcs: The Masterful Author's Guide to Uniting Story Structure, Plot, and Character Development*. PenForASword Publishing.

[21] Vogler, C. (2002). *El viaje del escritor: Estructura mítica para escritores*. Robinbook.

odian, en qué piensan, en qué creen. En algún lugar, escribir es como jugar al rol. Los personajes tienen una «hoja de personaje» —que llamamos semblanza o biografía, acompañada por una ficha técnica— y están atados a una cierta lógica. No pueden hacer cualquier cosa, por esto nos sorprenden mientras los escribimos. Nosotros les ponemos obstáculos, y ellos, como si fueran seres vivos y pensantes, se esfuerzan por superarlos.

Narrativa ambiental

La narrativa ambiental o espacial es una técnica de narración donde la historia se cuenta a través del diseño del espacio, los objetos, la arquitectura y los detalles del entorno, en lugar de usar diálogos o cinemáticas tradicionales. Se utiliza en cine, pero en lo que nos ocupa aquí es una forma de contar historias que aprovecha la naturaleza interactiva y espacial única de los videojuegos, y permite que los jugadores descubran y construyan la narrativa a su propio ritmo mientras exploran el mundo del juego. También aplica a las instalaciones interactivas físicas.

Algunos elementos clave de la narrativa ambiental:

1. **Escenografía**: objetos colocados estratégicamente que cuentan una historia (una silla volcada, fotografías en la pared, cartas abandonadas).
2. **Arquitectura**: el diseño de los espacios comunica información sobre los eventos pasados o la cultura del lugar (edificios deteriorados, señales de violencia, diferentes estilos arquitectónicos).
3. **Detalles atmosféricos**: iluminación, sonido ambiental, efectos visuales que establecen el tono y contexto.
4. **Vestigios**: rastros dejados por personajes o acontecimientos anteriores (huellas, grafitis, objetos personales).

La narrativa ambiental es particularmente efectiva en realidad virtual, donde la inmersión permite a los jugadores sentirse verdaderamente presentes en estos espacios narrativos y descubrir las historias de una manera más íntima y personal. Hablamos sobre VR en el *Cap. XI*.

Topología de la narrativa interactiva

En nuestra industria, una característica fundamental es la de poder alterar el flujo de la narración. Los jugadores se moverán tan libremente como se lo permita el espacio lúdico, y harán distintas actividades como resolver enigmas y establecer un diálogo con los NPC.[22] La técnica que usarán los diseñadores narrativos será plantear la trama principal, asegurándose de que sea sólida, y luego introducir rutas alternativas. Los jugadores elegirán qué hacer en determinadas situaciones, y tomarán una bifurcación que alterará la trama central.

Conocemos como **topología narrativa** a esta estructura y organización de las diferentes rutas narrativas que una persona puede tomar en cualquier historia interactiva, como un videojuego, una novela interactiva o una experiencia de realidad virtual. La topología de una narrativa interactiva determina su nivel de complejidad, la libertad de elección que se le otorga al usuario y la rejugabilidad de la experiencia al existir múltiples desenlaces posibles según las decisiones tomadas.

Podemos identificar algunos elementos característicos:

- **Nodos narrativos:** son los puntos de decisión o bifurcación en la historia donde el jugador tiene que tomar una elección que afectará el rumbo de la historia. Cada nodo representa una escena o evento específico.

- **Conectores, arcos o enlaces:** son las conexiones entre los diferentes nodos que permiten al jugador avanzar de un punto a otro de la historia según las decisiones que tome.

- **Ramificaciones:** se refiere a las diferentes rutas o hilos narrativos que se van creando a partir de las elecciones del jugador en los nodos. Cada ramificación representa una línea argumental diferente.

- **Nudos narrativos o «hubs»:** son puntos en los que varias ramas narrativas convergen nuevamente en un mismo nodo, permitiendo que historias divergentes se vuelvan a

---

[22] Las siglas **NPC** (Non-Player Character) o **PNJ** (personaje no jugable) en nuestro idioma, refieren a cualquier personaje o entidad presente en el juego que no esté controlado directamente por el jugador humano. Los PNJ son manejados por la inteligencia artificial del juego y tienen comportamientos y acciones predefinidos.

unir. Los nudos narrativos permiten recuperar algo de control de autoría, que suele perderse en las multitramas.

En cuanto a los tipos, tenemos:

- **Topología lineal:** es una estructura simple donde solo hay una ruta narrativa sin ramificaciones ni decisiones por parte del jugador. Esta es la estructura clásica (y la más «fácil» de hacer). Un ejemplo es *Super Mario Bros.* (Nintendo Entertainment System, 1985).

- **Topología ramificada:** es una estructura más compleja con múltiples nodos de decisión y ramificaciones narrativas que se entrelazan formando una red. La siguiente es una estructura denominada *laberinto.*

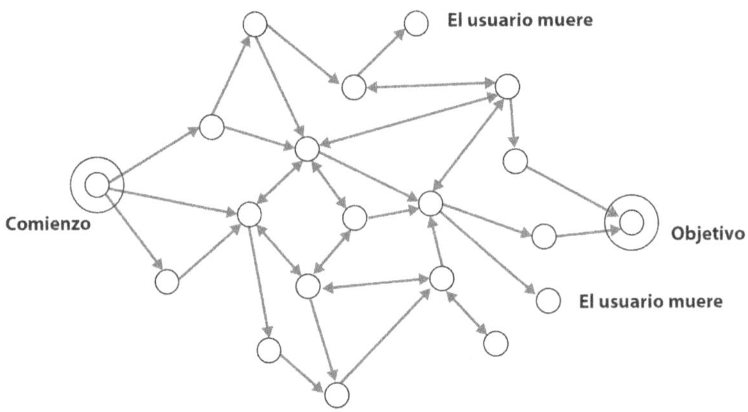

Para profundizar en el estudio de las distintas estructuras narrativas, recomendamos el trabajo de la académica y crítica literaria estadounidense Marie-Laure Ryan.[23]

Las distintas posibilidades que ofrece la topología ramificada es lo más complejo de producir. Nuestra audiencia podrá moverse entre nodos a voluntad, o según le sea permitido. En algunos casos, no

[23] Ryan, M.-L. (2001). *Narrative as Virtual Reality: Immersion and Interactivity in Literature and Electronic Media.* Johns Hopkins University Press.

dejaremos que pueda retroceder, en otros se desplazará a su antojo, buscando, explorando y resolviendo enigmas o puzzles.

Si nos encargamos del diseño de niveles para esa topología, tendremos, por tanto, que considerar las múltiples formas de movimiento del jugador; es decir, acompañar el diseño narrativo, que se establece encima de la topología. En esta situación, hablaremos no ya de topología narrativa, sino de su *topografía*, es decir, de cómo el espacio influye en la construcción del relato (la topología define las relaciones espaciales y conexiones, la topografía describe las características físicas del terreno). **Historia y niveles van juntos.** En algunos casos, no contaremos con un guion o plan perfectamente detallado, por lo que deberemos tener clara la topología que usaremos. Será elemental acordarla con el productor y el diseñador del juego.

Los límites que afectan la topología

En algunos casos, recibiremos un guion o tratamiento del nivel, porque habrá un game designer (o un narrative designer) que hará el trabajo. Sobre todo, cuando se trata de un videojuego o experiencia interactiva con mucho peso narrativo. En ese caso, la tarea será interpretar el documento y generar la topografía, los espacios de juego, con el editor del *engine*. En otros casos, tendremos solo una premisa o guía de qué se supone que debe pasar en el nivel, y nos tocará pensar en un diseño que cumpla con los objetivos y se encuentre dentro de las posibilidades de tiempo y presupuesto. Es en este caso cuando nos ponemos en un doble rol, el de diseñador conceptual y técnico.

También habrá situaciones en donde tenemos mucha información para crear un nivel, y en otros apenas algunas referencias y un objetivo que cumplir.

El gráfico de *laberinto* de la página anterior muestra lo que podría ser la topología de un juego entero, o bien la de un único nivel. La amplitud del espacio de jugabilidad dependerá siempre de las posibilidades técnicas del motor gráfico (existen umbrales que no se pueden sobrepasar, por ejemplo, la cantidad de polígonos en determinada escena), pero dependerá también de los plazos y los recursos disponibles. Como en cualquier industria, es buena idea averiguar esa información antes de trabajar. El dueño del producto, el productor, el director de arte y el programador nos dirán qué límites tenemos. Esto será en forma general, o nivel por nivel. Contar con esta información ahorra tiempo y frustraciones.

Guion / *Game Script*

A diferencia de las películas o series de televisión, los guiones de videojuegos —así como otras experiencias participativas— deben tener en cuenta la interactividad y las opciones de toma de decisiones por parte de la persona al mando.

Un buen guion de videojuego comienza con un concepto sólido y un mundo bien desarrollado, con una mitología, personajes y ambientación ricas en detalles. Como vimos, a diferencia de una narración lineal, el guionista debe pensar también en las ramificaciones, derivaciones de la trama principal y quizás finales múltiples.

El guionista tiene que colaborar estrechamente con el equipo de diseño de juego para asegurar que la narrativa se integre de manera fluida con la jugabilidad, sin que una menoscabe a la otra. Los eventos argumentales y las misiones deben estar entrelazados.

La estructura clásica de tres actos —planteamiento, confrontación y resolución— tendrá que adaptarse a una narrativa más maleable, con múltiples puntos de tensión y giros de trama determinados por el jugador. Las escenas se diseñarán como bloques modulares interconectados por las elecciones del usuario. Lo que hace un jugador en un bloque, arrastra variables a otro bloque, donde estas últimas determinan un resultado o situación. Es conveniente visualizar la estructura dramática con sus elementos centrales puesta por encima del recorrido principal que hará el jugador.

El diálogo es otra pieza clave, porque da vida a los personajes. Es bueno que se sienta natural, y que a la vez revele información sobre la trama, los personajes y el mundo del juego. Los diálogos en árbol permiten opciones conversacionales que influyen en el transcurso de la historia tanto como en el conocimiento de la mitología del juego. El level designer deberá desarrollar la habilidad de crear buenos diálogos, en el momento y tono correctos. En general, el guion señalará los diálogos que deberíamos colocar, pero tal vez será necesario adaptarlos. Esto puede ocurrir porque a menudo el escritor o guionista imagina una escena, pero el level designer es el que está viendo «en vivo» cómo queda.

Esto tiene cierta similitud con lo que ocurre entre el concepto de juego inicial y la prueba del prototipo. El diseñador imagina reglas y condiciones, fija los objetivos, crea los elementos, pero la dinámica de jugabilidad es la que determina los ajustes necesarios.

Cada vehículo narrativo tiene un guion

Un guion de videojuegos puede tener varias partes, cada una correspondiente a un tipo de vehículo narrativo. Un vehículo narrativo, recordemos, es el formato con el que contamos la historia a lo largo del gameplay. Podríamos comenzar el juego con una pantalla de texto, tipo *Star Wars*, y a continuación mostrar una cinemática, que en la práctica es un corto animado. Luego, podríamos seguir con puro gameplay, y después con una escena preprogramada (*scripted event*). En esta última, la tarea del level designer —a falta del especialista en cuestión— será programar los personajes para que actúen sin intervención del jugador. Más tarde, podríamos intercalar el gameplay con diálogos, más cinemáticas, artefactos narrativos, imágenes semi estáticas, etc.

Aquí es cuando surge la necesidad de preparar diferentes guiones para cada vehículo narrativo. Si es texto, no hay problema. La cinemática, en cambio, se deberá guionar como lo que es: una película. Esto significa que el guion seguirá el formato reconocido en la industria cinematográfica. El guion de cine —llamado guion literario, en el que el director basará el guion técnico— involucra un formato especial. La regla general es: una página = un minuto de película. Los guiones de cine son lineales porque son pasivos. El espectador solo puede observar, no interviene.

Este tipo de guion se estudia en academias y manuales de cine y, vale decir, de puro plomos, que encontrarán más información en nuestros libros *Diseño y narrativa transmedia* y *Diseño y narrativa interactiva*.

Cabe aclarar que, en el mundo ideal —el de las grandes compañías de desarrollo—, la cinemática de un videojuego es cosa de los estudios de animación, o de sus propios departamentos internos especializados en la materia. En cambio, en los estudios independientes, las cinemáticas son producidas por los mismos hippies del equipo que desarrolla el videojuego, aunque no sea su disciplina central. ¡Y bueno, así salen, ja! A menudo, por presupuesto y plazo, serán animaciones muy breves, quizás creadas con imágenes en movimiento y algunos efectos especiales, estilo *motion comic*. (¡Bueno, que poniéndoles amor, quedan bárbaras!).

Por otro lado, el guion de videojuegos puede tener un formato similar al guion literario de cine, pero presenta, como diferencia principal, la inclusión de condicionales. Debido a que el jugador decide qué hacer y para dónde ir (dentro de la lógica y los límites del nivel), estos condicionales permiten comunicar al equipo de desarrollo cómo debe entenderse la acción. En estos casos, no corre aquello de «una página = un minuto» porque aquí se rompe la temporalidad del guion. Los jugadores pueden pasar el tiempo que deseen curioseando el nivel. Por supuesto, irán primero a donde no queremos que vayan, e intentarán romper todo lo que parezca posible o imposible de romper.

Por lo general, utilizaremos dos condicionales: «Si el jugador...» hace tal cosa, pasa esto; «cuando el jugador...» hace tal otra, pasa esto otro. O bien, «si la puerta está abierta...» o «cuando el monstruo logra soltarse de las cadenas...» y explicamos qué debe ocurrir. A partir de estas situaciones y condiciones, el level designer irá construyendo los escenarios y las situaciones que se ofrecen en estos.

No siempre en un guion de videojuegos haremos un formato de guion cinematográfico con condicionales. Depende de la forma de trabajar del equipo de desarrollo. En nuestra experiencia, si el equipo es chico, no hace falta el formato preciso del cine. Podremos descartar los márgenes y sangrías predeterminados y usar una fuente distinta a Courier 12, que es la norma. En otros casos, cuando el equipo es mediano o grande, es mejor ajustarse al guion tradicional de cine, que es esencialmente visual, con o sin condicionales. Esto puede ayudar cuando tenemos colegas que vienen del mundo audiovisual y están acostumbrados a pensar en ese formato clásico. Algo que puede pasarnos a nosotros mismos.

En otros casos, cuando el juego es muy extenso, los condicionales podrían necesitar un guion anexo. De otra manera, el cuerpo del guion quedaría tan gordo como Chimalpopoca el Bruto. Entonces, cuando hay un camino alternativo que se abre demasiado, conviene tenerlo en un documento aparte o anexo al que se llega desde el guion principal, y desde donde retorna al mismo.

Relación con la narrativa transmedia

La técnica conocida como *transmedia storytelling* consiste en relatar la historia de un «meta personaje», que es el mundo imaginario, el universo narrativo mismo.

La técnica de la narrativa transmedia no se trata solamente de contar una historia en varios formatos, como suele interpretarse erróneamente. Es bastante más complejo (y emocionante) que eso. La historia general del universo narrativo —el meta personaje— se relata mediante una colección de historias únicas. Así, el mundo funciona como un **contenedor** de historias. Estas pueden ser contadas con los mismos o con diferentes personajes. Asimismo, pueden transcurrir en uno o más períodos históricos, distribuidas a lo largo de una línea de tiempo. Además, pueden presentarse en formatos diversos (videojuegos, películas, podcasts, cómics, novelas, musicales, salas de escape, juegos de mesa, juguetes, etc.). Cada historia transmedia es una pieza narrativa.

Cuantas más piezas narrativas se consumen, mayor es el conocimiento que se obtiene acerca del universo narrativo. Esto produce un sentimiento de fidelidad en buena parte de la audiencia. Lo que lleva, a su vez, a que ese público tenga tendencia a consumir nuevas piezas narrativas pertenecientes al mismo universo narrativo. Como es obvio, el propósito central del diseño transmedia es *vender*.

Cada pieza narrativa tiene entrantes y salientes, como las piezas de un rompecabezas. Las piezas encastran mediante «huecos estratégicos», es decir, situaciones no contadas y no esenciales de una historia principal, pero que se insinúan en una pieza y se relatan en otra (donde estas sí son la historia principal). Todas van interconectadas, y la audiencia viaja entre unas y otras a través de «pistas migratorias», llevada por insinuaciones y motivos emocionales; por ejemplo, porque quiere saber qué pasa con determinado personaje, o cómo ocurre cierta situación.

En narrativa transmedia, las historias (piezas narrativas) se pueden consumir en cualquier orden. Esto es posible debido a que se trata de historias autorreferenciales y autoconclusivas; es decir, se entienden *per se* y cierran perfectamente, sin necesidad de las demás historias (aunque, como se ha dicho, tienen huecos que conducen a otras historias del mismo contenedor). El conjunto se manifiesta como una **constelación de historias interconectadas**. La audiencia junta piezas y las une en su mente con el fin de entender la historia del universo. Dicho fenómeno se conoce como «convergencia».

Esta técnica es la que usan los grandes estudios de cine y videojuegos para explotar sus licencias y sagas. Todos reconocemos sus espacios o mundos, independientemente de las historias que transcurren en ellos: la *Tierra Media* de Tolkien, el *Mundo Mágico* de Rowling, el *Marvel Cinematic Universe* de Disney. La técnica transmedia genera retención, algo fundamental en el ecosistema del entretenimiento, eternamente enfrentado a la volatilidad de la audiencia.

Siempre recomendamos pensar los proyectos, cualquiera sea su formato, como un único proyecto transmedia. Si hacemos varios juegos, por ejemplo, cada uno podría ambientarse en el mismo universo narrativo con independencia de su género, sus personajes y la época en la que transcurre cada uno. Esto permitirá reutilizar recursos y que los jugadores reconozcan nuestra propiedad intelectual con menor esfuerzo de promoción.

POR TANTO, SI ESTAMOS CON UN PROYECTO QUE SEA PARTE DE ALGO MAYOR, **es posible que el juego conecte con otros juegos e incluso con productos de otros formatos**. Esto podría incidir en el contenido del diseño de niveles, donde quizás tendremos que colocar pistas o referencias a otras piezas narrativas. En nuestra web *gamedesignla.com* se puede descargar gratuitamente el primer capítulo de *Diseño y narrativa transmedia*, donde lo explicamos en detalle.

II. SIN RASTROS DE GOMABOLA

CHIMALPOPOCA EL BRUTO AVANZABA DESESPERADO POR LA ESPESA SELVA. Cada paso resonaba como un tambor en la tierra húmeda. La bruma vespertina se enredaba entre los árboles, creando un velo místico a su alrededor.

La última vez que había visto a Gomabola era al amanecer, cuando por fin habían logrado escapar del Reino de la Calavera, que era una sola montaña ni siquiera muy alta. El dorado tesoro ahora se sacudía dentro de su bolsa. Pero el enorme guanaco, siempre inquieto, había corrido tras el rastro de un mono araña, desapareciendo entre la espesura. Chimalpopoca, confiando en el instinto de regreso del animal, no se preocupó de inmediato. Pero conforme pasaban las horas, la ausencia de su compañero se hizo cada vez más alarmante.

Cada huella en el suelo, cada marca en los árboles era minuciosamente examinada por sus enormes manos. A medida que el sol se elevaba, el calor se volvía insoportable. El sudor le resbalaba por la panza. Sin embargo, no permitió que el agobio lo detuviera. Su cabeza, usualmente ocupada en pensamientos simples y directos, ahora se enredaba en recuerdos de Gomabola: su fiel compañía en las noches frías, su inquebrantable valentía en combate, y esos ojos de largas pestañas llenos de lealtad que siempre lo miraban con admiración. Sin Gomabola jamás habría salido vivo del Reino de la Calavera, o sea, la montaña bajita.

Chimalpopoca gritó su nombre, una y otra vez. Su voz retumbó a través de la selva, esperando una respuesta, un hum, cualquier señal. La esperanza parecía desvanecerse como la luz del día.

II
Planificación

Brainstorming. Investigación: cultural, histórica, sociológica, tecnológica. Preproducción. Game Concept. Game Mythology. Guía de arte. Protección de derechos de autoría. Comunicación con el equipo. Nomenclaturas. Repositorios.

UNA VERDAD GRANDE COMO UN ARGENTOSAURIO es que no debemos comenzar a trabajar sin dedicarle todo el tiempo necesario a la etapa de planificación. Este paso determina **el éxito o el fracaso de un videojuego**. Lo que haremos será pensar especialmente en dos grandes problemas: 1) cómo lo haremos, y 2) con qué lo haremos. Vale decir, qué pasos seguiremos para desarrollar nuestro videojuego de principio a fin, y cuáles son los recursos humanos, técnicos y financieros con los que contaremos. ¡No hay que mover un dedo sin tener eso bien clarito!

Hola. ¿Leíste? *¡No hay que mover un dedo sin planificar!*

Es típico de muchas almitas querer desarrollar desde el minuto cero, algo que suena lógico debido al entusiasmo que todos sentimos por hacer juegos, pero es un error descomunal. Los juegos deben ser pensados, planificados, atraviesan una fase de preproducción donde se prepara todo a conciencia para trabajar. Luego se produce en un ciclo iterativo de meses, que puede tomar hasta años. Nadie debería meterse con el *mono-jefe-caníbal-gigante* sin municiones suficientes, ¿cierto?

¡Entonces, a pensar cómo lo haremos y con qué lo haremos! Respecto al primer problema, será cosa de *imaginar* todo el proceso de desarrollo, desde la idea inicial hasta el lanzamiento, incluyendo la campaña de marketing.[24] Este ejercicio mental es útil para detectar los escollos antes de chocarlos. Siempre vamos a rompernos la nariz contra algo, lógico; pero si hemos tomado precauciones en la fase de planificación, la herida sangrará menos. Un buen productor hará este ejercicio todos los días.

En cuanto al segundo problema, nos preocuparemos por tener todas las personas necesarias a la vista, tanto las que forman parte del equipo estable del proyecto, como las que deberemos contratar en forma temporaria. En caso de no tenerlas, el productor las buscará con anticipación para no trabar el desarrollo.

Otro de los mega problemas es el financiamiento. En el caso de los autores de este libro, lo aprendimos a los golpes. ¡Conseguimos moretones de esos que tardan en sanar! En el pasado, hemos iniciado muchos proyectos sin tener claro —a veces, sin siquiera pensarlo— de dónde sacaríamos el dinero para hacerlo realidad. Los hippies que venimos del mundo de la creatividad, como es nuestro caso, solemos ser horribles para los negocios. Hacemos las cosas por amor al arte, llevados por el entusiasmo. Luego, nos rompemos las rodillas contra alguna de las innumerables rocas que sobresalen de la realidad. Aprendimos entonces que, antes de meternos en algo, deberemos saber cómo nos financiaremos. Si no lo sabemos, buscaremos alguna de esas raras criaturas que entienden de negocios. O bien haremos los cursos y diplomados que hagan falta. No se puede hacer dinero sin saber cómo *funciona* el dinero.

Si trasladamos esta noción al mundo de los videojuegos, significa lo mismo: tendremos que pensar en qué nos conviene hacer, cómo hacerlo, de dónde sacaremos el dinero para financiar el desarrollo (quizás mediante un programa de subsidios privados o públicos, por un concurso, a través de una campaña de *crowdfunding*, por un socio inversionista... ¡pero nunca de nuestros propios bolsillos, no hagamos eso!). También pensaremos cómo venderlo. Este último tópico implica conseguir un publisher[25] o autopublicarlo en un store. Lo aconsejable siempre es conseguir la persona que sabe de esas cuestiones, que a menudo no tendrá nada que ver con los videojuegos sino con el mundo de los negocios.

---

[24] Deberíamos pensar aún más allá del lanzamiento del juego, en especial si luego queremos sumar contenido descargable o publicar una secuela.

[25] Un **publisher** o editor de videojuegos es una empresa dedicada a la distribución, comercialización y publicación de los videojuegos. Algunos son empresas como Sony, Microsoft, Nintendo, Activision Blizzard, Electronic Arts, Ubisoft, Take-Two Interactive, entre otras.

Otro asuntillo es el del **marketing**. Lo hará una agencia de medios cuando tengamos los recursos para pagar por el servicio. Si no tenemos para invertir en una agencia, habrá que arremangarse y hacer el mejor trabajo de **comunicación** que podamos. Cabe aquí un consejo que ya dimos en los libros anteriores de esta serie: hay que empezar a promocionar el proyecto lo antes posible, en fase de preproducción; incluso desde el momento en que tenemos un *game concept* y algo de arte para mostrar. Haremos una web, pondremos la premisa del juego, algunos textos gancheros y alguna imagen atractiva. Abriremos cuentas en las redes sociales de moda. Al principio, eso es más importante que ponerse a trabajar en el propio juego. Más tarde agregaremos a la web el trailer, capturas de gameplay, entrevistas, wallpapers, personajes para imprimir en 3D, etc. Lo que vemos todos los días en nuestra industria. No hay que esperar a tener el prototipo ni el *vertical slice*[26] para comenzar a promocionar. ¡No cometamos ese error, porque es un error de los más gordos!

Es necesario entender que la difusión es parte integral del proceso de desarrollo, no es algo aislado o externo.

Los pequeños estudios, sobre todo los que recién arrancan, no quieren mostrar lo que están haciendo porque tienen miedo de que les roben sus brillantes ideas. Pero las ideas no valen nada, **lo que vale es la ejecución**, que tengamos algo hecho de verdad. El problema es que, cuando por fin deciden mostrar su trabajo, es tarde. Se vende lo que se promociona con una buena anticipación (o mucho dinero). Mostrar el juego cuando ya casi está listo no da tiempo a generar expectativa entre los jugadores. ¿Cuánta anticipación? Desde la misma preproducción y nunca por menos de seis meses, incluso nueve meses.

Por otra parte, la mejor forma de proteger las ideas[27] es dándolas a conocer. Es como marcar territorio. Como decir a los cuatro vientos: «miren, malditos, estamos haciendo este juego con viajes en el tiempo y caramelos gomita, nadie lo hizo nunca y si nos copian quedarán en evidencia». Así que, apenas tenemos algo de arte de concepto, un nombre y logo (aunque sea provisorio), hacemos una web (no omitir este

---

[26] Un **vertical slice** es un prototipo funcional que ofrece una muestra representativa del juego completo, abarcando todas las facetas y sistemas que lo componen, como jugabilidad, gráficos, sonido, inteligencia artificial, etc. Antes de 2016 le decíamos simplemente «demo».

[27] En Argentina, si tenemos un prototipo funcional, es posible hacer un «registro de obra inédita» en la DNDA (Dirección Nacional de Derecho de Autor). Allí se puede pedir asesoramiento. En otros países existen organismos públicos con propósito similar. Ver «Protección de derechos de autoría» más adelante.

paso) y empezamos a publicar. Y nos vamos a cada evento que podamos a gritar que estamos desarrollando un videojuego. Nos hacemos la gorrita y la remera, los pines y las tarjetitas. El tatuaje todavía no, por las dudas.

En este punto, podríamos decir: ¿y qué demonios tiene esto que ver con el *level design*? Estas son nociones necesarias para entender nuestro ecosistema y algo que cualquier latinoamericano debe considerar en la gran sopa del videojuego. Si estuviéramos trabajando en el mercado anglosajón, quizás nos contrataría una compañía gigantesca, nos metería en una oficina con una gran computadora, cinco monitores y un set de captura de movimientos, y nuestra única tarea sería diseñar niveles. De todo lo demás se ocuparían otras personas. Pero estamos en América latina, donde las cosas no están maduras y la mayoría de los emprendimientos requieren saberes múltiples. Aquí el game designer hace la historia, los niveles del juego y el arte ambiental, maneja las redes y prepara el café. El artista compra suministros en el supermercado chino y mientras dibuja los storyboards limpia la cocina. No es fácil, ¡pero es de lindo!

Desde luego, con el tiempo deberemos especializarnos en las distintas áreas del desarrollo y producción para alcanzar la madurez como industria y tener chances reales de competir en el mundo. Especializarse significa elegir vocación y estudiar y practicar para ser el mejor en eso.

Como level designers vamos a estar presentes en el proceso de creación integral del videojuego, si es posible desde la etapa inicial. Eso nos ayudará a hacer un buen trabajo. El diseño de niveles necesita por su cuenta de una buena y gran planificación. Un buen profesional, o alguien que aspira a serlo, debe entender todos los procesos de producción y la forma en que funciona la industria del videojuego.

Ojo, vale también decir que *el exceso de planificación tampoco es bueno*. Hay que arrancar cuanto antes, pero sin descuidar lo anterior. Muchas cosas se atravesarán en el camino de todos modos.

Brainstorming

El proceso de *brainstorming* o «tormenta de ideas» es fundamental en esta etapa de planificación, porque nos permite explorar y generar una gran cantidad de conceptos, mecánicas e ideas iniciales. Una sesión eficaz de tormenta de ideas puede marcar la diferencia entre un videojuego innovador y uno convencional. ¡No queremos nada que sea convencional, señoras y señores!

A menos, claro, que estemos en uno de esos grandes estudios que siguen publicando secuelas de sus licencias venerables, de probado éxito, porque los asusta innovar demasiado.

Una de las técnicas más utilizadas es el *brainstorming grupal*, donde un equipo multidisciplinario se reúne para proponer ideas demenciales, sin juzgarlas ni criticarlas en ese momento (alguna risita es inevitable). Con lo de «equipo multidisciplinario» nos referimos a que deberían estar presentes los diseñadores, los artistas, los programadores, los productores, los músicos, si es posible la gente de marketing. Esto no siempre ocurre, pero es algo positivo si se puede hacer. ¿Los diseñadores de niveles? ¡Es *imprescindible* estar presentes! Cada disciplina técnica y artística tiene su propia mirada, sus ideas, sus noticias y, al pensar entre todas las personas, pueden salir premisas de juego de esas que llamamos «estrambóticas», delirantes al principio, pero que tienen el potencial de convertirse en algo novedoso.

Un moderador experimentado guía la sesión y anota todas las ideas para su posterior análisis. Esta técnica fomenta la creatividad al montar un ambiente libre de juicios donde las ideas más audaces pueden florecer como granos adolescentes.

Otra forma efectiva es el *brainstorming individual*, donde cada hippie del equipo reflexiona y anota ideas por su cuenta antes de compartirlas con el grupo. Esto permite que emerjan perspectivas únicas sin la influencia inmediata de los demás. Posteriormente, las ideas individuales se comparten y se construye sobre ellas en forma colectiva.

Las técnicas de escritura espontánea o ejercicios de visualización creativa también pueden emplearse para estimular el flujo de ideas. En la primera, los participantes escriben sin parar durante un tiempo determinado, permitiendo que su mente divague libremente. En la segunda, se guía a los participantes a través de una experiencia imaginaria diseñada para inspirar ideas novedosas.

Después del brainstorming, las ideas deben evaluarse según criterios como la factibilidad, la originalidad y la alineación con la visión del proyecto. Las ideas más prometedoras se refinan y se desarrollan en mayor profundidad.

Brainstorming en Level Design

Para un level designer, la tormenta de ideas es dinamita a la hora de idear niveles. Es necesario combinar la creatividad del equipo con un enfoque práctico. Lo que estamos creando es, en esencia, un todo de jugabilidad, ritmo, desafíos y coherencia temática. La tormenta de ideas se extenderá como el mal tiempo por toda la fase de desarrollo. Es decir, habrá una o más sesiones de brainstorming iniciales, pero será necesario hacer otras entre nivel y nivel, o entre entregas del prototipo. Lo normal y más práctico es que antes de trabajar en cada nivel este tenga su propio brainstorming.

Estos son algunos de los aspectos que vamos a considerar:

- **Referencias**: antes de la sesión, el level designer (a partir de ahora le diremos LD) tiene que recopilar referencias visuales, como conceptos artísticos, fotografías, películas o incluso niveles de otros videojuegos exitosos. Estas referencias actúan como catalizadores para generar ideas sobre el diseño de niveles, flujos de juego, obstáculos, puzzles, etc. Un LD que se presente a la reunión de brainstorming sin referencias será eyectado del mundo.

- **Narrativa**: los niveles sirven para avanzar la narrativa del juego. En estas sesiones, el equipo creativo puede explorar ideas basadas en la historia, los personajes y los eventos clave que podrían inspirar el diseño de ciertos niveles o áreas del mundo del juego. Si el proyecto cuenta con un narrative designer, también tendría que estar presente, aunque tengamos la documentación y el *game script* o guion. Si hay traductores y/o localizadores internos, también.

- **Temática**: dependiendo del género del videojuego, el LD puede centrar las sesiones de brainstorming en temas específicos, como mazmorras en un RPG, pistas de carreras en un juego de conducción, o escenarios de combate en un shooter. Esto se suele hacer en conjunto con el game designer, si se trata de alguien diferente al level designer.

- **Jugabilidad**: aquí el foco está en generar ideas innovadoras de jugabilidad que puedan integrarse en el diseño de niveles. Se exploran mecánicas de juego únicas, puzzles, desafíos y formas creativas de interactuar con el entorno que puedan aplicarse a niveles específicos. Naturalmente, además del LD debe estar presente el game designer y la gente de programación, que podría estar condenada a escribir código específico para los puzzles o desafíos físicos.

- **Progresión**: es importante considerar la progresión y el flujo general de los niveles. Se analizan ideas para crear una curva de dificultad equilibrada, introducir nuevos conceptos de jugabilidad de manera orgánica, y garantizar una experiencia satisfactoria para el jugador a medida que avanza por los niveles. Además del game designer, si existe en el equipo una persona dedicada al sistema de progresión o al sistema económico del juego, también la queremos aquí.

Investigación

El primer momento en el que nos ponemos a pensar en el videojuego que haremos suele ser confuso. Puede que tome varias horas, o varios días. Una vez que tenemos la temática, que quizás elegimos un género, que bocetamos la premisa de una historia, suele ser necesario sacar del baúl la lupa y la pipa de investigadores. Nunca podemos dejar de lado este paso, porque le da cuerpo a todo lo que viene a continuación.

Hay cuatro tipos de investigación que hacer, sin excepción: cultural, histórica, sociológica y tecnológica.

Así que, **si alguna vez no sabemos qué hacer, cómo o por dónde empezar, es porque nos falta información**. Tenemos que descubrir esos aspectos y detalles que harán del juego una experiencia inolvidable.

El desarrollo de un videojuego es un proceso de *descubrimiento*.

Investigación cultural

Una investigación exhaustiva, en especial cuando el juego se ambienta en temas históricos o realistas, garantiza que los niveles reflejen de manera auténtica los detalles arquitectónicos, las tradiciones, las creencias y la estética de las culturas representadas, como veremos en el capítulo sobre estructuras y estilos en la arquitectura. Un enfoque superficial o carente de rigor resultará en niveles genéricos o, peor aún, plagados de estereotipos e imprecisiones culturales.

Esos defectos no se perdonan.

Este trabajito lo habrá hecho seguramente el game designer (si es otra persona), pero eso no quita que debamos producir nuestra propia investigación, porque no es tarea del diseñador del juego ponerse a revisar estilos arquitectónicos, tecnologías o costumbres de época no directamente involucradas en las mecánicas de juego. En todo caso, ese trabajo le corresponde al *concept artist*. El artista conceptual habrá tomado referencias similares a las que incumben a un LD.

El proceso de investigación cultural comienza con la inmersión en la literatura existente sobre la cultura o período histórico en cuestión. Los libros, artículos académicos y recursos en línea brindan una buena base de conocimientos sobre la arquitectura, el arte, la vestimenta, las costumbres y los estilos de vida a lo largo del tiempo. Sin embargo, si los bolsillos o la oportunidad nos los permiten, es bueno ir más allá de las fuentes secundarias y buscar perspectivas de primera mano de expertos, historiadores y miembros de las comunidades representadas.

Pondremos como ejemplo un caso real de un alumno de la Universidad Maimónides (maimonides.edu). Quería crear un *serious game*[28] sobre la guerra de Malvinas. El objetivo era transmitir la sensación de terror y soledad desde la perspectiva de un soldado joven y sin experiencia, que de un día para el otro se ve obligado a matar. El diseño de la isla no era problema, porque existe material fotográfico, satelital y en video, pero para representar las sensaciones o la experiencia correcta necesitaba más que la simple ambientación. Se procedió a entrevistar a un veterano de Malvinas para entender la situación de la forma más visceral posible. No es lo mismo modelar una trinchera, que escuchar de primera mano lo que ocurría allí dentro, algo que después se podría representar en el juego para transmitir las sensaciones y emociones de un soldado real. Esto marca la enorme diferencia entre lo genérico y lo bien hecho.

Las entrevistas y las consultas con estas fuentes primarias pueden revelar matices e información que no se encuentran en los textos

[28] Un «**juego serio**» es una aplicación interactiva cuyo propósito principal va más allá del simple entretenimiento. Se utiliza en diversos ámbitos como la educación, la salud, la formación empresarial, las fuerzas armadas, la concientización social, entre otros. Algunos ejemplos incluyen videojuegos para enseñar materias escolares, simuladores de vuelo para entrenar pilotos, juegos para promover hábitos saludables, etc.

publicados. Los protagonistas de los hechos pueden compartir historias, anécdotas y conocimientos transmitidos de generación en generación.

Además de la investigación teórica, los viajes de investigación *in situ* pueden ser invaluables. Visitar los lugares históricos, explorar la arquitectura local y observar de cerca las tradiciones culturales vivas brinda una experiencia inmersiva que no se puede replicar a través de libros o entrevistas. Tomar fotografías y documentar observaciones de primera mano con seguridad inspirarán ideas únicas para el diseño de niveles. Los grandes estudios envían a sus creativos a visitar y documentar lugares, edificios, personas y costumbres.

Una vez recopilada toda esta información, el proceso de diseño de niveles recién puede comenzar. Los detalles arquitectónicos, los patrones de diseño, los colores, las texturas y los elementos decorativos deben reflejar fielmente la cultura representada. Y atención con esto: la investigación cultural exhaustiva no solo contribuye a la autenticidad de los niveles, también puede inspirar mecánicas de juego únicas y enriquecer la narrativa general del videojuego.

Siempre tengamos en cuenta que la diferencia entre unos niveles «así nomás», creados por pura imaginación o de memoria, y otros que asombran y transmiten credibilidad, es la cantidad de tiempo que se le destina a la investigación sociocultural e histórica.

Investigación histórica

Tanto como la investigación cultural, una ambientación histórica recreada con precisión es deseable en varios géneros, como los juegos de estrategia y las aventuras. Para representar lo mejor posible las épocas pasadas en el diseño de los niveles del juego, hay que investigar con mucho rigor, escarbar la Historia. ¿Quién dijo que hacer juegos es fácil?

El primer paso en toda investigación siempre arranca por sumergirse en la literatura académica. Se buscarán los principales acontecimientos, las figuras clave, las costumbres sociales y los estilos arquitectónicos del período. El *Cap. X*, «Estructuras y estilos arquitectónicos en la Historia», ofrece un punto de partida para investigar. Más allá de las fuentes secundarias, es aconsejable consultar fuentes primarias como crónicas, diarios, cartas y otros documentos contemporáneos a la época estudiada. Allí encontraremos información sobre la vida cotidiana, las tradiciones, las creencias y las percepciones de la época que por lo general no se reflejan en los relatos históricos posteriores.

Además de la investigación bibliográfica, visitar ruinas arqueológicas, edificios históricos y museos —los museos son increíbles para esto— permite estudiar de cerca la arquitectura, los materiales de construcción y los detalles decorativos de la época. También es genial experimentar de alguna manera una época o situación (ver una obra de teatro, o jugar un título similar al que queremos lograr). Las IA ofrecen guía y consultarlas puede ahorrar una valiosa cantidad de tiempo, pero con cuidado: son una guía, no el objeto de estudio.

Otra fuente valiosa de información son los expertos académicos en el período histórico en cuestión. Entrevistar a historiadores, arqueólogos y especialistas en la materia proporciona una comprensión más profunda de los aspectos específicos relevantes para el diseño de niveles, como las técnicas de construcción, los estilos artísticos y las influencias culturales de la época. ¿Dónde están escondidos esos seres extraños? Tienden a merodear por las universidades, donde fingen ser profesores por un salario de risa. También vagan por los museos.

Un error frecuente, que notamos en muchos videojuegos, incluyendo los AAA, es que suelen aparecer objetos desfasados en el tiempo, vestimentas, formas de hablar o costumbres inexactas. Cosas que aún no fueron inventadas, hechos que no ocurrieron o están a varios años de distancia en el futuro. Esa clase de errores, si bien pueden no ser apreciables por la mayoría de los jugadores, ponen en evidencia el nivel de calidad.

Investigación sociológica

Sirve para videojuegos ambientados en entornos urbanos, rurales o que representan diferentes grupos sociales y culturales. Investigando podremos comprender a fondo las dinámicas sociales, las costumbres, las creencias y los patrones de comportamiento de las comunidades representadas, lo que resulta en escenarios más auténticos, porque podremos reflejar eso al construir los niveles y colocar los personajes no jugables que «dan vida» a los escenarios.

Se puede empezar por pedir pistas a una IA, y luego seguir con una revisión de la literatura académica relevante, incluyendo estudios sociológicos, etnográficos y antropológicos sobre la comunidad o grupo social en cuestión. Con estos podremos aprender sobre la estructura social, las normas culturales, las tradiciones, las prácticas religiosas y los estilos de vida de las personas que se pretende representar.

Como ya hemos visto en los tipos anteriores, la investigación de escritorio no es suficiente. En la medida que sea posible, es deseable complementarla con trabajo de campo. Es ideal sumergirse en estos entornos, interactuar con los residentes locales, participar en sus actividades diarias y observar de primera mano cómo se desarrolla la vida en esos espacios. Si estamos diseñando los niveles de un manicomio, vayamos a visitar uno real y observemos el comportamiento y la vida de los pacientes. Hablemos con enfermeros y familiares. Tratemos de *sentir* y *entender* a esas personas.

Esta inmersión permite identificar matices, detalles y dinámicas que no se pueden capturar en los textos académicos o en una simple foto de Internet. Es valioso ver cómo las personas interactúan con su entorno construido, cómo se mueven y utilizan los espacios, cómo se relacionan entre sí y cómo se manifiestan las jerarquías y las normas sociales en el mundo físico.

Otra posibilidad es consultando con profesionales. Por ejemplo, cuando trabajábamos en *Vlad Circus: Descend into Madness* (2023), una aventura de terror psicológico del estudio argentino Indiesruption, entrevistamos al Lic. Nicolás Crescenzi, psicólogo y game designer, para que nos describiera cómo se comporta un enfermo de esquizofrenia, enfermedad que padece el protagonista del videojuego. Nuestra intención era proyectar la enfermedad en el personaje principal y entender cómo afectaría a los demás personajes. Estudiando sobre los circos de fenómenos de los años 20 del siglo pasado, supimos que los artistas —a menudo personas alienadas por la sociedad de la época, despreciadas por su condición física— encontraban contención en los circos, donde, por el contrario que en la vida normal, se sentían estrellas. Con esa información y experiencia, escribimos *La historia del Circo Vlad*, una novela que se convirtió en el «lore»[29] del juego. El hecho de entender que el circo era el hogar querido de los personajes afectó las situaciones y los diálogos.

Investigación tecnológica

La fase de preproducción sienta las bases para todo el proyecto. Una de las decisiones más importantes en esta etapa es la elección de la tecnología y el motor de juego —*game engine*— más conveniente. Esta

[29] El **lore** es el conjunto de tradiciones, historias y conocimientos sobre un determinado universo o contexto, que sirve como la base histórica y cultural que da profundidad y coherencia a un universo narrativo.

decisión tendrá un impacto significativo en el flujo de trabajo, las herramientas disponibles y las capacidades técnicas del juego final.

En primer lugar, se deben evaluar los requisitos del proyecto, incluyendo el género del juego, el estilo visual, las plataformas objetivo y el alcance previsto. Estos factores determinarán en gran medida las tecnologías más adecuadas. Por ejemplo, un FPS —juego de disparos en primera persona— tendrá diferentes necesidades que un juego de plataformas 2D. Uno de los enfoques más populares es utilizar un motor de juego comercial y ampliamente adoptado, como Unity y Unreal Engine. Estos motores ofrecen una base técnica sólida, con muchas características integradas y un gran ecosistema de recursos y comunidades de desarrolladores. Sin embargo, también implican un costo de licencia y, en algunos casos, pueden requerir un mayor esfuerzo de optimización para lograr un rendimiento óptimo.

No olvidemos a Godot, un motor de videojuegos 2D y 3D multiplataforma, libre y de código abierto, desarrollado inicialmente en Argentina por Juan Linietsky y Ariel Manzur. Es cada vez más popular.

Los motores de juego personalizados o los desarrollados internamente pueden ofrecer un mayor control y personalización, pero también conllevan un mayor riesgo y una mayor inversión de tiempo y recursos. Esta opción puede ser más adecuada para proyectos muy específicos o equipos con experiencia en el desarrollo de motores de juego.

Además de la elección del engine, también es importante considerar otras tecnologías complementarias, como herramientas de modelado 3D, software de pintura digital, motores de físicas, *middlewares*[30] de inteligencia artificial y sistemas de control de versiones. Hay de todo, desde generadores procedurales de vegetación (el contenido se genera mediante algoritmos) hasta módulos de inteligencia artificial para los diálogos con los PNJ. Una buena integración y flujo de trabajo entre estas herramientas es imprescindible para un proceso de desarrollo eficiente. Otro aspecto para tener en cuenta es la escalabilidad y la portabilidad del proyecto. Hay que elegir tecnologías que permitan el desarrollo multiplataforma, si se pretende que el juego esté disponible en varias, y que estas sean capaces de manejar los requisitos de rendimiento. Es muy importante estar atentos a las diferentes resoluciones de pantalla y sistemas de control de los diversos dispositivos presentes en el mercado.

---

[30] En el contexto de los videojuegos, un **middleware** es un conjunto de herramientas, librerías y frameworks que se integran con el motor de juego para proporcionar funcionalidades adicionales. Estos pueden ser desarrollados por terceros o por el propio equipo de desarrollo.

Por fin, algo más a considerar es si los desarrolladores del equipo tienen experiencia en 2D, 3D o han trabajado antes en un engine o lenguaje en particular. De ello podría ser que se decida el perfil del proyecto.

Por fin, no habría que perder de vista los engines creados para géneros específicos, como RPG Maker (rol), Ren'Py (novelas visuales), MUGEN (lucha), Stencyl (plataformas) y Twine (hiperficciones), entre otros.

Preproducción

Como dijimos, una buena planificación puede marcar la diferencia entre un juego exitoso y uno fallido, ya que sienta las bases para las etapas posteriores de preproducción, producción y posproducción. La preproducción es la fase inicial del desarrollo formal, una fase iterativa y colaborativa que implica a todo el equipo de desarrollo, incluyendo diseñadores, artistas, programadores y productores.

En esta etapa se desarrolla y refina la idea central del juego, se explora su género, se diseñan las mecánicas principales, se esboza la historia y se identifican los elementos clave. Estos aspectos pueden seguir evolucionando durante la producción. Aquí ocurren graves discusiones, escándalos, corazones rotos y ajustes de cuentas entre los creativos y productores. Bueno, un poco exagerado, pero algo así.

La tarea se formaliza creando un documento inicial de diseño del juego (game concept) que sirve como guía para todo el equipo. Se investigan los juegos similares en el mercado, se analizan las tendencias y se estudian las tecnologías y herramientas disponibles. Esto ayuda a definir el alcance del proyecto y a identificar los desafíos técnicos.

A continuación, lo antes posible, se desarrolla un prototipo jugable que permita probar las mecánicas principales del juego. De esta forma es posible detectar problemas tempranamente y validar el concepto. **¡Cuanto más rápido hay prototipo, mejor!** Este puede ser parcial,

PROYECTO MÁRTIR

*Algunos realizadores audiovisuales llaman así a una prueba en la que se explora el concepto inicial. La idea es hacer un prototipo «perfecto», tanto técnica como artísticamente —que se vea como si fuera un pedacito del **producto final**— para comprobar si el concepto es factible. A menudo, el mártir provoca descubrimientos y cambios en el concepto, y se desecha.*

como el sistema de combate (cuando es solo una parte, lo llaman un «horizontal slice»). Lo importante es probar las ideas.

Una vez que se pudo validar el concepto desde lo técnico y lo artístico, se procede a planificar la estructura general del juego, incluyendo ideas para el diseño de niveles, áreas, misiones y flujo de progresión.

En paralelo, se diseñan los personajes principales, enemigos, criaturas, vehículos y otros elementos que formarán parte del juego. Se crea un estilo artístico y se desarrollan conceptos visuales, incluyendo los *storyboards.*[31]

Ahora aparece el villano del proyecto, que a menudo llamamos productor o dueño del producto, Señor del Látigo y otros términos menos épicos, que goza con establecer un cronograma detallado, asignar roles y responsabilidades al equipo, y sobre todo con definir hitos y entregas imposibles. También este ser terrible, o alguien que le responde con su sangre, se encarga de calcular el presupuesto necesario para el desarrollo completo del juego y de explorar opciones de financiamiento, ya sea mediante inversores o publishers.

Por último, se realizan pruebas con el prototipo y se recopila retroalimentación de jugadores potenciales y expertos en la industria. Esto permite refinar el diseño antes de avanzar a la fase de producción, llamada cariñosamente «de pico y pala».

Veamos algunos consejos sobre elementos de preproducción:

Game Concept / GDD

El «concepto de juego» es un documento clave en la fase de preproducción. Ojo, no debe confundirse con otros documentos más completos y técnicos que se escriben más tarde, entre ellos el clásico y reconocido mamotreto que llamamos «biblia» (debido a que es un coso de cientos de páginas). El *Game Concept* o *High Concept* (GDD en general) es mucho más conciso, y define la visión general, los objetivos y las características principales del juego que se va a desarrollar. Suele incluir una breve descripción del concepto central (lo que dirías en dos líneas o diez segundos para explicar de qué se trata), el género del juego, audiencia objetivo y elementos diferenciadores. Es importante explicar la idea principal del juego, incluyendo aquello que lo hace único y

[31] Los **storyboards** son una herramienta visual utilizada en el desarrollo de videojuegos, películas, animaciones y otros medios visuales. Consisten en una secuencia de ilustraciones o viñetas (un poco al estilo de un cómic) que representan los principales eventos, acciones y escenas que conforman la narrativa o gameplay del proyecto. Ver el *kit de diseño online*.

atractivo, el llamado *Unique Selling Point*, como veremos más adelante. Incluye una explicación general del mundo, la ambientación, muy brevemente la premisa de la historia (si la hay) y los personajes principales. Pone especial énfasis en el modelo de ingresos que tendrá el juego, es decir, la forma de monetización (Premium, Freemium, suscripción, ads, etc.). Lo importante es que el concepto deje claro por qué motivo será un negocio redituable.

Este documento también detalla las reglas, objetivos, controles y mecánicas clave que definen cómo se juega. Se incluye un resumen de los diferentes modos de juego, niveles, progresión y desafíos que enfrentarán los jugadores. Esto será, naturalmente, la base del diseño de niveles. En el caso de que se use la metodología que hemos desarrollado en nuestro primer libro, esta parte del documento podría mencionar los cinco elementos clave: 1) satisfacción de deseos y necesidades, 2) sistema de progresión, 3) desafíos escalables, 4) objetivos y 5) recompensas (ver el apartado de *Estructura lúdica* más atrás en este mismo capítulo).

Es usual incluir algunas imágenes para mostrar el estilo artístico, la paleta de colores, el tono y la atmósfera que se busca transmitir.

Algo que también se menciona son las plataformas y dispositivos en los que se planea lanzar el juego (consolas, PC, móviles, etc.) y cuál será el grupo demográfico al que se dirige el juego, incluyendo edad, género, región donde se venderá y preferencias (ver el apartado siguiente).

Un buen game concept no omite la mención a otros juegos, películas o medios que pueden servir como inspiración o punto de referencia para el concepto. En particular, es honesto mencionar otros juegos que se parecen o tienen una mecánica similar a la nuestra, haciendo foco en las diferencias. A estos los apodan *comps*, contracción de «competitive products». ¡No incluir esto último da señales de debilidad!

Por último, se indican las herramientas, motores de juego y tecnologías necesarias para el desarrollo.

El concepto de juego también puede ser utilizado para presentar el proyecto a inversores, publishers o distribuidores. En este caso, se acostumbra a acompañarlo con un vertical slice o un trailer. También sirve como carnada para atraer a la prensa especializada en videojuegos.

En el kit de diseño de nuestro primer libro (*gamedesignla.com/kit*), es posible encontrar plantillas y ejemplos de documentos de concepto.

Público objetivo / *Target*

La identificación del público objetivo es una necesidad. Tenemos que comprender a fondo las características, preferencias y motivaciones de los jugadores a los que nos dirigimos para ofrecerles una experiencia satisfactoria. En primer lugar, hay que segmentar a los jugadores por grupos de edad. Las mecánicas, narrativa y estética de un videojuego diseñado para niños diferirán enormemente de uno orientado a adultos. La gente chiquita suele preferir juegos con temáticas imaginativas, desafíos sencillos y un fuerte componente lúdico. Mientras tanto, los jugadores adultos buscamos experiencias más complejas, con tramas profundas y mecánicas que pongan a prueba nuestra destreza e inteligencia.

Además de la edad, los intereses y géneros predilectos son clave. Algunos jugadores prefieren la acción demencial de los shooters en primera persona, mientras que otros disfrutan más de la inmersión en mundos serenos y repletos de misterios para explorar. Otros se sienten atraídos por los desafíos mentales de los puzzles o la competencia multijugador. Conocer estas preferencias permite crear un producto alineado con los gustos del público objetivo. Siempre es buena táctica consultar a los «fans» del género y validar las ideas.

Por otro lado, las diferencias culturales y geográficas también moldean las expectativas de los jugadores. Lo que resulta atractivo en un mercado puede no resonar con otro. Por ejemplo, los juegos de rol masivos y los de acción suelen tener una gran recepción en países asiáticos, mientras que los juegos bélicos y los de deportes se venden mejor en Norteamérica.

En América latina, la industria de los videojuegos ha experimentado un crecimiento exponencial en las últimas décadas. A medida que la tecnología se ha vuelto más accesible y la penetración de Internet ha aumentado, los jugadores de nuestra región han demostrado tener gustos y preferencias únicos que los distinguen de otros mercados. Uno de los géneros más populares en nuestra región son los juegos de deportes, especialmente los simuladores de fútbol. Títulos como FIFA y *Pro Evolution Soccer* cautivan a millones de fanáticos en países como Brasil, Argentina, México y Colombia, donde el fútbol es una pasión nacional.

Además, los juegos de acción y aventuras con una fuerte narrativa suelen tener un gran atractivo en América latina. Franquicias como *Uncharted*, *Tomb Raider* y *God of War* han encontrado un público entusiasta. Por otro lado, los juegos de rol masivos en línea (MMORPG) también gozan de una amplia popularidad, especialmente en países como Brasil y México. Títulos como *World of Warcraft* y *Final Fantasy XIV* han construido comunidades de jugadores que disfrutan de la inmersión en estos gigantescos mundos de fantasía y la interacción social con otros jugadores de todo el continente.

Los juegos de lucha también tienen una gran presencia. Franquicias como *Street Fighter*, *Tekken* y *Mortal Kombat* han cautivado a generaciones de jugadores latinoamericanos con sus intensas peleas y personajes icónicos. Finalmente, existe un creciente interés por los juegos independientes desarrollados en la región, muchos con sabor autóctono.

Argumento Único de Ventas

En un mercado global saturado de videojuegos, donde cientos de nuevos títulos son lanzados cada año, es fundamental que un juego tenga un *Unique Selling Point* —también llamado *Unique Selling Proposition*— sólido y convincente. Este USP es la razón principal por la que un jugador elegiría un juego sobre los demás, y su definición es clave para una estrategia efectiva de comunicación y marketing.

El USP debe identificar y comunicar la propuesta de valor única que ofrece un videojuego. Puede ser una mecánica innovadora, una gran narrativa, gráficos impresionantes, un modo de juego único, o una combinación de varios elementos distintivos. Lo importante es que resalte aquello que hace que el juego se destaque de la competencia y resulte atractivo para el público objetivo.

Por ejemplo, *The Legend of Zelda: Breath of the Wild* (Nintendo, 2017) tenía como USP su vasto mundo para explorar, con foco en el descubrimiento y la resolución de acertijos ambientales. Mientras que *Overwatch* (Blizzard, 2016) destacó por sus gráficos, personajes carismáticos y el juego por equipos súper frenético.

Un buen USP debe ser conciso, memorable y fácil de comunicar. Debe apelar al público objetivo y generar interés y emoción. Además, es crucial que el propio juego respalde y cumpla con la promesa del USP.

El elemento que tomamos para esto debería estar presente en el espíritu de todo el juego. No puede estar en algunos niveles y luego desaparecer. Es decir, debe ser consistente a lo largo del gameplay.

El USP se convierte en el eje central de todas las campañas de marketing y publicidad, desde los trailers y materiales promocionales hasta las descripciones en las tiendas digitales. *Un argumento de ventas bien definido y comunicado de manera efectiva marca la diferencia entre el éxito o el fracaso de un lanzamiento.* También puede ser motivo de éxito en una campaña de *crowdfunding*. ¡La prensa especializada siempre se verá más inclinada a cubrir un título innovador que otro genérico!

Siempre decimos que el USP tiene que estar sí o sí en el game concept. Si no tenemos uno, hay que dedicarle **todo el tiempo que sea necesario** para encontrarlo.

> ***Es falso que «todo está inventado»***, *siempre es posible dar con un elemento novedoso. Casi nunca se trata de inventar un género, sino de sumar algo nuevo a un mecanismo conocido.*

Game Mythology

Vamos a decir indistintamente biblia o mitología. Este último término proviene del mundo audiovisual, en particular de la filosofía transmedia. Se trata de la documentación, que, dependiendo del alcance y tamaño del juego, puede tener varios capítulos o anexos. Allí se registran, una vez consensuadas, todas las ideas y detalles necesarios para trabajar con la menor cantidad de contratiempos posible durante la fase de producción. A no confundir la documentación de trabajo con la de «venta», como es el caso del game concept.

En la mitología o biblia o GDD podremos consultar detalladamente el tono general del juego, las mecánicas, el USP, el modelo de ingresos, el diseño narrativo, audiovisual y sonoro, la tecnología y los recursos, las nomenclaturas y repositorios, el calendario de producción y más. Se puede decir que la mitología contiene el game concept inicial, pero lo expande. Desde luego, cada especialista o director de área se ocupará de sumar el capítulo correspondiente a lo suyo. Por ejemplo, el game designer trabajará en la documentación que detalla la meta de diseño y las mecánicas del juego, mientras que los diseñadores de nivel agregarán un capítulo donde volcarán sus planos maestros (*blueprints*) e ideas.

No existe un modelo de biblia o mitología estandarizado o que tenga todo lo que se requiere en todos los casos, porque cada proyecto es distinto. Simplemente, se documenta de la forma más ordenada y práctica posible. Si hubiera que mencionar un modelo, sería el de un libro dividido en capítulos dedicados a cada tema. La documentación suele mantenerse en privado y, sobre todo al inicio, es muy dinámica.

En proyectos y equipos muy grandes, puede que haya una persona encargada de mantener la mitología actualizada (y traducida, si estamos lidiando con un publisher foráneo). Esta documentación, que suele estar en formato electrónico —una web, wiki o similar— se usará durante gran parte de la fase de producción, suelen decir que hasta el 60% aproximadamente. Luego ya no haría falta, debido a que el *build*[32] tendrá casi todo el contenido previsto. Sin embargo, en proyectos transmedia, la mitología deberá seguir siendo actualizada incluso cuando el producto actual no lo necesite. Esto se debe a que subsiguientes proyectos necesitarán mantener la coherencia del universo narrativo.

Vamos a ampliar información sobre algunos de los componentes que pueden estar en una mitología y que deben considerarse en el oficio del diseño de niveles.

Game Story

La sinopsis de la historia que relatará el juego suele ser un párrafo breve en el game concept. Pero se registrará con detalle en un capítulo o anexo especial del GDD, biblia o mitología.

Para un LD, el *game story* es importante por varias razones. La historia proporciona el contexto y la motivación detrás de los niveles que se diseñan. Ayuda a los diseñadores a entender por qué el jugador está en cierto lugar, qué está tratando de lograr y qué obstáculos enfrentará. Esto permite crear desafíos y puzzles que tengan sentido.

Un buen nivel debe estar en armonía con los temas, el tono y la estética de la historia general. Los niveles deben reflejar el mundo del juego y transmitir la misma sensación y atmósfera que la narrativa está intentando evocar. Los diseñadores de niveles pueden utilizar el entorno para contar partes de la historia y guiar al jugador, lo que se llama narrativa espacial o ambiental. Colocarán objetos, detalles arquitectónicos y otros elementos que den pistas sobre la historia o los eventos pasados.

En algunos casos, los niveles pueden servir como escenario para momentos clave de la trama, como batallas épicas, revelaciones importantes o giros dramáticos. El diseño debe facilitar y realzar esos momentos. La estructura de los niveles tiene que complementar el ritmo y la progresión de la historia, alternando momentos de acción, exploración, descanso y clímax para mantener al jugador cautivado. Hablaremos de todo esto en los siguientes capítulos.

Con este concepto en mente, que debería convertirse en una técnica o estilo de trabajo para el LD, se irá modelando cada sector.

---

[32] Un **build**, a veces llamado «burn» (¡viejos tiempos!), es un archivo o conjunto de archivos que contiene todos los assets (gráficos, sonidos, modelos, código, etc.) integrados y empaquetados de manera que se pueda ejecutar y probar el juego en una PC o consola de desarrollo. El *build* atraviesa por varias fases hasta convertirse en el juego definitivo.

Los pequeños detalles del demonio

«El diablo está en los detalles», nos dice siempre la Abuela Bruta. Detalles chiquitos, que podrían parecer insignificantes por separado, cobran importancia a los ojos de la persona que está jugando. Dan la sensación de coherencia narrativa, que es importante para despegar un diseño genérico o mediocre de uno notable.

¿Y cuáles son esos detalles? Objetos, texturas, carteles publicitarios, una torre lejana con cierta forma, un PNJ haciendo algo que represente la vida normal de ese lugar. Mismo consejo va para los artistas ambientales, en caso de que hubiera personas encargadas de la decoración.

La línea de tiempo

El *timeline* actúa como el hilo conductor que entrelaza todos los eventos, personajes y arcos argumentales, asegurando una coherencia lógica y una experiencia inmersiva para los jugadores. Normalmente, podremos consultarlo en el capítulo de narrativa del proyecto.

La importancia de una línea de tiempo —también conocida como *cronología*— bien estructurada ayuda a los diseñadores narrativos y desarrolladores a mantener un seguimiento claro de la secuencia de eventos, evitando inconsistencias o contradicciones en la trama. Con una línea de tiempo establecida se puede rastrear cómo cada acción y decisión del jugador afecta el curso de la historia, lo que resulta especialmente importante en juegos con múltiples finales o ramificaciones narrativas. Desde luego, afecta directamente el diseño de niveles.

En el caso de *Vlad Circus: Descend into Madness* (Indiesruption, 2023) y su secuela, *Vlad Circus: Curse of Asmodeus* (2025), creamos una línea de tiempo con fechas para los momentos importantes de ambos juegos y de la novela. Incluimos a la izquierda los principales hechos históricos reales (por ejemplo, el inicio y final de la Primera Guerra Mundial), para usarlos como contexto en la trama, los diálogos y los textos auxiliares.

Además, un *timeline* permite a los desarrolladores incorporar referencias a eventos pasados, creando una sensación de continuidad y profundidad en el mundo del juego. Los jugadores pueden apreciar cómo sus acciones tienen consecuencias duraderas y cómo los personajes y entornos evolucionan a lo largo del tiempo.

Por otro lado, el *timeline* también desempeña un papel central en la gestión de los recursos y la planificación del desarrollo del juego. Al tener una visión clara de la secuencia de eventos, los equipos pueden asignar recursos de manera más eficiente, priorizando la creación de contenido y *assets*[33] según la importancia y el orden en el que se necesitarán.

Personajes

Al trabajar con los personajes definidos por un diseñador narrativo o escritor, el LD debe considerar la coherencia con sus características y habilidades. Los niveles y entornos tendrán que ajustarse de manera orgánica a lo que estos personajes pueden (y no pueden) hacer de acuerdo con su diseño original.

Por ejemplo, si un personaje jugable es representado como un corredor de motos futuristas, el diseño de niveles debería incluir secciones que requieran saltar grandes distancias o escalar paredes verticales a toda velocidad. Del mismo modo, si un personaje jugable es un anciano medio enclenque, como es lógico los niveles no deberían incluir obstáculos para trepar, pobre viejo. Piensen en la ciática.

Además de las habilidades físicas, el LD debe tener en cuenta los rasgos de personalidad, motivaciones y trasfondo de los personajes (tanto del personaje jugable como de los no jugables). Los desafíos, obstáculos y puzzles presentados en los niveles deberían estar alineados con la

[33] Los **assets** (activos) son los diversos elementos y recursos que se utilizan para construir el juego. Estos pueden ser modelos 3D, texturas, sprites, animaciones, efectos de sonido, etc.

forma de pensar y actuar de cada personaje según se haya definido su personalidad y su propósito. Un personaje jugable metódico y analítico podría enfrentar retos que requieran resolver acertijos lógicos, mientras que uno impulsivo y físico —como nuestro Chimalpopoca el Bruto— podría tener que superar obstáculos basados más en la acción y los reflejos. A Chimalpopoca le gustan los garrotazos.

En el próximo capítulo, exploraremos las características que deberían considerarse cuando se realiza la primera construcción de un nivel. Como veremos, esto se hace por lo general en una *toy box* o caja de juguetes, espacio de prueba en el que se estudia la composición general del gameplay, incluyendo métricas, velocidades, física y otras cuestiones.

Criaturas

Las criaturas, bestias y monstruos que pueblan los niveles de un videojuego son elementos que un LD debe manejar con cuidado. Estas entidades desempeñan su papel en la creación de desafíos, el suspenso y la sensación de peligro para el jugador. Debemos asegurarnos de que la colocación, comportamiento y capacidades de estos PNJ estén equilibrados y contribuyan a una experiencia de juego satisfactoria.

Cada enemigo debe tener una razón coherente para existir en ese entorno particular y su presencia debe encajar de manera orgánica con el mundo del juego. Si una criatura ataca, debe ser por algo razonablemente lógico. Por ejemplo, está defendiendo a sus crías o tiene hambre. No pongamos bichos porque sí, tiene que haber una explicación lógica y atada al *lore* del universo narrativo. En un entorno desértico podría ser apropiado encontrar criaturas reptiloides adaptadas al calor, mientras que en un entorno polar sería más lógico enfrentar a bestias peludas resistentes al frío. En un arcade de plataformas ambientado en la prehistoria, podrá haber pequeños dinosaurios, pero no androides.

Cuando un personaje jugable enfrenta a una criatura, decimos que es un *encuentro*.

Además, es menester considerar la dificultad y las habilidades de cada criatura. Estos enemigos deben presentar un desafío adecuado para el jugador, pero sin ser súper difíciles o demasiado fáciles. Un buen enfoque es ir aumentando en forma gradual la dificultad a medida que el jugador avanza, introduciendo nuevos tipos de enemigos con patrones de ataque y movimiento más complejos. Esto mantiene al jugador motivado y evita que se aburra o se frustre en exceso. Más adelante veremos este tema con más detenimiento.

En la colocación estratégica de los enemigos es necesario asegurarse de que haya suficientes lugares de cobertura y rutas alternativas. De esta manera, el jugador puede planificar sus movimientos y enfrentarse a los enemigos de manera táctica. Además, la distribución de los enemigos tiene que proporcionar una sensación de suspenso y peligro, sin llegar a ser abrumadora o injusta. Hay que probar todas las combinaciones.

También vamos a tener en cuenta las habilidades y el arsenal del personaje jugable al diseñar los encuentros. Si el personaje cuenta con un amplio rango de ataques y *skills*, los enemigos deben ser lo suficientemente diversos y desafiantes como para que el jugador deba utilizar todas sus herramientas de manera estratégica.

Un buen y minucioso diseño de personajes y criaturas facilita el trabajo del LD. ¿Qué pasa si no están bien definidos? Tendremos que quejarnos con el jefe, que se quejará con el game designer, que se quejará con el narrative designer, que se quejará con su mamá.

En otros casos, muy frecuentes, haremos el trabajo sucio sin mucha consulta. Es decir, haremos lo que nos parece mejor para ese lugar del nivel y ese momento de la trama. Sin embargo, recomendamos **verificar** antes con el productor para no trabajar en vano. Por otra parte, este tipo de alteraciones en los planes debería ser reflejado en la mitología.

III. EL PERGAMINO SAGRADO DE VILLA CRESPO

LA ENORME FIGURA DE CHIMALPOPOCA EL BRUTO atravesaba el bosque apartando ramas con sus enormes manazas. Su cerebro no era precisamente su mejor arma, pero sus músculos abultados y su espada macuahuitl erizada de púas de obsidiana compensaban con creces su falta de intelecto. ¿Para qué querría seguir trabajando? ¿Para qué querría cualquier otra cosa si no tenía a Gomabola luchando a su lado? Durante la noche, había creído escuchar un hum lastimero, muy lejano. ¡Tenía que encontrarlo!

De repente, su enorme pie tropezó con algo enterrado. Chimalpopoca soltó un bramido de rabia y escupió al suelo, lo que hizo que expulsara también su chicle Jirafa. Al fijarse mejor, vio que era un pequeño cofre dorado que sobresalía en la alfombra de hojas húmedas. Lo sacó de un fuerte tirón, arrancándolo de las raíces que lo envolvían.

—¡Tesoro para Chimalpopoca! —exclamó, abriendo el pequeño arcón. Dentro no había monedas ni joyas, solo un viejo pergamino enrollado. Chimalpopoca frunció el ceño—. ¿Qué es esto, che? ¿Papel para limpiarse los mocos?

En ese momento, el pergamino comenzó a brillar con una luz cegadora. Chimalpopoca retrocedió cubriéndose los ojos con el antebrazo. Una voz etérea e irritada surgió del pergamino:

—¡Grandísimo patán! ¿Cómo te atreves a hablar así del Sagrado Pergamino de Villa Crespo?

—¿El qué de qué? —balbuceó Chimalpopoca rascándose la nuca.

El pergamino flotó hasta situarse a la altura del enorme guerrero, que no era mucha, y comenzó a darle un soberano coscorrón con cada palabra que profería:

—¡Soy un artefacto mágico de poder ilimitado! ¡Una reliquia que contiene los secretos del universo! ¡Tendría que haber caído en manos de un héroe digno, no en las de un mastodonte sin cerebro como tú!

Chimalpopoca agitaba la cabeza de un lado a otro tratando de cubrirse de la lluvia de golpes que el objeto le propinaba con sus diminutas manitos repletas de anillos. En un descuido, se le cayó el macuahuitl al suelo y el pergamino se le introdujo por la boca abierta.

—¡Aagghh! ¡Rajá de ahí, bicho! —gritaba Chimalpopoca dando saltos y palmadas en su pecho y barriga, mientras la voz del objeto seguía resonando desde sus entrañas:

—¡Ja! ¿Quién es el tonto ahora? ¡Seré tu conciencia, tu guía, tu luz interior! ¡Seré tu madre! ¡Y no pienso salir de aquí!

Objetos extraordinarios

Cuando los objetos ficticios con poderes especiales o funciones extraordinarias ayudan a resolver problemas en la trama de manera recurrente, se les denomina «dispositivos argumentales» (*plot devices*). También les dicen «flebotinos» (*phlebotinum*)[34], como el destornillador sónico de Dr. Who. Los objetos tecnológicos o mágicos van más allá de ser simples herramientas o *macguffins*[35] que impulsan la trama. Cuando se diseñan con ingenio, estos objetos extraordinarios pueden convertirse en verdaderos personajes con personalidad y trasfondo propios.

Lo primero es el origen e historia del objeto. ¿Fue forjado en un futuro distante y viene a ayudarnos? ¿Es un ancestral artefacto élfico de

[34] El término «**phlebotinum**» fue popularizado por el guionista Joss Whedon en la serie *Buffy, la Cazavampiros*, donde era una broma interna del equipo de escritores.

[35] Un «**macguffin**» es un término acuñado por el director de cine Alfred Hitchcock para referirse a un elemento que motiva la trama de una historia, pero que carece de importancia intrínseca por sí mismo. Por ejemplo, los protagonistas se pelean por una caja, pero no sabemos qué contiene. Ver *Diseño y narrativa transmedia*, Cap. XII.

la Era del Ñaupa? ¿Un talismán de propiedades oscuras creado por los nigromantes del barrio de Palermo Dark?

Una vez establecida su procedencia, hay que definir sus poderes o habilidades. Puede tratarse de un arma rúnica con la capacidad de convocar rayos, una capa que otorgue invisibilidad a su portador o una empanada mágica que al comerla presente visiones proféticas. Los objetos de verdad memorables van un paso más allá de sus habilidades maravillosas.

Es bueno dotar a un objeto de una identidad, una personalidad que lo diferencie de los demás. Un ejemplo clásico es el *Anillo Único* de la Tierra Media, un ente con voluntad e inteligencia propias que corrompe a sus poseedores. Otro caso sería el *Necronomicón*, un libro maldito con conciencia propia. En *Dark Corners of the Earth* (Bethesda Softworks, 2005), este interactúa con el jugador y puede influir en su cordura, demostrando cómo un objeto inteligente puede trascender su papel tradicional y convertirse en un personaje más dentro de la narrativa.

Esta personalidad puede manifestarse de diversas formas: como una voz interior que sólo escucha el portador, con la capacidad de tomar forma física y moverse por voluntad propia, o incluso como una fisonomía antropomórfica llena de rasgos y expresiones. Un objeto puede ser risueño e ingenioso, engreído y arrogante, estoico y sabio o directo y grosero. Un ejemplo es el conocido Equipaje, el feroz baúl con patitas que persigue al mago Rincewind en *Mundodisco*. El pergamino que se tragó nuestro Chimalpopoca va por ahí.

Además de su identidad, un flebotino conseguirá mayor profundidad si tiene un trasfondo, una historia épica o trágica que lo precede. Por ejemplo, una daga forjada con los corazones de un millón de empleados administrativos sacrificados, una máscara que encierra el alma atormentada de un dios olvidado, o una guitarra criolla cuyos sones abren las puertas del Infierno, puertas que, de acuerdo con el filósofo Alejandro Dolina, están escondidas en el barrio de Flores.

Escenarios

Antes de que los entornos puedan ser modelados y renderizados en un motor de juego, deben ser ideados y descritos en profundidad de forma conceptual. Este proceso creativo —que podemos llamar «descripción de ubicaciones»— sienta las bases del mundo virtual en el que transcurrirá la acción. Todo el proceso de investigación del que hemos hablado en páginas anteriores tomará forma en la ideación conceptual de los espacios, y más tarde en ilustraciones de referencia y los *storyboards* hechos por los artistas. Estas imágenes podrán ser luego convertidas en los *assets* para implementarlas en el engine.

Lo primero es definir la ambientación general: ¿un reino de fantasía épica?, ¿una distopía futurista?, ¿un escenario postapocalíptico? De esa premisa nacerán las reglas que gobernarán la estética, paleta de colores, materiales, estructuras e iluminación de ese mundo imaginario. Por ejemplo, en un escenario de fantasía medieval habrá predominio de edificaciones de piedra, madera y techo de paja típicas de un pueblo o fortaleza. Si recreamos escenarios de América latina, reflejarán los estilos, formas, colores y costumbres de nuestros pueblos.

Esta identidad única para cada escenario debe plasmarse en bocetos y descripciones minuciosas que transmitan toda esa visión a los artistas y modeladores 3D. Un gran nivel de detalle en esta fase conceptual ayudará a capturar la esencia imaginada cuando se recree en el juego.

Además, hay que sopesar el propósito narrativo y jugable que tendrá cada escenario, para que su diseño se adapte y potencie esas mecánicas.

Una zona urbana puede estar plagada de callejones y rutas alternativas para infiltraciones sigilosas; una fortaleza inexpugnable puede incluir mazmorras y almacenes para albergar enemigos y desafíos; un templo en ruinas requiere rampas, pisos elevados y pasadizos ocultos para propiciar la exploración y los puzzles.

Critical Path y *Optimal Path*

En un videojuego, hablando en términos narrativos y de gameplay, existen dos planos generales de desplazamiento y exploración, que no debemos confundir con la topología de la estructura narrativa (ver en este libro el *Cap. I*). Uno lleva a los jugadores por el sendero imprescindible, el que no pueden dejar de ver porque no se entendería la historia. Por allí deben pasar obligatoriamente. Es donde se presenta el relato desde su planteamiento hasta su resolución. Ese sendero o plano de narración se denomina *espina dorsal* o *game spine.* En términos de level design, también se lo llama «camino crítico» (*critical path*). El segundo plano ofrece un sendero ideal, donde están los detalles y extras que no son obligatorios para entender la historia, pero que es el recorrido ideal, el que ofrece la mejor experiencia y abundancia de detalles. Este segundo plano narrativo se denomina «camino dorado» (*golden path*) o «camino óptimo» (*optimal path*). En el reino del diseño de niveles, también lo llamamos «camino exploratorio» (*exploration path*). Desde el punto de vista del diseñador de niveles, es importante entenderlo porque los espacios que se construyen son los que ponen de manifiesto ambos senderos o planos de recorrido.

Además, existe un tercer elemento, que llamamos «artefactos narrativos» o *in-game artifacts.* Se trata de pequeñas piezas de información que los jugadores podrían encontrar dispersas por los niveles. Estos artefactos toman la forma de cartas, videos, audios u objetos de cualquier tipo, y su propósito es ampliar el lore. Pueden ser monumentos o esculturas para examinar en el recorrido del nivel, carteles pegados por ahí, grafitis, papeles que pasan volando y se pueden agarrar. Los artefactos no son necesarios para entender la historia del camino crítico. A menudo, son coleccionables, por lo que aparecerán en un espacio propio de la interfaz a manera de trofeos, y pueden estar enlazados con alguna recompensa adicional como un logro.[36] Los jugadores tienen la opción

---

[36] Un «**logro**» (achievement) es un objetivo o meta definida que el jugador puede cumplir dentro del juego. A menudo se acompaña de recompensas coleccionables (íconos, arte),

de consumir el contenido de los artefactos, o simplemente ignorarlos. Tal contenido deberá ser proporcionado por los diseñadores narrativos, pero su distribución dentro del espacio de juego es cosa del LD.

Emoción

Las emociones, como hemos anticipado, son experiencias afectivas complejas que condicionan nuestro estado psicológico y fisiológico. Van más allá de simples sentimientos, al involucrar reacciones corporales como cambios en los patrones respiratorios, expresiones faciales, secreciones hormonales y respuestas inconscientes del sistema nervioso.

En los videojuegos, suscitar emociones genuinas en el jugador es un factor clave para lograr una verdadera inmersión y conexión con la experiencia interactiva. Un juego que no despierta emociones se percibirá como plano, insulso y con poca capacidad de cautivar.

Las emociones se producen ante ciertos estímulos o situaciones que nuestro cerebro procesa de manera automática en regiones como la amígdala cerebral. Por ejemplo, una escena de tensión *in crescendo* activa las redes neuronales del miedo; un personaje entrañable que está sufriendo genera empatía y tristeza; el logro de superar un gran desafío hace brotar alegría y orgullo.

Para provocar esas reacciones emocionales complejas, los videojuegos deben construir experiencias ricas en estímulos multisensoriales. Combinando elementos visuales, auditivos, narrativos y desafíos lúdicos se puede sumergir al jugador en un torbellino de situaciones diseñadas para hacerlo reaccionar emocionalmente (casi) sin darse cuenta.

Es así como un juego consigue que reaccionemos con tensión y miedo ante peligros inminentes sobre nuestro personaje; o que nos sobrevenga la alegría de la victoria tras superar una prueba casi insuperable; o que nos estremezca la escena trágica por la pérdida de un personaje apreciado (hola de nuevo, Aerith). Las emociones intensas quedan grabadas en nuestra memoria de forma indeleble, mucho más que cualquier información fría y objetiva. Por eso los grandes videojuegos se convierten en experiencias memorables que trascienden lo puramente lúdico y nos llegan a inspirar, sobrecogernos o emocionarnos profundamente.

Al final, las emociones conectan los juegos con nuestro lado más humano y vulnerable. Son la clave para que dejemos de ser meros

---

dinero virtual o puntajes para tablas de clasificación online. Fueron introducidos por primera vez con el servicio Xbox Live de Microsoft en 2005.

espectadores y nos convirtamos en participantes activos, auténticamente inmersos e involucrados a un nivel afectivo y visceral en la experiencia interactiva. Dicho en criollo: si no te emociona, aburre.

Actuación / *Acting*

¿Y cómo emocionamos a los jugadores? Pensemos en las cosas que nos emocionan a nosotros mismos. La tarea última del diseñador de niveles es combinar los espacios, el gameplay y la narrativa del juego para provocar un huracán de emociones. Lo haremos haciendo actuar a los personajes como en una obra de teatro y, por supuesto, incluyendo los *momentos* más impactantes.

Atentis que esto del *acting* o actuación de los PJ y PNJ abarca no solo las voces, sino también las animaciones y las interacciones con el entorno y con otros personajes.

El *acting* es fundamental. Los animadores y diseñadores de nivel deben poner todo de sí en este aspecto, que es todavía más importante que la geometría del espacio de juego. Se dice que los mejores animadores son los que toman clases de teatro, porque aprenden a manejar la gestualidad, que luego trasladan al software de animación. De la misma manera, los mejores modeladores son aquellos que hacen escultura en arcilla, porque entienden el volumen, la forma y la iluminación. ¿Estamos estudiando en alguna institución? Podríamos pedir a los directores unos buenos talleres de teatro y de modelado en arcilla. La diferencia con quienes dominan esas disciplinas es abismal.

En cuanto a los diseñadores de niveles, se benefician de estudiar arquitectura, neuroarquitectura y cartografía (veremos esto en siguientes capítulos). ¡Tampoco está mal desempolvar los ladrillitos!

En el diseño moderno de videojuegos, especialmente en títulos AA y AAA, se han desarrollado diversas técnicas avanzadas para cumplir con las expectativas de los jugadores más exigentes, priorizando la inmersión, el realismo y la interactividad. Una de estas técnicas es la mencionada narrativa interactiva, que consiste en crear sistemas de narración flexibles y ramificados. Esto permite que los personajes respondan de manera más auténtica a las decisiones del jugador, reforzando la sensación de que tienen motivaciones y personalidades propias. Este enfoque no solo enriquece la historia, sino que también aumenta la conexión emocional entre el jugador y el mundo del juego.

Otra técnica clave es la llamada «atención al detalle», donde pequeños elementos como micromovimientos, respiraciones visibles o reacciones sutiles al entorno pueden marcar una gran diferencia en el realismo de los personajes. Estos detalles contribuyen a hacer que los modelos 3D parezcan más vivos y creíbles, algo que será abordado más a fondo en el tema de animaciones «idle» (estado de reposo).

La actuación de voz contextual también juega un papel aquí. Para lograr diálogos auténticos, los actores de voz deben comprender completamente el contexto de cada escena, incluyendo el estado emocional del personaje, su posición en el entorno y la situación general. Técnicas como la grabación en grupo permiten mejorar la naturalidad de las interacciones entre personajes.

Por otro lado, la captura de movimiento ha evolucionado enormemente, permitiendo animaciones extremadamente naturales y fluidas. Con sistemas de alta fidelidad, se pueden capturar tanto movimientos corporales como expresiones faciales, lo que resulta en rostros más expresivos y realistas. Esta tecnología es esencial para transmitir emociones complejas y humanizar a los personajes.

Además, las animaciones procedurales combinan animaciones pregrabadas con sistemas dinámicos que ajustan los movimientos según el entorno o la situación. Por ejemplo, un personaje podría modificar automáticamente su postura o gestos dependiendo del terreno o de las interacciones con objetos cercanos. Esto genera una mayor variedad y naturalidad en las acciones de los personajes.

Finalmente, los sistemas de inteligencia artificial reactiva son fundamentales para crear personajes no jugables (PNJ) más realistas. Implementar IA sofisticada permite que los personajes respondan de manera dinámica a las acciones del jugador y a los cambios en el entorno, ajustando sus diálogos, expresiones faciales y lenguaje corporal en tiempo real. Estas técnicas, cuando se combinan, elevan muchísimo la calidad.

Todo lo mencionado es costoso, complejo y lleva tiempo. Sin embargo, el *acting* es suficientemente importante como para justificar la inversión. No todos los estudios ni todos los programadores pueden hacerlo, aunque poco a poco aparecerán especialistas y también herramientas asequibles y prácticas para conseguir este tipo de actuación.

Momentos memorables

En ciertos proyectos, es posible que encontremos un apartado en el guion dedicado a los *momentos especiales* o emocionantes que imagina el equipo creativo. A veces, suelen ser ideas sueltas, situaciones y escenas que les gustaría incluir en el flujo del juego, como una guerrera poderosa enfrentando a un ejército de fanáticos de Shakira, o un final con los bravos guerreros cabalgando hacia el ocaso. Suele decirse, más por costumbre que por ciencia, que un juego de corta o mediana duración debería contar con tres a cinco momentos muy emocionantes.

En estos casos, puede que el game designer o el narrative designer indiquen dónde insertar esos momentos especiales. Ellos cuidarán que se encuentren dentro de la lógica y los *plot twists* de la historia y que sean coherentes con el todo del videojuego. En otras circunstancias, tal vez sea tarea del diseñador de niveles, que al construir los espacios ve con mayor nitidez y antes que nadie lo que otros no. Los momentos especiales serán distribuidos, por lo general, a lo largo del *game spine* porque queremos que los jugadores los experimenten sin excepción. También puede haber algunos en el *golden path* siempre que nos acompañen el presupuesto y el plazo.

Los encuentros memorables son ordenadores del proyecto, funcionan como puntos de anclaje. Los jugadores los recordarán mucho después de haber completado el juego. Son las anécdotas que compartirán con amigos, los desafíos que intentarán superar una y otra vez. En esencia, son la destilación de todo lo que hace grande a un juego.

Guía de arte / *Art Guide*

Las guías de arte o biblias de arte actúan como una referencia para todo el equipo de artistas, diseñadores y desarrolladores, asegurando una coherencia estética y una visión unificada a lo largo de la producción. El propósito principal es establecer y comunicar claramente el estilo visual general del juego, incluyendo conceptos como el tono, la paleta de colores, el estilo de iluminación, los diseños de personajes, entornos, texturas y elementos de interfaz de usuario. Estas pautas garantizan que todos los elementos visuales se integren de manera armoniosa y coherente, creando una experiencia inmersiva.

En un estudio de tamaño medio o grande, la creación de una biblia de arte es una tarea que recae en el equipo de artistas liderado por el director de arte. Este equipo trabaja en estrecha colaboración con los dueños de la licencia (si hay una), los diseñadores de juego, los de niveles y los desarrolladores para capturar la visión artística del proyecto.

Las guías de arte suelen constar de estos componentes:

- **Visión conceptual:** una explicación detallada de qué se pretende conseguir, a partir de la cual se genera el trabajo visual.

- **Referencias visuales**: imágenes, videojuegos, obras de arte, películas, cómics o cualquier otro material que sirva como inspiración y guía para el estilo deseado.

- **Visión artística**: lo que se quiere conseguir desde lo artístico y en conjunto con el propósito del juego. Se complementa con una guía de estilo visual.

- **Conceptos y bocetos iniciales**: estos son los primeros esbozos y exploraciones visuales que sientan las bases del estilo artístico del juego.

- **Paleta de colores**: una selección de colores que establecen el tono y la atmósfera del juego.

- **Hojas de modelos**: diseños detallados de personajes, criaturas, vehículos y objetos que se utilizarán en el juego.

- **Conceptos de entornos**: ilustraciones y descripciones de los diversos niveles, escenarios y ambientes que conformarán la mitología.
- **Guías de interfaz de usuario**: pautas para el diseño de menús, HUD (*heads-up display*) y otros elementos de interfaz.

Estas guías de arte suelen presentarse en diversos formatos, como documentos PDF o presentaciones, en general se suelen nombrar como «Art Bible» y son una parte esencial de la Biblia o Mitología general del proyecto. Pueden tomar diferentes nombres según decidan sus desarrolladores. Además, se actualizan y refinan continuamente a medida que el desarrollo avanza y surgen nuevas ideas o cambios.

Algo de extrema importancia es la dirección de arte. Es una función que debe estar en manos de una persona especialista en diseño audiovisual y con la capacidad de dirigir al equipo de artistas a fin de lograr que los assets del juego tengan identidad y coherencia. Cuando esa función no está presente en el equipo, se nota mucho.

Protección de derechos de autoría

En Latinoamérica, al año en que escribimos esto, las ideas en sí mismas no pueden protegerse mediante derechos de autor. Lo que se puede proteger son las expresiones de esas ideas, es decir, cómo se materializa esa idea en un medio concreto. En el caso de un videojuego, se pueden proteger —bajo la categoría de «obra de software»— elementos como el código fuente, el diseño gráfico, la música, los personajes, la historia y todo aquello que haya sido expresado de alguna manera tangible.

En Argentina, el registro de derechos de autor se tramita en la Dirección Nacional del Derecho de Autor (DNDA), que es el organismo encargado de la protección de las obras intelectuales en el país. La DNDA ofrece protección a las creaciones en diversos ámbitos, incluyendo literatura, música, arte y software, bajo el marco legal establecido por la Ley de Propiedad Intelectual. En el mismo organismo ofrecen asistencia para el trámite.

Asimismo, es prudente tramitar también el registro de marca —el nombre del juego o del estudio y su logotipo distintivo— en el INPI, el Instituto Nacional de la Propiedad Industrial (Argentina). Allí también conviene registrar el nombre y logo del estudio de desarrollo.

Todos los países cuentan con organismos similares, por lo que una búsqueda en Internet puede servir de ayuda.

En un proyecto chico no pasa nada, pero en uno muy grande es aconsejable asesorarse con un abogado especializado en propiedad intelectual. Así nos podrán orientar sobre la mejor forma de proteger nuestro trabajo y asegurarnos de que todos los aspectos importantes estén cubiertos. Esto vale también para los juegos de mesa.

¿Se puede proteger el diseño de los niveles?

Los niveles de un videojuego pueden registrarse ya que forman parte de la expresión creativa y original del juego. Claro que es raro hacerlo por fuera del juego. En el contexto de la protección de derechos de autor, un nivel de videojuego es considerado una obra protegida en tanto que es una creación original que puede incluir diseño artístico, música, narrativa y elementos interactivos únicos. La protección abarca la combinación específica de estos elementos tal como se presenta en el juego, pero no las ideas generales, reglas o mecánicas de juego.

Para registrar los niveles de un videojuego, se debe seguir un proceso similar al registro del juego en sí. Es decir, preparar la documentación detallada de los niveles, incluyendo descripciones, bocetos, guiones gráficos (storyboards), código fuente relacionado, y cualquier otro material que demuestre su originalidad y creatividad. Luego, si es en Argentina, esa documentación se presenta en la Dirección Nacional del Derecho de Autor (DNDA), o el organismo correspondiente en cada país, junto con los formularios de solicitud y el pago de las tasas aplicables. Es posible que necesitemos registrar el videojuego como un todo, incluyendo dentro de esta solicitud los detalles específicos de cada nivel.

Una vez registrado, obtenemos protección legal sobre la expresión creativa de los niveles, lo que significa que tenemos el derecho exclusivo de usar, modificar y licenciar esos elementos. Esto nos protege contra la copia y el uso no autorizado.

Recordemos que una forma interesante, aunque informal, de proteger las ideas, también puede ser darlas a conocer desde la mismísima fase de preproducción. Creamos una web bonita, abrimos alguna cuenta en las redes sociales de moda, y empezamos a anunciar el proyecto, de qué se trata y cuándo esperamos tenerlo listo. No es necesario decirlo todo, sino dar a conocer las características principales del juego, incluyendo su USP, el logo y un poco de arte de concepto, para que nuestros futuros jugadores aprecien el tono del proyecto y ¡nos den su dinero!

Storyboards

Es parte de la guía de arte. Un *storyboard* es un guion gráfico, una secuencia de ilustraciones o viñetas dibujadas a mano o generadas digitalmente que representan los planos para una película, programa de televisión, anuncio publicitario o videojuego.

Se trata de una herramienta necesaria para la visualización preliminar tanto de una cinemática como de una escena o *momento* especial del juego. Facilita el estudio de las proporciones y vistas de cámara antes de la producción real.

En muchos casos, son útiles para diseñar niveles o situaciones particulares entre todos los miembros del equipo creativo, que luego recrearemos en el editor del juego.

Los storyboards tienen su propio lenguaje. En el **kit de diseño** de este libro proporcionamos una introducción a la realización de storyboards: *gamedesignla.com/kit*

Comunicación con el equipo

El LD es el responsable de planificar, diseñar y construir los niveles o etapas por los que el jugador debe avanzar en el juego. Para que su trabajo se integre de manera fluida con el resto del proyecto, es fundamental mantener un **diálogo abierto y constante** con el equipo de desarrollo. ¡No hacerlo conduce a un final catastrófico! ¡Catastrófico!

En primer lugar, como hemos explicado a lo largo de esta primera parte, antes de comenzar a diseñar niveles el LD debe comprender a fondo la visión general del juego, su narrativa, mecánicas, estilo artístico y público objetivo. Es muy importante entender por qué se planifican las cosas de determinada manera. Será de verdad necesario realizar reuniones donde los desarrolladores compartan estos detalles con el level designer. Es la única manera de crear niveles que se ajusten a la experiencia que el equipo quiere brindar.

Una vez que comienza el proceso de diseño de niveles, es imprescindible mantener una comunicación bidireccional. El LD debe informar regularmente al equipo sobre el progreso, los desafíos encontrados y cualquier cambio o idea que surja durante el proceso creativo. A su vez, los desarrolladores deben proporcionar retroalimentación constructiva sobre los diseños, asegurándose de que se ajusten a las capacidades técnicas del motor de juego y a los objetivos del proyecto.

Se recomienda utilizar herramientas de colaboración en línea, como tableros Kanban o sistemas de control de versiones, para facilitar el seguimiento del trabajo y permitir que todos los miembros del equipo puedan comentar. Además, las reuniones regulares, ya sean presenciales o virtuales, son necesarias para discutir ideas, resolver problemas y tomar decisiones conjuntas (y mantener la emoción).

> Es muy importante que el level designer no insista en imponer su manera de hacer las cosas o introduzca grandes cambios en el proyecto cuando la mayoría del equipo no coincide con su visión.

Otra práctica recomendada es la realización de pruebas iterativas de los niveles diseñados por parte de todos los miembros del equipo. El LD debe trabajar en estrecha colaboración con los encargados de pruebas y los desarrolladores para identificar y solucionar problemas de jugabilidad, equilibrio, progresión y cualquier otro aspecto que pueda afectar la experiencia del jugador.

Nomenclaturas

Hemos visto clavar los cuernos a mucha gente debido a no acordar nomenclaturas en el proyecto. La Abuela Bruta decía *guarda el orden, que el orden te guardará a ti.* Una nomenclatura es el conjunto de términos, nombres o denominaciones utilizados en un campo específico de conocimiento o actividad, de acuerdo con unas normas y convenciones establecidas. En el proceso de desarrollo de un videojuego, donde intervienen múltiples disciplinas y equipos de trabajo, toda gente totalmente quemada o en vías de quemarse[37], la definición de una nomenclatura clara y estandarizada es crucial para garantizar una comunicación efectiva y un flujo de trabajo eficiente. La falta de un lenguaje común puede generar confusiones, malentendidos y retrasos, lo que podría afectar la calidad y el tiempo de entrega del producto final. ¿Cómo nombraremos los archivos? ¿Dónde los pondremos? ¿Quién llevará una planilla con el control de cambios?

Uno de los principales beneficios de contar con una nomenclatura establecida es que facilita la colaboración entre los diferentes miembros del equipo. Los diseñadores de niveles, programadores, artistas, encargados de pruebas y demás profesionales involucrados en el proyecto deben utilizar términos y convenciones de nombrado consistentes para referirse a los diversos elementos del juego, como niveles, assets, mecánicas, scripts, entre otros. Esto evita ambigüedades y malentendidos que podrían resultar en errores o duplicación de trabajo, y que a menudo culminan con una pelea a piñas en la esquina.

¡Ojo aquí, porque esto de las nomenclaturas parece un tema menor, pero es todo lo contrario! Una nomenclatura bien definida permite la organización más eficiente de los archivos y recursos del proyecto. Al seguir convenciones de nombrado coherentes, es más fácil localizar, identificar y gestionar los diferentes componentes del juego, lo que mejora la productividad y reduce el tiempo dedicado a las tareas administrativas.

Por otra parte, la documentación y el mantenimiento del código fuente se ven beneficiados por el uso de una nomenclatura estandarizada. Los programadores pueden comprender más fácilmente el código escrito por otros miembros del equipo, facilitando la depuración, la implementación de nuevas funcionalidades y la transferencia de conocimientos.

---

[37] El síndrome de **burnout** o «estar quemado» es un estado de agotamiento físico, emocional y mental causado por un estrés prolongado y excesivo. Se caracteriza por una disminución del rendimiento, fatiga crónica, cinismo o despersonalización, y sentimientos de ineficacia.

En el caso del diseño de niveles, una nomenclatura clara es especialmente importante para identificar y organizar los diferentes elementos que componen los niveles, como habitaciones (y sus nombres), diferentes puertas, interruptores, criaturas, etc. Esto facilita la comunicación entre los diseñadores de niveles cuando son varios, así como el seguimiento y la gestión de los cambios realizados durante el proceso de desarrollo.

Para establecer una nomenclatura efectiva, recomendamos involucrar a todos los miembros del equipo —todos— en la definición de las convenciones de nombrado y terminología. *Y hacerlo antes de empezar la producción.* Además, es crucial documentar y compartir estas pautas con todo el equipo (vale incluso una reunión especial para este asunto) y asegurarse de que se sigan a rajatabla a lo largo del proyecto. Pongamos las reglas de nomenclatura al principio de la documentación, porque se van a consultar muy a menudo.

Repositorios

Un repositorio es un espacio centralizado donde se almacena todo el código fuente, los recursos y los archivos relacionados con el proyecto del videojuego. Junto con las nomenclaturas, se deberían tener preparados antes de empezar a producir. Aquí unas nociones básicas:

- **Control de versiones:** los equipos de desarrollo de videojuegos suelen utilizar sistemas de control de versiones como *Git, Subversion* o *Mercurial.* Estos sistemas permiten rastrear los cambios realizados en el código, revertir a versiones anteriores si es necesario, fusionar el trabajo de diferentes desarrolladores y manejar eficientemente la colaboración en equipo.

- **Estructura:** es recomendable organizar el repositorio de manera lógica y coherente. Esto implica separar el código fuente, los recursos (como gráficos, sonidos y modelos 3D), la documentación y otros archivos en carpetas o directorios específicos. Una estructura clara facilita la navegación y el mantenimiento del proyecto.

- **Branching:** muchos equipos adoptan un flujo de trabajo de ramas, donde se crea una rama principal (por ejemplo, «main» o «master») que contiene la versión estable del juego. Los desarrolladores crean ramas separadas para trabajar en nuevas características, correcciones de errores o experimentos, y luego fusionan (*merge*) sus cambios en la rama principal una vez que se hayan revisado y aprobado.

- **Revisiones de código**: antes de fusionar los cambios en la rama principal, hay que hacer revisiones de código (*code reviews*). Esto implica que otros miembros del equipo revisen el código para detectar los malditos errores, problemas de rendimiento, incumplimiento de las convenciones de codificación, entre otros. Las revisiones de código mejoran la calidad del producto final y fomentan el aprendizaje dentro del equipo.

- **Integración continua (CI, *Content Integration*) y entrega continua (CD, *Content Delivery*):** muchos equipos adoptan estas prácticas. La integración continua implica compilar y probar automáticamente el código cada vez que se realiza un cambio en el repositorio. La entrega continua va un paso más allá, automatizando el proceso de implementación de versiones estables del juego en entornos de prueba o producción.

- **Gestión de conflictos y fusiones:** al trabajar en equipo, es común que varios desarrolladores modifiquen los mismos archivos, lo que puede generar conflictos al intentar fusionar los cambios. Los sistemas de control de versiones ofrecen herramientas para detectar y resolver estos conflictos, pero también es importante establecer procesos y pautas claras para manejarlos de manera efectiva.

- **Copias de seguridad y respaldo:** sin copias de seguridad regulares del repositorio estamos muertos. ¡Muertos! El backup es hiper necesario para proteger el trabajo frente a posibles pérdidas de datos o daños accidentales. Muchos equipos utilizan servicios en la nube o soluciones de respaldo local para garantizar la integridad de sus repositorios. Atención: hay historias de terror de equipos que perdieron meses de trabajo por no tener respaldo.

MARKETING | Es *imprescindible* promocionar el proyecto desde la preproducción, o apenas iniciada la producción. ¡No hay tiempo que perder!

III
Construyendo el juego

El proceso de diseño de niveles. Toy Box. Escala, integración, proporción. Resoluciones gráficas. Colisionadores. Puertas. La Caja Gris. Vertical Slice. Producción. Metodología. Reutilización de activos.

LO QUE EMPEZÓ CON LOS LADRILLITOS EN EL JARDÍN puede terminar en el oficio de level designer (LD). Los seres humanos tenemos tendencia a construir cosas y una habilidad innata para hacerlo. No nos hacen falta instrucciones para apilar cubos de colores (o libros que nunca leemos). De allí proviene el concepto de *homo faber* —hacedor o creador en latín— en el que nos vemos como esencialmente creativos y transformadores, capaces de modificar y dar forma al mundo material a través de nuestra capacidad natural para fabricar herramientas y objetos. El ser humano no solo se adapta al medio ambiente, sino que lo transforma activamente mediante su trabajo e ingenio.[38]

El homo faber se manifiesta en la creación de herramientas, máquinas, obras de arte, edificios, tecnologías y prácticamente todo lo que compone el mundo artificial. El diseñador de niveles lleva esta idea al territorio de la virtualidad a través de su arte y oficio: la construcción, que también narra. El escritor relata con palabras, el cineasta relata con palabras, imágenes y sonidos; el diseñador de niveles relata con todo lo anterior y también con los espacios. Los espacios de juego son el lenguaje del level designer.

[38] **Homo faber:** en contraposición a la concepción del ser humano como homo sapiens (hombre sabio) definido por su capacidad de razonar, en el homo faber se destaca su impulso fundamental de crear y transformar su entorno a través de la fabricación de objetos.

El proceso de diseño de niveles

En el capítulo anterior estuvimos investigando para el trabajo. Habiendo acordado las cuestiones conceptuales y técnicas con el equipo de desarrollo, y habiendo registrado todo en un GDD, biblia o mitología, enfrentaremos el inicio del proceso práctico de diseño de niveles.

En un mundo ideal, lo primero que haremos en esta etapa es... ¡seguir preparándonos! Pero ahora decimos que estamos en preproducción y es el momento de usar el editor del motor gráfico que se haya decidido más idóneo para el juego. ¡Al fin nos sentaremos delante de una máquina! La misión consistirá en establecer las métricas del juego y buscar el game feel, lo que involucra una cantidad de elementos de gameplay.

El procedimiento es así:

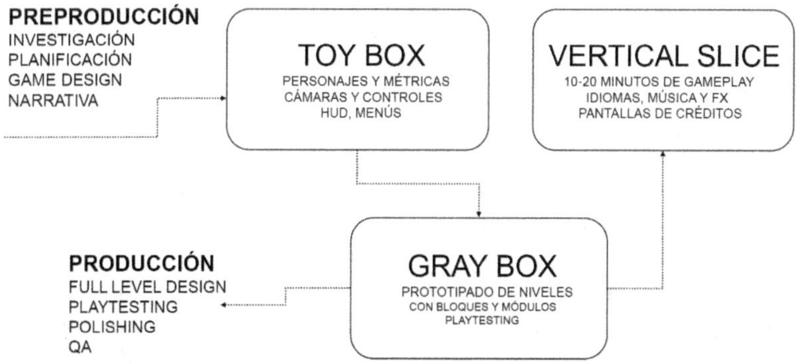

Lo primero que haremos es una *toy box*, una «caja de juguetes». Aquí es donde iniciaremos los primeros experimentos para *descubrir* el juego. Se trata de un espacio o nivel único donde colocaremos todos los elementos que estarán presentes —sin un orden particular— de manera que podamos probarlos, ajustarlos y dejar todo listo para que luego el trabajo de diseñar niveles sea algo parecido a ensamblar bloques. Decidiremos las alturas mínimas y las proporciones de los techos, pasillos y paredes, y esto lo haremos basándonos en el tamaño del personaje jugable (PJ). Decidiremos cómo pasar de una habitación (*room*) a otra, de un nivel al siguiente, si hay puertas y cómo funcionarán. Trabajaremos en los movimientos del PJ, para asegurarnos de que este se desplaza a la velocidad conveniente, que se ve natural en sus movimientos, caminata, salto, balanceo, agarre, combate, etc. Decidiremos cómo trepa o desciende, si se agazapa, si corre, si en algún momento lleva un objeto que modifique el rango de movimiento, si lo sigue una mascota, si monta en algún animal o vehículo. Hemos dedicado el LEVEL II, la segunda parte del libro, a este asunto.

Más tarde, cuando ya tengamos todo definido, abandonaremos la *toy box* y trabajaremos ya en los verdaderos niveles, por lo general empezando por el primero y avanzando hacia el último (los juegos AAA a menudo destinan un equipo a cada nivel). Iremos probando y ajustando parte por parte y uno por uno, sometiendo el trabajo a prueba constante. Ante una duda, consultaremos de inmediato. Esta nueva etapa se llama indistintamente una etapa de *white boxes, gray boxes, orange boxes, blocking*, etc., porque puede que se trabaje casi exclusivamente con primitivas: geometrías planas, solo formas (cubos, paralelepípedos, esferas, cilindros, conos, planos inclinados, etc.), aunque también puede haber assets[39] más elaborados que se van agregando a medida que los artistas los crean, lo mismo que puede pasar con la caja de juguetes.

Recordemos que lo más importante en un videojuego es su jugabilidad, no su estética visual (sin perjuicio de que todas las partes son importantes). Nos aseguraremos de que el nivel sea divertido, emocionante, inspirador, y luego lo maquillaremos, con máscara de pestañas, rouge, laca de uñas, le pondremos peluca y aros llamativos, tattoos, etc. O sea, se aplicarán las texturas, iluminación, objetos decorativos, efectos especiales, sonido ambiente y música. Pero esto solo debería llegar tras culminar el proceso de *gray boxes.* Como bien dijo Louis Sullivan[40] a finales del siglo XIX, *la forma siempre sigue a la función*, y en videojuegos su equivalente es: *la forma siempre sigue a la jugabilidad.* Es moneda corriente en la arquitectura que, antes de considerar los aspectos estéticos, la forma debe derivarse de los requerimientos funcionales que ese objeto o edificio debe satisfacer. La función, uso y requisitos prácticos determinan la forma más apropiada. Desde nuestra perspectiva, el gameplay está por encima de cualquier otro aspecto, de modo que las formas serán sobre todo aquellas que sirvan a la

---

[39] Los motores dedicados a los juegos 2D también proporcionan paquetes de assets (activos) que se pueden usar para explorar las ideas y el game feel.

[40] **Louis Henry Sullivan** (1856 –1924). Arquitecto y teórico estadounidense de la Escuela de Chicago, un estilo arquitectónico que se desarrolló entre fines del siglo XIX y comienzos del XX, pionera en la introducción de nuevos materiales y técnicas para la construcción de grandes edificios comerciales y los primeros rascacielos.

navegabilidad, desafíos, encuentros, narrativa y atmósfera de los espacios del juego.

Haremos entonces cada nivel usando una combinación de formas geométricas simples y assets, iremos probando y dejaremos el proceso de embellecimiento definitivo para el final.

El embellecimiento o pulido *(polishing)* vendrá luego de terminar y verificar la arquitectura y el gameplay de cada nivel. Esto último es posible (deseable) que quede en manos de un *environment artist*, que es otra especialidad del level design. No todos los LD se especializan en ambas tareas o les gustan ambas y, de hecho, lo ideal es que haya un experto de cada disciplina. Más sobre esto en el BONUS STAGE al final del libro.

Como paso previo a la producción, es conveniente crear un «vertical slice», que el dueño del producto usará para la cosa financiera, pero que también nos permitirá apreciar por primera vez el *espíritu del juego*.

Veamos en mayor detalle cada paso.

La Caja de Juguetes / *Toy Box*

Es común entre los *devs* novatos saltarse esta herramienta. La etapa inicial de creación de prototipos y pruebas de concepto es una cosa delicada. En esta fase, el videojuego empieza a definirse[41], las ideas creativas toman forma y se exploran las posibilidades de jugabilidad, mecánicas e interacciones. Para agilizar este proceso, los desarrolladores recurren a la llamada *toy box* o caja de juguetes. Se trata de un artilugio fundamental porque ahorra decenas de horas y suicidios en masa a la mitad del desarrollo. El diseñador de juegos y profesor argentino Martín Romero (Bahía Blanca, 1974) lo llama «gimnasio».

En esencia, una *toy box* es una colección de assets, herramientas y recursos previamente creados que permiten a los desarrolladores construir rápidamente entornos de prueba y prototipos funcionales. En lugar de tener que crear cada elemento desde cero, una *toy box* proporciona bloques de construcción básicos que aceleran el proceso creativo.

Algunos de los componentes típicos de una caja de juguetes incluyen herramientas para la creación rápida de niveles y entornos, por ejemplo, mecánicas de juego básicas (movimiento, puntaje, vidas, etc.),

[41] Antes de alcanzar la fase de «caja de juguetes», es posible que hayamos verificado el concepto de juego usando métodos analógicos, como un **prototipo de mesa**. Se puede consultar más al respecto en *Estructura lúdica*, el primer libro de esta serie, o en *gamedesignla.com/kit*.

geometrías simples (cubos, esferas, cilindros, etc.), texturas sencillas (colores lisos, patrones), materiales genéricos (madera, metal, piedra), mecánicas (plataformas, carreras, disparos, etc.), efectos visuales (partículas, destellos, etc.), modelado de personajes (formas humanoides simples y marionetas estilo *crash test dummies*), sistema de iluminación, sistema de físicas, y un editor de terreno. Estos elementos permiten construir prototipos y pruebas de concepto iniciales para explorar mecánicas e ideas de juego, sin tener que preocuparse por los detalles estéticos o técnicos en esta etapa temprana.

> *En el mundo de los juegos de mesa, el equivalente a una toy box es el* ***prototipo analógico****, donde se usan tableros dibujados a mano, miniaturas impresas con imágenes producidas con IA y otros elementos provisorios que serán reemplazados por diseños e ilustraciones y sus correspondientes elementos definitivos.*

La flexibilidad y la facilidad de uso de la *toy box* fomentan un enfoque iterativo en el diseño de juegos. Los desarrolladores pueden construir prototipos rápidamente, probarlos, obtener retroalimentación y realizar ajustes con poca inversión de tiempo y dinero. Este ciclo de creación, prueba y refinamiento es fundamental para descubrir qué funciona y qué no, antes de comprometer recursos más sustanciales en el desarrollo completo del juego. Además, la *toy box* puede ser una solución para equipos pequeños o desarrolladores independientes. Al tener acceso a una amplia gama de herramientas y activos preconstruidos, pueden centrarse en la creatividad y la exploración de ideas, sin verse limitados por restricciones técnicas o artísticas.

Si bien la *toy box* no es una herramienta o concepto diseñado para la creación final de niveles de juego completos, facilita la experimentación y la iteración en las primeras etapas del desarrollo. Una vez que las mecánicas centrales y el concepto general del juego están definidos, se puede avanzar hacia herramientas y procesos más sofisticados para el diseño y la producción final.

Recordemos que con la caja de juguetes vamos a definir y ya dejar fijadas las características y métricas que se mantendrán constantes a lo largo del juego. Por ejemplo, el tamaño relativo de los espacios y objetos, y la altura de los personajes, empezando por el personaje jugable. Tenemos una directiva aquí: todo tiene que estar ajustado a la altura del PJ. Por ejemplo, los techos. Si puede saltar, que no se saque chichones.

¿De dónde demonios sale una *toy box*?

Las *toy boxes* pueden provenir de varias fuentes. Muchos estudios las crean internamente. Los programadores y artistas del equipo desarrollan una colección de assets, herramientas y sistemas básicos que pueden reutilizarse en múltiples proyectos. Esto les permite tener un conjunto de recursos personalizados y optimizados para sus flujos de trabajo y engines específicos.

Los motores de juego populares como Unity, Unreal Engine, Godot y Construct vienen con una gran variedad de activos básicos, ejemplos de código y herramientas que pueden funcionar como una *toy box*. Estos recursos están diseñados para facilitar la creación rápida de prototipos y pruebas de concepto dentro del motor de juego.

También existen numerosos mercados en línea donde los desarrolladores pueden comprar paquetes listos para usar, como modelos 3D, texturas, efectos visuales, sonoros, etc. Estos paquetes comerciales pueden integrarse en las *toy boxes* existentes para complementar los recursos internos. La comunidad de desarrollo de juegos de código abierto también contribuye con una gran cantidad de activos, herramientas y frameworks gratuitos que los desarrolladores pueden aprovechar y agregar a sus *toy boxes*.

Por lo general, los estudios reutilizan assets, código y herramientas de proyectos anteriores para formar la base de sus nuevas *toy boxes*. Esto les permite comenzar con un conjunto de recursos familiares y probados. A la larga o a la corta, una *toy box* se vuelve un recurso muy valioso.

Escala, integración y proporción

Estos elementos guían a los diseñadores de niveles en la configuración de espacios que no solo se sientan auténticos, sino que también se adapten a las capacidades y limitaciones de los personajes y la narrativa del juego (Salmond, 2021). Forman parte del conjunto de parámetros que vamos a llamar **métrica del juego**:

- **Escala**: la escala refiere a las dimensiones relativas de los personajes, objetos y entornos dentro del mundo del juego. Debe ser consistente para mantener la inmersión del jugador y permitir una navegación intuitiva. Un personaje como Chimalpopoca, con su mediana estatura, pero fenomenal panza, requiere entornos proporcionalmente más grandes para moverse de manera creíble, lo que afecta desde la altura y anchura de los techos y puertas hasta el tamaño de los vehículos y monturas. Previo a construir paredes, techos, pasajes y puertas, hay que definir la estatura del personaje jugable y mantener esa escala para toda la arquitectura. Mucha atención a esto. Un buen consejo es cuidar cómo se verá el avatar en distintos tamaños de pantalla. En la mayoría de los casos, es mejor evitar los avatares muy pequeñitos porque son menos atractivos.

- **Integración**: esto es de qué manera los elementos de movimiento y acción del personaje se incorporan en el diseño del nivel. Los personajes que pueden saltar, esquivar o trepar necesitan entornos que no solo permitan, sino que también promuevan estas acciones. La integración efectiva asegura que cada aspecto del espacio potencie la jugabilidad y cohesión del mundo del juego, como se observa en aquellos con mecánicas de movimiento avanzadas, donde la verticalidad y la capacidad de salto influyen en el diseño de los niveles.

- **Proporción**: es la relación de tamaño entre diferentes elementos dentro del juego, asegurando que todo, desde la arquitectura hasta los objetos y los PNJ, mantenga una coherencia visual. Esto es vital no solo para la estética del juego sino también para su jugabilidad. Un diseño proporcional ayuda a los jugadores a estimar distancias y tamaños, facilitando la navegación y la interacción con el entorno. En todo momento debe ser claro dónde se puede trepar y saltar, y dónde no. Si no es claro, el jugador se sentirá frustrado porque fallará sin que parezca su culpa.

Resoluciones Gráficas

Esto es algo que deberemos decidir en la *toy box* y que luego se llevará al siguiente paso del diseño de niveles (*gray box* o *bloqueo*). La elección de las resoluciones gráficas adecuadas implica encontrar un equilibrio entre la calidad visual deseada, el rendimiento y la compatibilidad con diferentes dispositivos y hardware. Este es un factor que impacta la experiencia tanto como el rendimiento. Con una amplia gama de dispositivos y pantallas disponibles en el mercado, desde teléfonos móviles hasta monitores de alta definición, elegir las resoluciones adecuadas se convierte en una tarea esencial. Por otra parte, es común publicar los juegos en diferentes plataformas, por lo que deberemos cuidar desde el inicio que estemos usando las resoluciones que nos permitan una conversión sin problemas. ¡O sin problemas insalvables!

Las resoluciones van aumentando cada cierto tiempo. En 2025, las resoluciones comunes son 1080x1920 píxeles para dispositivos Android y 1125x2436 píxeles para dispositivos iOS (estas resoluciones ofrecen una buena calidad visual sin comprometer el rendimiento en hardware móvil). Para juegos de PC y consolas domésticas, una resolución ampliamente utilizada es 1920x1080 píxeles (Full HD). Esta resolución proporciona una excelente calidad de imagen y es compatible con la mayoría de los monitores y televisores.

Si el videojuego está orientado a sistemas de gama alta y hardware potente, será necesario considerar resoluciones más altas como 2560x1440 píxeles (QHD, Quad HD o 2K) o incluso 3840x2160 píxeles (4K UHD). Estas resoluciones brindan una calidad visual impresionante, pero requieren recursos gráficos significativos y afectan el rendimiento en sistemas menos potentes. Estas resoluciones irán creciendo a medida que la tecnología siga en evolución (aumentando los costos de producción, dicho sea de paso).

La recomendación siempre es implementar técnicas de escalado de resolución (*resolution scaling*). Esto permite que los jugadores ajusten la resolución según sus preferencias y capacidades de hardware, sin comprometer la calidad visual general. Algunas técnicas populares son el remuestreo de resolución dinámica (*dynamic resolution resampling*) y el escalado de resolución por porcentaje (*resolution percentage scaling* o *resolution scale factor*). Los motores de videojuegos como Unreal Engine, Unity, CryEngine, Frostbite, Godot, entre otros, incluyen soluciones integradas para manejar las diferentes resoluciones de pantalla y dispositivos. Por ejemplo, hacen automáticamente el renderizado a buffer y postprocesado (renderizan a un buffer intermedio y luego se aplican técnicas como antialiasing, remuestreo, etc. antes de mostrar en pantalla), pero siempre harán falta ajustes específicos. Por otra parte, es bueno asegurarse de que el juego sea compatible con diferentes relaciones de aspecto, como 16:9 y 21:9 (*ultra wide*). Esto mejora la experiencia de los jugadores y evita distorsiones visuales indeseadas.

Si estás leyendo este libro mucho más allá de 2025, será necesario que revises las nuevas resoluciones y dispositivos disponibles en el mercado. Artistas y programadores siempre deberán trabajar en resoluciones mucho mayores a los estándares del momento, de manera que se pueda escalar hacia abajo sin pérdidas de calidad en las imágenes.

Más allá de los tamaños de pantalla, es fundamental optimizar siempre los recursos gráficos, como texturas, modelos 3D y efectos visuales. Técnicas como el *mipmapping*, la compresión de texturas y el nivel de detalle (LOD) pueden ayudar a mantener un buen rendimiento sin comprometer la calidad visual.

Estas cuestiones son especialidad de los **artistas técnicos**, que son una especie mutante entre artista y programador. Difíciles de conseguir como los Pokémon legendarios.

La puerta de las pesadillas

¿Quién diría que algo tan sencillo como una puerta podría causar tantos dolores de cabeza? Pero la verdad es que las puertas son una de las cosas más complicadas de programar e integrar en un nivel. En el mundo real, una puerta es una puerta y punto. Se abre, se cierra, tal vez tiene una llave y listo. ¡Pero en el reino de los videojuegos, las puertas son una verdadera pesadilla!

Imaginemos que tenemos que colocar una simple puerta. De repente, nos vemos bombardeados con un millón de preguntas: ¿Pueden los jugadores abrir TODAS las puertas o solo algunas? ¿Hay puertas que son solo decorativas? ¿De qué tamaño son? ¿Cómo reconoce el jugador que una puerta se puede abrir y otra es solo decorativa? ¿Las puertas se abren automáticamente o el jugador tiene que presionar un botón? (Hagas lo que hagas, que siempre sea lo mismo para todas).

Hay más. Si el jugador pasa por una puerta, ¿esta queda abierta? ¿Hay una animación para abrir la puerta? ¿El jugador puede cerrarla, o se cierra sola? Si la puerta queda abierta, ¿es posible que los enemigos nos persigan? Si tenemos aliados PNJ, ¿nos pueden seguir a la nueva habitación? Si nos pueden seguir, ¿habrá una animación o solo aparecerán como espectros en la siguiente habitación? ¿Un PNJ parado en la puerta, ¿nos bloquea el paso? Una criatura o enemigo, ¿puede abrir una puerta por su cuenta, o se queda detrás cuando la cerramos, como el meme de John Travolta? ¿Qué pasa si la puerta es demasiado pequeña para que pase un jefe súper gordo? ¿Y si el baño está ocupado?

Y más. ¿Hay una llave especial para cada puerta, o todas abren con la misma llave? ¿Tiene mirador, pasador, cadenita? ¿Y si dos jugadores en el modo multijugador quieren cruzar al mismo tiempo? ¿Uno impide el paso al otro o cruzan juntos? ¿Se puede romper con un golpe?

Mientras que en la vida real una puerta es un simple objeto arquitectónico, en el mundo de los videojuegos se convierte en un rompecabezas digno de un doctorado en Ingeniería. La cantidad de estados en este asunto pueden llevar a la locura, por lo que conviene decidir desde el vamos cómo se llevará a cuestas la pesadilla. ¡En muchos casos, es buena idea dedicar las primeras horas de la caja de juguetes a resolver el problema de las puertas! Su efecto en el gameplay y game feel es muy importante. Según el juego y el modo en que lo hacemos, para el jugador se pueden convertir en un elemento estratégico. Si lo hacemos mal, serán una molestia.

Personajes, cámaras y controles

En la fase de *toy box* es crucial definir el movimiento y las acciones de los personajes que tendremos en el juego (caminar, correr, saltar, agacharse, trepar, colgarse, caer, luchar, morir, nadar, etc.). Esto aplica tanto al Personaje Jugable (PJ) o *Player Character* (PC), como a los Personajes No Jugables (PNJ) o *Non-Player Characters* (NPC), incluyendo las principales criaturas, o al menos las que tendremos en el Vertical Slice (luego se podrán agregar otras). También el equipo decidirá la vista de cámara apropiada, y se mapearán e implementarán los controles y los elementos de la interfaz, así como el menú principal y las pantallas de save y créditos. Estos últimos elementos suelen terminar de definirse en la siguiente etapa, la de *gray box / blockout.*

Lo importante es explorar tempranamente estos aspectos fundamentales del juego (métricas, cámaras, controles), porque luego no se pueden cambiar sin provocar grandes —muy, pero muy grandes— problemas en la etapa de producción. En la tercera parte de este libro hablaremos más de estos temas.

La Caja Gris / *Gray Box*

Bueno, nos pasamos un par de semanas o meses jugando con la *toy box*. Tenemos todo decidido y documentado. Ahora toca el paso siguiente. Cuando hablamos de *gray boxes* nos referimos a una etapa más avanzada en el proceso de diseño de niveles, conocida también como etapa de «blockout» (bloqueo, colocar bloques). Aquí ya estaremos en el umbral de la etapa de producción, o directamente en producción. Una vez que se han definido las condiciones preliminares, las mecánicas de juego principales, las métricas, y se ha establecido una dirección artística general —hemos usado una *toy box* perfilando el gameplay durante varias semanas y ya tenemos un excelente game feel—, es tiempo de comenzar a construir versiones preliminares de los espacios de juego utilizando recursos temporales o *placeholders*. Estas versiones tempranas de los niveles se conocen como *gray boxes* debido al uso extensivo de geometrías simples grises o de colores sólidos para representar elementos como terrenos, arquitectura, obstáculos y puntos de interés.

La etapa de *gray boxes* es más compleja y detallada que los prototipos iniciales de la caja de juguetes, ya que aquí efectivamente estaremos construyendo los espacios «reales» del juego siguiendo el plan del game designer y los objetivos del nivel. Trabajaremos respetando las decisiones y descubrimientos logrados con la *toy box*. Es decir, respetaremos a punta de pistola las métricas (proporciones, tamaños y demás características). Y se sumarán los lineamientos proporcionados por el game designer, más los caprichitos del productor.

Con las cajas grises podremos probar el flujo de juego, la navegación, la disposición de enemigos y desafíos, los encuentros y diálogos, en caso de haberlos, así como experimentar con el ritmo y la progresión a través de los espacios. Sin embargo, aún se mantienen a un nivel de abstracción visual para facilitar la iteración rápida y los cambios en el diseño antes de proceder a la producción final del arte.

Una vez que cada nivel ha sido refinado y aprobado por los jefazos, llegarán los artistas ambientales, una suerte de decoradores de interiores súper delicados, perfumaditos y glamorosos, y ellos tomarán el relevo para transformar estas representaciones simples en entornos detallados y texturizados, utilizando los recursos finales de arte y los activos visuales definitivos. Eso incluye efectos, iluminación y sonido ambiente.

En el caso de que no haya tales *environment artists*, será el propio sufrido diseñador de niveles el que tendrá que embellecer el espacio de juego y finiquitar los detalles cosméticos. Pero, atención, lo prudente será postergar ese proceso hasta que se hayan construido todos los niveles del juego. Es importante para el level designer mantener un ritmo de construcción y una visión fresca de la línea narrativa, evitando interrumpir el proceso y para tener el juego completo lo antes posible. **¡Es muy importante tener el juego completo lo antes posible!** Sin embargo, hay un paso intermedio antes de lanzarnos a producir: si estamos en modo profesional, trabajaremos en un *vertical slice*.

Vertical Slice

Un vertical slice es un prototipo funcional que ofrece una muestra representativa del juego completo, abarcando todas las facetas y sistemas que lo componen, como jugabilidad, gráficos, sonido, inteligencia artificial, etc. Este «corte vertical» es como una porción de pizza, diría la Abuela Bruta. Si comemos una porción, es posible deducir que el resto de la pizza tiene el mismo sabor. En otras áreas de las industrias creativas, una muestra así puede tomar el nombre de «producto mínimo viable» o MVP, *Minimum Viable Product.*

El vertical slice puede consistir en los **primeros 10-20 minutos** del gameplay que incorporen una selección de situaciones que nos parezcan potentes. No se trata de un tutorial, sino de una parte representativa.

Es frecuente en la industria profesional que, luego de definir el juego mediante una *toy box*, el equipo se aboque a crear un vertical slice del futuro juego, una suerte de «demo» (demostración) capaz de transmitir el espíritu del juego y proyectar su alcance, de manera que quien lo pruebe tenga una idea acabada de lo que sería jugarlo entero.

La creación de un vertical slice obliga al equipo a abordar todos los diferentes subsistemas y desafíos técnicos desde el principio. Esto ayuda a evitar problemas de integración más adelante, cuando combinar todos los elementos por separado puede resultar en incompatibilidades o cuellos de botella.

El vertical slice se utiliza para conseguir un *publisher*, obtener financiamiento y participar de exhibiciones para promocionar el proyecto. Además, proporciona la primera visión global del juego al propio equipo de desarrollo (¡emocionante!). Podríamos decir que el vertical slice es el equivalente al episodio piloto de las series de televisión.

Hasta este momento, el dueño del proyecto o el productor general se las habrá arreglado para financiar el proceso, y ahora deberá salir a buscar el dinero necesario para la etapa de producción. Participará en eventos, concursos, festivales, fiestas prohibidas, retiros espirituales y rondas de negocios usando el vertical slice. En cuanto cierre trato y obtenga los fondos, comenzará el ciclo de producción.

Cuando un equipo está empezando en el mundo del desarrollo de videojuegos, está bueno «cambiar la cabeza» y hacer un vertical slice en lugar de hacer un juego entero. Veamos esto con lupa.

Un equipo que recién empieza

¿Qué ocurre cuando no estamos dentro de la «industria profesional» y solamente somos cuatro hippies encerrados en un sótano soñando con hacer un videojuego? Aquí el circuito será diferente. Tendremos la opción de autopublicar el juego en alguno de los *stores*, buscar algún tipo de subsidio público o privado, y quizás probar suerte con una campaña de financiamiento colectivo, alias *crowdfunding*.

> Nunca recomendamos usar ahorros, fondos propios o pedir dinero prestado a la Abuela Bruta, debido a que todo puede salir mal y quedaremos en bancarrota (y la abuela nos agarrará a bastonazos). Es mejor recurrir a campañas de *crowdfunding* o a socios inversores. Para aprender sobre esto, recomendamos **capacitarse** en los eventos y actividades de las organizaciones dedicadas al sector del desarrollo de videojuegos. Cada país suele tener las suyas.

Lo importante es entender que, para generar un juego completo y de calidad, necesitaremos financiarnos. También se puede hacer sin tanto gasto, invirtiendo muchísimo tiempo y talento. A medida que publiquemos por cuenta propia algunos juegos —es obligatorio que sean pequeños para poder terminarlos— iremos subiendo de nivel: *vendamos o no, es más importante obtener puntos de experiencia*, algo absolutamente imprescindible. Más tarde subiremos de nivel al profesionalizarnos.

Se trata de un caminito empinado, pero siempre hermoso. Hay que comenzar haciendo juegos pequeños y geniales, autopublicarlos, reunir XP, armar portfolio, y un día daremos el salto. Dar el salto significa que pasaremos a las grandes ligas, embarcándonos en el circuito profesional, donde lo primero que haremos ya no será un pequeño juego completo sino —probablemente— un vertical slice de un proyecto más ambicioso con el fin de salir a buscar financiamiento.

A no asustarse, estas cosas se aprenden en eventos y conversaciones con gente que ya tiene sus años en la industria. Es cosa de capacitarse o de conseguir una persona que se anime a meterse de lleno en el pantano de los negocios. Y aunque lo hemos dicho en libros anteriores, lo repetimos ahora: si estás comenzando a hacer juegos, *no hagas uno de rol*. No lo terminarías nunca, porque el género implica una enormidad de variables. Seamos inteligentes, empecemos por algo manejable ¡y que no nos lleve más de un año! Lo primordial es acumular XP.

Producción

OK. Ya tenemos el vertical slice, y apareció un publisher o socio financiero dispuesto a apostar en nuestro maravilloso proyecto. ¡Nos haremos ricos! (?) Es tiempo de arrancar la fase de producción.

La etapa de producción es la **más larga e intensiva** («pico y pala»), donde se crea la mayor parte del contenido y los activos del juego. Los equipos de arte 2D/3D, animación, programación, diseño de niveles, efectos visuales, audio e inteligencia artificial (por otro lado, también comunicación y marketing) trabajan simultáneamente en sus respectivas áreas. Se realizan ciclos iterativos de desarrollo con evaluaciones y refinamientos constantes. Se irán construyendo los espacios del juego, uno tras otro, lo más rápido posible, para facilitar el trabajo de prueba y corrección. Tras ello, se procederá al pulido final (ver el BONUS STAGE al final de este libro).

A grandes rasgos, se puede dividir en cuatro fases:

1. **Alfa**: cuando la mayor parte de los contenidos y características están implementados, pero aún no completamente integrados ni pulidos, se alcanza la fase alfa. Ya tenemos todos o casi todos los niveles del juego. Esta versión preliminar se utiliza para pruebas internas, identificación y corrección de errores importantes. Se puede vislumbrar el todo.

2. **Beta**: la siguiente etapa es la beta, donde la totalidad de los componentes se unen en un producto jugable de principio a fin. Los esfuerzos se centran en pruebas exhaustivas, optimización del rendimiento, equilibrio del juego y pulido general. Con frecuencia se distribuyen versiones beta cerradas a grupos de prueba externos. También se suelen hacer abiertas al público en general, y publicar versiones en progreso en algunos stores, por ejemplo, las llamadas *Early Access*, que se pueden comprar a bajo precio.

3. **Certificación/Masterización**: los juegos para plataformas como consolas o dispositivos móviles deben someterse a un proceso de certificación por parte de los fabricantes de hardware. Una vez aprobados, se crean las versiones maestras finales que se enviarán para su producción y distribución. Los de PC atraviesan una etapa de revisión de contenidos y autorización. Los productores y publishers se encargan de obtener las calificaciones

ESRB, PEGI, CERO, y otras.[42] Los de marketing trabajan a todo vapor.

4. **Lanzamiento**: ¡tras meses o años de arduo trabajo, el juego es publicado y lanzado al público! Sin embargo, con los juegos como servicio (*GaaS, Game as a Service*), en general producidos por los grandes estudios, el trabajo continúa con actualizaciones, parches, contenido descargable adicional y soporte postventa.

Metodología de producción

Una de las metodologías más utilizadas en la industria de los videojuegos es el desarrollo ágil —como SCRUM, entre otras—, que se basa en ciclos iterativos y una comunicación constante entre los miembros del equipo.[43] En lo que respecta al diseño de niveles, esta metodología implica una serie de pasos clave, de investigación y planificación, que termina en prototipos jugables.

Es MUY DIFÍCIL, MUY DIFÍCIL, desarrollar un videojuego sin alguien que se encargue de la producción. ¡La falta de un productor es la mejor forma de conseguir un *epic fail*! Cuando no existe un productor oficial, es necesario seleccionar una de las personas del equipo para que tenga ese rol. El productor ordena y facilita.

[42] Los **sistemas de clasificación de videojuegos** más importantes son: ESRB (Norteamérica) con categorías de E (todos) a AO (solo adultos), PEGI (Europa) con rangos de 3 a 18 años, CERO (Japón) con categorías de A (todos) a Z (solo adultos), y USK (Alemania) con clasificaciones de 0 a 18 años. Estos sistemas ayudan a los consumidores a identificar la edad apropiada y el contenido de los videojuegos.

[43] Ver el Capítulo XII de *Estructura lúdica*, donde nos extendemos sobre el tema de la producción y el método SCRUM.

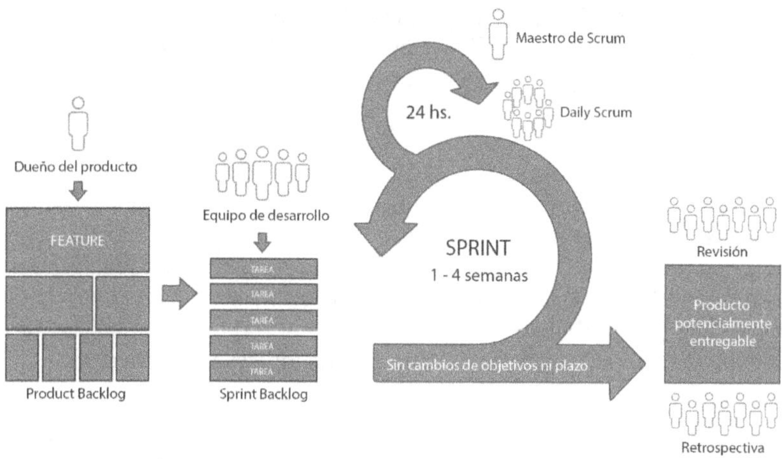

El ciclo de SCRUM. El dueño del producto define las características o *features* que requiere, asignándoles un orden de prioridad, y el equipo de desarrolladores crea la lista de tareas o *sprint backlog* según lo que puede realizar durante el *sprint*. El *Scrum Master* facilita el *sprint* y organiza las reuniones diarias o *daily scrum* donde el equipo se mantiene al tanto del progreso. Al finalizar el *sprint*, se procede a la revisión del resultado con presencia del dueño del producto y el equipo desarrollador. Siempre lo que se presenta es un producto potencialmente entregable. Por último, se hace una retrospectiva del trabajo y el ciclo recomienza con la adición de los cambios que pide el dueño del producto.

Reutilización de activos / *Assets*

La creación de *assets* digitales es un proceso intensivo en recursos. Diseñadores, artistas y programadores invierten horas en el desarrollo de cada componente, desde texturas y modelos hasta efectos de sonido y elementos de la interfaz. En este contexto, la reutilización de activos no solo es una estrategia económica sino también una manera de garantizar la coherencia estilística a través del juego. Al reutilizar assets, se puede mantener una sensación de familiaridad para el jugador, lo que ayuda a crear un mundo de juego cohesivo (y convincente).

Sin embargo, la reutilización de activos debe manejarse con cuidado para evitar la monotonía o la sensación de un diseño flojillo. Una estrategia efectiva es la modificación de activos existentes para crear variaciones que, aunque reconocibles, se sientan frescas y adecuadas para su nuevo contexto. Esto puede implicar ajustes en la coloración, textura, o incluso la función de un activo, permitiendo que el mismo objeto sirva múltiples propósitos dentro del juego.

Un excelente ejemplo de reutilización inteligente de activos se encuentra en la serie *Dark Souls* (FromSoftware, 2011). Aunque estos juegos son conocidos por sus entornos detallados y atmosféricos, muchos de los assets se repiten a lo largo de sus distintas ubicaciones. Sin embargo, gracias a la colocación y al uso de iluminación ambiente, estos activos reutilizados contribuyen a la atmósfera única de cada área, enriqueciendo la experiencia de juego en lugar de restarle valor.

Otro caso destacado es *The Elder Scrolls V: Skyrim* (Bethesda Game Studios, 2011). Ese RPG del amor reutiliza una amplia variedad de assets a lo largo de su inmenso mundo abierto. Sin embargo, la variación en la disposición de estos activos, combinada con una gran narrativa y misiones variadas, logran que se mantenga interesante y diverso.

SUPER MARIO BROS. – ARBUSTOS Y NUBES. Un truco específico empleado en el clásico plataformero de Nintendo de 1985 fue el uso de un mismo *sprite* para las nubes (blancas) y los arbustos (verdes), cambiando solo el color. Este tipo de optimización permitió a los desarrolladores ahorrar memoria valiosa mientras mantenían una estética visual coherente.

El diseño de niveles en los juegos de *Super Mario*, especialmente en los títulos clásicos de Nintendo, es un excelente caso de estudio sobre el reaprovechamiento inteligente de recursos. Desde sus inicios en la era del NES, *Super Mario Bros.* (1985) ha sido un ejemplo de cómo la creatividad en el diseño de niveles puede maximizar un conjunto limitado de activos. Las limitaciones técnicas de las consolas de la época restringían severamente la cantidad de memoria disponible para almacenar gráficos, sonidos y otros datos de juego. Esto obligó a los diseñadores —Shigeru Miyamoto y Takashi Tezuka, entre otros— a ser extremadamente ingeniosos en el uso de los activos. Un ejemplo notable de esto es la reutilización de *sprites* (gráficos bidimensionales) y paletas de colores para generar diferentes enemigos y entornos, cambiando simplemente colores o patrones de comportamiento para crear la ilusión de variedad.

Además, los Nintendo han sido maestros en reutilizar mecánicas de juego de maneras innovadoras. Por ejemplo, la introducción de tuberías como un medio de transporte dentro de los niveles no solo servía como un método para avanzar o explorar, sino también como un mecanismo para ocultar áreas secretas, aumentando la rejugabilidad y la exploración. Esta mecánica, aunque simple, se ha reinventado constantemente a lo largo de la serie para ofrecer nuevos tipos de desafíos y sorpresas.

A medida que la tecnología avanzó y las capacidades de almacenamiento de las consolas de videojuegos se expandieron, los títulos de Nintendo han podido introducir una mayor variedad de activos y mecánicas de juego. El principio de reutilizar y reinventar activos y mecánicas ha permanecido como una estrategia de diseño.

IV. El Bruto y el Pergamino

Chimalpopoca, el guerrero más testarudo de toda la cordillera, se tambaleaba como un borracho en un festival tras la inesperada intrusión del Pergamino Sagrado de Villa Crespo. Sentía como si se hubiera tragado una olla de porotos mágicos: su interior burbujeaba.

—¡Salí de ahí, espíritu de papel barato! —bramó, golpeándose el pecho con una fuerza que habría derribado una pared (y con frecuencia lo hacía, aunque no siempre intencionadamente).

—¡Jamás! —replicó la voz etérea desde dentro de su estómago—. Ahora compartimos un vínculo místico. Tú eres mi portador, y yo soy tu sabiduría encarnada. Aunque, honestamente, preferiría un portador con un IQ de dos dígitos.

Chimalpopoca gruñó, pero decidió que discutir con su propio estómago sería mala idea. No por razones filosóficas, sino porque estaba empezando a darle hambre.

—¿Sabiduría? —bufó mientras seguía avanzando por la selva, apartando ramas con su macuahuitl—. ¿Podés encontrar a Gomabola?

—¿Quién o qué es un gomabola? —preguntó el pergamino con un tono que sugería que ya lamentaba la alianza.

—Mi guanaco —respondió Chimalpopoca, como si eso lo explicara todo.

—Ah, claro, tu guanaco. Porque cada gran héroe necesita un guanaco como sidekick. Qué original.

—¿Vas a ayudarme o no? —rugió el bruto, irritado.

El pergamino suspiró, un sonido inquietantemente parecido al viento que atraviesa una caverna.

—Está bien, déjame concentrarme. Pero esto no es un servicio gratuito, ¿eh? Exijo un pago.

—¿Pago? ¿Qué querés, un altar o algo? —preguntó Chimalpopoca con la misma lógica con la que negociaba precios en el mercado (esto es, ninguna).

—No, quiero... un poema.

Hubo una pausa, seguida de un ruido húmedo, como si Chimalpopoca se estuviera atragantando.

—¿Un qué?

—¡Un poema! —repitió el pergamino con paciencia que claramente estaba perdiendo—. Rimas, metáforas, esas cosas bonitas que los bardos hacen cuando no están borrachos.

Chimalpopoca frunció el ceño. Rimar no era su fuerte. De hecho, pensar en general no era su fuerte. Tampoco era un bardo. Pero si un poema podía llevarlo a Gomabola, lo intentaría. Carraspeó, concentrándose con todas sus neuronas.

EH... GUANACO, AMIGO FIEL,
EN LA SELVA TE BUSCO CON MI MACUAHUITL...
GEL...

—¡Por los futuros dioses! —gritó el pergamino, horrorizado—. ¡Eso ni siquiera rima!

—¿Entonces qué hago? ¡Nunca fui a la escuela!

—¡Claramente! Olvídalo. Te ayudaré gratis, pero más te vale no volver a intentar poesía.

El pergamino comenzó a vibrar, y de repente, Chimalpopoca sintió un tirón en sus tripas que lo hizo girar a la izquierda, luego a la derecha y finalmente hacia un claro donde un sonido familiar resonaba: el masticar satisfecho de Gomabola, que devoraba un arbusto lleno de calafates.

El bruto soltó un grito de alegría y corrió hacia su amigo.

—¡Gomabola! ¡Te encontré!

El guanaco levantó la cabeza, masticando lentamente como si evaluara cuánto tiempo tardaría su amo en meterse en otro lío.

—¿Ves? —dijo el pergamino, triunfante desde el interior de Chimalpopoca—. Te dije que soy un experto.

Chimalpopoca sonrió ampliamente, abrazando al guanaco. Luego, mirando hacia su abdomen, murmuró:

—Bueno, papel parlante, tal vez no seas tan inútil después de todo.

Y así, el extraño dúo de guerrero y pergamino continuó su viaje, mientras Gomabola, sabiamente, mantenía distancia.

¡BIEN, NUEVO NIVEL ALCANZADO! Ya sabemos entonces que la metodología de trabajo más conveniente consiste en 1) investigar, 2) planificar, 3) diseñar, para luego pasar a 4) la creación de una «caja de juguetes», donde definiremos las métricas y escalas del juego. Sigamos.

LEVEL II

MOVIMIENTO, PROGRESIÓN Y COMBATE

EL GRAN VIAJE DE CHIMALPOPOCA EL BRUTO

Creo que Link de The Legend of Zelda es la peor persona que hay. ¡Este adorable elfito (o lo que demonios sea) va por ahí cortando todos los jardines en pedazos, se mete en las casas ajenas, se roba cualquier cosa que no esté clavada y rompe toda la valiosa loza! ¡Y aun así todos están tan felices de verlo!

Scott Rogers

IV
El Personaje Jugable

Métricas. Diseño visual. Level of Detail. Modelos y siluetas. Cajas y puntos de colisión. Clipping. Culling. Feedback visual y auditivo. El valle inquietante. Realidad virtual & Metaverso. Movimiento. Saltos. Caídas. Trepar y colgarse. Sombras. Natación. Ataque y defensa. Game Over.

LA ALTURA Y TAMAÑO DEL PERSONAJE JUGABLE DEFINEN LA ESCALA Y PROPORCIÓN DE LOS ESPACIOS DEL JUEGO. Pero también lo hace la forma en que se mueve a través de esos espacios. A esto llamamos «métrica». Lo dejaremos identificado y fijado en esta actual etapa de preproducción *(toy box)*, y todo el equipo lo deberá firmar con sangre en la biblia del juego antes de lanzarnos a construir niveles.

¡Bien! Tomamos entonces la caja de juguetes y empezamos a definir todo. Nuestra heroína, fantasma o pato salvaje, lo que sea que protagonice el juego, podrá moverse suavemente por los entornos que crearemos, todo se verá coherente con su altura y tamaño. Las veredas, los árboles, las arcadas, las puertas (Chimalpopoca y su gran panza deben pasar por ahí sin problemas), las habitaciones, los corredores, el mobiliario, los candelabros, los inodoros; todito, todo será coherente con las dimensiones del PJ (el avatar), salvo que estemos haciendo *Alicia en el país de las maravillas* o *Los viajes de Gulliver,* algo por el estilo, donde el PJ por motivos narrativos es diminuto o gigantesco en relación con su entorno.

Métricas

Una vez decididas las dimensiones del personaje jugable, lo normal es usarlas como unidad de medida, como 1C (un Chimalpopoca). Por ejemplo, diremos que una puerta tiene la altura de un Chimalpopoca más un 30%. O diremos que tal criatura puede saltar hasta 3 unidades de Chimalpopoca (3C). Entonces sabremos que un corredor debe tener el ancho de 2C o 3C, como para acomodar un encuentro con una criatura.

En rigor, las métricas determinan:

- **Altura**: la altura del personaje jugable (PJ o avatar).
- **Ancho de pasaje**: generalmente más ancho que el personaje jugable. En el caso de nuestro gran guerrero, es muy ancho.
- **Velocidad de caminata**: qué tan lejos viaja el jugador por segundo o unidad de tiempo. Por ejemplo, camina 1C/s.

- **Velocidad de carrera**: igual que lo anterior, pero de 75 a 100% más rápido.
- **Distancia de salto**: usualmente más lejos que una caminata, pero no tanto como una carrera; puede basarse en el ancho del personaje jugable (como 3C de ancho).
- **Altura de salto**: basada en la altura del avatar. En un juego más o menos realista, un salto suele ser la mitad de la altura del personaje jugable (0.5C), mientras que un doble salto puede ser el doble de alto (2C).
- **Distancia de ataque cuerpo a cuerpo**: usualmente, no mucho más lejos que la longitud del brazo y arma del jugador.
- **Distancia de proyectil**: esta puede ser tan corta como el alcance o ancho del personaje, o tan lejos como pueda ver.

Fichas de personajes

Es importante que cada personaje, sea jugable o no, cada protagonista, cada enemigo, cada criatura, tenga su propia **ficha con datos técnicos** como el nombre, edad, género, especie, ocupación, altura, ancho, código o paleta de color, accesorio que lleva, armamento, sonido asociado, animaciones asociadas, etc. También se deben detallar los puntos de vida, fuerza, destreza, inteligencia, todo lo que sea necesario saber y que, por supuesto, *se derivará de la métrica del personaje jugable.*

Asimismo, la ficha deberá ir acompañada de referencias o arte conceptual y, si es necesario, de diversas poses (caminando, corriendo, saltando, combatiendo, agachado, etc.). Se indicará dónde encontrar la semblanza con el trasfondo del personaje, que, en general, estará en la documentación, en el capítulo de game design o de diseño narrativo.

En ciertos juegos, también los vehículos y objetos, incluso los edificios y ubicaciones, pueden tener una ficha descriptiva.

Toda esa información debe estar registrada y verificada en la Biblia o Mitología del proyecto para ser consultada por diseñadores de mecánicas y de nivel, artistas y músicos.

Cada juego tiene sus necesidades, y no hay una forma estandarizada de trabajar. Cada equipo de desarrollo tiene su propia metodología. Sin embargo, es inteligente hacer el trabajo de «fichar» cada elemento, en especial si se trata de un juego mediano o grande. De otra forma, llegará un punto en el ciclo de desarrollo en que se perderá tiempo buscando información y corrigiendo las incoherencias que se producirán inevitablemente si no se trabaja con un orden estricto.

Diseño visual

El avatar será el personaje que estaremos viendo el 99% del tiempo, sobre todo si se trata de un juego en tercera persona y, por lo tanto, con una vista de cámara que nos permite apreciarlo de cuerpo entero. En este caso, si es un juego 3D, le pondremos todo el nivel de detalle que podamos sin romper el rendimiento del engine. A los demás modelos los tendremos menos detallados porque no los estaremos viendo todo el tiempo o estarán distantes del PJ. Veamos esto con más detenimiento.

Nivel de detalle / *Level of Detail*

La técnica conocida como «nivel de detalle» o LOD (*Level of Detail*) consiste en disponer de varias versiones de menor calidad de cada modelo 3D. A medida que el jugador se acerca a un modelo, el motor de juego automáticamente cambia a una versión de mayor detalle, con más triángulos y texturas más definidas. Este cambio de LOD debe hacerse de forma transparente para que no se noten transiciones bruscas entre los modelos.

Algunos motores de juego también implementan técnicas como *mipmapping* para las texturas, que son versiones cada vez más pequeñas de la textura original para utilizarlas según la distancia. Esto evita el efecto de «muaré» en las texturas lejanas.[44]

Desde luego, esto corre para los entornos también. Las montañas que vemos a lo lejos en un juego 3D pueden ser versiones con poca cantidad de polígonos o directamente fotografías. Cuando nos acercamos, el engine las reemplazará por modelos y texturas de calidad. Además, hay otro truquito, llamado «oclusión de objetos no visibles» *(culling)*, del que hablaremos más adelante. No es el propósito aquí abarcar los aspectos técnicos, que varían entre motores 3D, y que pueden ser algo

---

[44] El **efecto muaré** es un patrón visual que ocurre cuando dos patrones de líneas o puntos se superponen, pero no están perfectamente alineados o tienen tamaños ligeramente diferentes. Este fenómeno crea un tercer patrón distintivo que parece ondular, retorcerse o tener formas geométricas que no están presentes en ninguno de los dos patrones originales.

diferentes en los motores 2D. Sin embargo, lo que veremos a continuación sirve para todos los casos, ya que se trata de prácticas universales en el oficio.

En estudios chiquitos, es normal que «el programador» se boxee con el engine y también modele los personajes y criaturas, los anime y encima haga los niveles. Creemos que, a esta altura del libro, estará claro que son especialidades distintas (ya deberían serlo en un equipo de tamaño medio). El programador se ocupará de implementar las mecánicas y lo relativo al funcionamiento y optimización; es decir, tiene su propio infierno. El artista 3D modelará los personajes, criaturas y objetos en software especializado como 3dMax, Autodesk Maya, Blender. Hay varios programas para complementar los anteriores y para trabajar en las distintas etapas de la producción de arte, por ejemplo, Cinema 4D, ZBrush, Modo, Houdini, Substance Painter, etc. (a su vez, el modelador habrá tomado referencias en el arte de concepto creado por un artista o ilustrador humano o una inteligencia artificial). El animador, por su lado, tendrá que tomar esos modelos y ponerles un esqueleto para proporcionarles los movimientos y *acting* que se verán en el juego. Por ejemplo, hacerlos caminando, luchando, saltando, etc. Si es un juego 2D, usará software especializado como Spine o DragonBones.

Todo ese arte, estático o animado, irá a parar a un fabuloso repositorio universal (ver el final del capítulo II, *Planificación*) de donde el sufrido diseñador de niveles, y más tarde el artista ambiental, los tomará para colocar en los espacios del juego, que sí, esos son su responsabilidad principal. En cuanto a estos, es posible que el LD use sus propias herramientas, como SketchUp, un software de diseño que se utiliza para el prototipado y modelado de entornos de planificación urbana, arquitectura e ingeniería civil, además de diseño industrial, diseño escénico, sistemas de información geográfica (GIS) y, desde luego, para videojuegos y películas. Después podrá «calcarlos» en el engine del juego. O bien, construirá directamente con el editor de ese motor gráfico.

Como en otras fases del desarrollo, las herramientas y procedimientos dependerán de cómo prefiere trabajar el equipo, y de los estándares que van surgiendo a medida que crece la industria. Siempre el foco deberá estar en el proceso que resulte más rápido y eficiente.

Modelos y siluetas

Lo que el diseñador de niveles debe vigilar, además de la fluidez y belleza de la animación, es que los modelos tengan tres características esenciales: 1) que sean reconocibles porque sus siluetas son muy diferentes, 2) que sus siluetas representen su *función* en el juego y 3) que además se destaquen por encima del entorno porque tienen un color contrastante. ¡Deben reconocerse a primera vista!

Si esto no se cumple, es muy probable que haya problemas en la implementación y el gameplay. Dice el diseñador Scott Rogers: «Otras formas de diferenciar a tus personajes entre sí son con el color y la textura. Los superhéroes en los primeros cómics solían usar colores brillantes y patrióticos como el rojo y el azul[45], mientras que los villanos vestían colores más oscuros y ´opuestos´ como verdes y morados. En la *Star Wars* original, los héroes (Luke, Leia y Han) vestían ropa blanca y negra. Darth Vader y los Stormtroopers también vestían blanco y negro, pero sus trajes eran de bordes duros y metálicos: apropiados para los villanos».

Es conveniente que artistas de concepto, directores de arte, modeladores y diseñadores de nivel comprueben juntos el ***diseño visual de los personajes****. Al colocarlos en el espacio del juego se hará evidente si un personaje requiere ajustes en su silueta, colores o texturas.*

[45] Cada país tiene sus colores patrióticos. En **Argentina**, prevalecerían los celestes y blancos con un toquecito de amarillo. ¡Bellísimo!

Este cuidado aplica por igual a juegos 2D y juegos 3D, y en cualquier estilo visual, incluyendo el cel shading[46] y el pixel-art[47].

Colisionadores / *Box Colliders*

Las cajas de colisión *(collision boxes)* son formas rectangulares (invisibles para el jugador) que se asignan a los elementos del juego, incluyendo a sus personajes. Estos *colisionadores* definen los límites físicos de un objeto, permitiendo detectar cuándo tal objeto entra en contacto con otros objetos o con el entorno circundante. Esta detección de colisiones es esencial para simular físicas realistas, activar eventos, controlar movimientos y evitar que los objetos se atraviesen entre sí. El momento para poner a punto los colisionadores suele ser en la caja de juguetes, aunque durante el diseño de los niveles propiamente dicho haya necesidad de hacer ajustes e introducir nuevos colisionadores.

Es importante tener en cuenta varios aspectos. En primer lugar, el tamaño y la forma del colisionador deben ajustarse lo más cerca posible a la geometría del objeto al que se asigna. Pero atención, un ajuste demasiado apretado podría provocar problemas de rendimiento, mientras que uno demasiado holgado podría dar lugar a colisiones inexactas o faltantes. Siempre depende del juego, pero en general pasa en todos.

Además, hay que considerar la complejidad de los colisionadores. Si bien son simples y eficientes, es posible que no sean adecuados para objetos con formas extremadamente complejas o curvas pronunciadas. En estos casos, puede ser necesario utilizar otros tipos de colisionadores, como *mesh colliders* o *compound colliders*[48], que ofrecen mejor detección de bordes a costa de un mayor costo computacional.

Otra consideración importante es el uso de colisionadores estáticos o dinámicos. Los colisionadores estáticos se utilizan para objetos que

---

[46] **Cel shading**: una técnica de renderizado que se utiliza para hacer que los objetos tridimensionales parezcan bidimensionales o planos, emulando así el estilo artístico de los cómics o los dibujos animados.

[47] **Pixel-art**: una forma de arte digital en la que las imágenes son editadas a nivel de píxel individual. Consiste en crear ilustraciones, animaciones y objetos visuales usando pequeños cuadrados de color llamados píxeles como bloques de construcción fundamentales.

[48] **Mesh Collider**: a diferencia de las llamadas **box colliders**, que utilizan formas simples como cajas o esferas, estas aprovechan la geometría detallada de un modelo 3D para definir los límites de colisión de un objeto. Los **Compound Colliders** son una combinación de colisionadores primitivos más simples (cajas, esferas, cápsulas, etc.). Requieren más memoria y potencia de procesador.

no se moverán durante el juego, como el terreno o los edificios, mientras que los colisionadores dinámicos se asignan a objetos que se moverán, como personajes o vehículos. Esta distinción evita cálculos innecesarios.

Fundamental mantener los colisionadores lo más simples posible sin comprometer la precisión. Esto no solo mejora el rendimiento, sino que también facilita la depuración y el mantenimiento del código.

Es aconsejable utilizar herramientas y editores de colisionadores integrados en los motores de juego, debido a que ofrecen una visualización clara y permiten ajustes precisos.

Cajas de colisión versus puntos de colisión

Las cajas de colisión y sus hermanitos los puntos de colisión *(collision points)* representan enfoques diferentes con sus propias ventajas y limitaciones. Una caja de colisión, como hemos explicado, es una forma geométrica simple, generalmente un cubo o una caja, que rodea total o parcialmente a un objeto o personaje. Se trata de aproximaciones de los modelos 3D reales, lo que ahorra recursos de cálculo al simplificar la geometría compleja.

Por otro lado, un punto de colisión consiste en un único punto en el espacio. Este enfoque se utiliza comúnmente en objetos muy pequeños o proyectiles, donde una caja de colisión sería excesiva o innecesaria. El punto de colisión detecta si está dentro de otro objeto, lo que desencadena una colisión. Al igual que las cajas de colisión, los puntos de colisión suelen ser invisibles para el jugador y se manejan internamente por el motor de juego.

En algunos casos, se pueden colocar solo en partes críticas, como la cabeza y el torso, para ahorrar recursos, especialmente si se permiten algunas superposiciones menores, como en ciertos arcades de plataformas o juegos que no dependen del realismo.

Un punto de colisión en la parte superior de la cabeza del avatar evitará que atraviese techos u objetos elevados. En el caso de Chimalpopoca, el punto de colisión podría excluir el penacho de plumas. Otro punto de colisión podría estar en los pies o en la parte inferior del personaje. Esto permitiría la detección precisa de su contacto con el suelo y otras superficies sobre las que se desplaza, facilitando un movimiento fluido y respuestas físicas apropiadas al terreno como fricción, pendientes, etc. Además, es posible separar las cajas de colisión del modelo visual del personaje, lo que permite que el personaje «rebote» antes de colisionar visualmente, creando una sensación más natural y realista. Esta técnica es especialmente útil en juegos de plataformas y acción.

Las extremidades superiores del personaje como manos y brazos también podrían contar con sus propios puntos de colisión para habilitar interacciones realistas como agarrar, empujar, atacar cuerpo a cuerpo y demás. Cada mano o puño contaría con su propio punto para un control granular de estas acciones. Esto es necesario en los juegos de lucha, donde hará falta detectar un puñetazo o patada.

El torso y región central del personaje suelen modelarse con una caja o cápsula de colisión que cubre la mayor área corporal general, siendo el foco principal para impactos frontales o choques contra obstáculos de mayor tamaño. Pequeños puntos o cápsulas laterales a cada costado permiten además la detección de colisiones tangenciales o rozaduras. Ciertos personajes con formas o articulaciones irregulares pueden beneficiarse de un punto de pivote separado utilizado únicamente para controlar su rotación y movimientos de giro, desacoplado de los demás puntos de colisión. En el caso de ataques a distancia, es común incluir puntos de disparo específicos desde donde se originan proyectiles u otras acciones ofensivas. Si el PJ usa un escudo, este tendrá su cajita.

Al diseñar niveles y personajes, habrá que combinar cajas de colisión y puntos de colisión. La idea es ser lo más prácticos y ahorrativos posible. Si podemos usar más cajas que puntos, es por ahí.

Para lograr que un PJ se comporte e interactúe de manera más realista con su entorno, es necesario ir algo más allá e implementar un «sistema multipunto» de detección de colisiones. En lugar de tratarlo como una simple caja rígida, se podría distribuir múltiples puntos de colisión ubicados en diferentes partes del cuerpo. Sin embargo, esto puede llevar a una caída del rendimiento del juego, dependiendo del engine y del sistema donde correrá. **A más puntos de colisión, mejor detección, mayor necesidad de procesador, peor rendimiento.**

¿Y qué pasa si no tenemos como destino un súper hardware? Siempre es buena idea apuntar a los sistemas más humildes, porque así podría jugar una cantidad mucho mayor de personas que no disponen de la última tecnología. En ese caso, la recomendación —si no resolvemos el asunto con una simple caja— es ubicar un solo punto de colisión, a menudo en el centro del PJ, lo que sacrifica el realismo, pero libera recursos del procesador. Es algo que se puede hacer y queda bien en juegos de arcade o menos realistas, donde los personajes pueden en parte atravesar techos, paredes y suelos sin perder naturalidad. Se coloca en el centro del personaje jugable porque, si está en la cabeza, la detección del suelo da la impresión de que el personaje flota un poco; si en cambio lo colocamos en los pies, costará agarrar cosas que están en el aire. El jugador naturalmente imagina que controla un peso lógico y que este está en el centro del avatar.

Clipping

Este es un problema visual que ocurre cuando dos objetos 3D se superponen o intersectan de manera incorrecta, dando la impresión de que uno o ambos objetos se están «recortando» o penetrando el uno al otro. Este fenómeno es particularmente evidente cuando un personaje o un objeto sólido parece atravesar una pared, el suelo o cualquier otra superficie sólida. Venimos sufriendo de este defecto desde hace 60 años.

La razón detrás del *clipping* radica en las complejidades del renderizado 3D y la detección de colisiones. Los motores de juego deben calcular constantemente las interacciones entre los diferentes modelos 3D y geometrías que componen el entorno. Cuando estos cálculos fallan o se realizan de manera incorrecta, se produce el maldito clipping.

El impacto visual de este defecto puede ser sustancial. Al ver a un personaje o un objeto atravesando una pared o el suelo, la ilusión de un mundo sólido y coherente se rompe de inmediato. Algunas veces da risa, en otras da bronca. En multijugador es una peste.

Además del impacto visual, el clipping también puede tener consecuencias en la jugabilidad. Si un personaje puede atravesar paredes o suelos, podría acceder a áreas restringidas o encontrar atajos no intencionados, lo que podría desequilibrar el diseño de niveles y los desafíos previstos. Por suerte, los motores de juego modernos cuentan con sistemas de detección de colisiones más sofisticados, y las capacidades de procesamiento cada vez más potentes permiten cálculos precisos.

Culling

El *culling* es un proceso por el cual el motor de renderizado del juego determina qué partes de la escena 3D deben dibujarse y cuáles no, en función de lo que está a la vista de la cámara.

La idea es evitar procesar y renderizar objetos, geometrías y demás elementos que no sean visibles para el jugador, ya que eso implicaría un gasto innecesario de recursos de la CPU y la GPU. Al ocultar los objetos que están fuera de la vista de la cámara, se logra un mejor rendimiento y una mayor eficiencia. Esto siempre nos recuerda al célebre experimento de la doble rendija en la física cuántica.[49]

Existen diferentes tipos de culling, pero los más comunes son: el culling de vista *(View Frustum Culling)*, que descarta los objetos que están completamente fuera del campo de visión de la cámara; el culling ocluido *(Occlusion Culling)*, que descarta los objetos que están ocultos por otros objetos más cercanos a la cámara, y el culling de portal *(Portal Culling)*, que determina qué áreas de un nivel son visibles desde una ubicación determinada para evitar dibujar partes innecesarias.

El proceso de culling se realiza generalmente en la fase inicial del pipeline[50] de renderizado, antes de que se procese la geometría visible. De esta manera, se pueden ahorrar ciclos de CPU y GPU al no tener que transformar, iluminar y renderizar objetos que no contribuirán a la imagen final. Es como en el cine y las producciones teatrales, en las que solo se construyen y muestran los decorados y elementos escénicos que estarán dentro del encuadre de la cámara o el campo de visión del público. No tiene sentido construir áreas completas que nunca serán vistas.

---

[49] En el **culling**, el motor decide qué objetos renderizar (observar) y cuáles no. En el experimento de la doble rendija clásico de la física, la observación parece determinar si las partículas exhiben un comportamiento ondulatorio o corpuscular. Sí, es broma. (?)

[50] **Pipeline**: el conjunto de procesos secuenciales que transforman los recursos y elementos del juego (como modelos 3D, texturas, animaciones, efectos de sonido, etc.) desde su estado inicial de desarrollo hasta su forma final optimizada para ser ejecutada en el motor del juego.

Feedback visual y auditivo

Los estímulos visuales y auditivos apropiados brindan una percepción tangible de la acción que se está realizando en el juego. El feedback visual, o sea los efectos de movimiento, son fundamentales. Rastros de partículas, líneas de desplazamiento, desenfoque por velocidad y efectos de cámara como sacudidas o desplazamiento aumentan la vivacidad percibida del movimiento. Al correr, saltar o ejecutar maniobras especiales, estos pequeños detalles visuales enfatizan la energía cinética y dinamismo del PJ.

El feedback auditivo complementa los efectos visuales. ¡A veces, se dice que son el 50% del entusiasmo que genera un juego! Sonidos ambientales como el crujir de la nieve, las pisadas sobre distintas superficies o el roce con objetos cerrados comunican de inmediato el entorno por el que se mueve el personaje. Efectos de sonido más exagerados como ráfagas de aire o impactos refuerzan la intensidad de movimientos rápidos o violentos.

La música dinámica es otro recurso interesante, donde el ritmo, intensidad y melodías cambian en respuesta a la acción del jugador o la situación presente, aportando una capa emocional extra que eleva el impacto de los desplazamientos.

El valle inquietante

En el campo de la animación digital —y en la robótica— conocemos como *uncanny valley* a la reacción incómoda y de rechazo que se experimenta cuando nos encontramos con réplicas muy realistas, pero no perfectas, de seres humanos. Este fenómeno fue planteado por primera vez por el investigador japonés Masahiro Mori en 1970. El profe Mori sugirió que a medida que un robot u objeto se vuelve más realista y se aproxima a una réplica casi perfecta de un ser humano, las reacciones positivas aumentan hasta cierto punto. Sin embargo, cuando las imperfecciones se hacen evidentes, provocan una sensación de inquietud y rechazo.

El «valle inquietante» se puede visualizar como una curva de aceptación, donde los objetos inanimados o caricaturescos son bien recibidos. A medida que su realismo aumenta, la aceptación también aumenta, pero en cierto punto crítico cae drásticamente al «valle» de rechazo antes de recuperarse nuevamente si el realismo es casi perfecto e indistinguible de un ser humano real.

Algunas teorías sugieren que esta reacción está relacionada con mecanismos evolutivos de detección de amenazas o engaños. Nuestro cerebro está programado para detectar rápidamente pequeñas irregularidades que podrían indicar una enfermedad o peligro potencial. Cuando algo se aproxima demasiado a un ser humano real, pero no lo es, nuestro sistema de alerta se activa y provoca el rechazo. ¡Nos pasa con los políticos y con los reptilianos!

Oh, Humans!

MetaHuman es un sistema de Unreal Engine que permite crear modelos digitales de seres humanos con un nivel de detalle y fidelidad que vuela pelucas. Este software utiliza técnicas avanzadas como escaneo tridimensional de rostros y cuerpos reales para capturar geometría y texturas de alta calidad, más sistemas de *rigging* y animación facial realistas basados en capturas de movimiento, iluminación fotométrica y renderizado de última generación (en 2025, claro). Además, logra una simulación precisa de piel, cabello, ojos y otros materiales orgánicos. Los MetaHumans incluyen ocho niveles de detalles (LOD) que permiten lograr un buen rendimiento en tiempo real en todas las plataformas.

El objetivo de Epic Games (autor de Unreal) es facilitar la creación de personajes digitales que superen el desafío del valle inquietante.

Además de MetaHuman, existen otros sistemas como Character Creator de Reallusion, que permite crear modelos 3D de personajes humanos altamente detallados, con opciones avanzadas de personalización facial, corporal y de vestimenta (utiliza técnicas como el modelado basado en imágenes y la simulación de piel y cabello). Otros son Daz 3D, pionero en la creación de personajes 3D realistas, y MakeHuman, una herramienta gratuita y de código abierto para crear modelos base de cuerpos humanos parametrizables que luego se pueden exportar a programas de modelado 3D.

Superar el *uncanny valley* es un desafío crítico en el diseño. Los modeladores en conjunto con los directores de arte deben encontrar el equilibrio adecuado entre realismo y abstracción para evitar caer en ese valle inquietante. Algunas técnicas utilizadas incluyen el uso de materiales y texturas más realistas, movimientos y expresiones faciales más naturales, y una atención meticulosa a los detalles que podrían delatar la artificialidad. Sin embargo, por ahora lo más simple es mantenerse en un estilo caricaturesco, a menos que uno cuente con la posibilidad de hacer captura de movimientos y disponga de los recursos técnicos y económicos para producir arte de alta resolución.

Juegos como *World of Warcraft* supieron ser criticados en un momento debido a su estilo de arte *cartoonish*, pero, con el paso de los años, y algunas mejoras de resolución y nuevas texturas, han demostrado que fueron capaces de sostenerse a nivel estético. WOW sigue siendo disfrutable años después de su lanzamiento, en 2004.

Realidad Virtual y metaverso

Al diseñar personajes para un entorno de realidad virtual (VR) o un metaverso, hay algunas consideraciones especiales para tener en cuenta con respecto a las proporciones y escalas:

- **Perspectiva de primera persona**: en VR, el jugador experimenta el mundo virtual desde una perspectiva en primera persona, por lo que los personajes estarán muy cerca de su campo de visión. Esto significa que los detalles y proporciones deben ser precisos para evitar la sensación de *uncanny valley*. Los pequeños defectos se magnifican.

- **Escala 1:1**: a diferencia de los videojuegos tradicionales, en VR los personajes y objetos se muestran a escala real (1:1) con respecto al jugador. Por lo tanto, las proporciones humanas estándar deben respetarse con exactitud. Cualquier distorsión de tamaño resulta poco natural.

- **Campo de visión amplio**: los visores de VR tienen un campo de visión más amplio que las pantallas tradicionales. Esto significa que los personajes deben verse bien desde múltiples ángulos cercanos, ya que el jugador puede girar la cabeza libremente.

- **Presencia espacial**: la sensación de presencia e inmersión en un metaverso depende en gran medida de que los personajes parezcan creíbles y coherentes con el entorno virtual. Proporciones poco naturales rompen esta ilusión.

- **Interacción cercana**: en muchos casos, los usuarios interactúan de cerca con los personajes virtuales. Las proporciones y texturas deben estar muy bien logradas para sostener el realismo a corta distancia.

Para lograr una experiencia verdaderamente inmersiva en VR, es fundamental que los personajes se perciban como naturales y creíbles. Cualquier elemento artificial o falta de coherencia puede romper la ilusión de estar presentes en un mundo real, que vendría a ser la razón por la que uno anda por ahí con un casco de media tonelada en la cabeza.

Una de las técnicas más efectivas para asegurar el realismo de los personajes es basarse en referencias escaneadas o capturadas mediante fotogrametría de modelos humanos reales.[51] Esto garantiza que las proporciones anatómicas y los detalles se repliquen con precisión, eliminando potenciales desencadenantes de un *uncanny valley*.

Además del modelado, la animación de los personajes también juega su papel. La implementación de sistemas de captura de movimiento (*mocap*) permite transferir el comportamiento y la mecánica natural del movimiento humano a los personajes virtuales, dotándolos de una fluidez y realismo difícilmente alcanzable mediante animación manual.

Sin embargo, incluso con modelos y animaciones realistas, hay ciertos aspectos que requieren una atención especial. Las manos, los rostros y las articulaciones son áreas particularmente sensibles, ya que estarán muy cercanas y visibles para el jugador en un entorno de VR. Cualquier defecto o falta de detalle en estas zonas puede generar una sensación de artificio que arruine la ilusión de realidad.

Es necesario probar exhaustivamente el aspecto y las animaciones de los personajes desde múltiples ángulos y distancias, utilizando un visor de VR durante el desarrollo. Esto permitirá identificar y corregir cualquier problema o incoherencia. En algunos casos, puede ser necesario implementar el escalado dinámico de los personajes para adaptarse a diferentes situaciones o interacciones. Es esencial asegurarse de que las proporciones se mantengan correctas en todos los tamaños.

---

[51] La **fotogrametría** es una técnica para obtener medidas precisas a partir de fotografías, especialmente aplicada en el campo del modelado. Su objetivo es reconstruir la geometría, forma y dimensiones de objetos del mundo real mediante el análisis y procesamiento de múltiples imágenes fotográficas tomadas desde diferentes ángulos.

Movimiento

El PJ tendrá diferentes movimientos, que dependen del tipo de juego y sus mecánicas de jugabilidad. Estos movimientos ocupan el espacio positivo que rodea al personaje. Tendremos en cuenta hasta dónde extiende un brazo, y cuánto espacio requiere al dar un paso. Si el PJ sostiene algún arma u objeto, se debe considerar el alcance del estoque. Un personaje con un bastón, un garrote, una espada, fácilmente podría necesitar el doble de la distancia de contacto que cuando simplemente camina o corre. Si sostiene una lanza, tres o más veces.

El jugador aprende instintivamente a calcular esas distancias en los primeros momentos del juego, de manera que es importante mantenerlas siempre idénticas. Si más adelante cambian —porque hubo una subida de nivel o una habilidad nueva—, el jugador las volverá a asimilar, pero nuevamente deberán mantenerse constantes.

Velocidad y aceleración

La velocidad y aceleración con la que se mueve un PJ son aspectos que impactan de lleno la experiencia de juego. Una velocidad de movimiento bien calibrada permite que el jugador se sienta en control y a la vez desafiado por el entorno. Es esencial encontrar el equilibrio adecuado para cada tipo de juego (el célebre *game feel*).

En juegos de acción rápida como shooters o juegos de plataformas, una mayor velocidad de movimiento y aceleración casi instantánea transmiten una sensación de dinamismo y emoción constante. El personaje debe responder de inmediato a las entradas del jugador para permitir reacciones rápidas frente a enemigos y obstáculos. Ojo que una velocidad excesiva puede dificultar el control preciso.

Por otro lado, en juegos de exploración, aventuras o *world crafting*[52], suele preferirse una velocidad de movimiento ligeramente reducida que permita al jugador apreciar mejor los detalles del entorno. La aceleración también debe ser más gradual, logrando un efecto de inercia realista que contribuya a la inmersión. Movimientos muy repentinos podrían resultar ajenos a la naturaleza más pausada de estos géneros, aunque, desde luego, hay excepciones.

El uso inteligente de curvas de aceleración y desaceleración realza la sensación de peso y credibilidad del personaje al moverse. Una aceleración instantánea puede resultar poco natural, mientras que curvas bien diseñadas simulan la transferencia gradual de energía. Esto se complementa con otras mecánicas como la inercia y el deslizamiento para lograr animaciones orgánicas.

Sobre la animación de los personajes

Estos conceptos provienen de la época dorada de la animación tradicional mano a mano, y alcanzó su máxima expresión en los legendarios estudios Disney. Los animadores de la compañía (los «imagineers») desarrollaron una profunda comprensión de la biomecánica humana y animal, analizando meticulosamente los movimientos reales para replicarlos en sus películas animadas. Desde entonces, sabemos que una de las claves para lograr animaciones de caminar o correr creíbles es comenzar el ciclo de movimiento con el ligero balanceo de los codos hacia

[52] **World Crafting**: un género en el que los jugadores tienen la capacidad de construir, modificar y crear su propio mundo o entorno virtual dentro del juego. Ej: *Minecraft, Roblox, Fortnite*.

atrás. Este sutil movimiento inicial de los codos puede parecer un detalle menor, pero es el catalizador que desencadena la fluidez y naturalidad de la animación de caminar o correr. En la vida real, cuando una persona inicia el paso, lo primero que ocurre es un movimiento reflejo de los codos hacia atrás que genera el contrapeso y *momentum* necesarios para impulsar la pierna delantera. Es un movimiento diminuto pero esencial que nuestro cerebro reconoce de manera instintiva. Los animadores de Disney comprendieron que capturar fielmente este pequeño gesto es el secreto para «engañar» al ojo humano y vender por completo la ilusión de un andar auténtico. Si se omite este paso inicial, por más que el resto del ciclo de caminata esté bien ejecutado, la animación se siente rígida y poco convincente, robótica. Una vez establecido este movimiento seminal de los codos, el resto de la animación deberá seguir un patrón natural, trasladando el peso de forma alterna de una pierna a la otra, girando sutilmente las caderas y hombros, y logrando que brazos y piernas se balanceen con un desfase creíble.

Mismo pasa con los saltos. Para lograr que un simple salto se vea convincente, el proceso comienza con la posición de «preparación», donde el personaje flexiona sus rodillas y lleva los codos hacia atrás, generando la anticipación y contrapeso necesarios para la acción inminente. Esta postura previa es fundamental para engañar al ojo y vender la ilusión de que se acumula energía cinética real.

Luego se ejecuta la posición de «extensión», donde todas las extremidades se estiran al máximo mientras los pies empujan con fuerza contra el suelo, impulsando al personaje hacia arriba. Los animadores suelen exagerar un poquito esta posición para enfatizar el punto de mayor esfuerzo y dinamismo.

En el punto más alto del salto, la animación entra en la fase de «suspensión», con todos los miembros del personaje completamente extendidos y abiertos en una postura que comunica el momento de ingravidez transitoria. Inevitablemente, la gravedad empezará a ejercer su influencia, llevando al personaje a la fase de «caída». Aquí las extremidades se elevan ligeramente debido a la inercia, con una postura compacta presionada contra el vector de la fuerza descendente. El contacto con la superficie se anima en la posición de «aterrizaje», con las rodillas bien flexionadas para absorber el impacto y los brazos extendidos hacia adelante para mantener el equilibrio.

Finalmente, la animación culmina con la fase de «recuperación», donde el personaje regresa a una postura erguida mientras amortigua cualquier rebote residual con un suave arqueamiento de la espalda. Esta posición final denota control, elegancia (glamour) y es el cierre del ciclo de movimiento.

Estos conceptos los domina de pe a pa un animador profesional, desde luego. En general, recibiremos los personajes ya animados para colocar en los escenarios del juego, pero, si no es así, estos pequeños trucos podrán mejorar las animaciones del nivel.

Si se desea aprender más sobre animación, podemos recomendar *The Illusion of Life* de Frank Thomas y Ollie Johnston[53] (dos ancianos lvl 500 de Disney que explican en detalle los doce principios fundamentales de la animación utilizados en el famoso estudio) y *The Animator's Survival Kit* de Richard Williams[54], un libro de referencia completo que abarca animación 2D, 3D, juegos, stop-motion y más. En YouTube también se puede encontrar muchísimo material sobre el tema.

Física y fricción

Las fuerzas como la gravedad, la fricción del terreno y la resistencia del aire deben configurarse en el engine para que los desplazamientos se sientan naturales y respondan correctamente al entorno. Pero atención, que se sientan naturales dentro de la física rara del juego.

¿Por qué decimos «física rara»? Porque la física que vemos en los juegos *(game physics)* nunca es igual a la física del mundo real. Siempre está exagerada para que el gameplay sea más agradable y dinámico. Los juegos que se esfuerzan en imitar un comportamiento realista de las leyes de la física son los simuladores de vehículos —automóviles, motos, aviones, submarinos, etc.— y los títulos deportivos, y no siempre lo hacen.

---

[53] Thomas, F., & Johnston, O. (1981). *The Illusion of Life: Disney Animation*. Disney Editions.

[54] Williams, R. (2012). *The Animator's Survival Kit: A Manual of Methods, Principles and Formulas for Classical, Computer, Games, Stop Motion and Internet Animators*. Farrar, Straus and Giroux.

Un elemento clave es la gravedad, que debe aplicarse de manera creíble (creíble, no realista) para generar sensaciones familiares como el salto, la caída y el aterrizaje del personaje. Los valores de aceleración gravitacional impactan directamente en la dinámica de los movimientos verticales y en su credibilidad. Demasiada gravedad puede hacer que el avatar se sienta torpe y pesado, mientras que muy poca genera un efecto de ingravidez poco satisfactorio (en Argentina: fulero).

La fricción del terreno también juega un rol fundamental en otorgar peso y veracidad a los desplazamientos. La interacción con distintas superficies como hierba, nieve, barro o hielo debe modificar la aceleración, desaceleración y capacidad de giro del personaje acorde a la resistencia de cada material. Estas sutiles variaciones, acompañadas de los soniditos correspondientes, enriquecen la experiencia táctil de explorar diversos ambientes.

Algo que tener también a la vista es la resistencia del aire u otros fluidos. En escenarios terrestres puede ser mínima, pero en juegos que incluyen la capacidad de nadar o volar, habrá que simular efectos de arrastre y sustentación que permitan movimientos creíbles bajo el agua o en el aire. Estos efectos también pueden aplicarse metafóricamente, como al reducir la velocidad del personaje cuando se mueve contra una fuerte corriente de aire. Cuando la gravedad, fricción y resistencia se calibran adecuadamente, el avatar se siente sólido e integrado con el entorno virtual, elevando los niveles de inmersión y el placer de jugar.

Si el PJ puede moverse a bordo de un vehículo o una montura, se necesita un buen trabajo de calibración. Los transportes más grandes y pesados que el avatar cuentan con su propia inercia, y también se desplazan más rápido (la razón principal por la que estarán en el juego). El tipo de vehículos aéreos, terrestres y acuáticos también influye en los parámetros de cada uno. También el tipo de animales, caballos, chocobos o gatos gigantes, todos se mueven distinto. Como es obvio, diseñaremos los espacios de juego de manera que puedan moverse con fluidez.

Caminata

Los jugadores odian caminar tanto en los juegos como en la vida real. Bromas aparte, al menos es cierto que nadie camina en un juego si puede correr. Aunque estemos jugando como Sherlock

Holmes, investigando minuciosamente una mansión en busca de pistas, iremos de la cama al living a toda velocidad chocándonos con los muebles y las paredes. El diseñador Scott Rogers repite como mantra en su libro *Level Up!*: «caminar no es gameplay». Nos parece más que acertado.

La lección es: dejemos que el jugador pueda correr lo antes posible en su aventura y en todo momento, aunque sea ridículo en términos de narrativa. Aquí no importa la veracidad de la situación, ni la atmósfera del juego. La gente adora ir rápido a todas partes. Y cuando establezcamos la velocidad de caminata, que también sea lo más veloz posible. Es el motivo por el que incluso en los juegos más realistas podemos ver personajes desplazándose de forma poco natural.

Hay jugadores que, cuando no lo dejan correr con su avatar, van rodando o saltando como conejos drogados por todo el nivel. En estos años hemos visto muchos fenómenos así, grandes motivos de amargura. Puede venir el director de arte y quejarse de que estamos arruinando el precioso momento que tanto costó diseñar, pero no hagamos caso. Si hay amenazas de muerte, busquemos forma de disimular la penosa caminata. Por ejemplo, haciendo que el PJ tenga cerca los objetos de interacción. Puertas, cosas que examinar deben estar al alcance de unos pocos pasos. Tal vez sea necesario incluso achicar la habitación.

Vale decir, aunque estemos haciendo una aventura gráfica, consideremos dar al jugador la oportunidad de andar rápido. El personaje jugable siempre debería contar con su animación de correr, incluso si es narrativamente absurdo.

Por otra parte, si el juego lo pide, o bien no tenemos forma de achicar el nivel o cambiar el arte porque ya está hecho, es buena idea colocar altibajos en la caminata, o algunas sorpresas, para que el trayecto sea más atractivo. Puede haber enemigos, si el juego lo permite. O bien, si no tiene sentido que haya encuentros, se podría poner diálogos con un PNJ, si hay alguno que nos acompaña, un monólogo del personaje jugable, o bien voces en off. ¡La cosa es disimular la caminata cuando es larga!

Hay un solo caso en el que el jugador, por más que pueda correr como Sonic, quiere caminar. Lo hace cuando se tiene que acercar a un risco, al borde de una plataforma, y quiere mirar si se romperá el coco intentando un salto o ver qué demonios hay allá abajo.

Sin embargo, también es importante que *se pueda caminar tranquilamente* si el jugador lo desea. Los juegos sirven a veces para relajarse después de un día de trabajo. Por aquí íbamos a pata entre los pueblitos de Vvardenfell, disfrutando del paisaje y pensando en amores perdidos, o simplemente respetando los semáforos cuando paseábamos por las calles de San Andreas en nuestro descapotable recién robado. En estos casos, hay que hacer un gran trabajo decorativo para que el viaje sea un placer sensorial. Las estaciones de radio de GTA cumplen ese propósito.

Carrera y embestida

Correr es uno de los movimientos básicos más importantes en muchos videojuegos. Esto abre un abanico de posibilidades en el diseño de niveles y la jugabilidad. Correr es esencial para huir de peligros inminentes o perseguir objetivos. La tensión aumenta cuando el PJ debe correr contrarreloj para escapar de un área antes de que ocurra una catástrofe. Los enemigos también pueden ser mucho más amenazantes si son capaces de correr y acorralar al jugador.

Los juegos de plataformas emplean la mecánica de correr como una habilidad clave para salvar distancias que serían imposibles de cruzar solo caminando. Hacer correr al personaje en el momento preciso antes de un salto permite cubrir más distancia y acceder a zonas alejadas. Combinar la carrera con otros movimientos como el doble salto o el planeo abre un sinfín de posibilidades.

En juegos de mundo abierto, la carrera sirve para que el jugador pueda desplazarse rápidamente entre ubicaciones distantes cuando no dispone de vehículos u otros medios de transporte rápido.

Por otro lado, la carrera también tiene limitaciones interesantes en algunos juegos. En los survival horror, muchas veces no se permite correr para aumentar la sensación de vulnerabilidad ante las amenazas. Los juegos de sigilo suelen restringir la carrera ya que hace ruido y puede alertar enemigos.

Relacionado con la carrera está la embestida *(dash)* o ráfaga de velocidad. Se trata de una mecánica que permite a los personajes ejecutar una carrera a velocidad sobrenatural por un breve período. Este movimiento es esencial en los juegos donde superar obstáculos cronometrados o abismos aparentemente inalcanzables forma parte del núcleo de la experiencia, o cuando la embestida permite causar más daño o daño crítico al enemigo. En *Hollow Knight* (Team Cherry, 2017), por ejemplo, el dash no solo es vital para la exploración y el combate, también es central en la resolución de puzzles y en la navegación por el intrincado mapa. Por otro lado, en juegos como *Celeste* (Maddy Makes Games, 2021), la precisión y el tiempo del dash son críticos para superar los niveles y descubrir secretos.

Para evitar que el jugador abuse del dash, es regla de oro incorporarle al mecanismo un «tiempo de enfriamiento» *(cooldown)*, es decir, que se pueda volver a usar recién luego de un rato.

Sigilo / *Stealth*

El movimiento sigiloso ofrece una experiencia diametralmente opuesta a la acción frenética. Juegos como *Metal Gear Solid* (Konami, 1998) y *The Last of Us* (Naughty Dog, 2013) se centran en la cautela y la paciencia, donde moverse sin ser detectado es a menudo la clave para avanzar. En el primero, el sigilo se convierte en un arte, con el jugador navegando hábilmente entre enemigos y utilizando el entorno a su favor para evitar la confrontación directa. El segundo, por su parte, mezcla la tensión del sigilo con momentos de acción intensa, creando una experiencia narrativa donde cada encuentro con enemigos puede ser un desafío de vida o muerte.

No obstante, la implementación de estas mecánicas combinadas puede ser un arma de doble filo. Mientras algunos jugadores disfrutan de la adrenalina y el desafío que ofrecen, otros pueden sentirse frustrados por la imposición de un ritmo de juego que no se alinea con sus preferencias personales. Como regla general, si el juego que estamos haciendo es de acción, puede tener algunas zonas donde hay que ponerse en modo sigilo *(stealth)*, porque los enemigos son demasiados o muy fuertes y no hay otra forma de pasar, pero deberían ser pocas. Si un juego es de acción, el 90% debe ser acción. Por el contrario, si un juego es de sigilo o de aventuras, calmo y sereno, puede haber algunas partes de acción, pero deben ser muy pocas o muy fáciles. A la mayoría de las personas les agrada una cosa o la otra, pero no ambas al mismo tiempo o en la misma proporción. Amén de que, si estamos en un juego que ofrece la chance de salir exitosos tanto con tácticas stealth como también a los hachazos, ni lo dudaremos: será a los hachazos. ¡Vengan esas cabezas!

Un truco psicológico...

...que solo funciona en Occidente y vale para juegos en 2D y 3D. Consiste en diseñar el recorrido de los niveles de manera que el jugador deba desplazarse hacia la izquierda. Esto le provocará una sensación de incomodidad, aunque no será consciente de la razón. Como es obvio, el truquito viene bien para los juegos de terror (donde también es recomendable hacer que el recorrido lleve a descender cada vez más profundo, sobre todo si es en espiral, como veremos en el *Cap. XII* sobre mapas y escenarios). También viene bien para juegos de suspenso (thrillers) o donde queremos meter presión.

La sensación de que «algo no está bien» proviene de la costumbre occidental de leer de izquierda a derecha. Cuando tenemos que ir al revés, el cerebro se pone en guardia.

El truquito funciona también para esconder recompensas en toda clase de géneros. Cierto tipo de jugadores —aquellos cuya personalidad no los impulsa a explorar todo—, normalmente no retrocederá o evitará ir hacia la izquierda si puede ver primero lo que hay por «delante». Lo mismo ocurre si hay algo abajo, el jugador tendrá el instinto de visitar primero lo que tiene arriba. Es como en el súper, cuando ponen las cosas que no quieren vender un poco fuera de la vista, o bien a la inversa, cuando las colocan a la altura del potencial comprador (los caramelos y chocolates están abajo para que la gente pequeña los pida).

Inactividad y espera / *Idle animation*

La posición *idle* o de espera es la postura y animación que adopta el PJ cuando el jugador no está realizando ninguna acción. En muchos sentidos, la idle establece la actitud y personalidad base del personaje.

Una posición de espera bien diseñada puede transmitir rasgos como confianza, impaciencia, aburrimiento o incluso miedo sin necesidad de sonido o diálogo. En lugar de quedarse completamente estático, el avatar puede realizar pequeños movimientos sin intervención del jugador, como parpadeos, cambios de peso entre las piernas, resoplidos de impaciencia o rascadas de trasero. Estos detalles aportan un toque más orgánico y natural, que en muchos casos pueden poner un toque de humor y simpatía al personaje.

En juegos extensos, las animaciones idle deben ser lo suficientemente variadas y duraderas para evitar que resulten repetitivas. Muchos títulos incluyen varias idle diferentes que se alternan, o introducen animaciones especiales que solo ocurren después de un largo período de inactividad, como bostezos, estiramiento de brazos, etc. Hay casos de idles icónicas, como la de *Sonic The Hedgehog* (Sonic Team, 1991). Si dejamos a Sonic inactivo por un rato, veremos cómo se pone de pie, mira hacia la pantalla, y da golpecitos con el pie, claramente molesto por la falta de acción. Si esperamos aún más, eventualmente se cruzará de brazos, suspirará, y mirará hacia arriba y hacia abajo, como preguntándose por qué no estamos moviéndolo. Este fue uno de los primeros y más emblemáticos ejemplos de una «idle animation» que refleja la personalidad del personaje. En *Super Mario 64* (Nintendo, 1996), si dejamos al plomero bigotudo solo por largo tiempo, primero bostezará y luego se sentará. Si continuamos sin moverlo, eventualmente se tumbará y comenzará a roncar, entrando en un sueño profundo donde murmura sobre comidas italianas (¡Ah, spaguetti! ¡Ah, ravioli! ¡Ah, mamma mia!), mostrando su amor por la pasta. Nintendo tiene un historial espléndido de animaciones de espera.

Además de expresar personalidad, las animaciones idle sirven para comunicar el estado actual del personaje de forma visual e inmediata: cansancio, alerta, confusión, etc. Esto es muy útil en juegos donde el personaje puede acumular estados alterados como envenenamiento, quemaduras, miedo, heridas, etc. Los grandes estudios y desarrolladores prestan una gran atención a este aspecto. Es algo que un estudio pequeño también puede hacer y alza muchísimo la calidad del juego.

La recomendación es que esas breves animaciones de inactividad o espera sean muy breves. Y, como el jugador podrá interrumpirlas en cualquier momento cuando retoma el control, hay que cuidar que la transición de idle a normal se vea perfecta, o habrá un montón de gordos quejándose.

Saltos / *Jumps*

El salto permite al jugador superar obstáculos, acceder a nuevas áreas y, lo mejor, añade una dimensión vertical al desplazamiento. Debe sentirse natural y responder de inmediato a las entradas del jugador. Un retraso perceptible entre pulsar el botón y la animación del salto puede arruinar la inmersión. Es recomendable aplicar sistemas de buffering de entradas para garantizar que los saltos se activen de inmediato, como explicaremos a continuación.

La física del salto también es importante. Una curva de salto demasiado alta o baja puede dificultar el control de precisión. Se suelen utilizar curvas de Bézier[55] o parábolas para simular un salto más realista y

[55] Una **curva de Bézier** se define mediante una serie de puntos de control. La curva pasa por el primer y último punto de control, pero no necesariamente por los puntos intermedios. Estos puntos intermedios simplemente guían la forma de la curva. En videojuegos, las curvas de Bézier se utilizan comúnmente para definir trayectorias de movimiento suaves, como los

predecible. Permitir al jugador controlar la altura del salto manteniendo pulsado el botón también añade un nivel extra de maestría.

En juegos 3D, los saltos en diferentes direcciones añaden complejidad. Algunos títulos utilizan un sistema de «octaedro» que prioriza los saltos hacia delante sobre los laterales. Otros aplican vectores de fuerza cuando el jugador mantiene una dirección durante el salto.

Tipos de saltos

De acuerdo con el diseñador Scott Rogers, podemos diferenciar cinco tipos de salto distintos:

- **Salto simple**: el PJ salta una vez en forma vertical o en un arco horizontal.
- **Salto doble**: un segundo salto que se ejecuta luego del primero (es bueno detectarlo desde antes de alcanzar la cima del primer salto, e incluso algo después).
- **Salto triple**: un tercer salto que se puede realizar después del segundo, que generalmente requiere algo en lo que el jugador pueda rebotar, como un piso o un muro.
- **Salto contextual**: el salto se ejecuta automáticamente cuando el PJ pisa un área determinada.
- **Salto de pared**: un caso especial de salto —*wall-jump*— que se realiza después de que el jugador salta hacia una pared. Si presiona un botón mientras choca con esta, saltará en la dirección opuesta. El jugador puede ganar altitud encadenando saltos de pared, lo que le permite escalar saltando entre superficies opuestas.

Además, en cualquiera de estos casos, podríamos hacer que el jugador tenga la posibilidad de alterar el rumbo en medio del salto. Dentro de la física rara del juego, esto es todavía más raro, pero brinda algunas oportunidades mecánicas que pueden ser interesantes. Este tipo de decisiones cambian radicalmente el gameplay y la estrategia que usará el jugador, así que habrá que pensar en qué efecto queremos lograr.

---

saltos de personajes, animaciones de cámara e interpolación de keyframes. Su capacidad de modelar formas complejas con relativamente pocos puntos de control las hace muy útiles.

Como mejor práctica en materia de saltos, Rogers advierte que las animaciones del impulso de salto y aterrizaje deben ser breves, y el PJ debe llegar a la máxima altura de salto lo más rápido posible. Lo mismo en el aterrizaje. Si no, parecerá que el personaje flota o tiene una gravedad extraña (extraña incluso dentro de la física rara del juego). Y cuando toca el suelo, lo mejor en la mayoría de los casos es que se «pegue» un brevísimo instante al suelo, para evitar que resbale.

Tengamos presente que los saltos son oportunidades para feedback visual y sonoro. Efectos de partículas, temblores de cámara, sonidos contundentes y vibración del mando pueden mejorar la sensación de «impacto» al aterrizar. Por ejemplo, si nuestro guerrero panzón salta y cae varios metros, al tocar el suelo la cámara podría temblar, acompañada de un sonido rotundo. No lo haríamos siempre que salte, sino en ciertos casos o cuando cae desde ciertas alturas, para que el efecto resulte más simpático y no sea tan repetitivo que se pierda lo divertido.

Saltos con ayudita

Por último, existen dos técnicas simples y muy utilizadas en el diseño de juegos moderno que mejoran sustancialmente la sensación de salto. Son el «coyote time» y el «jump buffering».

El tiempo del Coyote / *Coyote Time*

El «coyote time» es una técnica utilizada en el diseño de mecánicas de salto, especialmente en juegos de plataformas 2D. Recibe su nombre de los viejos dibujos animados del Correcaminos. En estos, después de correr más allá del borde de un acantilado, Wile E. Coyote se quedaba suspendido en el aire por un breve lapso antes de caer.

En términos de implementación, este «tiempo del coyote» permite al jugador realizar un salto durante una pequeña ventana de tiempo después de que el personaje ya abandonó una plataforma o superficie sólida. Esto ayuda a compensar la necesidad de sincronización perfecta entre el comando de salto y el momento exacto en que los pies (bueno, en este caso las patas) del personaje salen de la plataforma.

Sin el coyote time, los jugadores tendrían que ser extremadamente precisos al intentar saltar justo en el borde de una plataforma, lo que dificultaría en gran medida el control. Con esta función, se añade un pequeño margen de error que hace que los saltos sean mucho más fáciles de sincronizar. Se consigue verificando si el personaje estaba en tierra recientemente (dentro del coyote time) cuando se presiona el botón de salto. Si es así, se permite al personaje saltar, incluso si ya no está tocando una superficie en ese momento exacto.

El coyote time usualmente dura entre 0.1 y 0.3 segundos, lo suficiente para aliviar la presión sobre una sincronización perfecta, pero no tanto como para sentirse antinatural. Es una técnica muy común que mejora la sensación de control al saltar en la mayoría de los juegos.

Otra técnica similar es el coyote time que permite al jugador saltar después de caer de una plataforma y tocar el piso, simulando el momento de inercia. Es decir, se puede hacer al saltar y al caer.

Almacenamiento de salto / *Jump Buffering*

El almacenamiento de salto es otra técnica popular que mejora la sensación de respuesta y control. Consiste en permitir que el comando de salto sea registrado y almacenado por el juego antes de que el personaje esté en condiciones de ejecutar el salto realmente. De esta manera, el salto se activará automáticamente en cuanto el personaje toque el suelo u otra superficie desde la que pueda saltar.

Sin «jump buffering», si el jugador presiona el botón de salto demasiado pronto antes de tocar el suelo, el comando se perdería. Tendría que presionar el botón con un timing muy preciso justo en el momento del aterrizaje para ejecutar el salto deseado. Con este truquito implementado, el juego recuerda que el jugador quiere saltar y ejecuta el salto automáticamente tan pronto como sea posible, sin requerir una sincronización tan estricta. Así tendremos una ventana mucho más amplia y cómoda para ingresar los comandos de salto, permitiendo a los jugadores concentrarse más en el posicionamiento y la estrategia en lugar de en la precisión milimétrica de los tiempos de entrada.

El período durante el cual el comando de salto se almacena, varía, pero por lo general es de alrededor de 0.2 a 0.4 segundos; es cosa de probar cómo se siente mejor porque depende del personaje jugable. Según el juego, puede implementarse solo al aterrizar, o también al salir de ciertas acciones como agacharse o escalar.

Como siempre, en la mayoría de los casos es inteligente tener esto resuelto durante la fase de diseño con la *toy box*.

Caídas

Un buen diseño de las mecánicas de caída puede marcar la diferencia. Varios factores deben tenerse en cuenta. En primer lugar, si existe balanceo antes de caer. Muchos juegos permiten al jugador balancearse ligeramente en los bordes de las plataformas antes de caer. Esto añade un toque de realismo —incluso humor— y también puede usarse como señal visual para anticipar la caída inminente. Pero este balanceo debe ser muy breve, porque en ese momento el jugador no tendrá control.

Para mitigar el problema, una solución es que permitamos saltar mientras el personaje se balancea (cuidando que la transición de animaciones quede fluida).

Una vez que el personaje comienza a caer, la sensación de control es algo importante. La capacidad de saltar en medio de una caída, conocida como *air jumping*, permite al jugador prolongar el tiempo en el aire y cambiar de trayectoria. Esto abre posibilidades para secuencias de movimiento encadenadas y desafíos de mucha precisión. Ojito, un número excesivo de saltos de aire puede hacer que la operación se sienta poco creíble.

Otra es la capacidad de alterar la dirección horizontal durante la caída. Esto a menudo se logra mediante ráfagas cortas de movimiento aéreo o ajustando los vectores de velocidad. Permite un mayor control de posicionamiento, pero también puede llevar a situaciones injustas si el cambio de dirección es excesivo.

Al aterrizar, existen diferentes enfoques. Como dice Rogers, podemos «pegar» el PJ medio segundito al suelo para evitar el patinazo, que puede llevar a caerse de nuevo. Algunos juegos simplemente cancelan el movimiento vertical y horizontal al tocar el suelo. Otros agregan un ligero rebote o impulso de inercia para simular una transición más realista al estado de movimiento terrestre. Es parte de la búsqueda del game feel.

Por último, está la cuestión del daño por caídas. En ciertos géneros como las plataformas, es común que las caídas de grandes alturas causen daño y hasta la muerte del personaje. Esto plantea riesgos y agrega tensión. Sin embargo, en otros títulos más centrados en la exploración, el daño por caídas puede resultar excesivamente punitivo. Morirse no es divertido en la mayoría de los casos (mucho menos en la vida real). Será cuestión de encontrar el equilibrio adecuado. Cada juego es único.

Cobardikas

El jugador estándar no suele ser valiente, esa es la verdad. Como decíamos, va corriendo, rodando y saltando por todo el camino, pero cuando ve un acantilado empieza a caminar. Lo mismo pasa cuando debe saltar por una serie de plataformas muy angostas, tiende a brincar como loco sin parar, porque le da miedito caerse. Por tanto, ese tipo de desafíos es mejor dejarlos para los niveles finales, cuando el jugador ya está familiarizado con el juego y, por lo tanto, tiene la habilidad necesaria para esos saltos.

Trepar y colgarse

Desde los clásicos juegos de plataformas hasta los títulos de aventuras y acción más modernos, la capacidad de ascender por paredes, escalar y superar obstáculos verticales ha sido una característica esencial. Esta mecánica requiere una animación y programación cuidadosa para que quede bien. El PJ deberá poder aferrarse a una saliente o pared luego de un salto, y habrá que trabajar bastante para que manos y pies, patas, colas, o lo que tenga para agarrarse, no se superpongan con las superficies de agarre. Si al saltar se agarra y no sube del todo quedará colgando, lo que lleva a tener otra animación (se balancea levemente, o mueve las patitas, y la vestimenta y el pelo responden con realismo). Ahí deberemos decidir si puede quedar colgado cuanto quiera, o si luego de unos segundos sin que el jugador lo mueva se suelta y cae. Algunos plataformeros lo hacen trepar automáticamente cuando está en el último saliente.

El acto de colgarse no solo añade un toque de realismo a los movimientos de escalada, sino que también introduce un elemento de tensión. Además, juega un papel en el diseño de niveles y la creación de desafíos. Se puede aprovechar esta mecánica para crear secciones de plataformas complejas, donde los jugadores deben planificar sus movimientos y alternar entre colgarse, escalar y saltar.

Estas secuencias de desafíos fomentan la resolución de problemas y la coordinación psicomotriz. La acción de colgarse permite una mayor libertad de movimiento y exploración. Los jugadores pueden tomar rutas alternativas, acceder a áreas ocultas o descubrir atajos al aprovechar las superficies salientes y los puntos de sujeción. La exploración fomenta la curiosidad y la sensación de aventura. Bien mezclado con la arquitectura del nivel puede producir grandes experiencias de juego.

Sombras

La sombra de un personaje no es simplemente un elemento decorativo. Actúa como un punto de referencia en el espacio, brindando una guía para juzgar distancias y realizar saltos seguros. Esto es posible porque la sombra «llega antes» al suelo o plataforma, lo que permite ajustar el lugar del aterrizaje.

Esta función adquiere especial relevancia en juegos de plataformas o ambientes complejos donde la percepción espacial es parte de la dinámica del juego. Además, la sombra del personaje crea la ilusión de que posee peso y masa, lo que queda muy bien.

En materia de level design, la sombra transmite información sobre la atmósfera del entorno. En algunos juegos de survival horror, por ejemplo, la sombra (tanto como la oscuridad) puede ser una presencia inquietante porque aumenta la tensión y el suspenso. También puede ser un componente de la mecánica. Algunos juegos utilizan la detección de sombras como parte de la inteligencia artificial de los enemigos, como contamos en nuestro primer libro con el caso de la araña Luz Julepe. Por ejemplo, en juegos de sigilo, la sombra se convierte en un elemento estratégico que el jugador debe tener en cuenta para no ser descubierto.

Desde un punto de vista técnico, existen tres formas de representar la sombra de un personaje en un videojuego. 1) Puede ser una silueta compleja que se adapta a los movimientos del personaje, 2) una forma aproximada que lo sigue o 3) una simple mancha oscura en el suelo. Si bien esta última opción puede parecer menos realista, es muy efectiva (y ahorrativa en recursos) para indicar la posición del personaje.

Más allá de la apariencia de la sombra, es aconsejable incorporarla en la preproducción, en especial si tiene impacto en la jugabilidad. Si solo es un elemento decorativo, no hay problema en incorporarla en la etapa de producción o en la etapa de embellecimiento o *polishing*.

Mensaje para los programadores: hay que evitar que la sombra aparezca en dos lugares al mismo tiempo o que se proyecte a través de superficies, porque el jugador percibe eso como un error.

Natación

Uno de los desafíos más singulares y complejos es la implementación de la mecánica de nadar y bucear. En los albores del diseño de videojuegos, la presencia del agua a menudo se asociaba con el peligro y la muerte instantánea para el personaje. Esta tradición, aunque limitante, brindaba una coherencia y claridad en las reglas del juego. Si bien este enfoque puede parecer anticuado hoy en día, aún se utiliza.

No obstante, la inclusión de la mecánica de nadar abre un montón de posibilidades, permitiéndonos crear entornos exóticos que fomentan la exploración. Juegos como *BioShock* (2K Boston, 2007) han demostrado cómo los niveles subacuáticos pueden ser alucinantes y enriquecer la narrativa del juego. Ni hablar de la maravillosa serie de juegos de supervivencia *Subnautica* (Unknown Worlds, 2018), entre muchos más. La saga de *Tomb Raider* (Core Design / Crystal Dynamics, 1996 en adelante) es otro gran ejemplo del excelente diseño de niveles subacuáticos.

Incorporar la natación en un videojuego requiere una sesuda consideración de factores de diseño. ¿Puede el jugador nadar solo en la superficie o también sumergirse y bucear? ¿Existe un límite de tiempo bajo el agua, hay un medidor de oxígeno? ¿Puede el PJ atacar o interactuar con el entorno mientras nada? ¿Qué velocidad puede alcanzar? ¿Se cansa? ¿Qué ocurre cuando se ahoga, dónde reaparece?

Otro de los desafíos radica en la transición entre entornos acuáticos y terrestres. Deberemos asegurarnos de que las entradas y salidas del agua estén claramente marcadas, ya sea mediante rampas, escaleras o indicadores visuales. De lo contrario, el jugador quejoso puede sentirse desorientado. Y lo peor, se ahogará.

La implementación de la mecánica de nadar siempre presenta desafíos técnicos de esos que sacan canas. Las animaciones de nado deben ser fluidas y naturales, evitando problemas de colisión o *clipping* con el entorno. Asimismo, el comportamiento de la cámara puede verse afectado por los movimientos rápidos y los cambios de dirección bajo el agua. Con seguridad van a requerir varios ajustes para mantener una experiencia de juego fluida y sin interrupciones.

Ataque

Un personaje jugable atacará con puños y pies, cabezazos, embestidas; también podrá usar armas, quizás tendrá poderes mágicos. Podría tener un compañero que ataque por él, o atacarán juntos. Su estilo de ataque estará determinado por el diseño del personaje, en especial por su personalidad. Un bruto inflado de músculos quedaría torpe usando arcos. Chimalpopoca es fanático de su espada precolombina erizada de piedras afiladas (piedras que se quedan en la herida después del golpe y siguen lastimando). ¡Duele! Y tiene su guanaco de guerra, experto en escupir horribles pegotes de comida procesada y saliva capaces de asfixiar al enemigo. Del diseño de los personajes jugables y los enemigos y criaturas deberán encargarse el diseñador del juego, el diseñador narrativo y los artistas (concept artists, modeladores, animadores). Sin embargo, al diseñar los niveles, el LD podría descubrir la necesidad de agregar, e incluso de quitar, determinados enemigos o criaturas. Esto es normal, porque el level designer es el que va armando los espacios y los encuentros, por lo que puede probar el resultado *in situ*.

La distancia de ataque se denomina «rango de ataque», y puede ser cercano, medio o lejano. El rango de ataque cercano es para combate cuerpo a cuerpo, con o sin armas, como cuando se da un puñetazo o un cuchillazo. El rango de ataque medio es para espadas, armas largas, patadas voladoras o embestidas. El rango lejano (de largo alcance) indica que se ataca con armas como arcos, fusiles o hechizos, es decir, proyectiles que viajan lejos del PJ y, cuando no impactan, desaparecen al salir de cámara (ya sabemos que siempre hay que destruir los proyectiles en cuanto abandonan el área visible, para no procesar datos sin necesidad).

Por otra parte, el «área de efecto» indica un sector del espacio en donde se produce daño. Por ejemplo, arrojamos una bomba o invocamos un meteoro asesino encima de un grupo de enemigos. Todos recibirán daño y, si nos ponemos muy finos, el daño será mayor cuanto más cerca del centro del área de efecto estén.

Posición del ataque

En rigor, podemos atacar desde cuatro alturas distintas: posición de pie, baja, elevada y aérea. Aunque no es necesario incorporar todas estas alturas en la mecánica, en el caso de que decidamos hacerlo es importante que cada una posea su propio repertorio de movimientos, para que haya tácticas y cada jugador encuentre su estilo de combate.

Veamos cada una:

1. **Posición de pie**: esta es la altura estándar, alineada con los hombros del PJ. Es ideal para enfrentamientos cuerpo a cuerpo *(melee)* contra adversarios de tamaño humano o mayor. Los ataques desde esta posición son directos y pueden incluir golpes de puño, patadas o el uso de armas cortas.

2. **Posición baja**: los ataques desde esta posición se dirigen hacia la zona de la cintura del adversario (o más abajo, ay). El jugador debe agacharse o arrodillarse para ejecutar estos movimientos, lo que es perfecto para desestabilizar a oponentes que están firmemente plantados en el suelo o para esquivar ataques altos. Movimientos como barridos de pierna, golpes bajos y técnicas de derribo son comunes en esta altura.

3. **Posición elevada**: estos ataques se lanzan por encima de la cabeza de un enemigo de estatura media y generalmente requieren que el jugador salte antes de atacar. Esta técnica es especialmente útil contra enemigos que vuelan o aquellos que son muy altos, como los jefes de grandes dimensiones. Los saltos pueden ser simples o combinados con giros y otras acrobacias para aumentar el impacto.

4. **Posición aérea**: el combate se traslada al aire. El jugador puede necesitar saltar o incluso volar, dependiendo de las mecánicas del juego. Los ataques aéreos permiten combates dinámicos contra múltiples adversarios o sirven para evitar ataques terrestres.

Como es lógico, algunas de estas posiciones, así como los rangos de ataque, también pueden aplicar a los vehículos que conduce el jugador.

Combos

Un combo es una secuencia de ataques que se enlazan de manera continua. Cada ataque exitoso abre una pequeña ventana de tiempo para iniciar el siguiente movimiento de la cadena. Esta ventana de tiempo suele ser de menos de un segundo. Cuanto más prolongado sea el combo, mayor será el daño infligido (y más impresionante debería ser la animación). Diseñar un buen sistema de combos implica encontrar el equilibrio entre facilidad de ejecución y dificultad.

Se deben crear indicadores visuales que muestren cuándo se pueden iniciar los próximos ataques del combo. Deben ser señales claras y reconocibles, para que los jugadores puedan aprender y memorizar las secuencias de combos sin agarrarse un ACV.

Además, es importante tener una variedad de combos disponibles, cada uno con sus propias fortalezas y debilidades. Algunos combos podrían infligir un daño masivo, pero dejar al personaje vulnerable después, mientras que otros podrían ser más seguros, pero menos devastadores. Esta diversidad fomenta que los jugadores experimenten y encuentren los combos que mejor se adapten a su estilo de juego.

Otro factor para considerar es la escalabilidad de los combos, como indican las mejores prácticas de la estructura lúdica. A medida que los jugadores progresan en el juego, deberían desbloquear combos más complejos y potentes. Esto les brindará una sensación de dominio creciente del sistema de combate.

Los combos también pueden ser una excelente forma de fomentar la cooperación en los modos multijugador. Los equipos podrían encadenar ataques coordinados.

Un pasito pal frente

Algo importante, que funciona en la mayoría de los juegos y que a veces cuesta un montón descubrir:

Siempre que el jugador ataque, conviene hacer que el personaje dé un pequeño pasito adelante (por animación o por código). No es necesario que sea un paso entero, pero sí que se desplace ligeramente hacia el frente. Así se sentirá más natural.

Esto es especialmente útil para ejecutar los combos. Si un golpe empuja al adversario, y el PJ no se adelanta un poco, es posible que no pueda golpear de nuevo.

Una forma efectiva de crear combos simples, y de paso hacerlos muy vistosos, es disponer de tres animaciones diferentes que se ejecuten secuencialmente cuando el jugador presiona el mismo botón dentro de la ventana de tiempo (menos de un segundo entre uno y otro). Si lo forzamos a usar varios botones para encadenar los ataques, habrá quejas (excepto que sea un juego del género de lucha, donde el chiste pasa por apretar botones y mover palancas dibujando patrones complejos). Así que, cuando el jugador aprieta A, por ejemplo, se ejecuta un ataque simple con su correspondiente animación. Restamos 10 puntos de daño al adversario. A continuación, si el jugador le da de nuevo al mismo botón A (los jugadores tienden a apretar como dementes el mismo botón), cambiamos a la segunda animación y esta vez restamos 25 puntos de daño. Tercera vez y ahora el botón A muestra una tercera súper monona animación final que resta 50 puntos de vida. Es decir, si el jugador aprieta a tiempo tres veces el mismo botón, cada ataque producirá más daño y además será más vistoso. El primer golpe del combo podría romper la cara del enemigo de un puñetazo, el segundo golpe atravesarle el torso de una patada, y el tercero estallarle el cráneo de un mordiscón.

Violencia y política

*¿Deberíamos dedicar un espacio al tema de la violencia en los videojuegos? Nah. Ya sabemos que muchos videojuegos son violentos, pero producen **personas amigables y pacíficas** porque estas justamente pueden descargar su estrés cuando juegan. Por supuesto, hay de todo en Pangea.*

*¿Y deberíamos debatir si los juegos hacen política? Tampoco. Es obvio que lo hacen. Los juegos son una **forma de comunicación**, y como tal son capaces de emitir un mensaje. Del otro lado, hay un receptor (el jugador). Luego depende de cada persona cómo interpreta ese mensaje.*

Coreografía

Algo sin duda muy importante es la coreografía del ataque. Si el jugador golpea a un adversario —enemigo o criatura— este deberá siempre retroceder, y además insultar, temblar, sangrar, perder algo como un casco, la dentadura postiza, monedas, el carnet de la obra social o lo que decidan los artistas, para dar la impresión de que ha recibido un impacto. ¡En el caso de un combo, la víctima podría perder secuencialmente todo lo mencionado para que resulte lo más vistoso posible!

A la inversa, si el que recibe daño es el personaje jugable, sería bueno que también acuse visualmente los impactos, por ejemplo, perdiendo su armadura.[56] Este tipo de diseño visual —que, por supuesto, requiere mayor tiempo de artistas— puede servir también para comunicar el estado de salud de los personajes en general. Como veremos en el capítulo de interfaces (HUD), lo anterior también puede ser reemplazado por una barra de energía o vida/salud que colocaremos junto a los personajes.

Además, si el PJ golpea una superficie, por ejemplo, una pared, sería conveniente que haya un feedback visual acorde. Si golpeamos con una espada, y la pared es de piedra, podrían saltar chispas. Si la pared es de madera, quedarán marcas. Esto contribuye al ambiente del juego y es muy gratificante. Lo que hemos de evitar es que las armas atraviesen las superficies. El clipping queda horrendo y produce la sensación de un juego descuidado.

Diseño mecánico de las armas

Lo primero que tener en cuenta es el equilibrio y la variedad. Como hemos advertido al hablar de *piedra-papel-tijera*, cada una debe tener sus propias fortalezas, debilidades, características únicas y situaciones en las que es más o menos efectiva. Esto evita que los jugadores se centren en una sola arma durante todo el juego y los obliga a adaptar su estrategia según el escenario. Algunas armas podrían ser poderosas, pero con munición limitada, mientras que otras podrían ser más débiles, pero con mayor capacidad de munición o precisión.

Es necesario un buen diseño de sonido y efectos visuales. Las armas deben sentirse potentes al disparar, *sin excepción*. En algunos casos podremos hacer que un gamepad vibre al estallar una granada o cuando un arma se traba. Los proyectiles tienen que dar señal de impacto, sea en muros o suelos, o en el cuerpito de los enemigos, donde mostraremos el daño: los haremos retroceder, cubrirse, gritar, sangrar, perder partes, explotar; todo lo que se nos ocurra que se vea potente, siempre dentro del ambiente y lógica del juego. No olvidemos que las armas, como todo, deben integrarse de manera coherente con el mundo y la narrativa del juego. Su diseño visual, funcionamiento y daño infligido deben ser

[56] ¡Larga vida a las viejas glorias como *Rygar* y *Ghosts 'n Goblins*! Si recuperáramos el dinero invertido en fichitas, hoy seríamos multimillonarios.

creíbles y consistentes con el *lore*. Un arma futurista debería tener un aspecto y comportamiento diferentes a un arma antigua.

La progresión y personalización de las armas también son interesantes, más allá del género del juego. Producen retención. A medida que los jugadores avanzan, deberían poder desbloquear armas más poderosas o mejoras para las ya existentes. Estas mejoras pueden incluir accesorios como miras, cañones, espinas o culatas, o actualizaciones de daño, precisión, cadencia de fuego, etc. Esto brinda a los jugadores una sensación de progreso y pueden adaptar las armas a su estilo de combate.

En los modos multijugador, la cosa se pone más difícil, porque es cosa esencial lograr un equilibrio entre las diferentes armas. Ninguna debe ser abrumadoramente superior a las demás, ya que esto podría generar desequilibrios en el gameplay. Se deben realizar pruebas exhaustivas y ajustes constantes para garantizar que todas las armas sean viables y presenten ventajas y desventajas en diferentes situaciones.

Recordemos ***investigar exhaustivamente*** *para que las armas se vean y se sientan creíbles. Todo el mundo sabe lo que es una espada, pero no hay que quedarse con la idea genérica. Solo con este ejemplo, tenemos que considerar la hoja, la punta, el filo, la cara, el dorso, la empuñadura, la guarda (la pieza transversal entre la hoja y la empuñadura que protege la mano), el pomo, la vaina y el peso. Además, si es una espada corta, larga, o de una o dos manos y, sobre todo,* ***cómo se usa****. Saber esos detalles es responsabilidad del director de arte o artista, del modelador, del animador y del level designer. Siempre: la investigación es el secreto de un buen trabajo.*

Diseñando un arsenal

En el diseño de combate con armas, hay que diferenciar entre las de corto, medio y largo alcance. El secreto siempre es ofrecer variedad y equilibrar, de nuevo usando la lógica piedra-papel-tijera. Haremos una tabla con los valores de rango y, en el caso de las armas de fuego, con la cantidad de municiones que cargan, cadencia de disparo, si son automáticas o semiautomáticas[57], si recargan solas o debe recargar el jugador,

[57] Las **armas automáticas** permiten el disparo continuo mientras se mantenga presionado el gatillo, mientras que las **semiautomáticas** requieren presionar el gatillo por cada disparo individual. Las automáticas suelen ofrecer mayor cadencia de fuego a expensas de mayor

y el daño que hacen (puntos que se reducen del escudo, armadura y vida de los PNJ). Con una tabla completa —según las necesidades del juego— es posible distinguir y balancear el arsenal. Las armas de mano podrán romperse tras el uso, y podrán ser descartadas o reparadas.

Un consejo para tener en cuenta es que resulta mejor incluir pocas armas, pero de uso variado; y no muchas armas que repiten su función. Pero atención: en el cuadro siguiente vemos que el hacha o espada cumplen el mismo rol que la escopeta; sin embargo, esas armas de mano no requieren munición como la escopeta (que hace mayor daño). Esas características producen en el jugador la necesidad de una estrategia, más allá de que prefiera una u otra arma. Siempre buscaremos que el jugador deba decidir. De lo contrario, es posible que atraviese el juego con una única arma (¡y luego diga que era aburrido!).

ARMA	CORTO	MEDIO	LARGO
Hacha / Espada	Muy fuerte	-	-
Bastón mágico	Fuerte	Débil	-
Fusil de asalto	Débil	Muy fuerte	-
Escopeta	Muy fuerte	-	-
Fusil francotirador	-	Medio	Muy fuerte

Si el juego cuenta con explosivos como granadas, cartuchos de dinamita, bolsas de veneno, chorizos de nitroglicerina, etc., hay que considerar el ángulo y la distancia de tiro —se podría usar indicadores visuales para anticipar dónde caerán—, el rango de efecto y su poder de daño.

Los explosivos deben ser escasos, porque con una repetición excesiva el jugador pierde la emoción de utilizarlos (hacer estallar cosas es muy divertido, pero todos los extremos son malos). Es mejor colocar los explosivos en los niveles de manera que se usen contra grandes grupos de enemigos y en espacios amplios.

Los lanzallamas, las ametralladoras *(minigun)* o los lanzagranadas podrán disparar de continuo por unos segundos, y requerirán tiempo de enfriamiento *(cooldown)*, pero producen daño de área. Cuando las porta el PJ, podríamos ralentizar su movimiento, porque son muy pesadas.

Tengamos en cuenta que el lugar del nivel donde coloquemos las municiones, así como su cantidad y tipo (puede haber proyectiles incendiarios, venenosos, teledirigidos, etc.) afectará el gameplay tanto en

consumo de munición y control más complicado, mientras que las semiautomáticas son más fáciles de controlar y permiten disparos más precisos.

las estrategias de juego como en su dificultad. Una forma de diseñar consiste en llevar el conteo del total de puntos de vida de los enemigos en cierto espacio del nivel, versus la cantidad de daño que puede hacer el jugador. Si en una habitación tenemos un total de 500 puntos de vida entre los cinco enemigos presentes, el arsenal debe poder eliminar al menos esos 500 puntos, o más (de ser más, será más fácil el encuentro). Reduciendo la disponibilidad de munición, el poder de daño, o ambos factores, podremos determinar la dificultad del encuentro. Si el PJ puede hacer 2000 puntos de daño (hp, *hit points*) y solo necesita 500 para eliminar el peligro, estaremos en modo fácil. Si puede hacer 1000 hp, será un modo «normal». Si solo puede hacer 600 o 700 hp, será «hardcore». Los enemigos también pueden variar sus puntos de vida o su poder de daño de acuerdo con el modo de dificultad. Esas variables pueden cambiar automáticamente si el juego tiene una dificultad dinámica, es decir, que depende de cuánto acierta el PJ, o de cuántas veces falla un encuentro. Si un jugador no puede tres o cuatro veces con un combate, es saludable disminuir la dificultad en forma disimulada para que consiga vencer y siga adelante. La prioridad es que el jugador se divierta y tenga la sensación constante de que puede superar los desafíos del nivel. Por otra parte, no queremos que abandone el juego. El desafío tiene que ser medido y calibrado, algo que se consigue con las pruebas reiterativas del prototipo, el proceso que llaman *playtesting*.

Nunca dejemos a los jugadores sin un ***arma inagotable****, como una cuchilla o un garrote, una cuchara, cualquier cosa que sea irrompible y no necesite municiones. Pueden ser incluso sus puños y pies, si el juego incluye combate cuerpo a cuerpo. El jugador siempre debe poder defenderse.*

Sistema de puntería

Históricamente, siempre hubo discusión sobre los sistemas de apuntar armas con el control o gamepad, ya desde los tiempos de *GoldenEye 007* (N64, 1997), que propuso hacerlo con un solo stick analógico. Luego llegó *Alien: Resurrection* (PlayStation, 1999), uno de los primeros juegos en utilizar el esquema de control «dual analog» para movimiento y apuntado, aunque no fue bien recibido en su momento. El punto de inflexión fue cuando Microsoft presentó *Halo: Combat Evolved* (Xbox, 2001), donde refinó el sistema de apuntado con stick dual, estableciendo un estándar que muchos juegos siguieron posteriormente.

Hasta entonces, jugar shooters en una consola era motivo de burla entre los jugadores de PC. Pero Bungie, la compañía detrás de *Halo*, marcó un cambio de paradigma, y terminamos pasándonos del mouse y teclado, que nos daba una precisión fabulosa, a esto de apuntar como borrachos con un control. Los jugadores más seniles casi nos infartamos con la sola idea. No nos parecía un «combate evolucionado». Para atenuar la frustración, Bungie incorporó un mecanismo de puntería con ayuda (*autoaim*), que ya existía, pero estaba reservado para los jugadores muy imberbes. El asunto es que la mira se «pega» al objetivo, poco o mucho dependiendo de la configuración. Es una solución que se hizo natural dos décadas más tarde. Existen jugadores de consolas que jamás tocaron una computadora con mouse y teclado para jugar. ¡Pobre gente!

Independientemente del tipo de método de puntería que se utilice (asistencia de puntería o «puntería magnética», puntería automática, puntería libre, etc.), es necesario diseñar e implementar mecánicas de apuntar acordes a los gustos del público objetivo.

El diseñador Scott Rogers propone una lista de preguntas que ayudan a diseñar el sistema de puntería:

- ¿Hay una retícula o mira? ¿Es un punto, una cruz? ¿Hay mira telescópica? ¿Cuánto del campo de visión obstruye? ¿Cómo afecta la profundidad de campo al apuntar? (Un truco eficaz es que los objetos lejanos borrosos se vuelvan nítidos al mirarlos por una mira de largo alcance). En el *Cap. IX*, «HUD», hay algunas precisiones sobre miras.

- ¿La pistola tiene deriva? ¿El jugador puede estabilizar su disparo? ¿Desde qué distancia se puede realizar un tiro certero? ¿Hay un modo de disparo rápido? ¿Hay un sistema de puntería automática? Cuando se dispara el arma, ¿retrocede o se eleva, desviando la puntería del jugador?

- ¿Puede el jugador moverse mientras apunta? ¿Hay limitaciones en dónde puede apuntar, como en diagonal o sobre su cabeza? ¿Existen sistemas para mejorar la puntería como punteros láser, cámara lenta o munición de seguimiento térmico? ¿La mira detecta otras formas de ver el objetivo como infrarrojo o detección de movimiento? ¿Se puede modificar el arma para silenciarla o añadirle accesorios como lanzagranadas o bayonetas?

- ¿Puede el jugador usar el disparo para resolver puzzles? ¿Puede disparar a las cerraduras de las puertas? ¿Puede disparar a las armas de los enemigos para sacárselas? ¿Hacer rebotar una bala *(ricochet)* hacia un enemigo? ¿El jugador puede deshabilitar o reemplazar el mecanismo de puntería?

Es importante considerar el balance entre el realismo y el estilo de juego. En algunos títulos, un sistema de puntería hiperrealista puede ser deseable, mientras que, en otros, un enfoque más estilizado y menos realista puede ser el adecuado para la experiencia de juego que se quiere ofrecer. Esto incluye cómo el movimiento, la respiración y otras acciones del PJ pueden afectar la precisión al apuntar. También puede influir la hora del día o la dirección e intensidad del viento.

Fuego amigo / *Friendly Fire*

Esta mecánica permite dañar a los jugadores y personajes aliados, introduciendo un nivel adicional de realismo y tensión estratégica. Obliga a los jugadores a coordinar mejor sus movimientos y ser más conscientes de su entorno para evitar bajas accidentales y penalizaciones. Requiere una comunicación y toma de decisiones más cuidadosas.

Es indispensable que el arte del juego distinga claramente aliados de enemigos —puede ser por su silueta, sus colores distintivos, o porque muestran un contorno brillante, entre otras maneras—, para evitar dañarlos sin querer. Por otra parte, el fuego amigo tiene más sentido en juegos PvP *(Player vs. Player)*, es decir, competitivos, que en juegos cooperativos. En cualquier caso, siempre hay que ofrecer la chance de desactivarlo.

Eventos de respuesta rápida / *QTE*

Los *quick time events* son una mecánica de juego que consiste en una serie de comandos o entradas que el jugador debe ingresar correcta y rápidamente cuando se muestran en pantalla, usualmente presionando una tecla o botón específico. De no hacerlo en el tiempo límite, el juego castiga con una animación de falla o incluso la muerte del personaje.

El objetivo principal de los QTE es generar momentos de emoción durante secuencias cinemáticas o momentos clave de la historia. Rompen el modo de juego pasivo al requerir respuestas rápidas del jugador para continuar avanzando. Esto crea una sensación de urgencia en momentos donde el usuario solo observa pasivamente.

Sin embargo, los QTE también han sido objeto de críticas. Uno de los principales reparos es que van en contra de la naturaleza interactiva de los videojuegos. En lugar de permitir al jugador tomar decisiones significativas, estos eventos siguen una línea de acción preestablecida donde solo se deben introducir entradas en momentos puntuales para no fallar.

Otro punto en contra es que los QTE pueden resultar frustrantes si los indicadores visuales son poco claros o los tiempos de reacción demasiado exigentes. Fallar repetidamente un QTE y tener que reiniciar la misma secuencia puede arruinar el ritmo y la inmersión narrativa.

Por otro lado, los defensores de los QTE argumentan que bien utilizados, estos permiten experiencias más cinematográficas y emocionales sin sacrificar del todo la interactividad. También ofrecen desafíos de reflejos y habilidad en medio de secuencias de gameplay más pasivas.

En la actualidad, los QTE siguen siendo un recurso muy empleado para acentuar momentos clave, ya sea en juegos de aventura como *Life is Strange*, títulos de acción como *God of War* o experiencias más cinematográficas como *Detroit: Become Human*.

Algunos consejos clave para diseñar QTE efectivos incluyen reservarlos para los momentos más espectaculares del juego. Estos eventos pueden hacer que acciones complejas, inaccesibles mediante el control regular, se sientan hiper emocionantes. Por ejemplo, juegos como *Batman: Arkham Asylum* utilizan QTE de un solo botón para ejecutar movimientos finales, lo que añade un toque cinematográfico sin sobrecargar al jugador con controles complicados. Sin embargo, es importante preguntarse si la acción propuesta podría realizarse sin esta mecánica; ¡si la respuesta es afirmativa, probablemente el QTE no sea necesario!

Otra cosa importante es mantener una interfaz consistente y clara. El indicador del botón debe aparecer siempre en la misma ubicación de la pantalla durante todos los QTE para evitar confundir al jugador. La consistencia ayuda a anticipar y reaccionar a los comandos, facilitando una experiencia de juego más fluida. Además, es fundamental dar suficiente tiempo para que el jugador reconozca el indicador y reaccione, especialmente en situaciones de alta tensión.

El manejo de fallos también es un punto fuerte. Es preferible evitar consecuencias demasiado punitivas cuando un jugador falla un QTE. En lugar de obligarlo a repetir múltiples secuencias para regresar al evento, permitirle intentarlo de nuevo después de un solo conjunto fallido puede mantener el ritmo del juego y reducir la frustración. Por ejemplo, si el jugador falla, regresarlo rápidamente al estado previo al QTE puede ser más efectivo y menos disruptivo.

En cuanto a las consecuencias de fallar, aunque las muertes instantáneas pueden ofrecer animaciones espectaculares (como cuando Liu Kang arranca una espina dorsal en *Mortal Kombat*), estas rompen el ritmo del juego y pueden resultar frustrantes. Una alternativa más equilibrada es infligir un daño sustancial que permita al jugador sobrevivir y seguir intentándolo, manteniendo la tensión y la emoción sin ser tan punitivo. Si el jugador falla repetidamente, entonces sí, se puede aplicar una consecuencia más severa, como la muerte del personaje, pero esto debería ser una excepción y no la norma. Así, los QTE pueden ser una herramienta poderosa para crear grandes momentos sin sacrificar la jugabilidad ni la diversión. Lo importante es no abusar de este recurso.

Defensa

El diseño del sistema de defensa del PJ permite que el jugador pueda protegerse de los ataques enemigos y prolongar su supervivencia. Una defensa bien diseñada aporta profundidad estratégica y mantiene el desafío en un nivel apropiado. Se compone por cuatro movimientos básicos: cubrirse, esquivar, bloquear y contratacar.

En el caso de combatir en *melee* (cuerpo a cuerpo), el PJ se pondrá en guardia como paso anticipatorio. Veamos.

En guardia

El movimiento de ponerse en guardia es una postura defensiva básica que se adopta antes de iniciar un combate cuerpo a cuerpo. En la vida real, implica colocar los pies separados a la anchura de los hombros, doblar ligeramente las rodillas, alzar los puños protegiendo el rostro y el torso, y mantener el equilibrio sobre la planta de los pies. Esta postura permite al luchador estar preparado para reaccionar rápidamente, tanto para atacar como para defenderse. Mantiene su centro de gravedad bajo y su base estable, lo que dificulta ser derribado. Además, al cubrir las áreas vitales con los antebrazos, se reducen las zonas vulnerables a recibir golpes.

En el diseño de las mecánicas de lucha o acción *melee*, podremos tener en cuenta varios elementos clave que aporten profundidad y realismo. Por ejemplo, se pueden incluir animaciones de ponerse en guardia justo antes de iniciar combates contra enemigos, lo que no solo incrementa la inmersión, sino que también permite al jugador prepararse mentalmente para enfrentar el desafío.

Además, adoptar una postura de guardia podría otorgar bonificaciones o mejoras, como un aumento en la defensa, mayor precisión en los bloqueos o incluso el desbloqueo de habilidades especiales que potencien la estrategia del jugador.

Por otro lado, es interesante considerar ataques enemigos más poderosos dirigidos específicamente a jugadores desprevenidos o sin guardia, incentivando así el uso táctico de esta mecánica para contrarrestar amenazas mayores. También podrían integrarse minijuegos de tiempo de reacción donde mantener correctamente la guardia sea crucial para determinar si se evita o no un golpe crítico, añadiendo capas adicionales de interacción y emoción al combate.

Bloqueo / Parada

El bloqueo es una de las mecánicas defensivas más comunes en los sistemas de combate, porque permite al jugador adoptar una postura especial para detener o reducir el daño de los ataques enemigos, ya sean *melee* o a distancia.

Al diseñar esta mecánica, hay varias consideraciones que pueden influir en su efectividad. Por ejemplo, la activación puede realizarse mediante un botón específico para entrar en la postura de bloqueo, o bien ser automática cuando el jugador no está atacando, aunque suele requerirse que el personaje esté inmóvil o caminando lentamente para poder realizar esta acción. Además, se pueden implementar bloqueos posicionales, donde el jugador deba ajustar la dirección del bloqueo con una palanca o botón dependiendo de la altura del ataque enemigo.

Es común incluir una barra de resistencia o aguante que se consume mientras se bloquea, limitando así el tiempo máximo de bloqueo antes de quedar vulnerable; esta barra podría recargarse gradualmente tras romperse. También se pueden definir diferentes tipos de bloqueo, como uno perfecto que anule todo el daño o uno parcial que solo lo reduzca en cierto porcentaje, variando según el tipo de ataque recibido. Las penalizaciones son otro asunto clave: la defensa podría disminuir tras bloquear durante mucho tiempo, o el personaje podría quedar aturdido o vulnerable tras ciertos golpes bloqueados, e incluso un escudo podría romperse tras recibir múltiples impactos fuertes.

Es posible incorporar mejoras que aumenten la eficacia, duración o rapidez del bloqueo, aunque estas mejoras podrían requerir un intercambio de recursos, como salud o magia. A medida que el jugador avanza, también podría desbloquear nuevas posturas defensivas que amplíen sus opciones tácticas.

Además, el bloqueo puede vincularse a mecánicas ofensivas como ataques rompiendo la guardia enemiga o contraataques manuales o automáticos después de un bloqueo perfecto. El costo del bloqueo debe impedir que se convierta en una herramienta defensiva inexpugnable. El jugador bloquea, pero le cuesta algo. Bien diseñado, eleva la profundidad del combate y, sobre todo, introduce la necesidad de estudiar patrones enemigos. Eso vale oro.

Esquivar

La mecánica de evasión permite al jugador eludir por completo un ataque enemigo mediante movimientos rápidos y ágiles, en lugar de bloquearlo directamente. Esta mecánica se caracteriza por ser de alto riesgo y alta recompensa, ya que exige una buena sincronización y *timing* por parte del jugador para ejecutarla con éxito.

Al diseñar esta mecánica, es importante considerar que la ventana de evasión define el margen de tiempo antes del impacto en el que se puede activar la evasión; esta puede ser más corta para obligar al jugador a ser preciso o más larga para facilitar la jugabilidad a los novatos.

El método de evasión puede incluir acciones como rodar (dar una voltereta en diferentes direcciones) o realizar un salto rápido para evitar ataques a ras de suelo, mientras que en ataques de área permitirá al jugador alejarse del rango de impacto.

Además, esquivar suele tener un coste asociado, como consumir una barra de agilidad o *stamina* (aguante), lo que puede dejar al personaje indefenso por unos instantes; también podría ser imposible evadir si el jugador está atacando o usando ciertas habilidades. Cuando la evasión se realiza con éxito, el jugador podrá evitar todo el daño del ataque e incluso abrir una breve ventana de tiempo para contraatacar, momento que podría realzarse con un efecto de cámara lenta para reforzar el dramatismo. Sin embargo, si el jugador falla en la evasión, recibirá el daño completo (o parcial si el *timing* no fue perfecto), lo que podría dejarlo vulnerable al siguiente ataque y hacer que pierda otros recursos defensivos. Para añadir profundidad, se pueden implementar mejoras en la evasión, como aumentar la ventana temporal de evasión o reducir el coste de *stamina* tras una serie de esquives consecutivos o al subir de nivel. También se pueden introducir habilidades que permitan evadir múltiples proyectiles, incentivando al jugador a estudiar los patrones de ataque enemigos y fomentando un componente de destreza y reflejos. Bien balanceada, la mecánica de evasión puede marcar la diferencia entre un estilo de juego ofensivo y uno defensivo, ofreciendo al jugador opciones tácticas significativas durante el combate.

¡A cubierto!

Cubrirse es una mecánica que permite al PJ utilizar objetos del entorno como cobertura contra ataques enemigos, especialmente proyectiles y ataques a distancia. Esta mecánica resulta muy útil en combates a larga distancia y aporta un ritmo más pausado y táctico al gameplay.

Los objetos de cobertura pueden incluir muros, contenedores, vehículos destruidos u otros elementos del entorno, los cuales deben proporcionar protección parcial o total dependiendo de su tamaño; algunos podrían ser destructibles para obligar al jugador a moverse constantemente y evitar situaciones estáticas. Eso sí, no se recomienda cubrirse detrás de tanques de combustible ni sifones de soda, ya que podrían resultar poco realistas o peligrosos.

En cuanto a la mecánica de cubrirse, el jugador podría pulsar un botón para pegarse a una pared u objeto, y asomarse para disparar, lo que requerirá animaciones específicas para cubrirse y asomarse de manera fluida. Desde el punto de vista defensivo, estar a cubierto implica una reducción significativa del daño recibido por proyectiles frontales, además de bloquear ciertos ataques; en general, la regeneración de salud y recursos podría ser posible o más rápida mientras el jugador permanezca protegido. Sin embargo, esta mecánica también tiene limitaciones ofensivas: al estar a cubierto, la precisión y el daño del jugador podrían verse reducidos al disparar, y podría ser incapaz de usar ciertas habilidades de movimiento o tener una velocidad de movimiento lateral más lenta.

Además, hay penalizaciones asociadas, como recibir daño aumentado desde ángulos no cubiertos, ser sacado de la cobertura por impactos o habilidades enemigas, o incluso no poder cubrirse si ya se está recibiendo fuego enemigo. Para añadir profundidad, se pueden introducir mejoras, como bonificaciones al daño al disparar tras asomarse unos instantes, la habilidad para saltar rápidamente entre coberturas cercanas, o incluso permitir al jugador arrastrar objetos pequeños para crear una cobertura portátil.

La mecánica de cubrirse funciona especialmente bien en shooters y juegos con combate a distancia, porque introduce pausas estratégicas y fomenta la gestión de riesgos y recompensas. Obliga al jugador a analizar y aprovechar el entorno, alternando entre ofensiva y defensa, lo que la convierte en una forma inmersiva y táctica de sobrevivir al fuego enemigo.

Contraataque

El contraataque es una mecánica que permite al jugador responder ofensivamente de forma inmediata después de bloquear o evadir con éxito un ataque enemigo. Esta no solo inflige daño al oponente, sino que también rompe su ofensiva y le permite al jugador recuperar la iniciativa en el combate.

Al diseñar esta mecánica, es importante decidir si la activación del contraataque depende de una ventana temporal breve que se abre tras bloquear o evadir; esta acción podría realizarse mediante un botón específico o una combinación de botones, y podría requerir recursos como *stamina* o energía para ejecutarse.

Los tipos de contraataque pueden variar desde un ataque rápido y directo que causa poco daño, pero recupera rápidamente la iniciativa, hasta movimientos especiales más poderosos que consumen recursos adicionales.

También podrían incluirse combinaciones automáticas de golpes que dañan y empujan al enemigo, o incluso variaciones dependiendo de si el jugador bloqueó o evadió el ataque previo.

Desde el punto de vista ofensivo, los contraataques podrían producir un daño aumentado al enemigo, ignorar temporalmente su armadura o resistencias, o incluso romper su guardia, lo que añade un nivel estratégico adicional. Sin embargo, esta mecánica también implica un equilibrio de riesgo y recompensa: si se ejecuta correctamente, ofrece una alta recompensa en daño, pero fallarla podría dejar al jugador vulnerable; además, ciertos combos enemigos podrían forzar al jugador a bloquear en lugar de contraatacar.

Para añadir profundidad, se pueden introducir mejoras que alarguen la ventana temporal de activación o añadan efectos adicionales, como aturdir al enemigo o drenar sus recursos. A medida que el jugador avanza, desbloquear contraataques cada vez más poderosos y especializados puede ser una fuente de satisfacción y progresión.

Puntos de vida

Los puntos de vida son uno de los recursos defensivos más fundamentales en los videojuegos. Representan la vitalidad y resistencia del PJ para soportar daño antes de ser derrotado.

Una correcta implementación de este sistema no solo define la durabilidad del PJ, sino que también transmite tensión y emoción al jugador, siendo el principal factor que puede llevar al *Game Over*.

En la mayoría de los juegos, los puntos de vida se visualizan mediante una barra o un valor numérico que disminuye cuando el jugador recibe ataques enemigos. Cuando esta barra se vacía por completo, generalmente el PJ muere o pierde el combate. Para diseñar este sistema hay varias cosas para tener presente: el valor máximo de vida debe estar bien calibrado según el nivel de dificultad y el estilo de juego. Valores muy bajos pueden llevar a muertes frustrantes, mientras que valores muy altos pueden restar tensión y hacer que los combates se sientan menos desafiantes. Este valor máximo puede escalar gradualmente a medida que el jugador avanza en el juego. Además, muchos títulos incorporan mecanismos de regeneración de vida, como regeneración pasiva entre combates, consumibles, descanso, habilidades especiales o mantenerse a cubierto, lo que ayuda a evitar la necesidad de retroceder largas distancias tras muertes poco significativas.

La actualización de la barra de vida también es importante: debe ajustarse a la frecuencia que mejor se adapte al ritmo del juego, ya sea en tiempo real, por golpes individuales o mediante interpolación, especialmente si hay armas con daño muy alto o bajo.

Algunos juegos ofrecen vida adicional o temporal mediante *power-ups*, mutaciones, estados alterados u otros medios, incentivando al jugador a buscarlos y emplearlos estratégicamente. Finalmente, la mitigación de daño, a través de armaduras, escudos, resistencias o porcentajes de bloqueo, permite al jugador recibir algunos golpes sin perder toda su vida de una vez, proporcionando una sensación de poder y control frente a las amenazas enemigas.

Game Over

Perder todo el progreso o tener que reiniciar desde un punto lejano pone furiosos a los jugadores. Debemos ofrecer la opción de reintentar el desafío rápidamente. Largos tiempos de carga o tener que repetir contenido ya visto desmotivan a seguir intentándolo.

Una buena opción es mantener parte del avance, pero con penalizaciones como perder recursos recuperables o tiempo. En el viejo *Lineage II*, por ejemplo, el jugador reaparecía lejos del «cadáver» del PJ y debía regresar hasta allí para recuperar sus objetos. En *World of Warcraft*, morirse produce una espera de segundos / minutos. La penalización más fuerte es que armadura y arma se degradan, obligando al jugador a pagar en oro del juego para repararlas.

> *Colocaremos* ***puntos de grabación*** *(checkpoints) en lugares clave del nivel para «resucitar» desde allí sin perder todo el progreso.*

Una opción más es que el PJ tenga algún tipo de armadura o campo de fuerza que se regenera mientras el jugador se pone a cubierto, como en *Halo*. Esto se puede hacer si es coherente con la narrativa y el lore.

Por último, **es importante que quede claro por qué muere un jugador y qué pudo haber hecho para evitarlo**. Esto le permite aprender de sus errores. En ciertos casos, será bueno mostrar información como la causa de muerte, estadísticas y puntuación. Por otra parte, la dificultad debe ir aumentando gradualmente para que aprender a evitar la muerte sea un proceso orgánico. ¡Prohibidos los aumentos bruscos de dificultad que llevan a clavar los cuernos repetidamente!

V
Personajes No Jugables

Definición. Funciones de los PNJ. Diálogos. PNJ impulsados por IA. Rutas predefinidas. Rutinas diarias. Patrones de grupo. Navegación dinámica: campos de fuerza repulsivos, zona de influencia. Comportamiento Stealth. Personalización y variación. Aliados y mascotas.

LOS PERSONAJES NO JUGADORES O NO JUGABLES (PNJ, EN INGLÉS NPC) SON ENTIDADES CONTROLADAS POR LA INTELIGENCIA ARTIFICIAL DEL JUEGO que interactúan con el jugador y con el entorno. Estos personajes a menudo tienen un papel en el diseño de niveles, porque ayudan a dar vida al mundo, transmitir la narrativa y brindar desafíos o asistencia.

Los PNJ nunca deberían ser accesorios decorativos. Por el contrario, tienen que integrarse de manera orgánica en el entorno, tener personalidades distintivas y servir a un propósito claro en la experiencia general de juego. Pueden funcionar como personajes importantes que avanzan la trama, aliados que brindan misiones o comerciantes con los que interactuar. La ubicación, comportamiento y diálogos de los PNJ deben diseñarse de manera que se sientan coherentes con el nivel en el que se encuentran. Un PNJ fuera de lugar puede arruinar la inmersión. Del mismo modo, las interacciones con estos deben enriquecer la experiencia de juego mediante la entrega de información contextual, desafíos o momentos de esos que nunca se olvidan.

Es verdad que, en ciertos juegos, vemos una multitud de personajes no jugables que están allí para dar «vida» a los escenarios y con los que no es posible interactuar, o solo se puede hacerlo mínimamente. Un ejemplo es una ciudad por la que hay peatones circulando. Sin embargo, cuando se trata de personajes decorativos, es mejor pensar en alguna forma de interacción o función interesante. Un caso bien resuelto es el de la serie *Grand Theft Auto* (Rockstar, 1997 en adelante). En este juego de mundo abierto, se representa una ciudad y alrededores repleta de peatones y de tráfico. El aspecto de los PNJ es muy similar, con ligeras variaciones de color, vestimenta y otras, y lo que hacen es caminar por las veredas o pulular en interiores. Pero, además, si el jugador los empuja o interactúa de alguna forma con ellos, pueden reaccionar de diversas formas: escapan, gritan, se asustan, atacan, insultan, etc. Algunos protagonizan escenas automáticas, como pelearse o huir de la policía cuando el jugador está cerca. No mucho más, pero cumplen con la función de dinamizar los escenarios urbanos de GTA. Hay que tener presente que el equipo creativo de Rockstar decidió colocar estos PNJ decorativos por el tipo de juego. Pero la idea aquí es: no agregues personajes sin una buena razón. A nivel narrativo existe una regla similar, que consiste en no tener personajes sin función o propósito en una historia.

Funciones de un PNJ

A continuación, una lista de funciones que justifican la colocación de un personaje no jugable en un juego:

- **Proporcionar objetivos al jugador**: una de sus tareas primordiales de un PNJ es presentar desafíos y metas que motiven a explorar, combatir y progresar. Pueden encarnar mentores que asignan misiones principales, jefazos que solicitan tareas secundarias o villanos que gritan sus acostumbradas amenazas.

- **Dar acceso a nuevas ubicaciones**: a menudo actúan como facilitadores, permitiendo acceder a nuevas áreas al otorgar llaves, mapas o simplemente indicando la dirección correcta. Pueden cumplir el rol del arquetipo del guardián (un elemento típico de la narrativa). Esta función evita que los jugadores se sientan estancados y mantiene un flujo constante de progreso.

- **Proveer métodos de viaje**: pueden ofrecer medios de transporte como monturas, vehículos o habilidades mágicas que permitan desplazarse más rápido o acceder a ubicaciones de otra forma inaccesibles. ¿Alguien recuerda la cuca gigante de *Morrowind*?

- **Recompensar el progreso**: la sensación de logro es necesaria, y los PNJ pueden reforzarla al otorgar recompensas económicas, equipo mejorado o simplemente elogios y reconocimiento cuando se completan objetivos importantes.

- **Equipar al jugador**: algunos actúan como proveedores, ofreciendo herramientas, armas y armaduras para enfrentar enemigos más poderosos a medida que avanza el juego.

- **Resolver puzzles**: los PNJ pueden ser una excelente fuente de pistas y conocimientos para ayudar a descifrar puzzles complejos o comprender mecánicas de juego poco claras.

- **Narrar la historia del mundo**: a través de diálogos, pueden revelar detalles sobre la historia, culturas y personajes del mundo del juego, sumergiendo al jugador en el *lore* sin sobrecargarlo con demasiada información, o soltándola de a poco.

- **Explicar técnicas de jugabilidad**: aunque esto suele estar en un menú aparte, a veces los PNJ pueden ofrecer consejos para vencer a un enemigo o convencer a otro PNJ.

> *Es más frecuente llamarlos PNJ/NPC cuando son personajes humanos o humanoides y son* ***aliados****. Sin embargo, también se les llama PNJ/NPC a los* ***enemigos*** *que el jugador debe enfrentar, así como a las* ***criaturas*** *agresivas, neutrales, amigables o decorativas que agregan encanto al mundo. Veremos detalles sobre estos en el siguiente capítulo.*

Diálogos con un PNJ

En materia de narrativa, escribir diálogos inteligentes, informativos y sorprendentes es todo un reto. Esto es válido en cine, televisión, teatro, literatura, cómics y videojuegos. ¡No hay nada más aburrido que un PNJ que tira frases genéricas que no sirven para nada!

Así que los diálogos, en efecto, tienen que ser así: inteligentes, informativos, sorprendentes. **Inteligentes** porque deberían reflejar lo que ocurre alrededor y tener en cuenta las acciones pasadas del jugador. Si este fue a traer una llave, el PNJ debería mencionarlo, o al menos no repetir las mismas frases todo el tiempo cada vez que el jugador le habla. Hacer que un PNJ sea inteligente requiere un montón de scripting, *flags* que se prenden y apagan, estados y condiciones que se cumplen, peleas con los programadores rebeldes que no quieren meter tantas variables (Diego Cánepa, te estamos mirando). Requiere un buen guion, donde queden claras las opciones de diálogo, en lo que se da por llamar «árbol de diálogos». Si tenemos una interfaz estilo aventura gráfica, requiere cajas de diálogo donde se muestran las frases de la conversación, cajas que no deben ser muy grandes ni con más de 15-20 palabras por vez, para ayudar a la traducción (hay idiomas que para decir algo necesitan muchas más palabras o palabras muy largas). Deben usarse fuentes nítidas en todos los tamaños de pantalla y resoluciones, en caso de que el juego se publique en varias plataformas. Estas fuentes deben aceptar caracteres especiales como tildes, diéresis y virgulilla (el «palito» de la eñe), esta última una característica identificatoria del español. No está de más asegurarnos *desde el principio* de que el sistema tendrá forma de cambiar de idioma. Para ello, en términos de programación, **cada frase debe tener un ID**, un identificador, para que el juego «levante» la frase correcta de acuerdo con el idioma o doblaje seleccionado por el jugador.

Los diálogos también deben ser **informativos**, porque deben hacer progresar la historia y sumar información del *lore* del juego (el pasado de un personaje, una situación especial, o algo que pasa en el lugar). Tal como en una película o un cómic, no dirán lo que ya estamos viendo por medio de imágenes y sonido. No tiene sentido que un PNJ comente que está lloviendo si estamos viendo que llueve. En todo caso, podrá decir que los demonios salen a cazar cuando llueve. Información no evidente, y que al mismo tiempo anticipa algo que el jugador podría enfrentar.

Atención que, muchas veces, se puede narrar con el silencio de los PNJ. No es necesario decirlo todo. Hay que dejar lugar a la imaginación, al misterio, a que el jugador deduzca. Informar, sin tomarlo como tonto.

Algo que los diálogos siempre deben conseguir es evidenciar la personalidad de los PNJ, sea por lo que opinan, por los modismos al hablar, su nacionalidad, o por la forma en que gesticulan. Un PNJ puede estar mintiendo por algún motivo, o tener intenciones que escapan a primera vista. Lo ideal es que cada PNJ suene y se vea diferente.

Y, por fin, diremos que los diálogos deben ser **sorprendentes**. Lo que dice un PNJ tiene que pegar como un puñetazo en la nariz. Lo inesperado, lo terrible, lo extraño, lo conmovedor. ¡Que parezcan seres vivos!

Todo esto necesita de un trabajo finito por parte del diseñador narrativo y, si bien no es la tarea puntual del LD, a veces es este el que tiene que implementar los diálogos. En ese caso y si se lo permite el equipo, podrá poner algo de condimento al asunto.

Cuidado: en ocasiones, el escritor hace decir frases a los PNJ que no parecen tener sentido inmediato, pero que servirán para más adelante en la trama. No hay que cambiar las cosas por capricho y sin consultar, o porque no se entienden en ese mismo momento del nivel.

Por otra parte, el diseñador narrativo no debe abusar de ese recurso anticipatorio, debido a que los jugadores necesitan varios días para terminar un juego, de modo que pasan horas lejos y, a su regreso, tienen que recordar lo que estaban haciendo o lo que les han comunicado los PNJ. Por esta razón, se suele dotar al sistema del juego de anotaciones y listas de tareas pendientes.

PNJ impulsados por IA

Cuando escribimos este libro, estamos a las puertas de toda una revolución en materia de conversaciones inteligentes en videojuegos. ¡Las IA están a punto de volverse más astutas que los seres humanos! Diríamos que, si estás leyendo esto, todavía estamos vivos, o por lo menos Skynet no cobró conciencia ni comprendió que la Humanidad no tiene caso.

Aunque falta hasta que los sistemas de IA sean perfectos para lo que nos proponemos, en 2025 existen algunas herramientas disponibles. Una es *Dialogue System for Unity*, un sistema de diálogos y árbol de conversación que incluye una característica experimental de «IA procedimental» que genera respuestas utilizando técnicas de procesamiento de lenguaje natural. *GPT Powered Conversational AI Plugin* es un agregado para Unreal Engine que utiliza la tecnología de OpenAI para generar respuestas de PNJ en tiempo real basadas en el contexto de la conversación.

La clave es que estos sistemas analizan las entradas del jugador, las mapean a posibles intenciones y contextos, y generan respuestas coherentes utilizando modelos de lenguaje entrenados con grandes cantidades de datos de conversaciones. La cosa a menudo requiere ajustes para evitar respuestas inapropiadas, pero puede lograr PNJ muy naturales. Desde luego, todos estos plugins y sistemas aparecen y desaparecen del mercado. Están en permanente evolución. Lo aconsejable es investigar el que mejor resulte para el proyecto presente.

Rutas predefinidas de los PNJ

Controlan el flujo de personajes en el nivel. Esto necesita el diseño de caminos lógicos que se integren en los escenarios del juego, imitando todo lo posible el movimiento de los personajes en un espacio real. Poniendo como ejemplo un entorno urbano, los PNJ deberían seguir veredas, cruzar calles en ciertos puntos y evitar obstáculos. En un escenario natural, las rutas seguirán senderos o patrones que imiten el comportamiento de seres vivos en ese hábitat.

La variación en velocidad y pausas es otra cosa importante. Los PNJ no deberían moverse a un ritmo constante y robótico, sus movimientos deben incluir aceleraciones, desaceleraciones y pausas. Esto podría manifestarse como un PNJ que camina lentamente mientras observa un negocio, se detiene un ratito para interactuar con otro PNJ, o acelera al cruzar una calle concurrida. Estas variaciones añaden realismo y hacen que el movimiento de los PNJ sea más orgánico. Por supuesto, son un lindo problema de programación, pero vale la pena dedicarle tiempo para que sea de esta manera, porque queda más natural.

Las rutas deberán tener puntos de interés para dar propósito al movimiento de los PNJ. Estos puntos pueden ser lugares donde el personaje realiza una acción específica, como sentarse en un banco, examinar un objeto, o interactuar con el entorno de alguna manera. Los puntos de interés no solo hacen que el movimiento del PNJ parezca más motivado, sino que también pueden servir para contar historias ambientales o proporcionar pistas sutiles.

Algo que tener en cuenta es de qué manera las rutas predefinidas se integran con los otros sistemas del juego. Tendrían que ser flexibles para permitir que los PNJ reaccionen a eventos inesperados o a las acciones del jugador. Idealmente, deberían coordinarse con los sistemas de IA más amplios del juego para garantizar que su comportamiento sea coherente y creíble en todo momento. Por ejemplo, que cada PNJ en un pueblito haga su rutina, aunque no estemos mirándolos, como veremos a continuación.

Además, las rutas predefinidas pueden utilizarse para guiar la atención del jugador o crear oportunidades de gameplay interesantes. Un PNJ que sigue una ruta específica podría llevar al jugador curioso que lo persiga a descubrir nuevas áreas, o bien revelar información importante a través de conversaciones que se oyen al pasar, o crear situaciones dinámicas en títulos de sigilo o acción.

Rutinas diarias

Diseñar e implementar rutinas diarias de los PNJ tiene el propósito de hacer que los personajes parezcan tener vida propia, más allá de su interacción con el jugador. Los ciclos de actividad basados en el tiempo del juego son el núcleo de estas rutinas, simulando el flujo natural de la vida cotidiana y reflejando cómo los personajes podrían comportarse a lo largo de un día en el mundo del juego. Por ejemplo, con un ciclo día-noche, los PNJ podrían comenzar su jornada saliendo de sus casas por la mañana, dirigiéndose a sus lugares de trabajo, realizando sus tareas diarias y luego regresando a casa por la noche. Este comportamiento cíclico crea una sensación de persistencia, haciendo que parezca que la vida continúa incluso cuando el jugador no está presente.

Las transiciones entre diferentes estados son otro aspecto importante de las rutinas diarias. Estos estados pueden incluir trabajo, descanso, socialización y otras actividades específicas del contexto. Hagamos que las transiciones sean fluidas y lógicas. Por ejemplo, un PNJ podría terminar su jornada laboral, pasar un tiempo socializando en una taberna y luego dirigirse a su hogar para descansar. Estas transiciones añaden realismo y pueden crear oportunidades interesantes para el gameplay, como misiones que solo están disponibles en ciertos momentos del día o información accesible únicamente cuando un PNJ está en un estado específico. Un buen ejemplo es *Skyrim.*[58]

La implementación de rutinas diarias también requiere considerar cómo se integran con otros sistemas del juego. Estas rutinas deben ser flexibles para adaptarse a eventos o acciones del jugador. Si ocurre un evento importante en el mundo del juego, las rutinas de los PNJ deberían ajustarse de manera coherente. Esto se podría manifestar como PNJ que abandonan sus rutinas habituales para responder a una emergencia o que alteran sus patrones de comportamiento en respuesta a cambios en el entorno.

Además, las rutinas diarias enriquecen la narrativa y la construcción del universo. A través de sus actividades diarias, los PNJ pueden revelar aspectos de la cultura, la economía y la sociedad de su mundo. Por ejemplo, observar a los PNJ realizando trabajos específicos, participando en rituales culturales o reaccionando a eventos cíclicos (como festivales o

---

[58] ***The Elder Scrolls V: Skyrim*** (2013) es un videojuego de rol y mundo abierto desarrollado por Bethesda Game Studios, donde los jugadores exploran un vasto reino medieval de fantasía, cumplen misiones épicas y se convierten en el Dovahkiin (Asesino de Dragones), un héroe legendario capaz de usar poderes mágicos y enfrentarse a criaturas míticas.

cambios de estación) puede proporcionar al que juega una comprensión más profunda del *lore*.

Las rutinas diarias también ofrecen oportunidades para la creación de contenido dinámico. Por ejemplo, encuentros únicos o misiones que solo están disponibles en momentos específicos, incentivando a explorar en diferentes momentos.

Es importante equilibrar el realismo de las rutinas diarias con las necesidades del gameplay. Estas deben ser lo suficientemente previsibles para que los jugadores puedan planificar sus acciones, pero también deben incluir cierta variabilidad para evitar que el juego se vuelva repetitivo o predecible.

Patrones de grupo

Aquí se trata de simular cómo se mueven y reaccionan grandes números de PNJ en espacios comunes. Esto puede manifestarse de diversas formas, desde el flujo natural de peatones en una calle concurrida hasta el pánico colectivo en situaciones de emergencia. Podríamos considerar factores como la densidad de la multitud, la velocidad de movimiento y las reacciones en cadena para crear simulaciones convincentes.

Las interacciones entre PNJ van más allá del simple movimiento colectivo y abarcan cómo los personajes se relacionan entre sí. Pueden incluir conversaciones casuales, intercambios comerciales, o conflictos.

Las formaciones y movimientos coordinados representan un aspecto más estructurado de los patrones de grupo. Esto es particularmente relevante en escenarios militares o en situaciones que requieren organización colectiva. Por ejemplo, un grupo de guardias patrullando en formación o un equipo de trabajadores colaborando en una tarea común. Estos movimientos coordinados reflejan la función y el contexto del grupo.

La implementación efectiva de patrones de grupo presenta varios desafíos técnicos y de diseño. Desde una perspectiva técnica, requiere algoritmos sofisticados para manejar el movimiento y las interacciones de múltiples entidades simultáneamente, sin comprometer el rendimiento del juego. Desde el punto de vista del diseño, el reto está en crear comportamientos realistas, pero que no distraigan al jugador de los objetivos principales del juego. Estos patrones de grupo pueden utilizarse estratégicamente para guiar la experiencia de juego. Por ejemplo, el movimiento de una multitud puede dirigir sutilmente la atención del jugador hacia áreas importantes del nivel, o el comportamiento de un grupo puede proporcionar pistas sobre la situación del mundo del juego.

Navegación dinámica

El núcleo de la navegación dinámica son los algoritmos de *pathfinding*. Estos algoritmos permiten a los PNJ calcular y seguir rutas óptimas hacia sus destinos, evitando obstáculos y adaptándose a la geometría del nivel. El algoritmo A* es ampliamente utilizado por su eficiencia, pero los juegos modernos a menudo emplean variantes más avanzadas o personalizadas para manejar escenarios específicos.[59]

La habilidad frente a obstáculos es otro aspecto interesante. Los PNJ deben ser capaces de detectar y rodear objetos estáticos y dinámicos en su camino. Esto incluye no solo elementos del entorno, sino también otros PNJ y al propio jugador. Técnicas como los campos de fuerza repulsivos (esta técnica se basa en la idea de simular fuerzas invisibles que «empujan» a los PNJ lejos de los obstáculos, como veremos en breve) o la predicción de trayectorias se utilizan para lograr movimientos naturales y evitar colisiones. La adaptación a cambios en el terreno es particularmente importante en juegos con entornos destructibles o dinámicos. Los PNJ deben poder recalcular sus rutas en tiempo real cuando se producen cambios en el nivel, como puertas que se abren o cierran, puentes que se derrumban, o nuevos obstáculos que aparecen.

Implementar una navegación dinámica efectiva requiere un equilibrio entre la precisión del movimiento y la eficiencia de cómputo, especialmente en juegos con un gran número de PNJ. Además, tiene que integrarse de manera coherente con otros sistemas de IA y comportamiento para mantener la credibilidad de los personajes.

Campos de fuerza repulsivos

Esta es una técnica empleada en el diseño de la navegación para permitirles a los PNJ que eviten obstáculos y otros personajes de manera fluida y realista. Esta técnica es especialmente útil cuando se combina con otros métodos de *pathfinding*, como los algoritmos de búsqueda de

[59] **El algoritmo A*** es una técnica de búsqueda de caminos utilizada en desarrollo de videojuegos. Su propósito es encontrar el camino de menor coste entre un nodo de origen y uno de destino, siempre y cuando se cumplan ciertas condiciones.

caminos, para mejorar la naturalidad del movimiento en entornos dinámicos. Su funcionamiento básico se puede describir en varios pasos.

Primero, cada obstáculo o entidad que debe ser evitada genera un campo de fuerza virtual a su alrededor. Este campo actúa como una zona de influencia que repele a los PNJ, evitando colisiones. La intensidad del campo varía según la distancia: es más fuerte cerca del obstáculo y se debilita a medida que el PNJ se aleja, lo que permite un comportamiento más natural y menos abrupto.

Cuando un PNJ se acerca a un obstáculo, el campo de fuerza ejerce una influencia en su dirección de movimiento, desviándolo suavemente para evitar el choque. Esta desviación es calculada en tiempo real, asegurando que el PNJ ajuste su trayectoria sin interrumpir su flujo de movimiento. Además, cuando hay múltiples obstáculos o entidades cercanas, sus respectivos campos de fuerza pueden combinarse, creando un efecto acumulativo que guía al PNJ a través de espacios complejos o densamente poblados.

Los campos de fuerza repulsivos son eficaces en entornos donde los PNJ deben interactuar con objetos móviles, como otros personajes o vehículos, ya que permiten una adaptación dinámica sin necesidad de recalcular constantemente rutas completas. Al integrar campos de fuerza repulsivos con sistemas de *pathfinding* tradicionales, se logra un movimiento más orgánico y realista. Como todo, es ideal tener esto resuelto en la etapa de *toy box*.

Zona de influencia

Representan áreas específicas dentro del entorno del juego donde los PNJ modifican su comportamiento cuando entran, permanecen o salen de ellas. Estas zonas pueden variar en tamaño y forma, desde pequeñas áreas alrededor de objetos de interés hasta grandes territorios que abarcan secciones enteras del mapa del juego.

Por ejemplo, en un juego de *stealth* (sigilo), los guardias podrían tener una zona de patrulla normal y una zona de alerta elevada cerca de áreas sensibles. Cuando un PNJ entra en la zona de alerta, su comportamiento podría cambiar para incluir una vigilancia más intensa, movimientos más cautelosos o llamar a refuerzos (el famoso PNJ botón).

En juegos de mundo abierto o RPG, diferentes facciones o grupos de PNJ pueden tener territorios definidos. Cuando un PNJ alcanza el límite de su territorio, puede cambiar su comportamiento, por ejemplo, dando la vuelta o mostrando signos de inquietud. Esto ayuda a crear un mundo más creíble y coherente, donde los personajes parecen tener un sentido de pertenencia y límites lógicos en su movimiento.

Las zonas de influencia también pueden usarse para crear ambientes dinámicos. De nuevo poniendo como ejemplo un juego de simulación de ciudad, diferentes áreas podrían influir en el comportamiento de los ciudadanos PNJ. Una zona comercial podría hacer que estos adopten comportamientos de compra o de trabajo, mientras que una zona residencial podría activar conductas más relajadas o sociales.

Desde una perspectiva técnica, la implementación de zonas de influencia generalmente implica definir áreas en el espacio del juego y asociarlas con conjuntos específicos de reglas o estados de comportamiento para los PNJ. Cuando uno de ellos interactúa con estas zonas (entrando, saliendo o permaneciendo en ellas), se activan los cambios de comportamiento correspondientes.

Es importante equilibrar el uso de zonas de influencia para mantener la credibilidad del mundo. Un cambio demasiado abrupto o artificial en el comportamiento de los PNJ puede romper la inmersión. Por lo tanto, es sensato considerar técnicas y truquitos para implementar transiciones suaves entre diferentes zonas y comportamientos.

Además, las zonas de influencia pueden superponerse y tener diferentes niveles de prioridad, permitiendo comportamientos más complejos y matizados. Por ejemplo, un PNJ podría estar en una zona general de «ciudad» que define su comportamiento básico, pero también podría entrar en una zona más específica de «peligro» que anula temporalmente su comportamiento normal.

Aliados y mascotas

Los PNJ de compañía, también llamados *aliados*, así como las mascotas, añaden profundidad a la experiencia de juego. Estos personajes no solo sirven como apoyo mecánico, también contribuyen a la narrativa y, sobre todo, a la conexión emocional con el mundo.

Los PNJ de compañía van con el jugador durante parte o la totalidad de su aventura. Pueden variar desde compañeros de equipo en juegos de rol hasta asistentes en juegos de acción-aventura. Tanto narrativa como mecánicamente, deberemos tener cuidado de no eclipsar al personaje principal, es decir, el avatar que controla el jugador, el PJ.

Estos PNJ de compañía deben tener personalidades distintivas y arcos de desarrollo que evolucionen a lo largo del juego. Necesitan comportamientos inteligentes para navegar entornos, combatir enemigos e interactuar de manera convincente. Es muy positivo que se les pueda dar órdenes o controlar parcialmente a estos compañeros, por ejemplo, indicándoles dónde atacar.

Por otro lado, cuando se trata de juegos donde se puede controlar más de un personaje, o hay algunos PNJ que acompañan al protagonista, es deseable permitir que el jugador equipe a estos compañeros de aventuras. Por ejemplo, dándoles armas mejoradas, armaduras o vehículos. Aquí la idea es conseguir un grupo poderoso y equilibrado para afrontar los desafíos propuestos en el nivel.

Las mascotas, por otro lado, suelen ser criaturas más simples que acompañan al jugador. Pueden variar desde animales realistas hasta criaturas fantásticas. Aunque puede ser bastante engorroso de implementar —por supuesto, dependiendo del juego—, es bueno incorporar mecánicas para alimentar, entrenar o cuidar a las mascotas y otras criaturas de compañía, así como comportamientos que imiten la lealtad y el afecto. Las criaturas deberían tener habilidades especiales que complementen las del jugador, como detectar objetos ocultos o ayudar en combate. Ojo, es bueno implementar esto siempre que estos «tamagotchis»[60] no estorben la mecánica principal.

Por ejemplo, en *Torchlight II* (Runic Games, 2012), las mascotas como las arañas —son del tamaño de un perro— atacan a los enemigos por su cuenta, pueden recoger objetos, y es posible enviarlas a vender a las ciudades, liberando al jugador de esa tarea. ¡El bicho se va un rato, y vuelve con dinero fresco! ¡Hermoso bicho!

Tanto los PNJ de compañía como las mascotas presentan desafíos únicos en términos de diseño y programación. Deben ser lo suficientemente útiles para mejorar la experiencia del jugador, pero no tan poderosos que hagan el juego demasiado fácil. Además, su IA debe ser lo más sofisticada posible para evitar frustraciones, como quedarse atascados en la geometría del nivel o tomar decisiones delirantes.

En cuanto al aspecto visual, la capacidad de personalizar la apariencia o habilidades de las mascotas puede aumentar el apego emocional del jugador, factor que siempre ayuda a la retención. Y ya sabemos bien,

[60] ***Tamagotchi*** es un juguete electrónico japonés creado en 1996 por Bandai, que simula el cuidado de una mascota virtual y se convirtió en un fenómeno pop de los años 90. Los jugadores deben alimentar, jugar y atender a una criatura digital que crece y evoluciona.

la retención es nuestro guanaco de guerra. Mayor retención, mayores ingresos, mayor la gloria. Al final, todos buscamos ser famosos y lindos. (?)

V. El Invasor de Hierro
HACE SU ENTRADA

A LO LEJOS, EN EL HORIZONTE CUBIERTO DE BRUMA, RESONÓ UN RUIDO METÁLICO COMO DE OLLAS CAYENDO POR UNAS ESCALERAS. Las cotorras despegaron en una nube de plumas y graznidos histéricos, los ñandúes salieron corriendo como si les hubieran prendido fuego las patas, y hasta Gomabola dejó de mascar su chicle eterno y levantó las orejas como antenas parabólicas. De entre los árboles apareció tambaleándose una figura que brillaba bajo el sol, aunque no precisamente por su majestuosidad.

El Invasor de Hierro había llegado.

—¡Deteneos, salvajes de esta tierra ignota! —gritó la figura, levantando una mano enguantada que parecía más apropiada para cocinar guisos que para el combate.

Chimalpopoca ladeó la cabeza como un perro confundido. Frente a él, se tambaleaba un anciano flacucho tratando de mantenerse erguido. Iba vestido con una armadura tan abollada que parecía haber sido usada como tambor en alguna fiesta. Su casco estaba claramente hecho para alguien con una cabeza más pequeña, lo que hacía que sus enormes bigotes grises se dispararan hacia afuera como dos escobas descontroladas.

—¿Y este quién es? —preguntó Chimalpopoca, más para sí mismo que para alguien más, mientras Gomabola retrocedía unos pasos, claramente juzgando al extraño como una amenaza mínima, pero irritante.

—¡Soy yo, el gran conquistador! —exclamó el hombre, sacudiendo una espada diminuta que parecía más útil para cortar queso que para conquistar Pangea—. ¡Soy el temido, el invencible, el magnífico Invasor de Hierro!

Para subrayar su grandiosa declaración, intentó dar un paso adelante, pero su armadura emitió un chirrido tan estridente que hasta las hojas de los árboles parecieron estremecerse.

—¿Conquistar qué? —preguntó Chimalpopoca, cruzándose de brazos y mirando al hombre como si fuera una ardilla particularmente nerviosa—. Aquí no hay nada que conquistar.

—¡Oh, qué ignorancia! —rugió el viejo, alzando su espada y señalando a Chimalpopoca con la misma autoridad que un maestro de escuela que ha perdido el control de su clase—. ¡He venido a reclamar estas tierras para la gloria de... bueno, aún no he decidido para quién, pero eso no importa!

Chimalpopoca lo observó en silencio. Había enfrentado abismos oscuros, monstruos con tentáculos y plataformas traicioneras, pero este hombre con cara de asustado y bigotes ridículamente grandes era, sin duda, su desafío más desconcertante.

—A ver... —dijo, sacudiendo la cabeza—. ¿Por qué tenés encima todo ese metal, chabón? Hace calor, ¿no?

—¡Es la armadura de un guerrero! —gritó el Invasor, golpeándose el pecho con orgullo. Desafortunadamente, esto provocó que el casco se le resbalara y cayera al suelo, revelando una calvicie lustrosa que brillaba como un sol de medianoche.

Chimalpopoca soltó una carcajada que hizo eco en toda la selva.

—¡Gomabola, mirá esto! —dijo, señalando al hombrecito, que recogía torpemente su casco mientras murmuraba maldiciones en español, un idioma poco conocido en la zona.

El Invasor de Hierro se enderezó como pudo y, apretando los dientes, señaló a Chimalpopoca con su espada.

—¡Calla, bruto! ¡Ríete mientras puedas, porque pronto os haré arrodillar ante mi poderío!

Chimalpopoca dejó de reírse y examinó al hombre de arriba abajo. Luego, con un gesto lento y deliberado, desenvainó su macuahuitl, cuya obsidiana brilló con un resplandor ominoso.

—¿Seguro que querés intentarlo, viejito? —preguntó con una sonrisa torcida.

El Invasor tragó saliva, su bigote temblando como si estuviera contemplando una retirada estratégica. Pero entonces, sus ojos brillaron con una chispa de locura.

—¡Ja! ¡Tú caerás, bárbaro! ¡Porque no estáis preparados para mi as bajo la manga!

Chimalpopoca alzó una ceja.

—¿Cuál as?

El Invasor de Hierro hizo un gesto dramático hacia el bosque detrás de él.

—¡El ejército más temible jamás visto! ¡Venid, hombres de hierro!

Hubo un momento de silencio incómodo. Luego, de entre los arbustos, salió un solo hombre, vestido con una armadura aún más oxidada que la del Invasor. Parecía tan confundido como Chimalpopoca.

—¿Sólo uno? —preguntó el bruto, intentando contener otra carcajada.

—Bueno, sí... pero tiene un garrote —dijo el Invasor, tratando de sonar confiado.

Y así comenzó una de las batallas más recordadas de cuando Pangea era un único continente: el Invasor de Hierro y su «ejército» enfrentándose a Chimalpopoca y Gomabola, en una lucha que prometía ser descomunal. ¡Descomunal!

VI
Enemigos y criaturas

El secreto de una buena banda de enemigos. Combate. Piedra, papel, tijera. Tipos. Tamaños y velocidades. Diseño visual y sonoro de los enemigos. Patrones de movimiento y comportamiento. Stealth. Encuentros tácticos. Personalización y variación. Criaturas.

UN GORDO GIGANTE SUELE MOVERSE DESPACIO, PERO PEGAR MUY FUERTE Y SER DIFÍCIL DE DERRIBAR. Un flaco es más ágil, pero débil. Los petisos pegan a la altura de las rodillas, los altos atacan desde arriba. Algunos tienen un escudo que hay que romper antes de hacerles daño. Otros vuelan y arrojan explosivos. Puede que disparen desde lejos, o que broten del suelo. El secreto de una buena banda de enemigos y criaturas[61] tiene dos elementos clave: variedad y combinación.

Con variedad nos referimos a que es buena práctica diseñar a los PNJ muy diferentes entre sí, tarea base del game designer, en especial aquellos especializados en *combat design*. Y con combinación, nos referimos a que será bueno combinar esos personajes y criaturas para que el jugador deba encontrar su estrategia de juego. Por ejemplo, si tenemos un grandote que lucha a garrotazos, podríamos acompañarlo de un petiso que dispara flechazos desde atrás, obligándonos a luchar contra ambos de una manera específica. Quizás la estrategia será saltar sobre el grandote, a pesar de los garrotazos, y eliminar al petiso del arco antes de enfocarnos en el primero. Estos enemigos se diseñan con la técnica *piedra-papel-tijera* de la que hablamos más adelante en este mismo capítulo.

---

[61] Llamamos **enemigos** a los PNJ agresivos con características humanas o humanoides, y **criaturas** a los monstruos y bestias, sean estas agresivas, neutrales, amigables o decorativas. Enemigos y criaturas son sinónimos cuando no es necesario diferenciarlos. Una criatura agresiva, desde luego, también es un enemigo.

Hay combinaciones que funcionan muy bien. La anterior es una, con un enemigo grande, lento y pesado, y otro chiquito, veloz y con ataque a distancia. Otras pueden ser cuando, en lugar del grandote, tenemos un enemigo normal, pero con escudo. O cuando junto con el gordo hay enemigos voladores lanzando bombas o proyectiles.

Como es lógico, siempre presentaremos un enemigo nuevo haciendo que el jugador lo enfrente solo. Es buena práctica repetir dos veces más ese encuentro solitario. De esa manera, el jugador puede aprender en esas tres oportunidades la estrategia para vencerlo. Pero luego, en lugar de repetir el encuentro, lo acompañaremos con otros enemigos y en distintas combinaciones. De esa manera estaremos generando variedad. En estos tiempos modernos, no es buena idea repetir más de dos veces esos tres encuentros exactamente iguales, porque podría volverse un juego monótono o previsible. Desde luego, esto depende del tipo de juego, no es algo escrito en cemento.

Otro elemento que se agrega a la combinación de enemigos y criaturas es el entorno. La arquitectura del nivel puede ayudar a producir situaciones especiales. El encuentro con la misma criatura —o la misma combinación de criaturas— en un espacio amplio puede ser muy diferente en un espacio estrecho o bajo una brutal tormenta.

Combate

El sistema de combate es un conjunto de reglas y mecánicas que rigen los enfrentamientos entre el jugador y los oponentes controlados por la inteligencia artificial o por otros jugadores. Estos sistemas pueden variar ampliamente en cuanto a su complejidad, desde combates en tiempo real basados en habilidades hasta enfrentamientos por turnos más estratégicos.

La interacción con los enemigos determina en gran medida la experiencia de juego. Un buen diseño de combate puede hacer que esa experiencia se sienta emocionante, pero un sistema mal implementado la arruinará por completo.

El secreto es el equilibrio entre la capacidad ofensiva y defensiva de los personajes. Debemos encontrar un punto medio en el que los jugadores se sientan poderosos, pero al mismo tiempo enfrentados a un desafío constante. Esto implica ajustar los valores de ataque, defensa, salud (energía) y otros atributos, así como la disponibilidad y eficacia de las habilidades especiales y las armas. Uno de los cinco elementos esenciales de la estructura lúdica es el sistema de progresión (ver

«Relación con la estructura lúdica» en el *Cap. I* de este libro), en el que el combate juega un papel fundamental.

Los sistemas de combate exitosos suelen incorporar componentes de progresión y personalización. A medida que los jugadores avanzan, pueden desbloquear nuevas habilidades, armas o armaduras, lo que les permite adaptar su estilo de juego a sus preferencias. Esta sensación de crecimiento y evolución es necesaria para mantener el interés a largo plazo. Hay que tomar en cuenta que, a medida que el jugador avanza por los niveles, va adquiriendo habilidad con el control y con su estrategia de combate, y a estos factores deberemos acompañarlos con motivadores mecánicos como aumento de puntos de experiencia (XP), barras de progreso y subidas de nivel. También proporcionaremos acceso a nuevos espacios de juego. El objetivo es mantener desafiante la jugabilidad, sorprender, asombrar, divertir. Intentaremos que cada enfrentamiento con los enemigos comunes sea siempre algo diferente, y que los combates con minijefes o jefes de nivel siempre sean *muy* diferentes y más desafiantes. Esto es lo que el jugador espera.

Por tanto, en la mesa de diseño tendremos que establecer una linda variedad de enemigos y patrones de ataque. Un buen sistema de combate debe presentar una gama diversa de oponentes, cada uno con sus propias fortalezas, debilidades y estrategias, lo que obliga a los jugadores a adaptar constantemente su enfoque. Esto evita que el combate se vuelva repetitivo y mantiene a los jugadores comprometidos.

Piedra, Papel, Tijera

Una forma de diseñar el combate es adoptar el concepto del clásico juego infantil. Piedra pierde contra papel (porque el papel puede envolver a la piedra), tijera pierde contra piedra (porque no puede cortarla), papel pierde contra tijera (porque la tijera corta el papel). Un enemigo o criatura se puede diseñar con esta lógica. Tal enemigo pierde contra tal otro, pero gana contra aquel. La caballería pierde contra los arqueros, pero gana contra la infantería. Llevando esto a las armas, armaduras y poderes, es posible tener personajes con fortalezas y debilidades respecto de los diferentes enemigos y criaturas del juego.

La idea central es que no exista un elemento que sea universalmente superior a todos los demás, sino que cada uno tenga fortalezas y debilidades específicas ante ciertos oponentes, combinaciones de estos o situaciones únicas. ¡Incluso podríamos concebir personajes con múltiples fortalezas y múltiples debilidades! Esto crea un ecosistema de juego más dinámico y estratégico, donde los jugadores deben analizar cada encuentro y adaptar su enfoque. Solo que, cuidado: un personaje con múltiples fortalezas y debilidades será siempre más difícil de balancear, lo que sumará costos y tiempo de implementación. La Abuela Bruta diría: «lo bueno, si simple, dos veces bueno». De modo que ¿hace falta complicarlo tanto? Si se decide tener personajes con muchos puntos fuertes y muchos débiles porque es fundamental para la mecánica, será buena idea agregar esas fortalezas y debilidades poco a poco a lo largo de los niveles, para darle oportunidad al jugador a que aprenda a usarlas estratégicamente.

La lógica piedra-papel-tijera también funcionará en grupos, cuando varios personajes unen sus poderes y habilidades como estrategia de victoria. Este enfoque fomenta la cooperación y la planificación táctica. Los jugadores tendrán que aprender a complementar las fortalezas y debilidades de sus aliados para superar desafíos complejos. El guerrero es fuerte, pero si se lastima lo puede sanar el mago. El mago es débil, pero lo protege el guerrero. O, si el mago y el guerrero luchan juntos dentro de cierto perímetro, provocan más daño que cada uno por su lado.

Una lógica similar es aplicable al entorno. Un foso de lava dañará al personaje sin protección, la lluvia tornará resbalosa la pista, una pared será escalable por el jugador si tiene poderes de araña, la montaña proporcionará ventaja estratégica al adversario que está en el valle. Así se podrán crear situaciones en las que un enemigo aparentemente débil se vuelve formidable debido a las condiciones del entorno, o viceversa.

Tipos de enemigos

En general, podemos clasificarlos en tres categorías: enemigos básicos, enemigos especializados, y jefes (*bosses*) o mini-jefes (*mini-bosses*).

Enemigos básicos: son el pilar de la mayoría de los juegos. Estos adversarios suelen ser relativamente débiles y fáciles de derrotar, pero aparecen en mayor número. Su propósito principal es familiarizar al jugador con los mecanismos de combate del juego y proporcionar un desafío constante pero manejable. Sirven para que el jugador practique y perfeccione sus habilidades. También pueden utilizarse para establecer el ritmo del juego, creando momentos de acción entre secciones más tranquilas o de exploración. Además, los enemigos básicos pueden ayudar a reforzar la atmósfera del juego, poblando el mundo y haciéndolo sentir vivo y peligroso. Es lindo que haya una buena variedad.

Enemigos especializados: estos son más complicaditos. Suelen tener habilidades únicas, patrones de ataque específicos o resistencias particulares que requieren adaptar la estrategia de juego. Su propósito es desafiar al jugador forzándolo a utilizar diferentes tácticas o habilidades. Pueden servir para romper la monotonía del combate contra los enemigos básicos y para enseñar al jugador nuevas mecánicas de juego. Por ejemplo, un oponente con un escudo podría enseñar al jugador a flanquear o a buscar puntos débiles.

Los enemigos especializados también pueden utilizarse para crear puzzles de combate, donde el jugador debe determinar la mejor manera de enfrentarse a una combinación específica de oponentes.

Jefes y mini-jefes: representan los mejores desafíos y marcan hitos importantes en la progresión del juego. Deben ser únicos, con diseños elaborados, mecánicas complejas y a menudo irán vinculados estrechamente con la narrativa del juego. Su propósito es inyectar momentos culminantes en la experiencia de juego. Sirven como pruebas de las habilidades que el jugador ha desarrollado hasta ese punto, requiriendo a menudo que se apliquen todas las lecciones aprendidas en los combates anteriores y lo que llamamos objetivos de mediano plazo, aquellos que implican la acumulación de recursos (ej: las piezas de armadura, el árbol de poderes mágicos o tecnológicos, etc.).

Los mini-jefes, por otro lado, actúan como escalones intermedios. Pueden introducir mecánicas que serán cruciales para el enfrentamiento con el jefe principal, o simplemente proporcionar un desafío mayor que los enemigos normales, pero sin llegar al nivel de un jefe completo. Muchas veces, estos *mini-bosses* custodian la salida de un nivel, y más tarde reaparecen en el papel de enemigos básicos y en combinación con otros PNJ o planteando nuevos desafíos. Es una buena práctica.

Tamaños y velocidades

Como sabemos, el tamaño principal se determina por el personaje jugable, al que llamaremos normal (1C, un Chimalpopoca en nuestro caso de ejemplo). Los demás van en relación con esto, incluyendo las dimensiones de la arquitectura del nivel y los objetos que contiene. Los enemigos pueden ser pequeños, normales, grandes, enormes y *colosales*. El tamaño de los oponentes determina, asimismo, la estrategia de combate que seguirá el jugador. Un enemigo pequeño podría requerir que el PJ se deba agachar, con uno grande quizás necesite saltar para dar un golpe. Uno colosal, al que solo le vemos las uñas mugrientas de las patas porque es inmenso, no podrá ser derrotado sin una estrategia única, como subirse al lomo o la cabeza para encontrar un punto débil, o arrojarle un obelisco encima tras resolver un puzzle.

Asimismo, el tamaño de los enemigos y de las criaturas provocan distintas emociones en el jugador. Derrotar a un enemigo enorme (como un ogro) o colosal (como un titán) genera una gran sensación de poder. Montar o domesticar una criatura gigantesca puede producir algo parecido. El temor se transmite mejor cuanto mayor es el tamaño del enemigo. Una emoción similar ocurre con el respeto. Un trono sagrado o un PNJ viejo y sabio de grandes dimensiones producen un efecto reverencial. Por otro lado, lo pequeño parece menos peligroso porque a menudo es simple de eliminar. Si queremos que algo pequeño genere temor, como un gusano o un escorpión, compensaremos el tamaño reducido con una gran cantidad. En lugar de una araña, por ejemplo, haremos que el jugador enfrente decenas o cientos de ellas.[62]

La sensación de gran satisfacción al derrotar un enemigo también ocurre con los que son de tamaño normal pero muy difíciles. Sin embargo, esto depende del público al que está dirigido el juego.

En conjunto con el escenario, es posible crear encuentros memorables incluso con una criatura diminuta. Por ejemplo, una cueva oscura donde merodea una pequeña Luz Julepe que no podemos ver también es capaz de transmitir un intenso miedo. ¡Y si es en VR, ni hablar!

Otra posibilidad, muy utilizada, es aplicar cambios de velocidad en los enemigos a medida que el jugador progresa a través de los niveles del juego. El mismo tipo de PNJ puede ser mucho más difícil de vencer si se desplaza más rápido. Al revés, si se trata de enemigos muy lentos, es bueno lanzarlos en cantidades sobre el jugador, como en algunos juegos de zombies o cuando tomamos el bondi para ir a trabajar. Este recurso, además, ahorra algo de costos.

Es importante que todos los datos de la criatura o enemigo se vuelquen a una *ficha técnica* que pondremos en la documentación.

---

[62] Las fobias deben ser tratadas con precaución. Por ejemplo, hay jugadores que sufren de **aracnofobia**, en cuyo caso es conveniente ofrecerles la opción de apagar las arañas, reemplazarlas por otra criatura o saltar ese sector del nivel. Sí, es raro, pero ya se practica. ¡Tiempos modernos!

Diseño visual y sonoro de enemigos

Este abarca dos aspectos: la coherencia con el universo narrativo y la comunicación visual de habilidades y peligrosidad. Visualmente, y como es obvio, los enemigos deben reflejar el ambiente en el que habitan. El diseño también debe considerar la evolución del mundo del juego. Si este transcurre en diferentes épocas o regiones, los enemigos deberían reflejar estos cambios en su apariencia y comportamiento.

En cuanto al diseño sonoro, los efectos de sonido y vocalizaciones de los enemigos también serán coherentes con su naturaleza y el entorno.

Uno de los aspectos más importantes del diseño de enemigos es la capacidad de comunicar visualmente sus habilidades y nivel de amenaza. Esto permite al jugador tomar decisiones sobre cómo abordar cada encuentro. Diferentes tipos de sonidos pueden utilizarse para indicar el estado o las acciones de un enemigo. Un gruñido grave podría indicar que el enemigo está a punto de atacar, o bien que ese es el momento en el que podemos hacerle el mayor daño.

Los colores pueden utilizarse para indicar diferentes tipos de amenazas o habilidades. Por ejemplo, un enemigo con ataques de fuego podría tener un esquema de color rojo o naranja, uno con habilidades de hielo podría ser azul o blanco. Hacerlo al revés iría en contra de lo acostumbrado y del sentido común.

La música también comunica el peligro. Cambios en la intensidad o el ritmo de la música de fondo pueden alertar al jugador sobre la presencia de enemigos poderosos o la inminencia de un encuentro importante. A veces, el silencio del campo de batalla señala el final de un encuentro.

Hay algunos consejos sobre esto en el *Cap. XIV*, «El uso del sonido».

Atención: *Siempre debemos cuidar que todo sea lo más inclusivo posible, de manera que las personas con dificultad para escuchar o percibir ciertos colores, como en el caso de aquellas que sufren de daltonismo, también puedan disfrutar del juego.*

En la red se puede encontrar buena información al respecto.

Patrones de movimiento y comportamiento

La «inteligencia artificial» de los enemigos, y por lo tanto también de las criaturas, en verdad es solo un conjunto demencial de scripts que definen cómo estos PNJ reaccionan y toman decisiones. Aunque la complejidad de la IA puede variar según el tipo de juego y la plataforma, incluso comportamientos simples pueden crear experiencias de juego convincentes cuando se les pone amorcito. Al igual que con cualquier PNJ, uno de los elementos más básicos es cómo los enemigos detectan al jugador. Esto puede incluir rangos de visión, audición, o incluso sentidos especiales dependiendo del tipo de enemigo. La forma en que los malos detectan al jugador influye en las estrategias de sigilo o combate.

Los enemigos (PNJ agresivos) suelen tener diferentes estados, como «patrullando», «sospechoso», «alerta» o «atacando». Las transiciones entre estos estados deben ser lógicas y, preferiblemente, visibles para el jugador para permitir una jugabilidad estratégica.

Una vez que un enemigo ha detectado al jugador, el juego debe decidir cómo este responde. Esto puede incluir que el enemigo o criatura ataque directamente, llame refuerzos, busque cobertura, o incluso huya, dependiendo del tipo de enemigo o criatura y la situación.

Durante el combate, estos pueden tener diferentes tácticas, como ataques cuerpo a cuerpo, ataques a distancia, uso de habilidades especiales, o trabajo en equipo con otros enemigos. Cuando no están en combate, suelen seguir rutinas predefinidas. Estas pueden ser simples, como patrullar en un patrón fijo, o más complejas, como simular actividades cotidianas en un mundo abierto, mismo concepto que con las rutinas cotidianas de los PNJ amigables. Lo que define cómo los enemigos se mueven e interactúan con el entorno cuando no están en combate son también llamadas zonas de patrulla y puntos de interés.

Zonas de patrulla: son las áreas predefinidas donde los enemigos se mueven. Pueden ser simples, como un camino lineal de ida y vuelta, o más complejas, como una red de caminos interconectados. Las zonas de patrulla ayudan a crear la sensación de que el mundo del juego está vivo y en movimiento, incluso cuando el jugador no está interactuando directamente con los enemigos.

Puntos de interés: son las ubicaciones específicas en el nivel que atraen la atención de los enemigos. Pueden ser objetos interactivos, posiciones estratégicas, o simplemente lugares donde estos se detienen brevemente durante su patrulla. Los puntos de interés pueden usarse para crear oportunidades de sigilo para el jugador, o para hacer que el comportamiento de los enemigos parezca más natural y variado.

Recordemos que para evitar que el comportamiento de los enemigos se vuelva demasiado predecible, se pueden introducir elementos de variación o aleatoriedad en sus patrones, lo mismo que pasa con los PNJ amigables o neutros. Un enemigo podría ocasionalmente detenerse a inspeccionar algo en su ruta de patrulla, o podría elegir aleatoriamente entre varias rutas posibles. Los enemigos más sofisticados pueden responder a cambios en su entorno. Podrían investigar sonidos inusuales, reaccionar a objetos fuera de lugar, o adaptar sus patrones de patrulla si se bloquea una ruta habitual.

Además de las zonas de patrulla normales, conviene definir zonas de alerta especiales. Cuando los enemigos entran en estas zonas, pueden volverse más vigilantes o cambiar su comportamiento de otras maneras. En algunos casos, los patrones de movimiento de diferentes enemigos pueden coordinarse para crear desafíos más complejos. Por ejemplo, los enemigos podrían patrullar en formaciones o relevarse en puestos de vigilancia.

Comportamiento en sigilo / *Stealth*

Simula la capacidad de los personajes para detectar, buscar y responder a la presencia oculta del jugador o de otros elementos en el juego. En su núcleo, se basa en sistemas sofisticados de percepción y respuesta. Los patrones de vigilancia son un componente fundamental, donde los PNJ siguen rutas predefinidas o dinámicas, escaneando su entorno en busca de anomalías. Estos patrones deben ser lo suficientemente predecibles para que el jugador pueda aprenderlos, pero también lo bastante variados para mantener el desafío.

Los PNJ deben responder de manera creíble a estímulos sutiles, como pasos lejanos o sombras fugaces. Esto implica implementar un sistema de «niveles de alerta» donde estos PNJ agresivos pueden pasar de un estado de calma a uno de sospecha, y finalmente a uno de alarma total. Sus reacciones deben escalar de manera lógica, desde la investigación cautelosa de un ruido extraño hasta la llamada de refuerzos en caso de una amenaza confirmada.

Encuentros tácticos

Cuando se trata de encuentros con enemigos, es necesario diseñar diferentes estrategias de aproximación. El sigilo, el combate directo, la distracción, la evasión, cada una de estas tácticas representa una forma única de abordar el desafío presentado.

La verdadera magia ocurre cuando el diseño del nivel permite que todas estas estrategias sean viables. Esto aumenta la rejugabilidad y permite que diferentes tipos de jugadores disfruten del juego a su manera. El jugador cauteloso puede optar por el sigilo, el agresivo por el combate directo, y el creativo ¡puede encontrar soluciones únicas que ni siquiera el diseñador había previsto!

En última instancia, diseñar encuentros que permitan múltiples estrategias de aproximación es un acto de empoderamiento del jugador. Es reconocer que cada jugador es único, con sus propias preferencias, habilidades y estilos de juego. La colocación estratégica de enemigos, cuando se hace con consideración a las múltiples tácticas posibles, transforma un simple nivel en un campo de juego dinámico y emocionante.

Consideremos algunos ejemplos de encuentros bien diseñados:

1. **La fortaleza multinivel**: imaginemos una fortaleza enemiga con múltiples niveles. El nivel inferior está fuertemente guardado, pero tiene rutas directas a los objetivos. Los niveles superiores están menos vigilados, pero requieren más navegación y posiblemente algunas habilidades de *parkour*. Los jugadores pueden optar por un asalto frontal en el nivel inferior, un enfoque sigiloso desde arriba, o una combinación de ambos.

2. **El convoy en movimiento**: una caravana enemiga se mueve a lo largo de una ruta predefinida. Los jugadores pueden optar por emboscarla en un punto estrecho, infiltrarse sigilosamente y sabotear los vehículos, o usar el terreno y los elementos ambientales para causar un «accidente» sin participación directa.

3. **La arena de combate dinámica**: una gran área abierta con enemigos dispersos y elementos interactivos. Los jugadores pueden manipular el entorno para crear distracciones, usar sigilo para eliminar enemigos uno por uno, o aprovechar los explosivos para un enfoque más directo (y espectacular).

Personalización y variación

Siempre es buena idea añadir diversidad y singularidad a los PNJ (amigables, neutros o agresivos), a fin de evitar la monotonía y para mejorar la inmersión. La aleatoriedad controlada de comportamientos es una técnica muy útil aquí. Implica introducir elementos al azar en las acciones y decisiones de los PNJ, *pero* dentro de parámetros predefinidos que mantienen la coherencia con el diseño del juego. Por ejemplo:

- **Variaciones en rutas de patrulla**: los guardias podrían tomar diferentes caminos cada vez, dentro de un área designada.
- **Tiempos de reacción variables**: los PNJ podrían responder a estímulos con ligeras diferencias en su tiempo de reacción.
- **Selección aleatoria de diálogos**: de un conjunto predefinido de líneas, los PNJ podrían elegir por azar, aumentando la variedad en las interacciones.

Los *traits* o características que afectan el movimiento y comportamiento son otro elemento importante. Estos atributos asignados a los PNJ influyen en su forma de actuar:

- **Rasgos de personalidad**: un PNJ «curioso» podría detenerse más a menudo para examinar objetos.
- **Estados físicos**: un PNJ «cansado» podría moverse más lentamente o hacer pausas más frecuentes.
- **Habilidades**: un PNJ «ágil» podría navegar obstáculos más rápidamente que otros.

La implementación de estas características requiere un sistema robusto que permita la combinación de diferentes *traits* y su influencia en el comportamiento general del PNJ. La cosa es encontrar un equilibrio entre la variación y la consistencia. Mientras que la diversidad añade realismo, los comportamientos deben seguir siendo predecibles hasta cierto punto para que el jugador pueda aprender y adaptarse al mundo del juego. Además, la personalización puede extenderse a la apariencia física de los PNJ (¡atención, artistas!), con variaciones en vestimenta, características faciales o accesorios, reforzando la sensación de individualidad.

Trabajando con criaturas

Para un level designer, es importante contar con la descripción de todas las criaturas que deberá colocar en los niveles. Esto incluye sus características esenciales, como qué tipo de criatura es, su hábitat, alimentación, patrones de comportamiento, y mecanismo de defensa y ataque. Esta información a menudo nace en el game designer, puede que la complete un narrative designer, la dibuja el concept artist, la modela un artista, la anima un animador y el músico le pone efectos de sonido. Eso va a parar al repositorio para que el LD tome el personaje de allí y lo inserte en el escenario.

Supongamos que tenemos que colocar a nuestra araña estrella, la célebre Luz Julepe. La descripción inicial de la criatura sería algo así:

LUZ JULEPE

Es una araña gigante, del tamaño de un Fiat 600 (4 Chimalpopocas). Su cuerpo está cubierto de un pelaje suave y brillante de color verde esmeralda con patrones dorados que se asemejan a luces navideñas. Sus ocho ojos brillan con una luz tenue y cambiante, similar a luces de neón.

Hábitat: *habita en bosques tropicales densos, específicamente en los doseles superiores de los árboles más altos. Su territorio se extiende por varias hectáreas de selva.*

Alimentación: *es omnívora. Se alimenta principalmente de grandes insectos y pequeños mamíferos arbóreos, pero también consume frutas y néctar de flores gigantes que crecen en las copas de los árboles.*

Comportamiento: *a pesar de su tamaño imponente, Luz Julepe es generalmente pacífica y evita el contacto con criaturas más grandes. Es más activa durante el crepúsculo y la noche, cuando su cuerpo brilla con mayor intensidad.*

Mecanismo de defensa/ataque:

- ***Camuflaje luminoso**: puede ajustar los patrones de luz en su cuerpo para mezclarse con el fondo, imitando la luz que se filtra a través de las hojas.*
- ***Telaraña hipnótica**: teje enormes telarañas con propiedades hipnóticas. Cuando la luz se refleja en ellas, crea patrones que desorientan a las presas o intrusos.*
- ***Veneno alucinógeno**: su mordedura causa alucinaciones.*

***Interacción**: En el juego, Luz Julepe puede ser tanto un obstáculo como una ayuda. Los jugadores deben navegar cuidadosamente por su territorio para evitar quedar atrapados en sus telarañas hipnóticas. Sin embargo, si logran ganarse su confianza (quizás ofreciéndole frutas raras), Luz Julepe puede ayudarles a atravesar partes difíciles del bosque.*

Esto deberá venir acompañado de una ficha técnica con las dimensiones, velocidades sugeridas y demás datos relevantes de la criatura. A partir de esta semblanza o descripción, el artista conceptual —en este caso, nuestro amigo Fernando Komel, quien la dibujó para *Diseño y narrativa transmedia*, el Libro II de esta serie)— se las ingenió para darle su aspecto visual, y de ahí para adelante seguiría el proceso, que desde luego involucra a los modeladores, animadores, programadores y diseñadores de sonido (efectos y voces).

Mientras tanto, el LD podrá plantear un diseño de nivel, acorde con una gran selva, donde habrá árboles y espacios verticales por los que Luz Julepe podrá moverse y colocar sus bonitas telarañas. El jugador deberá navegar los espacios cuidándose de las trampas, venenos, etc. Si la alimenta con alguna fruta, una agradecida Luz Julepe podrá cargarlo hasta un sendero inaccesible, o dejarlo pasar a una zona secreta con tesoros.

LEVEL III

CONTROLES, CÁMARAS VR, HUB, MENÚS, UX

LA CONFUSIÓN DE CHIMALPOPOCA EL BRUTO

La cámara es un instrumento que nos permite transformar la realidad en un lienzo de percepciones.

Christopher Nolan

El medio es el mensaje.

Marshall McLuhan

VII
Controles y cámaras

Relación de los controles con el diseño de niveles. Curva de aprendizaje. Dominio avanzado de los controles. Ritmo y respuesta. Elemento del mando. Minimalismo. Cámaras. Motion Sickness. Cámaras fija y dinámica. Parallax Scrolling, Scroll forzado, tercera y primera persona, isométrica, cenital, 2.5D. Cámaras subterráneas, submarinas, aéreas. Cámaras multijugador.

EL DISEÑO DE NIVELES NO SOLO INTENTA CONSTRUIR ESPACIOS VISUALMENTE ATRACTIVOS, sino también garantizar que estos se integren con las mecánicas de gameplay. Aquí entra en juego el sistema de control, o sea cómo se **usa** y cómo se **siente** el entorno en respuesta al mouse-teclado, gamepad, joystick, pantalla táctil, detección de movimientos gestuales, presencia virtual, etc. Esta relación entre control y nivel ejerce influencia directa en la experiencia que recibe el jugador.

Controles

Los controles determinan cómo el jugador interactúa con el entorno. El diseño del nivel debe comunicar claramente qué puede hacer (por ejemplo, plataformas que destacan visualmente para saltar). Diseñaremos espacios no solamente cuidando las métricas sino construyendo formas que limiten o amplíen las opciones dependiendo de los controles; por ejemplo, corredores estrechos para el sigilo o espacios amplios para el combate (veremos más sobre este concepto en el capítulo sobre neuroarquitectura). Todo esto, como cualquier otro aspecto del juego, requiere pruebas constantes para asegurarse de que los controles se sienten naturales.

En juegos de plataformas, entonces, los niveles deberían incorporar retos verticales o deslizantes que aprovechen el doble salto o deslizamiento. En un juego de sigilo, como en general se tiene la habilidad de agacharse o esconderse, el nivel debería incluir elementos como coberturas, sombras y rutas alternativas. En un juego de velocidad tipo *Sonic the Hedgehog*, el diseño debería fomentar una sensación de fluidez, creando secciones que premien ese desplazamiento frenético.

Curva de aprendizaje

Importante hacer foco en este concepto en la etapa inicial de creación y ajuste de los controles. Lo usual en los juegos modernos es construir áreas donde el jugador pueda experimentar los controles en un entorno seguro. Ejemplo: en el primer nivel de *Super Mario Bros.*, los enemigos y obstáculos iniciales enseñan a saltar y moverse sin necesidad de texto. ¡La gente lee poco, y mucho menos si es sobre cómo controlar el juego! Tiene que ser un proceso intuitivo. Y, a medida que el jugador se interna en el primer nivel, vamos a introducir retos graduales, como exigir un salto simple al inicio y más adelante combinarlo con precisión o sincronización. Esto permite que domine las mecánicas paso a paso. Este esquema no lo podemos saltear.

En la fase de *toy box* habremos calibrado los movimientos, velocidades, tamaños, escalas, alturas, física, pero al iniciar la construcción del primer nivel real del juego —la fase de bloqueo o *gray boxes*— es buena idea dedicarse a enseñar los movimientos al jugador, y hacerlo de la manera más simple e intuitiva posible. Ideal conectar este *onboarding* con lo narrativo: ¿por qué el PJ está iniciando su viaje?

> *La coherencia entre los controles y los entornos evita la desconexión entre lo que el jugador puede hacer y lo que el diseño le exige.*

Dominio de los controles

Un nivel bien diseñado fomenta la experimentación y recompensa el dominio de los controles. Algo súper interesante es crear secciones opcionales o rutas alternativas que solo sean accesibles a través del dominio avanzado de los controles. Por ejemplo, zonas ocultas que requieran un salto preciso o una secuencia de movimientos compleja. Y lógicamente hay que recompensar bien la experimentación. En juegos como *Celeste*, los controles están diseñados para ser precisos y el nivel premia al jugador si utiliza mecánicas avanzadas, como el *dash* o el *wall-jump*, para acceder a las frutas o a rutas alternativas.

Algunos ejemplos:

- **Super Mario 64**: revolucionó el diseño de niveles en 3D al adaptar los entornos a las capacidades del movimiento analógico. Cada nivel está diseñado para explotar al máximo el control de Mario: saltos largos, giros y movimientos precisos.
- **Portal**: los controles están estrechamente ligados al diseño del nivel, ya que las mecánicas de disparo de portales están integradas en la resolución de los acertijos.
- **Celeste**: los niveles fueron diseñados para desafiar la precisión extrema del control, pero siempre dentro de los límites de lo que el jugador puede ejecutar. Es difícil, pero no imposible.

Ritmo y respuesta

La relación entre controles y arquitectura del nivel también afecta al ritmo o «pacing» del gameplay. Algunos ejemplos: en juegos de acción frenética como *DOOM* (2016) se diseñaron niveles amplios que permiten movimientos rápidos y maniobras evasivas, acorde a los controles que favorecen la velocidad. En otros donde se promueve una exploración tranquila, como *The Legend of Zelda: Breath of the Wild*, los controles permiten escalar, planear y caminar lentamente, acompañando un diseño de niveles abierto y relajado.

En todos los casos, es bueno combinar los controles con la retroalimentación visual o sonora, porque esto mejora un montón la experiencia y, por otra parte, es algo que el jugador espera inconscientemente. Por ejemplo, plataformas que hacen vibrar el control y temblar la cámara al saltar, o puertas que emiten un sonido al desbloquearse.

Hay más sobre esto en el *Cap. XII*, «Uso del sonido».

Elementos del mando

Los controles o «mandos» de videojuegos son interfaces de comunicación que traducen la intención humana en acción digital. Empezaron como joysticks rudimentarios (hola, Will)[63] y hoy son aparatos súper sofisticados y una parte esencial en la experiencia de jugar.

Coexisten diversos tipos de controles: los tradicionales gamepads de consolas como PlayStation y Xbox, los versátiles mandos de Nintendo con sus diseños innovadores, los teclados y «ratones» de PC con su precisión milimétrica, y los mandos arcade que evocan la nostalgia de las máquinas recreativas, nuestros queridos fichines.

[63] **William "Willy" Higinbotham** diseñó en 1958 un control basado en una pequeña caja de aluminio con un dial de plástico que permitía controlar el ángulo de golpe y un botón para presionar en el momento exacto del tiro. Creado específicamente para *Tennis for Two,* fue el precursor de los controles de videojuegos modernos. El control debía ser sostenido con una mano mientras se giraba el dial con la otra para variar el ángulo de tiro, y el botón servía para golpear la pelota. Este diseño, aunque sencillo, estableció varios conceptos fundamentales que luego serían estándar en los controles de videojuegos, como el manejo de la temporalidad (cuándo presionar el botón) y la espacialidad (el ángulo de tiro mediante el dial).

Los mandos no son únicamente herramientas técnicas, sino también objetos de diseño industrial. Representan la intersección entre ergonomía, tecnología y experiencia sensorial. Un buen mando debe ser cómodo, intuitivo y capaz de desaparecer de la conciencia del jugador, permitiéndole sumergirse completamente en la experiencia del juego.

Bueno, todo muy lindo, pero tanta evolución y sofisticación no es gratuita. Estos mandos tienen una cantidad de elementos de interacción que podemos «mapear» en nuestros videojuegos, desde botones a gatillos, palancas, d-pads y mucho más. Son tantos que no sabemos cómo demonios los podemos usar y por qué no hemos tenido un derrame cerebral todavía. De hecho, para los novatos constituyen la principal barrera de entrada a los videojuegos. Las personas mayores no pueden con ellos. Las muy chiquitas les untan dulce de leche.

¿Estamos exagerando?:

Botones:

1. Frontales (cruz/A, círculo/B, cuadrado/X, triángulo/Y).
2. Bumpers o gatillos superiores (L1/LB y R1/RB).
3. Gatillos inferiores (L2/LT y R2/RT)
   (no se ven en la imagen).

Sticks o joysticks:

1. Stick analógico izquierdo.
2. Stick analógico derecho.

Botones de navegación y sistema:

1. Botón de menú / opciones.
2. Botón de pausa / Start.
3. Botón de vista / Select.
4. Botón de PlayStation / Xbox (botón central).

Pad direccional (D-pad):

1. Cruz direccional con cuatro direcciones
   (arriba, abajo, izquierda, derecha).

Botones táctiles/adicionales:

2. Touch pad (en control de PlayStation).
3. Botón de compartir/captura.

Y si a este pequeño infierno le agregamos los sensores que puede tener un mando... (de paso vemos para qué sirven).

Giroscopio

- Detecta orientación y rotación del mando.
- Permite movimientos precisos basados en inclinación.

Acelerómetro

- Mide aceleración y vibración.
- Complementa al giroscopio para detección de movimiento.
- Permite reconocimiento de gestos y sacudidas.

Sensor de presión

- Mide la intensidad con la que se presionan los botones.
- Permite acciones contextuales más complejas.
- Vibración háptica de alta precisión.
- Retroalimentación táctil.
- Diferentes intensidades y patrones de vibración.

Sensor de proximidad

- Detecta cuándo el jugador toca o no el mando.
- Puede activar funciones de ahorro de energía.

¡En total, un control moderno puede tener entre 20-25 elementos de interacción contando botones, sticks y sensores!

Minimalismo

El concepto de reducir un sistema de control a su expresión más simple no es solo un ejercicio de diseño, sino toda una declaración de principios sobre la esencia del juego. Cuando un desarrollador decide limitar drásticamente las opciones de control, se ve obligado a reimaginar cómo se experimenta la interacción con el medio digital.

En estos juegos, no se trata de la cantidad de acciones posibles, sino de la profundidad y significado de cada interacción. Un único botón puede desencadenar una cascada de mecánicas complejas.

Uno de los ejemplos más emblemáticos es *Canabalt*, un «runner» donde el personaje corre automáticamente y el jugador solo controla el salto. Con un único botón, el juego logra transmitir tensión, velocidad y un desafío constante de timing y precisión. Otro es el célebre y desplumado *Flappy Bird*, que revolucionó los juegos móviles con su mecánica de «tocar para elevarse». La simplicidad es extrema.

Crear un juego con controles mínimos requiere de un ingenio excepcional. Será necesario diseñar mecánicas que se ramifiquen de manera intuitiva a partir de una acción básica, y que cada pulsación tenga un impacto significativo. ¡No es nada sencillito!

Pero, más allá de lo difícil que sea, diseñar sistemas de control minimalistas es muy deseable. Para personas con movilidad reducida o con dificultades para manejar controles complejos, estos juegos representan una puerta de entrada al mundo de los videojuegos. Además, eliminan la aterradora curva de aprendizaje de los mandos tradicionales entre botones, palancas, gatillos, sensores y otras yerbas.

Algunos consejos sobre la inclusión de los controles

¡Como los controles son el primer umbral de encuentro entre el jugador y el juego, hay que cerciorarse de que estén geniales! Veamos algunos consejos que pueden ser útiles. Recordemos que la elección, universalidad e inclusión de estos sistemas de entrada de datos e interacción es un tema que hay que definir todo lo posible durante la fase de planificación, probablemente en *toy box*.

¿Controles relativos al jugador o a la cámara?

Pocas decisiones son tan fundamentales como la elección entre controles relativos al jugador o a la cámara. Esta decisión no es solo técnica, porque afecta muchísimo la experiencia de juego, la inmersión y la sensación de control.

Los controles relativos al jugador siguen una lógica simple pero intuitiva: la dirección de movimiento está determinada por la orientación del personaje. Si el personaje mira hacia la derecha, presionar «derecha» lo hará avanzar ¡hacia la derecha! Simple. Recomendado. Es un sistema que imita la percepción natural de movimiento desde la perspectiva del propio avatar. Esta aproximación tiene ventajas en juegos 2D y 3D de acción, plataformas y aventuras donde la orientación del PJ es central. Permite movimientos orgánicos y una sensación de control más directa.

Los controles relativos a la cámara ofrecen una visión más global. Independientemente de la orientación del personaje, «arriba» siempre será hacia la parte superior de la pantalla o «norte». Esta aproximación resulta útil en juegos de estrategia, algunos géneros de rol y títulos con perspectiva isométrica (ver más adelante).

Un juego de plataformas 2D tradicional necesita controles relativos al jugador, que siguen la orientación del personaje. En contraste, un juego de estrategia en tiempo real requeriría controles relativos a la cámara para mantener una visión estratégica del campo de batalla.

La evolución del diseño de videojuegos ha generado soluciones más sofisticadas. Muchos títulos modernos implementan sistemas de control dinámicos que cambian según el contexto, o permiten al jugador elegir su configuración preferida. Un juego de acción-aventura podría usar controles relativos al jugador durante la exploración y cambiar a controles de cámara durante secuencias de combate o resolución de puzzles. La clave está en la coherencia con la experiencia de juego.

La elección del sistema de control es tanto una decisión técnica como una consideración psicológica. Diferentes jugadores procesan el espacio de manera diferente. Algunos se sienten más cómodos con una perspectiva egocéntrica, otros prefieren una visión más estratégica y global. La elección entre controles relativos al jugador o a la cámara no tiene una respuesta única. Depende del género del juego, del estilo de diseño, de la experiencia que se busca crear y, fundamentalmente, de la población de jugadores a la que va dirigido.

Lo importante no es elegir el sistema «correcto», sino el que mejor sirva a la visión creativa del juego y que ofrezca la experiencia más fluida e inmersiva posible.

Hidráulica del control

La hidráulica de control se refiere a la sensación de fluidez, peso y respuesta que transmiten los mandos al interactuar con un videojuego. Es como si se simulara el movimiento de un líquido dentro del control: la velocidad de respuesta define qué tan rápido se ejecuta una acción, mientras que la percepción del jugador determina cómo se «siente» esa interacción. El objetivo es lograr una sensación natural de inercia y amortiguación, haciendo que los controles fluyan con suavidad, resistencia y precisión, de manera similar al comportamiento de un líquido. La respuesta no debe ser ni demasiado rápida ni excesivamente lenta, ajustándose siempre al tipo de juego.

Estos elementos —velocidad, inercia y respuesta— influyen directamente en la experiencia de juego, determinando si los controles se perciben como suaves o rígidos. Para conseguirlo, es necesario ajustar las configuraciones del motor gráfico. Por ejemplo, en *Unreal Engine*, se puede modificar la sensibilidad del mando desde las opciones del proyecto o emplear blueprints para el control de la cámara, definiendo curvas de sensibilidad, implementando zonas muertas[64] o incluso ajustando la sensibilidad dinámicamente. Si se busca un control más preciso, también podríamos recurrir a la magia del C++.

Accesibilidad

La accesibilidad es un principio fundamental de diseño que determina quién puede experimentar y disfrutar un juego. La idea es que cada jugador, independientemente de sus capacidades físicas o experiencia, pueda sumergirse sin barreras en una experiencia digital: un tutorial dinámico que no interrumpe, sino que fluye naturalmente con la narrativa. Configuraciones que se adaptan, no que restringen.

Se dice que los controles deberían «desaparecer» de la atención del jugador. Es decir, que deben ser tan intuitivos y responder tan fluidamente como para que se vuelvan una extensión natural del movimiento y las acciones de la persona que comanda el juego.

Acción contextual

La acción contextual busca el minimalismo del que hemos hablado. Es decir, intenta simplificar la interacción con el juego. Consiste en asignar múltiples funciones a un mismo botón —o conjunto de botones—, de forma que las acciones que estos ejecutan varíen según el entorno, la situación o el estado del PJ. Esta idea no solo mejora la accesibilidad al reducir la cantidad de controles que el jugador necesita memorizar, también incrementa la inmersión haciendo que las acciones se sientan naturales y conectadas con el contexto. Por ejemplo, un botón que normalmente sirve para atacar puede ejecutar una acción distinta si el personaje está cerca de un objeto interactivo, como abrir una puerta, recoger algo del suelo o iniciar una conversación con un PNJ. Otro ejemplo común de acción contextual ocurre en los sistemas de movimiento y

---

[64] Las **dead zones** (zonas muertas) son áreas en el rango de movimiento de un stick de control donde los movimientos no generan ninguna respuesta o acción en el juego. En un stick analógico, no todos los movimientos son precisos, pequeños temblores o imperfecciones del control pueden generar inputs no deseados. Las dead zones previenen que estos micro-movimientos causen acciones no intencionales. Por ejemplo, si definimos una dead zone de 0.2 en un stick, cualquier movimiento menor al 20% del rango máximo será ignorado. Esto evita que un stick ligeramente desalineado mueva un personaje o cámara cuando no lo deseamos.

combate. Durante una secuencia de exploración, un botón que normalmente activa un salto podría permitir que el personaje se agarre a un saliente, mientras que en medio de un combate ese mismo botón podría usarse para esquivar o realizar una acción especial, como desarmar a un enemigo. En juegos que dependen de la interacción con el entorno, como los de sigilo o de plataformas, la acción contextual también se emplea para realizar actividades como esconderse detrás de una cobertura, deslizarse por obstáculos o activar mecanismos, siempre dependiendo de la situación. Es buena práctica estar atentos a las posibilidades, de manera que el jugador nunca deba usar más botones de lo necesario. ¡A ponerle cabeza!

La implementación de la acción contextual además permite una mayor inmersión. Al simplificar las interacciones y ajustarlas al contexto, el jugador no siente que está manipulando una interfaz compleja, sino que las acciones realizadas fluyen de forma orgánica con lo que sucede en el mundo del juego. En títulos como *Uncharted*, el botón dedicado a rodar durante el combate también se utiliza para deslizarse por pendientes o cubrirse detrás de un muro, un diseño que refuerza la conexión entre el jugador y su avatar. De manera similar, en *The Legend of Zelda: Breath of the Wild*, un único botón puede servir para abrir cofres, empujar bloques, recoger objetos o interactuar con los PNJ.

Sin embargo, la acción contextual presenta un problema: la ambigüedad. Cuando el jugador se encuentra en una situación donde múltiples objetos interactivos están cerca, el juego podría interpretar mal el contexto y realizar una acción distinta a la deseada. Esto produce frustración, sobre todo en momentos críticos como combates o secuencias de plataformas donde un error puede costar caro. No siempre se puede aplicar acciones contextuales. En situaciones de mucha presión, algunos jugadores podrían preferir un esquema de controles más rígido, con botones dedicados a cada acción.

> *El éxito de la acción contextual depende de su buena implementación. Las acciones asignadas tienen que ser claras, precisas y* ***consistentes****.*

Ergonomía y consistencia

La ergonomía se refiere al diseño y la disposición del mando para garantizar que sea cómodo, intuitivo y eficiente de usar durante períodos prolongados. Este concepto tiene en cuenta factores físicos, psicológicos y biomecánicos, con el objetivo de minimizar la fatiga, prevenir lesiones y maximizar la experiencia del jugador. Nada podemos hacer desde el desarrollo, porque los mandos son tal cual deciden los fabricantes de las consolas o accesorios, responsables de la cuestión ergonómica. Nuestra misión, más bien, es usar lo que nos dan de maneras que beneficien al juego que estamos desarrollando.

A medida que pasa el tiempo, ciertas cosas, como las funciones de los botones de un mando, se tornan «clásicas». Un botón de salto siempre tendría que ser para saltar, independientemente del género o la plataforma. La coherencia genera confianza, y la confianza genera inmersión. Por ejemplo, si para caminar hiciéramos que el jugador de PC utilice otras teclas que no sean las clásicas WASD[65] o las teclas de dirección, y para colmo no lo dejáramos reconfigurar esas teclas, estaríamos en problemas gordos.

Por otra parte, además de implementar acciones contextuales, tratemos de que el jugador deba usar la menor cantidad de dedos posible (el índice y el pulgar son más robustos). Siempre hay una manera de simplificar el control.

Lo bueno, si simple, dos veces bueno, dice la Abuela Bruta.

Feedback sensorial

Es el sistema encargado de confirmar cada acción. Por ejemplo, es la vibración que simula el impacto o el sonido que celebra un logro. Un buen sistema da señales que se perciben como impulsos sensoriales. La intensidad de una explosión, el temblor de un motor andando, la pulsación de un menú: todo comunica, todo significa. ¡Hay que dar feedback visual y sonoro! Tampoco exagerar, basta con algunos sonidos delicaditos. La idea es ser elegantes, nunca perder el glamour. Disparar un revólver requiere un sonido acorde, pero no vibración del mando, porque se volvería molesto. Sin embargo, detonar una granada sí debe hacerlo temblar. Con esto podemos ser muy creativos.

---

[65] **WASD**: corresponde a las letras en un teclado QWERTY y es la configuración típica que se usa para moverse dentro del juego: arriba (W), izquierda (A), abajo (S) y derecha (D).

Personalización

No existe un control perfecto, sino controles perfectibles. Permitir que cada jugador configure sus botones y otros elementos de un mando o del teclado es algo que no deberíamos dejar pasar. Por otra parte, cada plataforma tiene su identidad y su estilo, por lo que hay que procurar que el jugador se sienta cómodo en cualquiera de ellas.

BUTTON MASHING

Es la acción de presionar botones repetida y rápidamente, a menudo de manera caótica. Con frecuencia, se utiliza en juegos de lucha y acción, donde el ritmo es más importante que la precisión de los comandos.

Los principiantes suelen presionar botones al azar porque no saben qué ataques usar. Está en los desarrolladores darle sentido al fenómeno, o castigarlo de alguna forma.

Cámaras

Tanto como es importante el sistema de control, también lo es el sistema de cámaras. La elección de una perspectiva de visualización —es decir, cómo ve el jugador el espacio de juego— influye no solo en la forma en que se interactúa con el entorno, también impacta en la narrativa, el ritmo del gameplay y la inmersión. Cada tipo de cámara tiene sus propias fortalezas y desafíos, que se consideran en función del juego.

Hay dos reglitas de oro: 1) que el PJ nunca salga de cámara (¡error grave!) y 2) la cámara debe apuntar todo lo posible a donde haya que ir.

En los viejos tiempos, muy viejos, veíamos los juegos en una única pantalla. Cuando se inventó el «scroll»[66], que es la técnica que permite mover la cámara a lo largo y ancho de un escenario mucho más grande que una única pantalla, el mundo de los videojuegos se superó a sí mismo. Se pudieron crear espacios vastos que dieron lugar a nuevas narrativas y títulos más complejos. Hoy es raro ver un juego que se limita a una pantalla «cerrada», incluso en móviles.

---

[66] ***Defender***, Williams Electronics (1980). Este juego de nave espacial utilizaba un scroll lateral suave que permitía moverse más allá de los límites de una sola pantalla.

Encuadres de cámara

Estos planos o vistas se utilizan para transmitir diferentes sensaciones y significados. Por ejemplo, si queremos transmitir angustia o dolor, usaremos un primer plano mostrando los ojos llorosos del personaje.

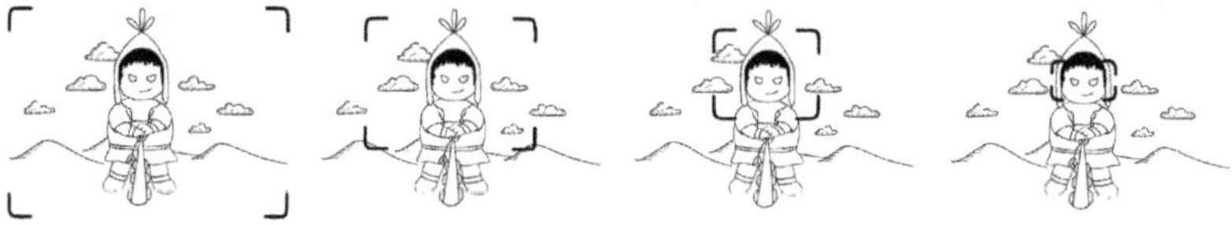

Los principales planos de cámara son:

Planos largos	**Planos medios**
Gran plano general: muestra paisajes o ubicaciones completas, contextualiza la escena. **Plano general**: abarca todo el escenario con los personajes, establece la ubicación.	**Plano americano**: encuadra desde la cabeza hasta las rodillas. **Plano medio**: desde la cabeza hasta la cintura, útil para diálogos. **Plano medio corto**: desde la cabeza hasta el pecho.
Planos cortos	**Ángulos especiales**
Primer plano: rostro completo, muestra expresiones y emociones. **Primerísimo primer plano**: detalle específico del rostro. **Plano detalle**: enfoca objetos pequeños o detalles concretos.	**Picado**: cámara desde arriba, minimiza al personaje. **Contrapicado**: cámara desde abajo, engrandece al personaje. **Cenital**: perpendicular al suelo, desde arriba. **Nadir**: perpendicular al suelo, desde abajo.

Cada plano establece una relación única entre el personaje, el entorno y el espectador, configurando cómo se percibe la acción en pantalla.

Los planos se definen por la distancia entre la cámara y el personaje o por su encuadre, variando desde planos generales que muestran un contexto amplio, hasta planos detalle que resaltan elementos específicos. Además, pueden combinarse con movimientos de cámara, ángulos y composiciones para enriquecer el significado visual.

Comprender y utilizar los planos de cámara de manera efectiva es clave para cualquier creador audiovisual, ya que permiten manipular la narrativa y conectar emocionalmente con la audiencia.

Motion Sickness

Como es natural, hay que calibrar la velocidad de desplazamiento de la cámara de acuerdo con los objetivos del gameplay. Pero cuidado: si la cámara se desplaza o se sacude demasiado rápido, puede marear a ciertas personas, efecto conocido como cinetosis o «motion sickness». El mareo por movimiento ocurre cuando hay una discrepancia entre lo que el cerebro percibe visualmente y lo que el sistema vestibular (del oído interno) detecta en términos de movimiento. Además de mareo, puede provocar náuseas, desorientación y dolor de cabeza. Los factores que lo desencadenan incluyen 1) los movimientos de cámara rápidos o irregulares, 2) la desincronización entre movimiento visual y movimiento físico y 3) los ángulos de cámara poco naturales.

A fin de reducirlo, se puede proporcionar al jugador opciones para ajustar el campo de visión y suavizar los movimientos de cámara. Si es un FPS, que el extremo visible del arma no se balancee tanto, y que el suelo no tenga ondulaciones. Una persona que sufre de *motion sickness* siente lo que normalmente cualquiera siente cuando va a gran velocidad en un automóvil y se produce un descenso brusco.

Mantengamos todo al menos a 60 fps (fotogramas por segundo), para que la imagen sea más suave. El PJ no debe poder mover demasiado rápido la cámara para mirar arriba y abajo. También es necesario colocar en la arquitectura puntos de referencia fijos en los que el jugador pueda «anclarse», como una estructura grande, una estatua, una torre, una gran puerta, etc. (ver también «weenies» más adelante en el *Cap. XII*).

Muchos juegos ofrecen configuraciones personalizables de sensibilidad. Solo estemos seguros de ofrecer al menos cuatro: lento, medio, normal, rápido, o directamente una barra deslizante para ajustar los valores de velocidad de la cámara y del control. Este efecto mareante, por otra parte, está súper presente en experiencias de realidad virtual.

Cámara fija

La cámara fija o estática proporciona un tipo de perspectiva donde la vista permanece en una posición predeterminada que elige el LD y no se mueve libremente. Es un recurso clásico que se utiliza sobre todo en juegos de aventuras y terror. Ejemplos como los primeros títulos de la serie *Resident Evil* —allá por los 90 y 2000— emplearon este enfoque para aumentar la tensión al restringir el campo de visión del jugador y, al mismo tiempo, controlar lo que se muestra en pantalla. La cámara fija permite composiciones visuales diseñadas al estilo película. Por ejemplo, un PJ que vemos desde la altura de los hombros, que al doblar una esquina pasamos a ver desde un ángulo lateral y otra altura, a fin de distinguir el camino que tiene por delante. Al colocar un gruñido a sus espaldas, donde no puede ver, generamos un efecto aterrador.

Sin embargo, este tipo de perspectiva puede ser frustrante si el movimiento del personaje no se ajusta de manera fluida a los cambios de ángulo. Esto puede producir, por ejemplo, saltos bruscos que son muy molestos y pueden marear a algunas personas. Digamos que, si queremos disponer de una vista de cámara fija, sería óptimo contar con un director de arte o alguien que entienda de cine, planos y ángulos de visión. Si no contamos con esa persona, ¡a estudiar algo de cine!

Cámara dinámica

Se mueve libremente, siguiendo al PJ o permitiendo control manual. Una cámara dinámica ofrece mayor libertad para explorar y ver el entorno desde diferentes ángulos. Es común en juegos modernos de mundo abierto, acción, aventuras y shooters. Cuando no permitimos que el jugador controle el movimiento de cámara, esta se ajusta automáticamente al entorno o bien al jugador. En juegos como *God of War*, acompaña al PJ sin cortes, creando una sensación de continuidad que amplifica la narrativa y la inmersión. La cámara dinámica necesita sincronización entre el diseño de los espacios y el sistema de cámara para asegurar que la experiencia sea fluida y cinematográfica sin comprometer la jugabilidad.

Parallax Scrolling

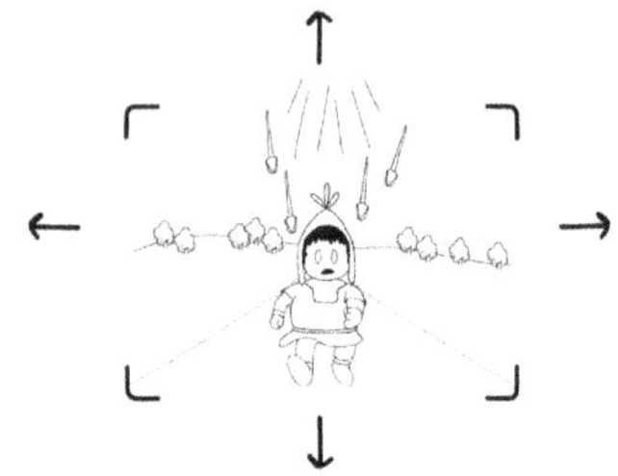

El efecto de paralaje («parallax» o de «scroll») simula la perspectiva natural del movimiento. Cuando un observador se desplaza, los objetos cercanos parecen moverse más rápido que los distantes. Esta mecánica genera una ilusión de profundidad que trasciende las limitaciones de la representación bidimensional. Los primeros experimentos con parallax surgieron en los videojuegos de desplazamiento lateral de los años 80. Juegos como *Super Mario Bros.* comenzaron a utilizar capas de fondo (*layers*) que se movían a diferentes velocidades, creando una sensación rudimentaria pero efectiva de profundidad. Cada capa —ya fuera un árbol lejano, una montaña o una nube— se desplazaba a una velocidad diferente respecto al movimiento del personaje principal. Esta técnica se usa también, como es obvio, en el mundo audiovisual y la animación.

La percepción de profundidad es fundamental en la experiencia visual humana. El parallax aprovecha mecanismos perceptuales básicos, generando una sensación de inmersión que opera más allá de lo consciente. En juegos indie como *Braid* o *Limbo*, el parallax se convierte en un elemento narrativo. No solo genera profundidad, contribuye a la construcción de atmósfera y estado emocional. Un fondo que se mueve lentamente puede transmitir melancolía; capas que se desplazan con rapidez generan sensación de urgencia o desconcierto.

Desde sus inicios, el parallax ha evolucionado mucho. Los primeros ejemplos consistían en pocas capas de movimiento diferencial. Hoy, las técnicas modernas pueden incluir docenas de capas con movimientos complejos, generados proceduralmente y con respuestas casi orgánicas al movimiento del jugador.

Los motores gráficos contemporáneos permiten parallax no solo horizontal, también multidireccional o *multiplano*. Un paisaje puede «respirar», moverse y transformarse según la posición del jugador.

Las cámaras pueden mostrar diferentes perspectivas, como detallaremos a continuación. Independientemente de cuál se use, la cámara puede ser fija o dinámica.

Scroll forzado

El scroll forzado («forced scroll») obliga al jugador a mantener el ritmo ¡o enfrentar consecuencias fatales! Esta técnica tuvo sus orígenes en clásicos juegos de conducción y vuelo. Un ejemplo son las famosas secuencias de persecución en *Crash Bandicoot*, donde el protagonista debe huir a toda velocidad mientras la cámara lo persigue sin piedad. Aunque es un recurso muy efectivo para generar adrenalina, es conveniente un uso moderado, reservándolo para momentos específicos que requieren una dosis extra de emoción. Por supuesto, existen excepciones donde todo el juego se basa en este concepto, pero son casos particulares diseñados específicamente con esta mecánica en mente.

Cámara 2D o *side-scrolling*

La vista de cámara lateral, también conocida como vista de perfil o «side-scrolling view», es una perspectiva clásica en los videojuegos. En esta vista, el jugador observa el mundo de juego como si estuviera mirando un escenario teatral, con los personajes moviéndose de izquierda a derecha o viceversa.

Esta perspectiva se popularizó durante la era de los 8 y 16 bits, siendo fundamental en géneros como las plataformas y los *beat 'em ups*. La vista lateral 2D permite una clara lectura de la acción, facilitando que los jugadores calculen con precisión las distancias para saltos y ataques, ya que la profundidad espacial se reduce a un plano bidimensional. Juegos icónicos como *Super Mario Bros.*, *Sonic the Hedgehog* y *Mega Man* establecieron las convenciones para este tipo de perspectiva.

En términos de diseño, la vista lateral presenta ventajas. Permite a los diseñadores crear niveles con una verticalidad clara y desafíos de plataformas precisos, ya que los jugadores pueden evaluar fácilmente las distancias y alturas. Además, facilita la creación de patrones de enemigos predecibles y la colocación estratégica de obstáculos, power-ups y secretos. El *scrolling* (desplazamiento) de la pantalla en esta vista suele seguir al personaje, manteniendo la acción centrada mientras se revela gradualmente el nivel.

A pesar del avance de los gráficos 3D, la vista lateral 2D sigue siendo relevante en la actualidad, especialmente en juegos independientes —

de todo género— y títulos que buscan evocar nostalgia o enfatizar la precisión del gameplay. Juegos más modernos como *Hollow Knight*, *Celeste* y *Ori and the Blind Forest* demuestran cómo esta perspectiva clásica puede combinarse con técnicas de animación y efectos visuales contemporáneos para crear experiencias visualmente impactantes mientras mantienen la claridad y precisión que caracterizan a la vista lateral.

Cámara 2.5D

En términos técnicos, implica el uso de gráficos tridimensionales que se proyectan en un plano bidimensional o que restringen el movimiento del jugador a un eje, como en un side-scroller. A diferencia de los juegos completamente en 2D, donde los sprites y fondos están dibujados en un plano estático, el 2.5D utiliza modelos 3D para añadir profundidad, pero manteniendo la simplicidad de la navegación bidimensional.

La idea es aprovechar la estética retro de los juegos de plataformas o aventuras clásicas mientras se adopta una tecnología moderna. Juegos como Inside *y* Little Nightmares *son ejemplos donde los entornos tridimensionales contribuyen a la atmósfera y la narrativa, sin sacrificar la claridad mecánica que define a los títulos en 2D.*

Uno de los principales beneficios de la vista 2.5D es facilitar la navegación y la interacción. Por ejemplo, en Ori and the Blind Forest, *la vista 2.5D permite que los escenarios sean ricos en detalles y, a la vez, funcionales. Los jugadores pueden apreciar el entorno como un espectáculo visual sin distraerse de los objetivos principales del juego.*

Desde el punto de vista narrativo, esta cámara genera una sensación de profundidad que añade peso emocional a las escenas. En títulos como Limbo, *que usa un estilo inspirado en el cine expresionista alemán, el uso del espacio y la iluminación 3D contribuye a la construcción de un tono sombrío y opresivo.*

Limbo (Playdead, 2010).

Cámara en tercera persona

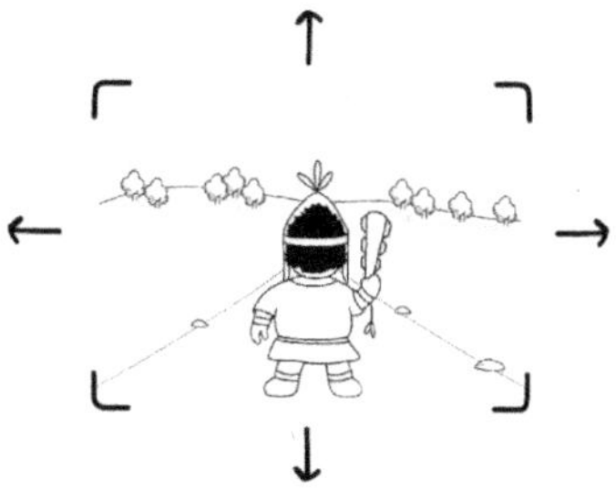

La perspectiva en tercera persona es muy utilizada en juegos de acción y aventura. Es la elección idónea para manejar obstáculos y cubrir áreas amplias, porque ofrece una gran vista del entorno y permite al jugador observar a su personaje mientras interactúa con el mundo. Es particularmente útil para juegos que requieren una navegación compleja o ponen mucho énfasis en la personalización del PJ. Títulos como *Uncharted* o *The Witcher 3* demuestran cómo una cámara en tercera persona puede equilibrar la exploración y el combate, brindando al jugador una sensación de control total mientras se mantiene consciente de su entorno inmediato.

Sin embargo, la cámara en tercera persona también puede enfrentar problemas técnicos, como colisiones con objetos del entorno y ángulos ciegos, donde a menudo se producen cambios bruscos de ángulo de visión porque la cámara rebota («camera flipping»). Este efecto se puede mitigar impidiendo que el jugador se acerque demasiado a las esquinas. Pondremos objetos decorativos o cualquier otro prop que no lo deje pasar, de paso que se disimulan las costuras del nivel.

Cámara en primera persona

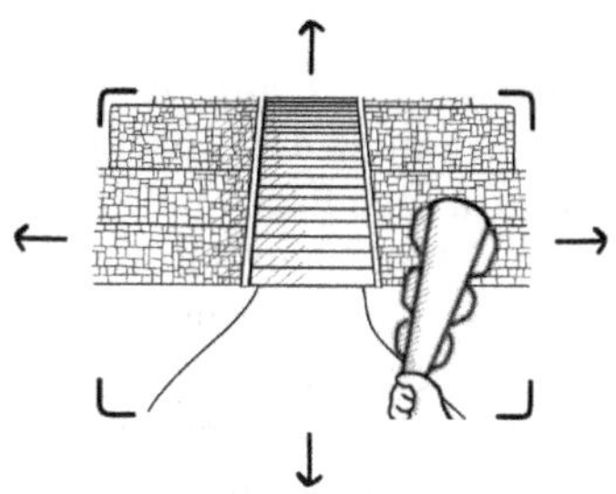

Esta es una elección para juegos que requieren una visibilidad limitada y detalles cercanos. La perspectiva en primera persona, popularizada por juegos como *Half-Life* y *Call of Duty*, sumerge de cabeza al jugador en el entorno, eliminando la distancia entre el jugador y el PJ; o, visto al revés, reforzando la conexión emocional entre ellos. Esta perspectiva es ideal para experiencias súper inmersivas, juegos de disparos o exploración. La vista en primera persona permite que los jugadores se concentren en los detalles inmediatos del entorno, aumentando la tensión y la sensación de presencia. La contra es que limita la visión periférica —algo contradictorio con la idea de realismo, porque es como si tuviéramos puestas unas anteojeras como los caballos—, y esto a menudo requiere un diseño de niveles que compense esta restricción, asegurando que los jugadores no se pierdan elementos clave o se desorienten.

Cámaras isométrica y cenital

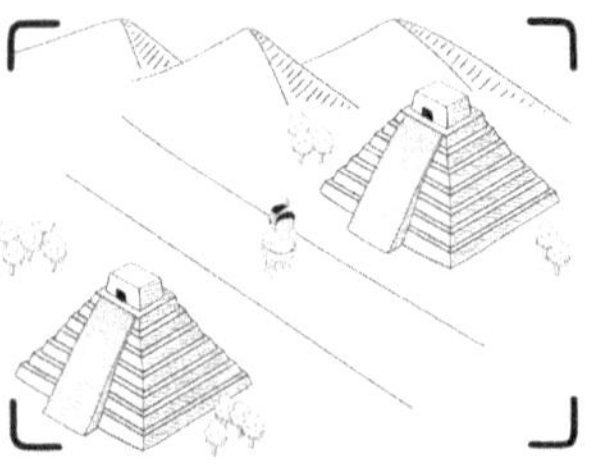

La perspectiva isométrica, utilizada en juegos como *Diablo* o *Hades*, ofrece una vista elevada —a unos 45° hacia el suelo, aunque a menudo el jugador puede alterar el ángulo de visión y hacer zoom— que enfatiza la claridad y el control estratégico.[67] Esta perspectiva es ideal para juegos que dependen de la gestión del espacio, como títulos de rol o estrategia en tiempo real. Al mostrar una vista amplia del entorno, permite a los jugadores planificar sus movimientos y tomar decisiones de acuerdo con lo que pueden ver. Sin embargo, también genera desconexión emocional con el PJ, porque el jugador no está directamente «dentro» de su perspectiva. Esto requiere un esfuerzo extra en la narrativa y el diseño de personajes para crear un buen vínculo emocional.

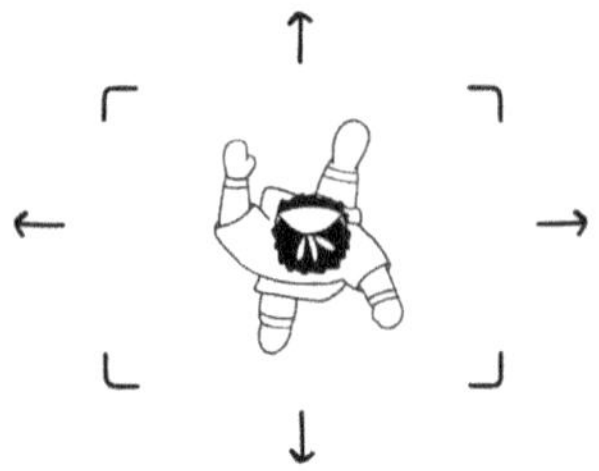

La perspectiva cenital o *top-down* —la cámara ofrece una vista perpendicular desde arriba— es común en juegos que enfatizan el control táctico o estratégico, como *Hotline Miami*. Al proporcionar una visión amplia del espacio circundante, facilita la planificación de movimientos y la toma de decisiones rápidas. Sin embargo, al igual que otras perspectivas elevadas, puede requerir un diseño de niveles acorde para mantener el interés visual y evitar la desconexión emocional del jugador con su personaje. Es muy importante, asimismo, que el arte cenital sea muy bueno, porque el jugador estará viendo el escenario desde lo alto.

[67] En los inicios del mundo, el primero en usar esta técnica fue el glorioso ***Zaxxon*** (Sega, 1982). ¡Si le habremos metido fichitas!

Cámaras tubulares, submarinas, aéreas

En *Level Up! - The Guide to Great Video Game Design* (2010), el diseñador de niveles Scott Rogers advierte de otros casos especiales del uso de cámaras. Una es la tubular o «tunnel vision», la misma que se usa para lugares cerrados como corredores estrechos, cavernas y conductos de ventilación. El autor aconseja colocar la cámara «en rieles», es decir sobre un recorrido predefinido —persiguiendo al PJ desde la altura de los hombros o un poco por encima de la cabeza— en lugar de dejar que el jugador la mueva, debido a que de lo contrario la cámara estará chocando con paredes, techos y estalactitas.

En el caso de una cámara submarina, debería acompañar al PJ sin asomar a la superficie mientras este no lo haga. Hay que tener cuidado de que el personaje nunca se salga de pantalla y de que la cámara no golpee con nada ni se balancee (puede provocar *motion sickness*).

Para una cámara aérea, cuando tenemos un personaje o vehículo volador, vale similar consejo. La física será distinta, pero lo demás igual.

Cámaras multijugador

Aquí tenemos un lindo problema. En una partida local entre varios jugadores, cuando están todos viendo una misma pantalla, podríamos tener dos tipos de cámaras: compartida y dividida.

En títulos cooperativos locales, como los clásicos *Super Mario Bros.* o *LittleBigPlanet*, las cámaras compartidas son una solución muy usada. Estas cámaras abarcan a todos los jugadores dentro de un solo encuadre. De esta forma, se incentiva el trabajo en equipo. Los participantes deben coordinarse para permanecer visibles en pantalla. Si un jugador se aleja demasiado, puede forzar al grupo a retroceder, provocar un montón de muertitos o, más probable, el juego matará al que se fue de pantalla y volverá a insertarlo con los demás. Desde el punto de vista del diseño de niveles, las cámaras compartidas exigen que los espacios sean abiertos y permitan una navegación fluida. No deben tener obstáculos que separen a los jugadores o zonas que los alejen del foco principal.

Hay otro caso, cuando la pantalla no está compartida, sino que los jugadores locales ven una parte cada uno, lo que tradicionalmente llamamos «pantalla dividida». Esta es otra técnica clásica. Juegos como *Borderlands* o *LEGO Star Wars* utilizan esta modalidad para permitir que cada jugador explore el entorno a su gusto. En términos de diseño de niveles, esto implica pensar en rutas paralelas, desafíos individuales y momentos que recompensen tanto la exploración como la colaboración.

Un desafío asociado a las cámaras de pantalla dividida es el impacto en el rendimiento del hardware, ya que el juego debe renderizar múltiples perspectivas al mismo tiempo. Es buena idea evitar niveles excesivamente complejos que puedan confundir a los jugadores al tener que navegar áreas separadas.

En tanto, las partidas online (donde los jugadores quizás están en países distintos, y en el futuro en planetas distintos)[68] —o si se juegan en red local— no representan más que los problemas comunes que hemos mencionado, porque cada jugador ve su pantalla completa.

En los videojuegos multijugador con cámaras dinámicas, el sistema ajusta automáticamente el encuadre en función de la posición y la acción de los jugadores. Esto es común en títulos como *Fortnite* o *Diablo III*, donde la cámara se aleja o se acerca según la proximidad de los jugadores entre sí. Este estilo de cámara permite que el juego mantenga el ritmo y la tensión, sin importar cuán separados estén los participantes. Las cámaras dinámicas requieren un diseño espacial muy preciso. Los entornos deben ser abiertos para que la cámara pueda ajustarse sin obstrucciones visuales. Además, es crucial considerar cómo los elementos del entorno, como estructuras y enemigos, interactúan con las perspectivas cambiantes de la cámara. Diseñar niveles pensando en esta flexibilidad permite aprovechar al máximo la tecnología de cámaras dinámicas, garantizando que los jugadores nunca se sientan perdidos.

[68] No parece difícil imaginar unos buenos torneos entre la Tierra y la colonia marciana. ¡Azules vs Rojos, por el honor de nuestros mundos! ¡Por la Hordaaa!

VIII
Realidad Virtual

Algo de historia. Realidad Virtual. Realidad Aumentada. Realidad Mixta. Realidad Extendida. Grados de libertad (3DOF, 6DOF). Presencia.

NOS ACERCAMOS LENTA PERO INSISTENTEMENTE A LAS REALIDADES VIRTUALES. Es una tecnología que se remonta a la década de 1950, e incluso sus conceptos básicos pueden trazarse hasta mediados del siglo XIX. En 1838, Charles Wheatstone sentó las bases conceptuales de la realidad virtual (VR) al demostrar la capacidad del cerebro para procesar dos imágenes bidimensionales diferentes en cada ojo para producir una única imagen tridimensional. Este principio, conocido como estereoscopía, sería fundamental para el desarrollo posterior de la VR.

El primer hito significativo llegó en 1956 cuando Morton Heilig desarrolló el Sensorama, considerado el primer dispositivo de VR multisensorial. Era una máquina similar a un arcade que ofrecía una experiencia cinematográfica inmersiva, incluyendo video 3D, sonido estéreo, vibraciones y hasta aromas. Aunque fue adelantada para su tiempo y comercialmente no tuvo éxito, estableció conceptos fundamentales para la tecnología de realidad virtual moderna.

En 1968, Ivan Sutherland de la Universidad de Utah y su estudiante Bob Sproull crearon lo que se considera el primer casco de realidad virtual y aumentada, apodado «La Espada de Damocles» debido a su peso y a que debía suspenderse del techo. Este dispositivo, aunque primitivo, permitía al usuario ver gráficos simples generados por computadora que cambiaban de perspectiva cuando el usuario movía la cabeza.

Los años 80 y 90 marcaron un período de gran entusiasmo por esta tecnología. El término «Realidad Virtual» fue popularizado por Jaron Lanier, fundador de VPL Research, una de las primeras compañías en desarrollar y vender gafas y guantes de VR. Durante esta época, grandes compañías como Nintendo intentaron llevar la realidad virtual al mercado de consumo con productos como el Virtual Boy, aunque con escaso éxito debido a las limitaciones tecnológicas de la época.

El verdadero renacimiento de la VR comenzó en la década de 2010, catalizado por el desarrollo del Oculus Rift por Palmer Luckey. La adquisición de Oculus por Facebook (ahora Meta) en 2014 por 2.000 millones de dólares marcó un punto de inflexión, señalando el inicio de una nueva era donde la VR finalmente comenzaba a cumplir sus promesas tecnológicas y comerciales.

En la actualidad, la VR ha evolucionado hasta convertirse en una tecnología accesible y versátil, con aplicaciones que van mucho más allá del entretenimiento, incluyendo educación, medicina, arquitectura, entrenamiento militar y terapia psicológica. Los avances en procesamiento gráfico, pantallas de alta resolución y tecnologías de seguimiento permiten crear experiencias cada vez más inmersivas y realistas.

Esta evolución continúa acelerándose, con nuevos desarrollos en campos como la háptica, el *eye-tracking* y la computación neuronal.

Se trata entonces de una experiencia inmersiva, en esencia una realidad simulada que envuelve al usuario. Estas tecnologías utilizan visores de realidad para generar sonidos, imágenes y otras sensaciones realistas que replican un entorno real o crean un mundo imaginario. Es importante notar que las gafas o cascos de VR (HMD - Head Mounted Display) son opacos: cuando el usuario se los pone no ve absolutamente nada del mundo real, solo ve lo que el software proyecta. Puede girar la cabeza y será como si estuviera dentro del espacio.

El objetivo principal es crear una experiencia lo más realista posible, donde una persona pueda interactuar con el entorno virtual y sentirse presente en ese mundo simulado. Esto actualmente es posible hasta cierto punto. Un entorno de VR perfecto debería estimular los cinco sentidos (gusto, vista, olfato, tacto y oído). Para lograr un nivel tan grande de inmersión, se deben utilizar diversos dispositivos más en conjunto con el visor, como controladores de movimiento, guantes hápticos que proporcionan retroalimentación táctil, audio espacial 3D y sensores de seguimiento corporal. Esto no ocurre salvo en ambientes experimentales que no están por ahora al alcance de los mortales.

La tecnología de VR tiene aplicaciones en diversos campos como el entretenimiento (por ejemplo, videojuegos, espectáculos), educación y aprendizaje, medicina y terapia, arquitectura y diseño, y turismo virtual. Viene a ser la meta soñada del metaverso, el verdadero paraíso imaginario donde habrá otra vida al estilo *The Matrix*.

Lo que interesa para el oficio del level designer es la VR. Sin embargo, existen otros enfoques de esta tecnología con propósitos diferentes: la realidad aumentada, la realidad mixta y un término globalizador que llaman realidad extendida. Las explicaremos brevemente.

Realidad Aumentada / AR

En este otro caso, se trata de la visualización del entorno físico real cuyos elementos son «aumentados» mediante información sensorial generada por computadora, como sonido, video, gráficos o datos GPS. Por ejemplo, podríamos ver —superpuesta en el mundo real— la información nutricional de un producto físico que tenemos delante en la góndola del supermercado. Los datos aparecen en una pantalla de móvil o tablet cuando apuntamos la cámara hacia el objeto.

En el futuro, la información aumentada se proyectará dentro de unas gafas transparentes a fin de que se pueda ver el mundo real. Más allá aún, transhumanismo mediante, la información será enviada directamente a nuestro cerebro.

En suma, la RA combina elementos reales y virtuales, es interactiva y en tiempo real. No reemplaza la realidad, sino que la complementa.

Inevitable nombrar a *Pokémon GO*, un gran ejemplo de esta tecnología y el que hizo que la mayoría no-nerd se entere de qué se trata la RA. Otro ejemplo puede ser el de los filtros de las apps de redes sociales que permiten superponer elementos digitales sobre los rostros o el entorno. Sus usos incluyen aplicaciones de decoración para visualizar muebles en espacios reales antes de comprarlos, traducir carteles cuando estamos de viaje o para probar diferentes productos cosméticos de forma digital, entre muchas cosas.

Realidad Mixta / MR

También conocida como realidad híbrida, es la fusión de los mundos real y virtual para producir nuevos entornos y visualizaciones donde los objetos físicos y digitales coexisten e interactúan en tiempo real. Esto significa colocar nuevas imágenes dentro de un espacio real de tal manera que puedan interactuar, hasta cierto punto, con lo que es real en el mundo físico que conocemos.

Un ejemplo práctico sería un arquitecto utilizando MR para visualizar un nuevo diseño de edificio. No solo puede ver el modelo 3D superpuesto en el espacio real, sino que también puede ver cómo las sombras del edificio virtual interactúan con el entorno real, cómo la luz natural afecta al diseño, y cómo el edificio se integra con la infraestructura existente. Los objetos virtuales respetan la física del mundo real y pueden ser ocluidos por objetos físicos, creando una experiencia más convincente y útil. Esta tecnología se usa actualmente para varias y diferentes tareas, como prototipado en diseño industrial, planificación arquitectónica, entrenamiento médico, educación inmersiva y colaboración remota, entre otras.

Diferencia entre VR / AR / MR / XR

*El propósito de la **realidad virtual** o VR (Virtual Reality) es sumergir a las personas en un entorno completamente virtual. La **realidad aumentada** o AR (Augmented Reality) crea una superposición de contenido virtual en un entorno físico, pero con la que no se puede interactuar. La **realidad mixta** o MR (Mixed Reality) mezcla la realidad virtual y la realidad física, y permite que el usuario interactúe con los objetos virtuales que se ven sobreimpresos en la realidad física. Finalmente, la llamada **realidad extendida** o XR (Extended Reality) es un concepto que simplemente agrupa las tres «realidades» (VR, AR, MR) bajo un solo término.*

Espacios virtuales

La técnica para crear espacios interesantes en VR requiere de tres conceptos fundamentales: 1) las escalas y la arquitectura, 2) los grados de libertad y 3) el tipo de «presencia».

Para lo primero, es necesario considerar los tamaños y escalas de la arquitectura y los objetos, que van a ser apropiados para un jugador que está «adentro» del espacio y no observando a través de una ventana (la pantalla). Se aplican además todos los conceptos que veremos en el *Cap. XI*, «Neuroarquitectura» y en adelante.

Explicaremos a continuación los otros dos puntos.

Grados de libertad / DOF

Cuantos más «grados de libertad» (DOF, *Degrees of Freedom*) proporcionemos en una experiencia virtual, mayor será la **inmersión**. Existen dos tipos, «3DOF», y «6DOF». El primero define tres movimientos posibles de la cámara: vertical de arriba-abajo (eje X), horizontal de izquierda-derecha (eje Y) y la inclinación lateral de la cabeza (eje Z).

3DOF

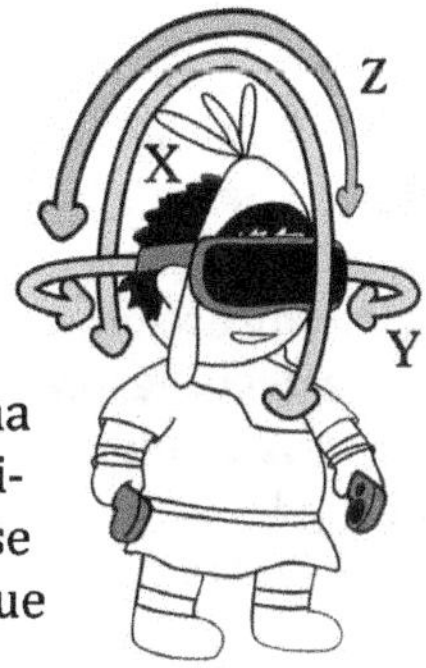

A diferencia de los sistemas 6DOF, el usuario no puede moverse físicamente en el espacio (no hay traslación). Es como si estuviera enjaulado en un punto fijo mirando alrededor desde esa posición central. El entorno virtual aparece como una esfera 360° alrededor del usuario, donde puede mirar en cualquier dirección, pero no puede acercarse a los objetos ni moverse entre ellos. Son estos los que se desplazan a su alrededor.

Esta limitación hace que los sistemas 3DOF sean ideales para ver videos 360°, las experiencias cinematográficas en VR o las visualizaciones donde el usuario es un observador pasivo. Por ejemplo, sirve para visitas virtuales a museos o lugares históricos desde un punto fijo, conferencias o presentaciones virtuales, meditación y experiencias contemplativas o entrenamiento básico donde solo se requiere observación. Todos hemos experimentado el clásico carrito virtual de montaña rusa, una simulación de paracaídas o la «caminata» espacial (estás flotando en órbita y ves el inmenso panorama del planeta girando suavemente allá abajo, ¡y sí, el horizonte es curvo, queda comprobado!).

La sensación de presencia es más limitada porque el punto de vista está anclado a una posición fija. Cuando el usuario intenta inclinarse hacia adelante o agacharse físicamente, la imagen no responde a estos movimientos —se produce discrepancia entre el movimiento visual y el movimiento real del cuerpo— lo que puede causar desconexión con el entorno virtual y cinetosis, a menudo acompañado por unas no muy simpáticas náuseas.

Específicamente, se produce cinetosis cuando en VR vemos que nos movemos hacia adelante pero nuestro cuerpo está quieto, o si giramos rápidamente en el mundo virtual pero nuestro cuerpo no se mueve, o si hay latencia[69] entre nuestros movimientos reales y lo que vemos en la pantalla. En la disciplina de la VR, a la cinetosis se la conoce específicamente como «VR sickness» o «cybersickness».

El tracking se realiza mediante giroscopios y acelerómetros integrados en el visor, sin necesidad de sensores externos. Esto hace que los dispositivos 3DOF sean más económicos y portátiles que los sistemas 6DOF completos.

6DOF

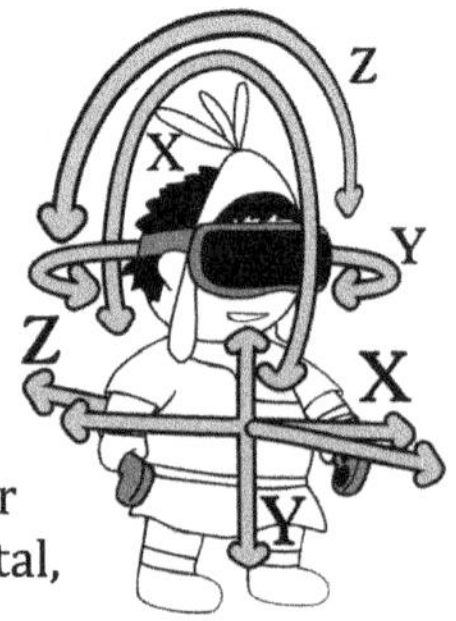

En los sistemas de seis grados de libertad, además de las rotaciones que permite el 3DOF, el usuario puede moverse físicamente en el espacio en tres direcciones adicionales: movimiento lateral, es decir desplazamiento de izquierda a derecha (traslación en X), movimiento vertical, es decir subir y bajar (traslación en Y) y movimiento frontal, es decir avanzar y retroceder (traslación en Z).

Esto crea una experiencia mucho más inmersiva porque el usuario puede acercarse a los objetos para examinarlos en detalle, agacharse para mirar debajo de algo, y caminar alrededor de los elementos del espacio para verlos desde diferentes ángulos.

Para lograr esta magia, el sistema necesita rastrear la posición del usuario en el espacio. Esto se hace mediante sensores externos, cámaras de seguimiento en el visor o una combinación de ambos métodos.

Presencia

Para construir una buena experiencia VR, es necesario comprender dos conceptos fundamentales de esta tecnología: nuestra reconocida inmersión, de la que siempre hablamos en la industria de videojuegos, y algo específico de la virtualidad, la «presencia».

Para mantenerlo simple, cuando hablamos de *inmersión* en VR nos referimos a que esta es consecuencia de lo que ofrece la tecnología,

---

[69] La **latencia** es el tiempo de retraso que transcurre entre una acción (por ejemplo, el movimiento de la cabeza) y la respuesta correspondiente del sistema (la actualización de la imagen en la pantalla del visor VR). Una latencia elevada puede provocar mareos y reducir la sensación de inmersión.

como los visores y los guantes hápticos. El usuario está inmerso, «dentro» del entorno virtual.

La sensación de *presencia* en una realidad virtual es algo mucho más complejo. Es la respuesta humana a la inmersión, la propensión que tienen las personas a responder a los datos generados virtualmente como si estuvieran en un entorno real. Para conseguir el efecto de presencia, es necesario que el contenido sea de calidad, tanto técnica como artísticamente hablando. Cuando el espacio virtual reacciona a lo que hace una persona, la persona reacciona al espacio virtual y se siente no solo inmersa sino también *presente*.

Cuando decimos que el contenido sea de calidad, no nos referimos a que sea fotorrealista. Puede serlo, aunque no es esa la razón de la sensación de presencia. Podemos estar en un entorno estilizado, *cartoonish* o hecho con geometría simple, pero, si el espacio responde al comportamiento de las personas, el efecto de presencia se produce igualmente.

Un elemento importante en la creación de espacios virtuales es el cuerpo. El recuerdo de la experiencia real solo llega cuando la sensación de presencia se da con todo el cuerpo. Kent Bye[70], uno de los principales analistas de la realidad virtual, habla de cuatro tipos de presencia:

1. **Presencia física:** es la sensación básica de «estar ahí», de poner el cuerpo en el espacio virtual. Se refiere a cómo nuestro cerebro acepta el mundo virtual como un espacio físico real. Esta presencia se ve reforzada por elementos como el seguimiento preciso del movimiento, la escala apropiada de los objetos, y la coherencia física del entorno. Ejemplo: estás haciendo equilibrio sobre una tabla tendida entre dos rascacielos. La sensación de vértigo es real.

2. **Presencia activa**: se refiere a nuestra capacidad para interactuar y tener un impacto significativo en el mundo virtual. Es la sensación de *agency*[71] y de que nuestras acciones tienen consecuencias reales dentro de la simulación. Ejemplo: estás

[70] **Kent Bye** es el creador y presentador de *Voices of VR*, uno de los podcasts más importantes y longevos sobre realidad virtual. Bye es conocido por su análisis filosófico de la realidad virtual, explorando no solo los aspectos técnicos sino también las implicaciones sociales, psicológicas y éticas de la tecnología inmersiva. A través de su trabajo, ha documentado extensivamente la evolución de la industria VR desde los primeros días de Oculus hasta la actualidad.

[71] **Agency** en diseño de videojuegos es la capacidad del jugador para tomar decisiones significativas que impactan directamente el desarrollo de la experiencia de juego, permitiéndole sentir que sus acciones tienen consecuencias reales y que ejerce un control genuino sobre la narrativa y los resultados.

pintando en el aire usando controladores VR, los trazos y colores aparecen a tu alrededor, haciéndote olvidar que estás en un espacio virtual.[72]

3. **Presencia social:** se refiere a la sensación de estar con otros seres (ya sean avatares de personas reales o personajes virtuales). Incluye elementos como el contacto visual, el lenguaje corporal, las expresiones faciales y la capacidad de interactuar socialmente de manera natural.
4. **Presencia emocional:** es la capacidad del entorno virtual y la historia que relata para involucrarnos emocional y cognitivamente. Se relaciona con cómo nos afecta lo que experimentamos, provocando en nosotros pensamientos, sentimientos y respuestas emocionales. Aquí el diseño narrativo juega un papel central.

Bye argumenta que estas formas de presencia se interrelacionan y pueden reforzarse mutuamente para crear experiencias VR más inmersivas y significativas. Cuando una experiencia VR logra combinar estos cuatro tipos de presencia de manera efectiva, puede crear momentos verdaderamente memorables y transformadores para los usuarios.

De manera que lo primero que deberemos hacer es decidir qué tipo de experiencia queremos conseguir. Cuáles tipos y combinación de presencia queremos que se evoquen en los jugadores.

Lo siguiente es trabajar con otro concepto fundamental que ya conocemos, la narrativa espacial o ambiental (ver «Relación con la estructura dramática» en el *Cap. I*). Haremos que el espacio cuente todo lo posible sin necesidad de personajes ni diálogos. El jugador tiene que reconstruir narrativamente el entorno solo observando lo que tiene alrededor, como un detective que mira la escena de un crimen y puede rearmar la historia de lo que ocurrió en el lugar.

Por otra parte, es importante ser responsables con esa experiencia que estamos creando. Puede ser muy intensa y algunas personas suelen sentirse afectadas emocionalmente, incluso físicamente. Todos hemos visto gente rompiendo algo porque se asusta de muerte, o se involucra de tal forma que se olvida de que es una simulación y le pega el puñetazo al televisor o le deja un ojo morado al sobrinito.

---

[72] Google lanzó en 2016 ***Google Tilt Brush***, que luego convirtió en código abierto. Esto permitió que la comunidad continuara desarrollándolo y que surgieran alternativas basadas en él. El proyecto de código abierto se conoce como ***Open Brush***.

BEAT SABER

Uno de los casos más exitosos de juegos VR con presencia activa es Beat Saber *(Beat Games, 2019), desarrollado en la República Checa. Es un juego rítmico donde el jugador corta bloques con sables de luz y esquiva obstáculos al ritmo de la música. Los movimientos físicos tienen un impacto inmediato en el juego, porque proporciona una retroalimentación clara (los bloques se cortan, hay efectos visuales y hápticos). A su vez, esto tiene consecuencias directas en la puntuación y rendimiento.*

Beat Saber *también involucra otros tipos de presencia: física por el movimiento natural del cuerpo y la sensación de estar realmente cortando los bloques, y mental/emocional debido a la música y el estado de «flujo» que se genera durante el gameplay.*

IX
HUD, menús, UX

HUD, definición. Puntos de vida. Munición y recursos. Miras y retículas. Minimapas. Inventario. Puntuación. Misiones y objetivos. Iconografía. Logros e insignias. Menús. Pantallas auxiliares. UI / UX en Level Design: Simbiosis. Affordances.

PONER A PUNTO LA INFORMACIÓN EN PANTALLA PUEDE SER TAN TRAUMÁTICO COMO SACARSE UNA MUELA DEL JUICIO. Pero nadie se salva de este asunto. Se trata de comunicar con claridad al jugador el estado de su PJ y lo que tiene que hacer. Para esto tenemos que diseñar un HUD (*Heads-Up Display*), lo que incluye una serie de elementos y conceptos.

Veamos estas tres muelas del juicio.

HUD

Un Heads-Up Display es el sistema de visualización de información en tiempo real que se superpone a la pantalla de juego, proporcionando al jugador datos cruciales sobre su personaje, entorno y progreso sin interrumpir la acción principal. El término proviene de la tecnología militar, específicamente de los displays en los cascos de los pilotos que permiten ver información importante mientras mantienen la vista en el campo de batalla.

En videojuegos, el HUD comunica información como los puntos de vida o salud, munición y recursos, minimapa (ubicación), inventario, puntuación, tiempo de juego y estado de misiones u objetivos. Su función principal es proporcionar retroalimentación inmediata y contextual al jugador. Un HUD efectivo debe ser intuitivo, legible y discreto como para no distraer de la experiencia de juego, sino complementarla.

El diseño e implementación del HUD suele dar muchas jaquecas. Y, como casi todo, es buena idea usar la *toy box*[73] para trabajar en su funcionalidad —lo estético puede llegar más adelante—, o bien hacerlo tan pronto como se tenga definido el gameplay y ya sepamos qué elementos son necesarios. Veamos algunas consideraciones.

Un buen sistema de HUD siempre debe consumir mínimos recursos computacionales, actualizarse en tiempo real —a 60 fps— y mantener una legibilidad perfecta en diferentes resoluciones y condiciones de juego. En cuanto a su accesibilidad, es recomendable proporcionar opciones de personalización, soporte para daltonismo y la adaptabilidad de tamaño y contraste en todos sus elementos.

> *Como **regla general**, es aconsejable atenuar o esconder los elementos del HUD cuando no son necesarios, para que la pantalla se vea lo más limpia posible. ¡Tratemos de cumplir con esta regla!*

Puntos de vida o salud

La representación de puntos de vida requiere un balance entre funcionalidad, legibilidad y mínima intrusión visual. La forma más usual de representar esto es con una «barra de salud», que puede ser horizontal (la más usada) o vertical. También podría tomar otra forma, como los «recipientes» de *Diablo IV*. Esta barra cambia dinámicamente y suele mostrar un gradiente de color desde verde (máxima salud) hasta rojo (crítico). Su longitud suele ser proporcional al valor máximo de salud del PJ. Se ubica por uso común en la esquina superior o inferior de la pantalla. Hay que usar una fuente tipográfica de alta legibilidad —no menor a 18 puntos— que se vea bien y sea escalable en todas las resoluciones y tamaños de pantalla. Debido a que el jugador no estará mirando directamente ni todo el tiempo la barra de vida, es buena práctica hacer que esta parpadee cuando indique un estado crítico, junto a un sonido de advertencia (que puede incluir el gemido o la respiración agitada del PJ). Mismo que se desature la pantalla o haya un efecto de «sangrado» (por supuesto, siempre que seamos consistentes con la estética del juego). La idea es que la barra esté presente, sobre todo en combate, pero con mínima interferencia visual.

---

[73] Ver el apartado «Caja de juguetes» en el *Cap. III, Planificación.*

Munición y recursos

Los recursos son la columna vertebral de los sistemas de progresión, nuestro segundo elemento esencial de la estructura lúdica. No se trata solo de mostrar números, sino de integrar esos datos en la narrativa visual. El HUD debe mostrar información numérica sobre los consumibles, como los materiales de *crafteo* (construcción), los de mejora y los económicos. Por ejemplo, la cantidad de oro virtual que tiene el jugador.

En cuanto a los juegos bélicos o que requieren municiones: cada uno desarrolla un lenguaje visual propio que comunica no solo la cantidad de proyectiles disponibles, sino también su tipología, potencial y estado estratégico. Un fusil de francotirador con tres balas tiene un significado muy distinto a una metralleta con treinta proyectiles.

Miras / retículas

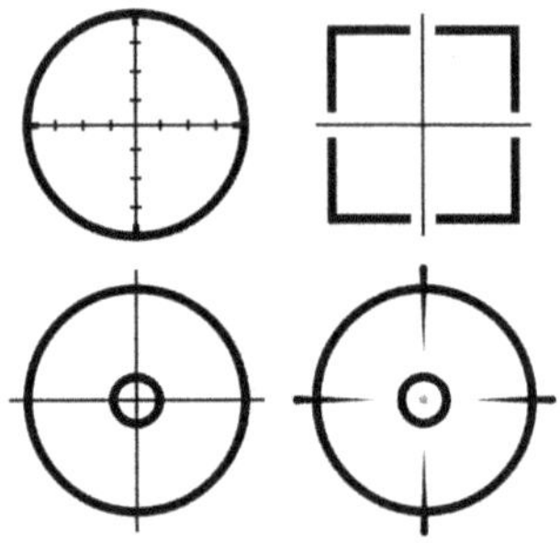

Las miras, también conocidas como retículas o «crosshairs», tienen como objetivo ayudar al jugador a visualizar dónde impactarán sus disparos o acciones basadas en la dirección. Aunque su función principal es técnica, también sirven para transmitir información.

El diseño de una mira efectiva equilibra funcionalidad, claridad y estética. Debe ser visible en todo momento, pero sin llegar a distraer al jugador del entorno. Esto implica elegir colores y formas que contrasten con el fondo, pero que no sean tan llamativos como para romper la inmersión. Por ejemplo, un punto central blanco o rojo, como en *Counter-Strike: Global Offensive*, es fácil de localizar en la mayoría de los escenarios. Muchas miras modernas cambian según las circunstancias del juego. Por ejemplo, la retícula se expande al disparar o moverse, indicando menor precisión debido al retroceso o al movimiento. Algunos juegos, como *Overwatch*, hacen que la retícula cambie de color —por ejemplo, de blanco a rojo— al impactar a un enemigo, y cada héroe tiene una retícula única que refleja su estilo de juego. En títulos como PUBG, las retículas de francotirador incluyen marcadores de distancia que ayudan al jugador a compensar la caída de las balas.

En la mayoría de los casos, una retícula excesivamente compleja podría saturar la interfaz y distraer al jugador. Por esta razón, muchos shooters modernos optan por diseños minimalistas, como un simple punto central (por ejemplo, en *Valorant*) que ofrece precisión sin sobrecargar la pantalla.

Las retículas deben ajustarse al tipo de arma o habilidad que representan. Por ejemplo, las armas de corto alcance, como escopetas, suelen tener retículas más amplias que enfatizan su dispersión. Las de largo alcance, como rifles de francotirador, utilizan miras telescópicas que ofrecen una visión ampliada del objetivo. Las armas experimentales o futuristas, como las de *Doom Eternal*, pueden tener retículas estilizadas.

Es buena idea hacer que la mira se «pegue» ligeramente al objetivo, lo que llamamos «auto-aim». Por otro lado, en especial con los francotiradores, conviene que los otros jugadores puedan ver de alguna manera desde dónde les disparan (por ejemplo, con una mira láser o un brillito en esa ventana de allá).

Aunque las retículas son un elemento básico de la interfaz, su diseño puede tener fallos épicos. Algunos errores comunes incluyen:

- **Falta de contraste**: una mira que se pierde en fondos complejos o colores similares puede frustrar, especialmente en escenarios con mucha acción. ¡Guarda con las miras blancas o negras! Habrá que adaptarlas cuando coinciden con el fondo.
- **Distracción visual**: retículas demasiado grandes, animadas o complejas pueden desviar la atención del objetivo principal.
- **Inconsistencia con las mecánicas**: si la retícula no representa con precisión la dispersión de las balas o el alcance de un arma, genera frustración.
- **Falta de personalización**: no permitir ajustes en el diseño de la mira puede ser una desventaja, especialmente en juegos competitivos donde cada jugador tiene sus preferencias.

Minimapas

El minimapa —hablamos sobre mapas «grandes» en el *Cap. V*— sirve como un recurso visual compacto que ofrece información: la posición del jugador, los objetivos, los aliados, los enemigos y los puntos de interés. Su principal función es orientar al jugador dentro del espacio del juego, especialmente en mundos abiertos o niveles complejos. Por ejemplo, en títulos como *Grand Theft Auto V*, el minimapa permite a los jugadores explorar los enormes entornos urbanos y rurales sin perder de vista su ubicación o dirección. Más allá de la navegación, el minimapa también puede transmitir un sentido de escala y conexión con el mundo. Cuando está bien integrado, se convierte en una extensión natural de la experiencia, ofreciendo orientación sin necesidad de pausar el juego para consultar mapas más detallados.

Un minimapa debe ser claro y fácil de interpretar en cuestión de segundos. Esto implica usar íconos reconocibles, colores bien diferenciados y un diseño limpio que elimine elementos innecesarios. Los íconos que representan objetivos, aliados o enemigos deben ser consistentes con el estilo visual del juego, pero también lo suficientemente llamativos para destacar a primera vista. Un minimapa es, al mismo tiempo, una brújula, así que puede estar bueno incluir una rosa de los vientos o indicación de los puntos cardinales.

Diseñar la escala del minimapa es un desafío. Si muestra demasiada información, puede abrumar; si muestra muy poca, se vuelve inútil. La escala debe ajustarse al ritmo y la necesidad del gameplay. Por ejemplo, en un juego como *Call of Duty*, el minimapa se centra en áreas cercanas, destacando enemigos y aliados cercanos. En cambio, en uno de exploración como *Elden Ring*, el minimapa puede tener un alcance más amplio para mostrar el terreno circundante.

Un minimapa estático, donde la cámara siempre apunta hacia el norte, es útil para jugadores que prefieren consistencia en su orientación. Por otro lado, un minimapa dinámico que rota con la dirección del jugador, como en *World of Warcraft*, puede ofrecer una experiencia más intuitiva, especialmente en juegos con mucho movimiento.

Un buen minimapa debe sentirse como una parte orgánica del mundo del juego. Esto puede lograrse integrando su diseño con el estilo artístico y narrativo. Por ejemplo, en *Sea of Thieves*, el minimapa adopta la forma de un mapa náutico, reforzando la temática pirata. ¡Hermoso!

En cuanto al tema accesibilidad, se podría permitir que los jugadores personalicen el minimapa ajustando su tamaño, opacidad o nivel de detalle. Además, será bueno implementar opciones de alto contraste o marcadores de audio para jugadores con discapacidades visuales.

Aunque el minimapa es una herramienta invaluable, también puede convertirse en una cosa frustrante para el jugador cuando no está bien diseñado. Algunos errores frecuentes incluyen la saturación de información —mostrar demasiados íconos o detalles puede confundir—, la desconexión del diseño del juego —un minimapa que no refleja con precisión el entorno o carece de coherencia estética rompe la inmersión— y, sobre todo, la falta de actualización en tiempo real, porque si el minimapa no responde rápidamente a los cambios en el entorno, como nuevos enemigos o eventos dinámicos, pierde relevancia.

Inventario

El inventario permite a los jugadores gestionar recursos, equipamiento y objetos necesarios para su progreso. Desde los primeros sistemas rudimentarios de los juegos de rol hasta las interfaces modernas de títulos como *The Witcher 3* o *Fortnite*, el diseño del inventario ha evolucionado para adaptarse a las necesidades de los jugadores y los géneros. Sin embargo, su implementación no se limita a funcionalidad pura; su integración en el HUD debe garantizar que sea accesible, intuitivo y coherente con la experiencia de juego.

Es necesario ver el inventario como una extensión de las mecánicas del juego, no como cosa aparte. Por ejemplo, en un juego de supervivencia como *Minecraft*, el inventario es un espacio de almacenamiento esencial, donde los jugadores organizan recursos para construir, craftear y sobrevivir. En un RPG como *Skyrim*, el inventario actúa como un menú multifuncional que permite gestionar armas, armaduras, pociones y misiones. En títulos de acción como *Fortnite*, el inventario debe ser rápido e intuitivo, diseñado para un acceso inmediato en medio del combate.

> *El **propósito** del inventario define su diseño.*
> *¡La forma siempre sigue a la función!*

Diseño del inventario

- **Organización y estructura:** un inventario bien diseñado organiza los objetos de manera lógica. Esto incluye categorías claras (armas, consumibles, materiales, etc.), agrupación por tipo o rareza, e indicadores visuales para diferenciar elementos importantes. Por ejemplo, *Horizon Zero Dawn* utiliza colores y símbolos para clasificar los objetos, lo que permite identificar ítems clave con facilidad. Decidir entre un sistema de cuadrícula, una lista o un diseño radial depende del género y la experiencia deseada. Un sistema de cuadrícula, como en *Resident*

Evil, funciona bien para juegos que buscan enfatizar la gestión de espacio, mientras que un menú radial, como en *The Last of Us* o *Dishonored 2*, es ideal para juegos de ritmo rápido en los que la organización debe ser inmediata.

- **Accesibilidad y ritmo de juego:** en juegos de acción o multijugador, hay que proporcionar acceso rápido al inventario. Esto puede lograrse con atajos de teclado, botones asignables o menús rápidos visibles en el HUD. Por otro lado, en juegos más pausados, como los RPG por turnos, los jugadores suelen dedicar tiempo a explorar y organizar su inventario sin presión. Diseñar la accesibilidad del inventario requiere entender el ritmo del juego y las necesidades del jugador en cada momento.
- **Capacidad limitada vs. ilimitada:** decidir si el inventario tendrá un límite de capacidad es una decisión de diseño que afecta directamente a la jugabilidad. Un inventario limitado, como en *Dark Souls*, fuerza al jugador a tomar decisiones estratégicas sobre qué objetos llevar. Solo haremos esto si no representa una pérdida de tiempo para el jugador. Por otro lado, un inventario ilimitado prioriza la exploración y la acumulación de recursos sin restricciones, lo que podría afectar la economía interna.[74]
- **Crafteo y mejora de objetos:** si el juego incluye mecánicas de construcción, el inventario debe integrarlas de manera intuitiva. Menús como los de *Subnautica* o *No Man's Sky* ofrecen herramientas para combinar recursos directamente desde el inventario, lo que ahorra tiempo y mejora la inmersión. Estos sistemas deben ser claros para que el jugador entienda qué necesita, cómo obtenerlo y qué resultados esperar.

El inventario en el HUD

Una vez diseñado el sistema de inventario, el siguiente paso es decidir cómo representarlo en el HUD. Muchos títulos muestran una versión simplificada del inventario directamente en el HUD. Por ejemplo, en *Fortnite*, el HUD incluye una barra de acceso rápido que muestra las armas y herramientas equipadas. Esto permite cambiar de ítems sin necesidad de abrir el menú principal del inventario.

---

[74] Ver *Estructura lúdica, Cap. IX*, «Economía interna y balance».

Elementos como munición, pociones o herramientas esenciales deben aparecer destacados en el HUD. Esto se suele hacer con barras de estado, íconos visibles o contadores numéricos. En *The Legend of Zelda: Breath of the Wild*, por ejemplo, el HUD muestra las armas equipadas y su durabilidad, lo que permite anticipar cuándo cambiar de equipo.

El inventario tiene que integrarse visualmente con el diseño general del HUD. Esto significa usar la misma paleta de colores, tipografía y estilo gráfico. Si el HUD tiene un diseño minimalista, como en *Dead Space*, el inventario debe reflejar ese estilo, evitando elementos excesivamente detallados que rompan la inmersión. En algunos casos, como en *Hollow Knight*, el diseño del inventario incluso puede reforzar el tono narrativo del juego, utilizando un estilo visual que complementa la atmósfera, lo mismo que en el caso del minimapa.

Por fin, incorporar efectos visuales, sonidos o animaciones para acciones relacionadas con el inventario (como equipar un arma o usar un objeto) mejora la experiencia. Por ejemplo, el inventario de *The Last of Us* utiliza un efecto de sonido característico al cambiar de arma.

¿Cómo la podemos pifiar? Por lo general, por sobrecarga de información: mostrar demasiados detalles en un espacio reducido puede abrumar. Los elementos principales deben priorizarse y los secundarios se agrupan o se esconden. También por falta de personalización, cuando no permitimos a los jugadores reorganizar su inventario o ajustar su presentación, sobre todo en juegos donde la gestión de objetos es parte sustancial del gameplay. Esto puede ser muy frustrante. Y también metemos la pata cuando el acceso al inventario es tan complicado que saca al jugador de la experiencia (por ejemplo, porque se pausa el juego). Hay que evitar todo lo posible que se rompa el flujo del gameplay.

Un buen inventario no solo organiza objetos, también mejora la experiencia al complementar las mecánicas y el *pacing*. Cuando se presenta de manera clara y coherente en el HUD, se convierte en una herramienta intuitiva.

Puntuación / *Score*

La puntuación ha sido, desde los inicios de nuestra industria, una métrica central para medir el desempeño del jugador. Desde los días de *Pong* y *Pac-Man* hasta los títulos modernos como *Call of Duty*, la puntuación representa un sistema de recompensa que motiva, incentiva la competencia y proporciona un indicador tangible de progreso. Aunque en algunos juegos modernos la puntuación ha sido reemplazada por sistemas más complejos, sigue siendo un elemento importante en muchos géneros, sobre todo en arcades, deportes y shooters.

En los viejos tiempos, por ejemplo, el *score* era una cosa de honor. Había que figurar en el *top score*, o eras un muerto para tus amigos. ¡Grandes épocas! Por aquí nos pasábamos *Ghost 'n Goblins* con una sola fichita y sabíamos ver los dos finales.[75]

En títulos multijugador o arcade, la puntuación se convierte en un medio para comparar habilidades. Juegos como *Street Fighter* y *Call of Duty* utilizan tablas de puntuación («leaderboards») para incentivar la competencia entre jugadores, ya sea local o globalmente. Este sistema también promueve la rejugabilidad, ya que muchos jugadores intentan superar sus propios récords o los de otros.

En el HUD, la puntuación debe ser fácil de leer y estar ubicada en un lugar donde el jugador pueda consultarla sin esfuerzo. En títulos clásicos como *Pac-Man* o *Space Invaders*, el score se encuentra en la parte superior de la pantalla, asegurando que siempre esté visible, pero sin interrumpir la acción. En juegos modernos, como *Overwatch*, puede mostrarse en zonas laterales o integrarse en menús dinámicos, dependiendo de su relevancia en cada momento.

El tamaño y la tipografía son fundamentales. Los números deben ser lo suficientemente grandes para ser leídos con rapidez, especialmente en juegos veloces.

Es muy importante que cada aumento en la puntuación vaya acompañado de **retroalimentación visual y sonora**. Esto puede incluir animaciones llamativas, cambios de color o efectos de sonido. Por ejemplo, en *Tetris*, los puntos obtenidos

MEDICIÓN DEL TIEMPO

Algunos HUD muestran cronómetros y otras formas de conteo, como el tiempo de construcción en los RTS, o el plazo de espera como con los cofres de Clash Royale *o el «cooldown» (enfriamiento) de un hechizo.*

También puede que queramos registrar el tiempo que el jugador pasa jugando. En cualquier caso, la recomendación es similar a la del score.

[75] ***Ghost 'n Goblins*** (Capcom, 1985), conocido como *Makaimura* en Japón, tiene dos finales, pero con una particularidad típica de los juegos de la época. Si lo completabas por primera vez, recibías un mensaje avisando que ese no es el verdadero final. ¡Había que rejugar todo el juego con mayor dificultad para ver el verdadero ending! Esta mecánica de «forzar» al jugador a repetir el juego en modo más difícil era común en los arcades y las primeras consolas, donde se buscaba extender la rejugabilidad y el desafío. *Ghost 'n Goblins* es conocido por ser uno de los juegos más difíciles de la historia, con un nivel de desafío que lo ha convertido en un referente de la dureza de los videojuegos clásicos.

al completar una línea van acompañados de un efecto que aumenta en intensidad a medida que se progresa.

Algo para vigilar es la coherencia estética. El score se tiene que integrar visualmente con el estilo del juego. Un HUD minimalista debe mostrar la puntuación de manera discreta, un juego con una estética vibrante puede incorporar elementos más vistosos. Por ejemplo, *Cuphead* utiliza un estilo visual retro para su HUD, con la estética clásica de los años 30 (eso no le quita lo difícil que es, maldito sea).

En algunos juegos, como los competitivos y los RPG, la puntuación puede desglosarse en componentes más detallados. Por ejemplo, en *League of Legends*, además del puntaje de asesinatos, el HUD puede incluir estadísticas adicionales como asistencias, muertes y oro acumulado. Diseñar estas capas requiere priorizar lo que es más relevante en el momento y dejar los detalles menos importantes para menús secundarios.

Misiones y objetivos

Los videojuegos de hoy suelen estructurarse en torno a misiones y objetivos que guían al jugador a través de la narrativa o las mecánicas. Ya sea rescatar a un personaje, derrotar a un boss o recolectar ciertos ítems, estas tareas proporcionan propósito y dirección. Sin embargo, para que los jugadores puedan enfocarse en estos objetivos sin sentirse perdidos, es bueno representarlos de manera clara y funcional en el HUD. La forma en la que se presentan las tareas influye en la experiencia.

Los objetivos en pantalla sirven para entender qué se espera que haga el jugador. Por ejemplo, en *The Witcher 3: Wild Hunt*, los objetivos se actualizan dinámicamente en el HUD para guiar a los jugadores sin necesidad de abrir constantemente el menú de misiones. Este facilita mantenerse enfocado en la acción, sin tener que pausar. En títulos como *Assassin's Creed*, los objetivos aparecen en una esquina de la pantalla.

Los objetivos en el HUD también pueden reforzar la temática y el tono del juego. Por ejemplo, en *Dead Space*, los objetivos están representados como hologramas diegéticos que aparecen frente al avatar.

Siempre deben ser fáciles de leer y entender en cuestión de segundos. Una línea, pocas palabras por actividad. En *Horizon Zero Dawn*, el HUD muestra objetivos resumidos como «Elimina a todos los enemigos» o «Llega al punto marcado», mientras que los detalles adicionales se encuentran en un menú separado.

Es útil dividir las misiones en objetivos primarios y secundarios, destacando visualmente los más importantes. Esto ayuda a los jugadores a priorizar tareas sin confusión. Además, mostrar objetivos parciales o progresos intermedios (como «Recolectar 3/5 cacores») puede mantener al jugador motivado al ofrecer una sensación constante de avance. Este feedback inmediato es especialmente importante en juegos donde el progreso depende de completar múltiples pasos.

Ubicación estratégica en el HUD

Los objetivos deben estar ubicados en una zona del HUD que sea visible pero no intrusiva. En muchos juegos, los objetivos se muestran en la parte superior izquierda o derecha de la pantalla, una posición que permite consultarlos rápidamente sin interrumpir la acción. En títulos como *Cyberpunk 2077*, los objetivos ocupan una esquina, usando texto pequeño pero legible. Por lo general, lo que pongamos en la esquina izquierda se lee rápido y la vista puede regresar al centro de la pantalla de forma intuitiva, porque en Occidente estamos acostumbrados a leer en esa dirección. Las barras de vida, energía y escudos suelen colocarse en la esquina izquierda debido a esto.

Los objetivos también pueden representarse de manera más integrada. Por ejemplo, en *Far Cry*, los puntos de interés se marcan directamente en el entorno a través de íconos flotantes (ver a continuación «Iconografía»), lo que elimina la necesidad de descripciones textuales.

Añadir barras, contadores o indicadores visuales siempre ayuda a los jugadores a seguir su progreso hacia un objetivo. Por ejemplo, si decimos «Recolectá 10 piezas de metal» podríamos mostrar un contador visible (4/10) o una barra de progreso que se llene gradualmente.

Algo también importante es tener presente que los íconos y colores pueden utilizarse para destacar diferentes tipos de objetivos. En ciertos juegos, las misiones importantes se indican con colores específicos (por ejemplo, amarillo para misiones activas y verde para completadas), ayudando al jugador a priorizar. En otros, como en *Borderlands*, el color indica el nivel de dificultad de una misión.

PERSONALIZACIÓN

Permitir que los jugadores personalicen cómo se muestran los objetivos en el HUD puede mejorar significativamente su experiencia. Algunos jugadores prefieren un HUD limpio, otros desean tener todos los detalles visibles en pantalla. Juegos como Final Fantasy XIV *dejan configurar la visibilidad, tamaño y posición de los objetivos en el HUD, adaptándose a diferentes preferencias.*

Algunos ejemplos. En *The Witcher 3: Wild Hunt*, vemos un HUD limpio donde los objetivos principales aparecen en la parte superior derecha de la pantalla. Los textos son breves pero informativos, y los detalles adicionales están disponibles en el menú de misiones. Además, los marcadores en el minimapa guían al jugador hacia su destino. En *Destiny 2* los objetivos se muestran como pequeños textos flotantes que desaparecen gradualmente cuando ya no son relevantes. Esto evita la sobrecarga visual, especialmente en combates intensos. Además, los marcadores de misión se integran perfectamente en el entorno, indicando dónde debe ir el jugador. En *Red Dead Redemption 2* se muestran los objetivos solo cuando es necesario. Los detalles adicionales se encuentran en un menú, lo que mantiene el HUD limpio.

Iconografía

La iconografía es el sistema de señales visuales que orienta al jugador dentro del mundo del juego. Su función es comunicar información esencial sin interrumpir la experiencia. En el núcleo de esta comunicación visual están los marcadores de misión. Son los iconos que señalan objetivos, indican ubicación y muestran el estado de progreso.

Es común ver a un PNJ con un ícono flotando encima. Por uso y costumbre, si es un «?» querrá significar que se puede preguntarle algo, un «!» que tiene una misión para dar o algo para vender. Es importante usar íconos universales (reconocibles en todo el planeta), y los más usados en el género que estemos desarrollando. Un ícono que no se entiende genera problemas.

Por otro lado, ojo con el tamaño y el color. Los íconos más importantes o los más usados deberían destacar sobre los demás, y estar cerca de donde el jugador mueve más tiempo su mouse (en una PC), sus dedos (en una pantalla táctil) o sus ojos (en VR). El color tiene que resaltar —siempre es buena idea que tenga un borde blanco o negro más o menos grueso, para «despegarlo» de la pantalla— y ser coherente con el tipo de acción que produce. Por ejemplo, si es para atacar podría ser rojo, porque si fuera verde o celeste no parecería coherente con su función.

Hay que evitar los íconos con texto, no solo porque se verán diminutos en la mayoría de las pantallas, sino porque haría necesario traducirlos (la mayoría de los juegos se publican en varios idiomas). Todo lo que se pueda comunicar mediante signos y señales, es bueno. Dejemos los textos para otra cosa siempre que sea posible.

Los puntos de interés también caben en el mismo concepto. Un ícono de lupa puede indicar áreas explorables, un librito lugares con información crucial, un engranaje podría señalar zonas interactivas o con elementos modificables. La simplicidad es la clave: cada símbolo debe ser comprensible en un vistazo.

Además de usar iconografía universal, del tamaño y color correctos, otras recomendaciones son: 1) mostrarlos solo cuando sea necesario o de acuerdo con el contexto, siempre siguiendo la idea de mantener la pantalla de juego lo más limpia posible, 2) agruparlos por categoría y función, 3) como todo elemento del HUD, dar señales visuales y auditivas cuando el jugador los toca, y 4) ¡no poner tantos que la pantalla quede tapada de íconos! En aquellos juegos que necesitan muchos, como los de estrategia o de rol, es buena práctica permitir que el jugador los agrupe y organice a su gusto, como en *World of Warcraft*.

La interacción con el entorno también se comunica mediante iconografía y hace que todo se sienta más intuitivo. Un botón parpadeante cerca de una puerta, un símbolo de diálogo sobre un personaje no jugable, o un ícono de recolección junto a un objeto.

Logros e insignias

Desde los tiempos de Xbox, allá por 2001, se popularizó el concepto de logro o «achievement», así como el de insignia o «badge». Como sabemos, los logros son recompensas que aparecen por unos segundos en pantalla cuando el jugador cumple con ciertas condiciones, como recorrer un lugar, liquidar tanta cantidad de bichos o encontrar algo. Estos «logros», tras mostrarse unos segundos en medio del gameplay, se guardan en una sección especial de la interfaz. El jugador puede navegar hasta esa sección, donde ve una lista de los logros obtenidos, y de aquellos por obtener. En general, los que todavía no se consiguieron están grisados, y puede que indiquen cómo obtenerlos. Otro tanto son «sorpresas» y recién aparecen listados cuando se han conseguido. Esta es una forma de incentivo para que el jugador haga ciertas actividades que quizás de otra manera no haría, como las misiones secundarias o la búsqueda de trofeos. Su fin último es mantener enganchado al jugador para que juegue más tiempo.

Los logros son una recompensa en sí mismos, pero además pueden dar premios adicionales, como puntos de XP (experiencia) y dinero virtual. Este último es para que el jugador gaste en la tienda interna del juego, por ejemplo, comprando un vehículo, una mascota o un sombrero a la última moda (?). Los puntos de experiencia sirven, como sabemos, para subir de nivel al PJ (ver el elemento progresión en «Relación con la estructura lúdica» en el *Cap. I* de este libro).

A veces, querremos tener en el juego grupos o colecciones de logros, incluso anidados y separados por categoría. Cierta combinación de logros quizás dispare un logro especial, o desbloquee un nuevo árbol de logros. Es mucho lo que se puede hacer con este tema.

Los logros van a parar a esa sección especial de la interfaz, como si fueran figuritas coleccionables (con idéntica fuerza de atracción psicológica) y el jugador tiene que ir hasta ahí para «reclamar» los premios adicionales que trae cada logro (no se entregan cuando aparece el logro en el gameplay). Tanto al obtener los logros como al reclamarlos, vamos a disparar toda clase de trompetitas, banderines, papelitos de colores y partículas. ¡Se festejan fuerte!

Las insignias, en tanto, no ofrecen premios adicionales, son mucho más simples, muy visuales y funcionan como una suerte de condecoración por hacer algo extraordinario. También son coleccionables y tienen su sección en el menú. A menudo, ambos sistemas conviven.

Menús

A veces, no le damos importancia a los menús de un juego hasta último momento, lo que constituye una especie de mini-error (?). Esto se debe, sin duda, a que casi hasta el fin del desarrollo no tenemos una visión global de cómo quedó, o no decidimos el logotipo final, o no tenemos la música definitiva, blah. Otro error no-tan-mini es cuando el que se encarga de los menús no sabe de diseño gráfico (¡por Cthulhu, que nunca se encarguen los programadores ni los ilustradores del diseño gráfico!). Más terrible todavía es cuando nadie del equipo tiene ni idea de UI y UX, ciencias oscuras nacidas el siglo pasado, pero que diez años atrás se volvieron imprescindibles en el mundo del desarrollo de software y todavía no hay tantos expertos dando vueltas por ahí.

Entonces la idea es que no dejemos los menús para lo último, y que sean parte integral del concepto, del diseño estético y del tono del juego. Si bien esto no es de la responsabilidad del LD, hace a la presentación y en muchos casos será su tarea, en particular cuando el equipo es pequeño y sin posibilidades de contratar especialistas.

Algunas de las primeras cosas que ven los jugadores al iniciar un juego es el menú principal. Tiene que ser un bombazo. El juego debe llegar a su cita bien peinadito, de saco y corbata y con las uñas limpias. ¡Que dé ganas de jugar! ¡Que sorprenda! ¡Que traiga bombones!

Y bueno, aquí aplica lo que venimos diciendo sobre todo el proceso: el diseño de los menús no es solo una cuestión estética, sino principalmente funcional. *La forma siempre sigue a la función.* Así que antes de ponerlo lindo es buena práctica diseñarlo, por ejemplo, en Figma o software parecido, y recién una vez que lo tengamos andando y testeado con todas sus funcionalidades, se lo mandaremos al diseñador gráfico (de ahí pasará a manos del programador o editor del engine). Como regla general, ningún elemento del menú debería tener una profundidad mayor a dos pasos, tres como máximo. Nos referimos a cuando un botón del menú lleva a otro submenú en otra pantalla, y a su vez ese lleva a otro. Después de dos submenús, el jugador se pierde y no sabe lo que estaba buscando.

Hay que vigilar la rapidez de carga. El hardware actual permite que esta pantalla inicial se presente en fracciones de segundo, minimizando la espera. La optimización de recursos gráficos y la estructura del código que sostiene el menú principal determina su rendimiento. Una programación modular facilita futuras modificaciones, una gestión eficiente de la memoria previene problemas de rendimiento o bloqueos.

La navegación del menú depende de su intuitividad (la capacidad de comprender las cosas de forma inmediata, sin necesidad de razonamiento). Los elementos deben organizarse de manera clara y sistemática. La distribución de los botones, su tamaño, tipografía y ubicación espacial son determinantes.

La adaptabilidad a diferentes dispositivos de control representa otro aspecto técnico. Un menú principal debe responder de manera homogénea a mandos de consola, mouse, teclado o pantallas táctiles. Esto implica programar sistemas de selección y confirmación que sean consistentes con independencia del método de entrada. Y siempre, recordemos, tiene que estar preparado para la selección de idioma.

Pantallas auxiliares

Son las pantallas de configuración, pausa, créditos, carga de nivel, estadísticas de la partida, game over, etc. Cualquier juego suele tener todas estas, que, como en el caso del menú principal, es un elemento al que se le presta poca atención hasta último momento. A la mayoría de estas pantallas se llega mediante los menús, tanto desde el principal como desde la pausa. Esta última, además de detener el gameplay, tendrá botones que lleven hacia otras funciones. Es un atajo que evita que el jugador deba salir de la partida para grabar su progreso o alterar alguna configuración, como el nivel de dificultad, la sensibilidad del control, el volumen del juego o el idioma. Es decir, la pantalla de pausa es tan importante como la frontal o «carátula» donde está el menú principal.

Algo que también debe ser accesible desde la pantalla de pausa es la ayuda para los controles, qué botón hace qué y, por supuesto, cualquier otro elemento que sea necesario y útil en medio del gameplay. Es obligatorio —muchos publishers lo exigen— mostrar la imagen de un mando con indicaciones de qué funciones cumple cada botón.

Lo que está bien poner afuera de la pantalla de pausa pueden ser el acceso a los créditos, la web oficial y redes del juego o del publisher, las fichas de personajes desbloqueados, las enciclopedias con información del lore y el material extra como los logros y otros coleccionables. O sea, todo lo que no es directamente necesario para jugar. No hay reglas sobre esto, se trata de facilitarle la navegación y disfrute al jugador.

Las pantallas de carga entre niveles, por otra parte, pueden mostrar consejos de gameplay («Las cáscaras de banana hacen resbalar a los guardias»), además de imágenes inspiradoras —para lo que podríamos aprovechar el arte conceptual que se hizo en preproducción agregándole algunos brillitos— y otros elementos como estadísticas, mapas o fragmentos del lore. Es importante que las pantallas de carga siempre muestren alguna animación, como un ícono saltarín, para que el jugador sepa que el motor no se congeló y sigue cargando datos.

¡Menús y pantallas asisten, nunca son el objetivo del gameplay!

EL SAVE QUE HACE TRAMPITA

La frecuencia con la que permitimos salvar la partida al jugador impacta en la experiencia de juego. Si se puede en todo momento, es probable que el sistema termine siendo usado como un mecanismo de progresión. Se puede evitar colocando los save points en lugares específicos del nivel, en especial antes de un encuentro difícil. El jugador solo podrá salvar allí.

Siempre deberíamos proporcionar varios «slots» para grabar, y tener activa una función de auto-save que podemos colocar en tramos calientes del juego o activar cuando el jugador lleva mucho tiempo sin guardar.

UI / UX en Level Design

Un buen diseño de niveles no puede existir en aislamiento: necesita de una Interfaz de Usuario (UI, por sus siglas en inglés: *User Interface*) y una Experiencia de Usuario (UX, *User Experience*) que guíen, informen y mejoren la interacción con el espacio. La combinación equilibrada entre ambas disciplinas y el diseño de niveles asegura que el juego sea funcional y eleva la percepción del jugador.

Es importante distinguir entre la interfaz de usuario (UI) y la experiencia de usuario (UX), dos conceptos relacionados pero distintos. La UI se refiere a los *elementos visibles e interactivos* que el jugador utiliza para interactuar con el juego, mientras que la UX abarca la *experiencia general* al interactuar con el juego. Ambos son fundamentales para construir la conexión entre el jugador y el juego. Veamos esto con más detalle.

La UI se refiere a los elementos visuales, interactivos y auditivos que actúan como el medio de comunicación entre el jugador y el juego. Esta incluye menús, HUD, íconos, barras de progreso, mapas, y cualquier recurso visual que proporcione información esencial, y es lo que vimos en este capítulo.

Por otro lado, la UX abarca cómo se siente el jugador al interactuar con el juego en su totalidad. A diferencia de la UI, que se centra en los elementos visuales y tangibles, la UX busca comprender y optimizar la relación emocional y cognitiva del jugador con el juego. Es una disciplina que estudia la accesibilidad, el flujo de información, la frustración o satisfacción del usuario, y la coherencia en la interacción.

En el diseño de niveles, la UX es fundamental:

- Un buen nivel guía al jugador de forma natural, utilizando pistas visuales o mecánicas que promuevan una progresión intuitiva.
- La UX asegura que el desafío de un nivel sea justo y comprensible, evitando que el jugador se sienta perdido o abrumado.
- La experiencia del jugador mejora cuando el diseño de niveles y la UX trabajan en armonía para contar una historia sin necesidad de diálogos o textos explícitos (ver «Narrativa ambiental» en el *Cap. I*).

Un ejemplo icónico de UX efectiva en diseño de niveles es uno de nuestros favoritos, *Dark Souls*. A pesar de su dificultad, los niveles están diseñados para guiar al jugador de manera subconsciente a través de la arquitectura y los enemigos colocados estratégicamente, lo que facilita el aprendizaje gradual de las mecánicas. En el *Level V* veremos en detalle estos conceptos.

Simbiosis entre UI y UX

La simbiosis entre UI (Interfaz de Usuario) y UX (Experiencia de Usuario) marca la diferencia entre un nivel memorable y uno mediocre. Mientras que la UI se encarga de proporcionar información clara y accesible en tiempo real, la UX asegura que la interacción del jugador con el entorno sea intuitiva, fluida y placentera. Esta integración efectiva no solo mejora la funcionalidad del juego, sino que también potencia la inmersión y la satisfacción del jugador. A continuación, algunos ejemplos prácticos de cómo esta simbiosis se aplica en el diseño de niveles.

Un ejemplo destacado es el uso de señalización visual para guiar al jugador sin recurrir a tutoriales invasivos. En juegos como *Portal*, las señales visuales —como líneas de colores, luces y marcas en las paredes— actúan como pistas sutiles que orientan al jugador hacia soluciones lógicas. Este enfoque combina UI y UX al proporcionar información necesaria (UI) mientras fomenta una experiencia de descubrimiento natural y gratificante (UX).

Otra técnica es la minimización del HUD, donde la información se integra directamente en el entorno. Por ejemplo, en *Dead Space*, la salud del protagonista se muestra mediante una luz en la columna vertebral de su traje, eliminando la necesidad de un HUD tradicional. Esto no solo reduce la distracción visual, también aumenta la inmersión al mantener al jugador sumergido en el setting.

Los tutoriales naturales son otra manifestación de esta simbiosis. En lugar de interrumpir la acción con instrucciones explícitas, el diseño del nivel mismo enseña mecánicas clave de manera orgánica. Un caso icónico es el primer nivel de *Super Mario Bros.*, donde la disposición de los elementos en pantalla introduce al jugador a las bases del juego (saltar, correr, pisar tortuguitas) sin necesidad de explicaciones verbales. Aquí, la UI está implícita en el diseño, mientras que la UX se beneficia de la fluidez y naturalidad del aprendizaje.

Finalmente, el flujo y ritmo del nivel también están influenciados por la UX. Juegos como *Celeste* equilibran secciones en extremo desafiantes con momentos de calma donde el jugador puede recuperarse emocionalmente. Este balance entre tensión y descanso crea una experiencia más satisfactoria y cohesionada. La distribución de estos elementos refleja una correcta planificación de la progresión y dificultad, aspectos que exploraremos con más detalle en el *Capítulo XIII*.

«Affordances» en el diseño de niveles

Los principios de *affordance* —algo así como «sugerencia de uso»— popularizados por el diseñador Donald Norman en su libro *The Design of Everyday Things* (1988) proponen que los objetos e interfaces deben sugerir intrínsecamente su funcionamiento, reduciendo la necesidad de instrucciones explicativas. Un botón debe parecer presionable, un enlace debe indicar su interactividad, creando una comunicación intuitiva entre diseño y usuario.

Las *affordances* orientan al jugador de manera intuitiva dentro del entorno del juego. Este concepto fue introducido por el psicólogo James Gibson en el marco de la percepción ecológica[76] —no en el sentido moderno de cuidado del medio ambiente, sino de «ecología» como el

---

[76] Gibson, J. J. (1979). *The Ecological Approach to Visual Perception*. La **psicología ecológica** se aparta de las teorías tradicionales de la percepción que decían que el cerebro construye una imagen del mundo a partir de datos sensoriales fragmentados (como en la psicología cognitiva clásica). En cambio, Gibson propuso que la percepción es un proceso activo y directo: los seres humanos (y otros animales) captan información del entorno en función de lo que este les permite hacer. Es decir, no solo «vemos» objetos, sino que percibimos sus posibilidades de interacción basadas en nuestras capacidades y el contexto. Una rama baja de un árbol no solo se ve como un objeto: un mono la percibe como «trepable» y un humano como «agachable».

estudio de las relaciones entre los organismos y su entorno—, pero fue Donald Norman quien lo popularizó y lo adaptó al diseño de interfaces y objetos interactivos. Por extensión, resulta muy útil para el diseño y desarrollo de videojuegos.

Un buen uso de las *affordances* elimina la necesidad de tutoriales o instrucciones explícitas, permitiendo que el jugador comprenda de forma natural qué debe hacer. Ejemplos:

- **Plataformas y saltos**: una plataforma saliente en un nivel de *Super Mario* sugiere implícitamente que el jugador debe **saltar** hacia ella. La diferencia de altura entre dos superficies indica que una es alcanzable mediante un salto.
- **Puertas y rutas**: una puerta entreabierta sugiere que se puede **abrir** o atravesar. Un camino iluminado o con menos obstáculos sugiere la **dirección correcta** para avanzar.
- **Objetos interactivos**: en *The Last of Us*, las cajas con marcas de uso desgastadas sugieren que pueden **moverse** para resolver un puzzle.
- **Colores y señales visuales**: en juegos como *Mirror's Edge*, los objetos o rutas interactuables suelen estar resaltados en **rojo**, lo que indica al jugador que puede **subir, saltar o interactuar** con ellos.
- **Pistas ambientales**: en *Dark Souls*, la colocación estratégica de cadáveres o manchas de sangre sugiere **peligro** en una zona determinada.

>>>>>>>>>>>>>>>>

¡BIEN! ¡BIEN! ¡HAS LLEGADO HASTA AQUÍ! Lo que viene a continuación es un compendio de conceptos fundamentales sobre estructuras arquitectónicas.

Nos pareció necesario comprender cómo se fueron construyendo los edificios en diferentes períodos históricos, cómo son posibles, qué materiales los sostienen, qué función cumplen. Entendiendo estos fundamentos de la arquitectura, los niveles que hagamos se verán creíbles (¡y también increíbles!).

LEVEL IV

ESTRUCTURAS ARQUITECTÓNICAS Y ESTILOS

LAS FORMAS DE CHIMALPOPOCA EL BRUTO

El estilo es una unidad de principios
que anima todas las obras de un período
y que caracteriza una civilización.

Le Corbusier

X

Estructuras y estilos arquitectónicos en la Historia

Principios, el fuego y la caverna. Estructuras primitivas: el cono, el triángulo, el domo. El dintel y la bóveda. La aldea. La ciudad. Los monumentos. Arquitectura megalítica. El secreto de las pirámides. Las columnas. Órdenes clásicos. Arcos y bóvedas. El mundo antiguo. Los templos. El ocio de los pueblos. La basílica. Iglesias paleocristianas. Edad Media. Arquitectura bizantina. El románico. El gótico. El Islam. Los castillos. Renacimiento. Barroco. La revolución de la pólvora. Siglos XVIII y XIX. Historicismos. Acero, cristal y hormigón armado. Siglo XX. El estilo internacional.

EN LOS PRINCIPIOS DE LA HISTORIA, LOS HUMANOS NOS REFUGIÁBAMOS EN ALEROS MONTAÑOSOS, en las entradas de cavernas o bajo un frondoso árbol. Pero el verdadero cobijo llegó cuando dominamos el fuego. El fuego durante siglos organizó el espacio de nuestras viviendas, nos brindó seguridad porque alejaba a las fieras, nos dio luz cuando todo estaba oscuro, nos calentó en los tiempos gélidos, y con él pudimos cocer alimentos que crudos eran difíciles de digerir. Además, y no menos importante, generó un espacio de socialización. ¿Quién no se quedó hasta tarde fascinado con las llamas de una fogata? ¿Quién no escuchó una historia bien contada alrededor del fuego en un campamento estudiantil o tocó la guitarra y cantó junto al fogón con amigos? Desde los albores de la humanidad hasta hoy, hay cosas que apenas si cambiamos.

En español, la palabra *hogar* designa tanto el lugar donde crepita el fuego en las cocinas y chimeneas como el espacio acogedor de la propia vivienda. Durante mucho tiempo el hogar fue ese espacio que se generaba alrededor del fuego.

Aún éramos peludos seres errantes tras la búsqueda de alimento cuando empezamos a crear refugios construidos por nuestras manos. Eran construcciones simples, armadas con elementos encontrados en el lugar, fáciles de hacer y que resolvían problemas concretos, como guarecernos de la lluvia o la nieve, del viento y del sol abrasador. Se abandonaban o desmontaban en poco tiempo, cuando el grupo se trasladaba a otra zona en busca de sustento.

Las primeras eran en forma cónica. Consistían en una estructura de palos, cañas o varillas dispuestas en círculo formando la planta y en el extremo superior se juntaban y se ataban con tientos o cuerdas. Los vacíos que quedaban entre los troncos eran rellenados con cueros, hojas, pajas, etc. Se ingresaba por una abertura lateral y el centro del interior era el lugar destinado al fuego. Los *tipis* de los pueblos nómades de las Grandes Llanuras de América del Norte responden a esta tipología de vivienda, para dar un ejemplo que pervivió hasta hace poco tiempo.

Otras fueron construidas a partir de la forma triangular. Una sucesión de triángulos hechos con troncos que se ataban en el extremo superior a un travesaño. La forma resultante era parecida a una carpa de camping de tipo canadiense.

Y la otra estructura usada, más compleja, era en forma de domo. De planta circular, se precisaba combar las maderas de la estructura que podían ser cañas o troncos flexibles. Requería de un saber constructivo más desarrollado. Esta estructura primitiva es la misma de los *iglú* esquimales, con la salvedad de que estos son construidos con bloques del elemento que más abunda en el lugar, el hielo.

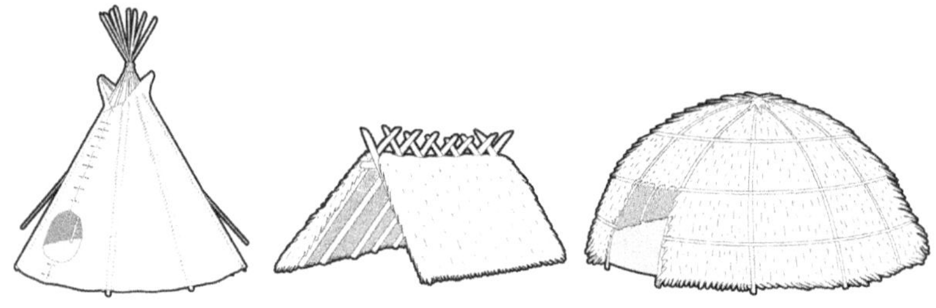

Estas tres estructuras, recuerden, el cono, el triángulo y el domo, no desaparecerían: con el avance de la labor arquitectónica se irían complejizando. En este estadio evolutivo no había diferenciación entre techo y pared o, dicho más correctamente, entre cubierta y muro. La vivienda era un techo continuo en plano inclinado. Lo bueno es que permitía drenar con facilidad las precipitaciones, lo malo es que no se podían abrir ventanas (¡entraría la lluvia!); por ende, eran oscuras, mal ventiladas y de poca altura.

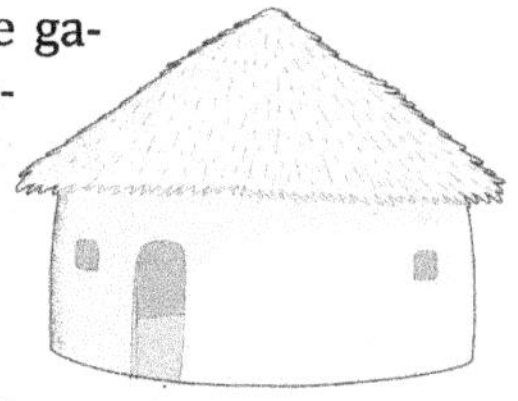

Con el desarrollo de la agricultura y la cría de ganado, los humanos creamos asentamientos más estables. No íbamos ya detrás de nuestra comida, sino que la generábamos. En ese contexto de mayor sedentarismo, surge una gran invención: la pared. Solía ser de barro o piedra. Este nuevo elemento permitió construir viviendas más confortables. El muro, al elevar la altura del techo, posibilitó que deambuláramos erguidos por todo el espacio interior, al mismo tiempo que facilitó abrir ventanas que aportaban luz y oxígeno a la casa. El problema era que la pared debía soportar el peso de la techumbre y este tipo de cargas tiende a empujar los muros hacia afuera, con riesgo de colapsar. Es por esto por lo que esas chozas tenían ventanas y puertas pequeñas, mientras que la superficie de las plantas tenía poco diámetro.

Todo mejoró cuando se pudo desarrollar mejores herramientas: pasar de la Edad de Piedra a la Edad de los Metales, por ejemplo, nos permitió construir hachas. Esto implicó que dejáramos de fijar con ataduras los troncos de la cubierta de nuestra choza para apoyarlos en los muretes y empezáramos a trabajar la madera de modo tal que las piezas se ensamblaran entre sí. Pudimos crear la estructura de la vivienda a modo de esqueleto —vigas, tirantes y pilares— e independizarlas del cerramiento —techo y paredes— de forma que los muros de barro, piedra o madera ya no sostuvieran el peso de la estructura. El resultado fue más cantidad y más amplitud de puertas y ventanas, la posibilidad de construir más de un piso, más altura, etc.

Todas estas cosas sucedieron en lapsos enormes, miles y decenas de miles de años. Hay regiones cuyos pobladores obtuvieron mejoras técnicas mucho antes (¡muchísimo antes!) que otros grupos humanos instalados en otras zonas. La evolución es terriblemente despareja. Estamos haciendo una síntesis dramática, generalizando procesos muy complejos. Hecha esta aclaración, pensemos que, a la par que se experimentaba con la forma de construir las viviendas primitivas, nuestros antepasados entendieron que un elemento horizontal apoyado encima de dos elementos verticales de similar altura resulta en una estructura estable.

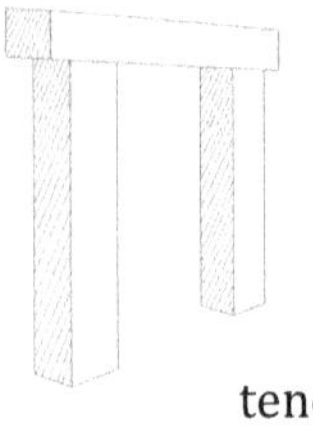

El concepto de *dintel* y el *adintelado* es otra forma de construir que se desarrolló relativamente temprano. Pero detengámonos en cómo funciona un dintel. Los elementos verticales (pilares o jambas) soportan la carga horizontal (dintel) y se genera un espacio entre ellos (por ejemplo, para colocar una puerta o una ventana hay que tener un dintel). El dintel podía ser una pieza de piedra o madera. A diferencia de los techos inclinados de las chozas, la carga perpendicular del dintel no tiende a empujar hacia afuera los muros porque descarga la fuerza de forma perfectamente vertical. ¡Por eso no se cae! Dinteles hay en la arquitectura megalítica de los *crómlech* (¡hola, Stonehenge!) y los *dólmenes*. La arquitectura que cubre sus espacios empleando la estructura del dintel se llama construcción adintelada.

Pero el dintel no sería la única solución. En algún momento un poco más avanzado de la invención humana, surgió otra novedad: el *arco*. Al igual que el dintel, salva un espacio abierto entre dos pilares o muros, pero se diferencia en que está construido por varias piezas de piedra, adobe o ladrillo dispuestas formando diversos tipos de curva. El peso del arco no descarga verticalmente como el dintel sino de forma oblicua y crea empuje en los apoyos. Las piezas o bloques de los que se compone el arco se llaman *dovelas* y se mantienen unidas por compresión: hay una serie de presiones, apoyos y descargas que hace que se mantengan en su lugar (es decir, magia).

Hay diferentes formas de arcos. Lo más probable es que el primero haya sido el de medio punto (semicircunferencia). Con el tiempo, se ha jugado con las curvas para obtener figuras más caprichosas o mejorar la distribución de las cargas (como en la arquitectura gótica). Una edificación cuya cubierta se forma por traslación en el espacio de una sucesión de arcos iguales se llama *bóveda*. La bóveda resultante de proyectar una serie de arcos de medio punto se llama *bóveda de cañón*. Así como hablamos anteriormente de construcción adintelada, en este caso la llamaremos construcción abovedada.

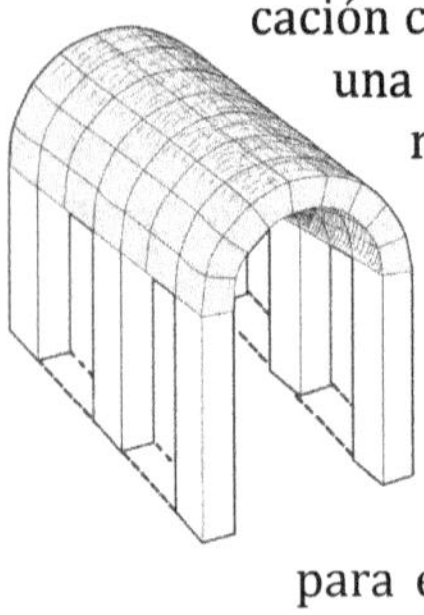

La idea no es que se atraganten con terminología arquitectónica sino hacer foco en algunos términos y conceptos que son elementos básicos y relevantes para entender la estructura y el espíritu de edificios que luego tendremos que simular en un videojuego u otro espacio virtual.

Aldeas y ciudades

Por un rato dejemos de lado la cuestión de la construcción de edificios y concentrémonos en los constructores. Sabemos que, a medida que la humanidad evolucionaba, iba modificando su hábitat. Pasó de refugiarse en lugares que la naturaleza proveía a armar viviendas, de una vida nómade a establecerse en asentamientos temporarios, hasta que, finalmente, al dominar la técnica de la cría de animales y la domesticación de plantas comestibles, los asentamientos se volvieron permanentes. Surgieron pequeños poblados que no solo mejoraron la calidad de sus chozas hasta convertirlas en viviendas cómodas, sino que organizaban el espacio comunitario.

Imaginemos cómo era una aldea. En principio, estaría cercana a una fuente de agua que hiciera la vida posible. Un manantial, un río, el mar, un lago o laguna, una cascada, un pozo o una acequia. Sin esa condición no podría establecerse un poblado.

Las casas de los aldeanos serían aledañas a sus tierras de labranza y a sus corrales. Si la aldea fuese muy primitiva aún no habría campos cercados, ya que las tierras eran comunales. A esa manera de organizarse se la llama sistema de *campos abiertos*: los terrenos eran de uso común, pero se dividían en franjas que eran asignadas a los individuos para que las exploten para su beneficio personal. Con el tiempo, en un largo y lento proceso, los campos de cultivo fueron delimitándose con cercos o vallas y la gestión y propiedad pasó a ser exclusivamente individual. Al menos, es lo que ocurrió en Europa.

También habría tierras destinadas al pastoreo, alejadas de los cultivos de modo tal que el paso de los animales no los afectara. Probablemente, un bosque o monte en las cercanías garantizaría madera para combustión y material constructivo y un extra alimentario como piezas de caza, bayas salvajes, miel y hongos comestibles que mejorarían la dieta de los aldeanos. ¡Bueno, dan ganas de jugar *Age of Empires*!

El tipo de agricultura que se practique en un lugar dependerá del clima, la geografía y la época histórica, de qué cereales y qué tipo de frutos se cosechen. Seguramente, en una zona donde vengan bien los manzanos no se den bien los ananás. En alguna comunidad tecnológicamente más avanzada puede que se empleen artefactos como el arado y animales de tiro. En algún momento, llegará la gran invención de la rueda que revolucionará las comunicaciones entre poblados, acortando las distancias y permitiendo el intercambio de bienes excedentes. De esta forma, las mejoras técnicas harán que la aldea evolucione partiendo de una economía de subsistencia basada en la explotación agrícola, a generar productos comerciables.

En general, las primeras grandes urbes fueron consecuencia de una actividad comercial intensa. A partir del 3000 a.C. empezaron a desarrollarse las primeras culturas urbanas en la Mesopotamia y en Egipto. *Ciudad* no solo refiere a la magnitud de una población respecto de la de una aldea. La existencia de una ciudad nos habla de una sociedad que se ha complejizado, se ha organizado, se ha jerarquizado. Nos contará de la existencia de un Estado y de una capa social encumbrada que administra las cuestiones públicas.

La base de la pirámide social realizará los trabajos agrícolas, surgirán capas medias dedicadas al comercio y un sector de funcionarios que sirven al Estado (ministros, cuadros técnicos, soldados). La punta estará representada por el soberano —que a la vez será el sumo sacerdote — y su familia. En casos más avanzados, la élite estará desdoblada en sacerdocio y familia real. Esta configuración de la sociedad se verá reflejada en la ciudad.

*Toda **ciudad** es un reflejo de quienes la habitan.*

Probablemente, la ciudad —al igual que la aldea— estará cercana a cursos de agua y tendrá un área rural dedicada a la explotación de la tierra que la proveerá de alimentos.

Sin embargo, una ciudad —a diferencia de la aldea— va a tener una muralla con un ejército para protegerla. El ejército será sostenido por el monarca. La ciudad será testigo del nacimiento de un nuevo tipo de edificación destinada a las actividades defensivas: la arquitectura militar.

También tendrá un espacio donde reside la autoridad real y su familia: el palacio, que es la vivienda monumental del sumo sacerdote. En cambio, el templo es la morada monumental de los dioses. En los cultos antiguos, a diferencia de los cultos surgidos post cristianismo, el acceso al templo estaba vedado a los fieles. Las procesiones llegaban hasta el portal, allí se depositaban las ofrendas votivas y animales sacrificiales, y eran los sacerdotes quienes intermediaban con el dios puertas adentro. El templo alojaba la imagen del dios (generalmente una escultura) y los altares de sacrificio.

Las jerarquías se van a reflejar también en la manera de representar el paso al más allá. Los enterramientos de las personas importantes tendrán un sentido de trascendencia. Las tumbas reales serán otro tipo de arquitectura monumental. Es decir, las ciudades-estado que surgieron en el período van a aportar a la arquitectura el sentido de monumentalidad, demostración de poderío hacia el exterior y hacia el interior. Este concepto se va a consolidar en el tiempo.

¿Qué otros elementos podríamos encontrar en una ciudad? Probablemente, una plaza central, que no es otra cosa que un ágora pública, donde pueden ocurrir diversas actividades, dependiendo de la idiosincrasia de los pobladores. Sin embargo, la función primaria de ese espacio será el desarrollo del comercio. En todas las ciudades, pequeñas, medianas o grandes, desde la antigüedad hasta hace poco tiempo, la plaza es el lugar del mercado (ver «Para que un pueblo parezca funcional» en el *Cap. XII*). Es bullicio, es entrevero de personas de distintas procedencias y sectores sociales, es regateo de precios a los gritos; allí es donde vuelan las novedades, los chismes, hay unos que hurtan a los distraídos, otros estafan con cálculos mal hechos a sus clientes. Se mezclan varones y mujeres, esclavos, siervos, extranjeros, niños, soldados; allí se compra y se vende todo: frutos del país, productos exóticos, ungüentos medicinales, se ofrece sexo, se escucha a los viajeros, a los poetas y a los comediantes. Es el lugar más variopinto de la ciudad.

Los monumentos

Concentrémonos ahora en otra arista: las edificaciones monumentales. Hablamos de edificios diseñados sin un propósito utilitario, en el sentido de que su intención no es dar solución a una necesidad concreta, como una vivienda o un muro defensivo, por ejemplo. Su motivación primera es producir un hito físico, generar un centro hacia donde se vuelvan las miradas, crear un símbolo. La arquitectura monumental se proyecta magnificente al futuro como testimonio de un presente grandioso, de una excepcionalidad. El monumento trabaja con la premisa de la trascendencia, por eso los materiales con que se construyen son duraderos como la piedra. El monumento dialoga con la eternidad.

Los seres humanos pudimos crear estos símbolos cuando fuimos conscientes de nuestra singularidad como especie, cuando comenzamos a preguntarnos sobre el paso del tiempo y la finitud. Y cuando la capacidad técnica nos lo permitió, quisimos ganar la inmortalidad a través de un monumento, de un símbolo de envergadura.

Puede que el monumento sea la sepultura de un monarca, pero lo que trasciende el tiempo no es la memoria del sujeto celebrado allí sino la obra que la comunidad construyó con esfuerzo y cuyo resultado es reflejo de su sabiduría y valores espirituales.

Arquitectura megalítica. ¡Por tutatis!

Quienes hayan leído la historieta francesa *Asterix*[77] recordarán que el inseparable amigo del guerrero galo y gran catador de jabalíes, Obelix, se ganaba la vida tallando y repartiendo *menhires*. Pero ¿qué es el menhir y qué importancia tiene?

Un menhir es un monumento megalítico consistente en una pieza única de piedra alargada de gran tamaño —puede pesar varias toneladas— que se coloca en seco, de forma vertical, en un hoyo excavado en la tierra y luego relleno para darle estabilidad. Los encontraremos en bruto o apenas tallados con algunos grafismos. Parece algo simple. Sin embargo, el acto de erigir esta gran piedra debió implicar organización y logística, es decir, ya encontrábamos grupos humanos cohesionados, con tiempo, deseo y locura suficiente para encarar semejante empresa: elegir la pieza, transportarla desde grandes distancias a un sitio específico, buscar el método para ponerla en pie.

El megalitismo comenzó a aparecer desde finales del Neolítico, con los grupos plenamente sedentarizados, y persistió hasta la Edad del Bronce. La palabra *menhir* deriva del bretón y designa algo así como «piedra larga». En el norte de Francia, la Bretaña, se encuentran notables ejemplos de menhires, como los alineamientos de Carnac. También existen yacimientos arqueológicos de este tipo como Stonehenge en Inglaterra y otros similares en Escocia, España y Escandinavia.

Imaginemos que hubo un primer menhir erigido por alguien, el menhir primigenio, que señaló un punto y ordenó el espacio a su alrededor como alguna vez lo había hecho el fuego. Habría sido mágico para las personas presentes, la verticalidad es una imagen poderosa y ascensional. Habían creado un hito, un símbolo que, a los fines prácticos, para el día a día, no servía para nada. A ese menhir en soledad, la creatividad humana pronto lo dotó de otros menhires alineados, separados por poca distancia, de modo tal de sugerir agrupamientos. Cuando los grupos de menhires describen un círculo se les llama *crómlech*.

Los crómlech o los alineamientos rectos pueden estar formados por menhires o dólmenes que, como habíamos visto, son la base del dintel:

---

[77] ***Astérix, el galo*** historieta seriada con guion de René Goscinny e ilustraciones de Albert Uderzo, editada por primera vez en 1959 por Editorial Dargaud.

dos elementos verticales cercanos cuyo espacio intermedio es salvado por un elemento horizontal que se apoya en ellos.

La función de estos monumentos es materia de discusión. Algunos suponen que se trataba de enterramientos, otros creen que eran métodos de observación astronómica, otros arrojan que eran lugares de adoración. Fuera la función que fuese, estamos ante creaciones monumentales, cuyos lugares de emplazamiento fueron cuidadosamente seleccionados por los constructores —terrenos planos y abiertos—, lo que demuestra que nuestros antepasados tenían un sentido de lo sagrado y una abierta búsqueda estética.

El secreto de las pirámides

Una de las edificaciones monumentales que vamos a ver repetida en diferentes civilizaciones antiguas va a ser la de estructura piramidal. Este es un tipo de construcción sólida, de base cuadrada o rectangular que se eleva varios metros afinándose en su vértice superior. Estas «montañas» fabricadas por manos humanas eran de piedra o ladrillo, dependiendo de los materiales disponibles en la región. Las que fueron realizadas en piedra han sobrevivido a los tiempos; de las de ladrillo solo nos llegaron vestigios que hubo que reconstruir e imaginar.

La simbología de la pirámide o montaña es la del ascenso desde lo terrenal hacia las alturas celestes, un itinerario hacia lo divino.

Estos edificios eran templos o tumbas y los ejemplos más conocidos de la Antigüedad los encontraremos en la Mesopotamia, Egipto y América.

El zigurat

En la Mesopotamia, una extensa llanura fértil, baja e inundable surcada por los ríos Éufrates y Tigris —territorio en donde actualmente está la República de Irak—, se desarrolló una de las primeras grandes civilizaciones. Sumeria, en la zona sur, fue la que inició el crecimiento de esta región con las ciudades de Eridu, Uruk, Ur, entre otras. La Mesopotamia tuvo varias fases de desarrollo entre 3700 y 539 a.C. y distintos pueblos mesopotámicos lucharon entre sí por la hegemonía. Según la época, habrá dominio sumerio, acadio, asirio, caldeo, etc., para luego disgregarse completamente bajo los imperios medo y persa. Los asentamientos urbanos que más nos suenan son Lagash, Nippur, Nínive,

Babilonia, pero tengamos claro que son ciudades que pertenecieron a distintos pueblos y que cada una brilló en distintas épocas.

La fertilidad de los suelos fue aprovechada por los primeros pobladores sedentarizados, quienes desarrollaron una red de canalizaciones para controlar el impacto de las crecidas y asegurarse un sistema de riego estable.

En Mesopotamia surgieron las primeras formas de escritura (cuneiforme)[78] alrededor del 3200 a.C. No es un tema menor, ya que la posesión de la escritura es lo que hace que un grupo humano ingrese en la fase histórica. Mientras los sumerios «hacían historia», la mayoría de los pueblos aún transitaban su período prehistórico. El desarrollo de la escritura fue un salto tecnológico sin precedentes: permitió el registro y archivo de información y, a la vez, independizó a la humanidad del uso de la memoria para retener información. Desde ese momento, una información podrá permanecer en el tiempo, trascenderá el intervalo de una vida humana. Los humanos podrán despejar espacio de su cerebro para emplearlo en otras cuestiones que no sean memorizar.

La escritura también da cuenta del desarrollo económico al que habían llegado los mesopotámicos, ya que en sus inicios la escritura se la utilizaba para intercambios comerciales, inventarios y asuntos relacionados con lo burocrático.

También en Sumeria se inventó la rueda que, en un inicio, era de madera maciza (sin rayos) y reforzada en el borde con metal. Evidencia de una cultura donde existía un excedente agrícola que se comerciaba más allá de las fronteras de la ciudad. Esto trajo prosperidad económica.

Ese grado de desarrollo material pudo ser logrado por una creciente división del trabajo y especialización. Es decir, con la prosperidad al mismo tiempo se avanzaba hacia una sociedad más jerarquizada: un soberano que oficiaba de sumo sacerdote, un segmento asociado a las tareas de la administración del Estado y al palacio —burócratas, militares y sacerdotes—, un sector mercantil y otro agricultor. Siempre que veamos grandes obras arquitectónicas sabremos que fueron realizadas por culturas que alcanzaron un alto grado de civilización, ya que tuvieron la capacidad de movilizar enorme cantidad de recursos, tiempo y mano de obra para la construcción de un templo, una tumba, un palacio u otros hitos que, monumentos al fin, dejaron testimonio a futuras generaciones. El gran monumento mesopotámico es el zigurat que se yergue gigante y macizo.

---

[78] **Libro III:** ***Memoria del juego*** - «El juego de Sir Woolley» (04). La edición digital se puede consultar en *gamedesignla.com/memoria* (¡usen el buscador del sitio!).

Se dice que el zigurat, en un inicio, era una construcción elevada que almacenaba y protegía los cereales de las continuas inundaciones. Sobre este se asentó la casa del dios, el templo, que cuidaba de la cosecha.

Más tarde se construyeron zigurats cuya función exclusiva era como templo. Construcciones macizas aterrazadas, cuyos diferentes niveles estaban unidos por rampas y escaleras que ascendían hasta la morada del dios, en la parte más alta. Los zigurats eran de adobe, ya que Mesopotamia es una zona arcillosa y la región de montañas de donde extraer piedras está bastante alejada. La tierra arcillosa era el material más económico y fácil de conseguir. A los ladrillos de los muros que recubrían el zigurat se los trabajaba con una cerámica esmaltada y horneada en tonos azules, verdes, dorados que ofrecían mayor protección contra la humedad y la erosión del sol y, a la vez, permitía decorar las paredes con colores e imágenes. El azulejo nace en esta época.

Cada ciudad tenía su dios protector y el templo, como en todas las culturas antiguas, era considerado la morada del dios. No era un espacio pensado para alojar a los fieles, sino que allí residía la estatua de la divinidad y, como venía siendo, solo tenían acceso a ella los sacerdotes, quienes realizaban ofrendas y sacrificios rituales. Nos han quedado algunos vestigios de 32 de ellos y se ha podido reconstruir su estructura y apariencia gracias a los escritos de la época.

El *Zigurat de Ur* (2100 a.C.), destinado al culto del dios Nanna (luna), se presentaba como una planta rectangular (64 x 46 m de lado, aproximadamente) y unos 15 a 21 m de altura, aunque puede que haya sido más elevado. Tenía siete terrazas, el primer nivel era más alto que los demás y en el último se alojaba el santuario. Estaba hecho de ladrillos de abobe pegados por mortero de betún asfáltico.

El *Etemenanki*, la bíblica torre de Babel en honor al dios Marduk de la ciudad de Babilonia, en la época del dominio caldeo, era un viejo zigurat reconstruido durante los reinados de Nabopolasar y Nabucodonosor II entre 626 y 562 a.C. Estos reyes le dieron el esplendor del que hablan las crónicas. Tenía siete pisos de distintos colores, entre 60 y 90 m de altura y una planta cuadrada de 90 m de lado. Desde los primeros zigurats sumerios datados en 2900 a.C. hasta el Etemenanki transcurrieron 23 siglos.

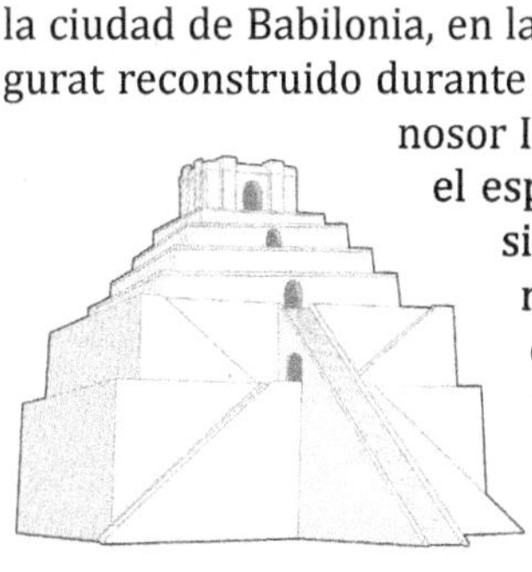

La pirámide

En cambio, para los egipcios, un pueblo también situado dentro de la medialuna fértil, asentado a lo largo del Nilo, las pirámides tenían otra función sagrada: la de sepulcro real.

Las pirámides egipcias tal como las conocemos, de planta cuadrada, paredes planas y vértice superior, tuvieron su evolución desde el período arcaico. La forma inicial era la *mastaba*, cámara mortuoria subterránea sobre la que se edificaba una pirámide trunca de planta rectangular, muros inclinados y techo plano, generalmente en adobe.

Con el tiempo y la consolidación del poder faraónico, comenzaron a erigirse tumbas más espectaculares, como la pirámide de Saqqara, morada final del rey Zoser, alrededor del 2650 a.C. Construida a partir de seis mastabas superpuestas de mayor a menor, daba como resultado una pirámide escalonada. Tenía 60 m de altura, una base de 140 m por 118 m y estaba hecha con bloques de piedra, revestida de caliza blanca extraída de las canteras cercanas. La de Zoser abre el camino a la era de las pirámides.

Una de las primeras pirámides «perfectas» fue la del rey Senefru (circa 2600 a.C.). Se la conoce como la Pirámide Roja porque para su estructura se empleó caliza de ese color; sin embargo, estaba revestida con piedra blanca que fue expoliada y reutilizada en épocas muy posteriores para construir edificios en El Cairo. La base intentaba ser cuadrada (221,5 m x 218,5 m) y su altura era de 104,4 m.

Para 2566 a.C., ya tenemos la Gran Pirámide de Keops, la más grande en su tipo y la construcción más alta del mundo durante siglos: 146,5 m. La base cuadrada es de 230 m de cada lado, construida con piedra caliza y revestida de caliza blanca. Se cree que la cúspide tenía un remate en oro. Está acompañada por otras pirámides de menores dimensiones, como las de Kefrén y Micerino, y por la famosa Esfinge, mitad felino, mitad faraón, que no es un enterramiento.

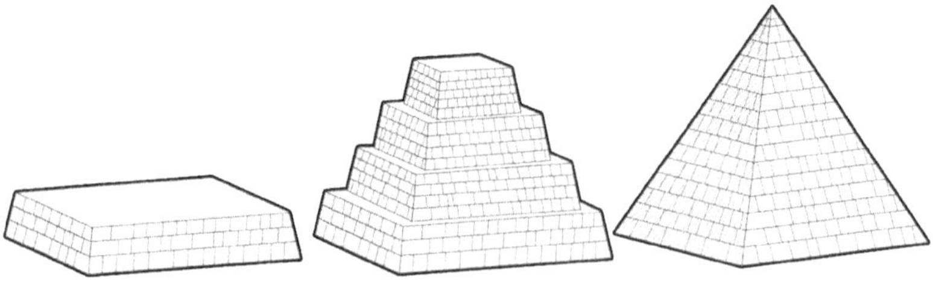

Evolución de las pirámides: mastaba, pirámide escalonada y pirámide lisa.

¿Qué elementos comunes tienen las pirámides, en todo su devenir como mastabas, escalonadas y pirámides perfectas? Como dijimos, son sepulcros de faraones, reinas, príncipes y gente importantísima. Son macizas y están levantadas sobre una cámara sepulcral subterránea, a la que se accede por pasadizos estrechos descendentes; las puertas de acceso a la cámara eran selladas luego de depositar allí el cuerpo momificado. El sarcófago quedaba acompañado de un enorme ajuar funerario —joyas, alimentos, juegos, textos, esculturas, sirvientes y animales momificados— para facilitarle al muerto su vida en el Más Allá. Cuanto más complejas se hacen las construcciones, se van a abrir, además de la cámara mortuoria, otras que suelen estar más arriba y que están en relación con la vida posterior del fallecido.

Las piedras con que se construyeron las pirámides fueron extraídas de canteras cercanas y los bloques más voluminosos se transportaron por el río desde Asuán, 800 km Nilo arriba. Las piedras se unían con mortero (mezcla) de yeso.

Todos los enterramientos se hacían en la vera occidental del Nilo, del lado en el que se pone el sol. Nunca una tumba está aislada, sino que habita en complejos mayores, verdaderas necrópolis: Guiza, Abusir, Saqqara, Dahshur son distintos centros sepulcrales en el área de la antigua ciudad de Menfis.

La estructura piramidal de aristas rectas refiere a un simbolismo solar; la cobertura con piedra blanca permite el reflejo del sol en la planicie desértica; la punta dorada del vértice refuerza el símbolo solar. Las dimensiones gigantescas (poder), los materiales incorruptibles (eternidad), la dirección vertical ascendente que une el cuerpo enterrado del faraón con los cielos (divinidad) también nos hablan de valores que se querían transmitir. El impacto visual de las pirámides, enormes y perfectas, recortadas en la llanura desértica, debió ser subyugante para los pueblos de la Antigüedad (¡también para nosotros!) y ese impacto emocional fue parte del programa arquitectónico faraónico.

Las pirámides fueron un formato de enterramiento usual en el período Antiguo: se lleva una montaña a la planicie para el muerto. Más adelante, en el Imperio Nuevo, se desarrollan los complejos funerarios del Valle de los Reyes y las Reinas, en la orilla occidental cercana a la ciudad de Tebas. Básicamente, cambia el concepto inicial y se opta por el modelo del hipogeo (cavado en la roca). Esta vez, son los muertos los que van hacia la montaña.

Érase una vez en América

América también tuvo sus edificios piramidales. Se dieron fundamentalmente en el área de Mesoamérica, en las actuales Guatemala y México, zona habitada por diferentes pueblos desde el 1200 a.C. hasta la llegada de los europeos a partir de fines del siglo XV: olmecas, teotihuacanos, toltecas, mayas y aztecas, entre otros. Se considera a los olmecas, asentados en las selvas tropicales del golfo de México, como *cultura madre* porque realizaron aportaciones fundamentales a las culturas subsiguientes, tales como organización social, escritura, calendario, culto religioso y patrones arquitectónicos.

Estas culturas fueron avezadas constructoras y, a pesar de la destrucción del tiempo y de la conquista española, han quedado ejemplos magníficos de su dominio de la disciplina. Cuando Hernán Cortés ingresó con sus hombres en 1519 en Tenochtitlán, capital del imperio azteca, se encontró con una urbe sin parangón con ninguna de las existentes en la Europa de la época. Tenía una compleja planificación territorial, con dependencias administrativas, ceremoniales, militares y comerciales, varios grandes mercados con muchísima actividad, y parte de ella estaba construida sobre las aguas del lago Texcoco.

Los monumentos arquitectónicos que aún quedan en pie —que son unos cuantos— nos hablan de ciudades levantadas de manera planificada, con un centro cívico y ceremonial organizado alrededor de una plaza que definía el eje norte y sur. Las ciudades crecían ordenadas alrededor de este núcleo, aunque en algunos casos un crecimiento demasiado caótico fue desorganizando la trama inicial.

Hay que entender que las ciudades mesoamericanas eran una representación simbólica de su cosmovisión. El norte indicaba el mundo de los muertos y el sur el mundo humano. Ahora nos interesa concentrarnos en la forma piramidal americana: el *teocalli*.

El *teocalli* es un tipo de pirámide escalonada coronada en su cima por un templo. Al igual que sucedía con los zigurats mesopotámicos, un templo era la casa del dios. Ingresaban a sus cámaras solo los sacerdotes y algunos miembros de la familia real.

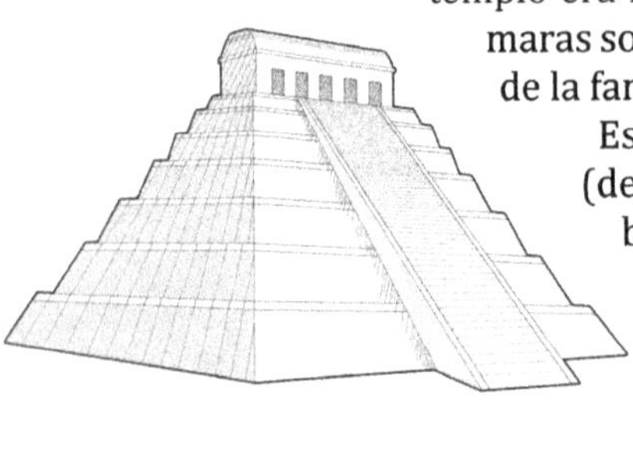

Esta estructura de pirámide escalonada (de plataformas superpuestas) era de base rectangular o cuadrada, y de gran altura. Al templo se accedía por una escalinata central muy empinada. Se construían con piedra caliza, volcánica, arenisca y un tipo de hormigón. Los bloques de piedra del templo estaban tallados en bajorrelieve con imágenes e inscripciones. La cubierta del techo solía ser de madera o cañas, es por eso por lo que no han sobrevivido. La cúspide del templo remataba en una línea continua de ornamentos (crestería) realizados en piedra. Usaban de revestimiento un estuco pintado de colores vivos: ¡eran muy coloridos! El aprecio por el color era tal que, en la actualidad, nos resultarían algo *kitsch*. Esto no pasa solo en América. Todas las culturas antiguas —mesopotámica, egipcia, griega, romana— tienen tendencia al uso del color, tanto en edificaciones como en esculturas. La piedra al natural que vemos hoy es producto de la corrosión del tiempo que lavó los pigmentos.

El ingreso al templo podía tener una o varias puertas rectangulares, a veces terminaban en forma triangular, pero jamás en arco. El arco de medio punto y la bóveda de cañón —y todos sus derivados— no fueron empleados en América. En rarísimas ocasiones había enterramientos dentro de los templos.

Ejemplos destacados de teocalli son el Templo de las Inscripciones de Palenque —la pirámide más grande de Mesoamérica del siglo VII—, el Templo de Kukulkán y el Templo de los Guerreros, también en la zona maya de Chichén Itzá; el Templo del Gran Jaguar en Tikal, la Pirámide de los Nichos en El Tajín, la Pirámide del Mago y la Gran Pirámide en Uxmal; la Pirámide de las Serpientes Emplumadas en Xochicalco, y las Pirámides del Sol y de la Luna en Teotihuacán. ¡Conviene investigarlas a fondo cuando toque diseñar niveles ambientados en ese tiempo y lugar! O, simplemente, para el diseño arquitectónico de edificios futuristas. A tener siempre en cuenta: incluso cuando estemos trabajando ciencia ficción o fantasía futurista, los edificios antiguos resultan una extraordinaria fuente de inspiración, en muchos casos más que los contemporáneos.

Las columnas

Por un rato, alejémonos de la arquitectura monumental (ya volveremos a ella) y analicemos otro elemento fundamental de la construcción humana: la *columna*.

Es un elemento vertical de sostén. Puede sostener cubiertas, dinteles o vigas. También una columna puede tener una función meramente decorativa. En su mayoría están realizadas con varias secciones de piedra apiladas (encajadas por un orificio central o unidas por un mortero) o pueden ser única pieza (monolíticas). Las columnas realizadas en madera, hierro u hormigón suelen llamarse *pilares*. A las columnas que están adosadas a la pared se las llama *pilastras*. Y los *pilotes* son aquellas que sostienen edificaciones sobre el suelo o el agua (palafitos[79]).

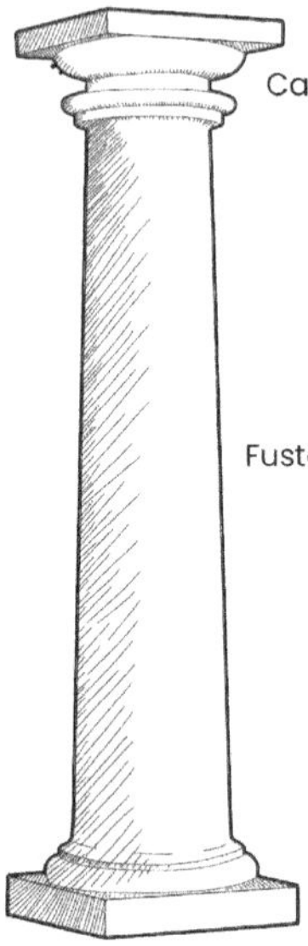

Los romanos iniciaron la tradición de la *columna conmemorativa* que se eleva aislada en el espacio público y en la cúspide se erige la estatua de la persona a quien se quiere celebrar. Tomando de modelo la Columna de Trajano y la de Marco Aurelio en Roma, los siglos XVIII y XIX la adaptaron y la emplearon en sus plazas: Place Vendôme en París, Nelson en Trafalgar Square, Londres, El Ángel de la Independencia en CDMX y Monumento a Lavalle en Buenos Aires.

Formalmente, las columnas se dividen en *basa*, *fuste* y *capitel*. La base y el capitel no son solo ornamentales, sino que mejoran la distribución de la carga que soportan.

Columnas para todos los gustos

Como las columnas son un poderoso elemento ornamental, los constructores desde la Antigüedad han dado rienda suelta a la imaginación para aportarles gracia. Las decoraciones que han gustado se repitieron en diferentes edificios y, con el tiempo, se consolidaron en un estilo.

Empecemos primero por un tipo de columna que se ve bastante en los templos griegos, la *cariátide*. Una cariátide es una escultura femenina cuyo cuerpo reemplaza al fuste en una columna o pilastra. Está vestida con *peplos* — una especie de túnica larga hecha de una pieza rectangular de tela, típicamente de lana, que se doblaba y sujetaba con broches o fíbulas en los hombros, alta moda entre las griegas— y tiene una

[79] Un **palafito** es una vivienda construida sobre estacas o pilotes en cuerpos de agua como lagos, lagunas o zonas costeras. Este tipo de construcción tradicional se utiliza para proteger las casas de las inundaciones y las mareas altas.

pierna adelantada. A la versión masculina de la cariátide se le llama *atlante*. Tanto cariátides como atlantes son esculturas donde se exalta la forma del cuerpo. El ejemplo clásico es La Tribuna de las Cariátides en el Erecteion de la Acrópolis, pero si levantan la vista al caminar por la ciudad que hoy habitan ustedes mismos, verán en algunos viejos edificios muestras de este tipo de columna.

El mundo griego nos legó tres de las columnas que más prensa tienen: la columna dórica, la jónica y la corintia. Vamos a analizarlas con más detalle cuando hablemos de los órdenes clásicos. Y decimos que tienen prensa porque estas tres columnas van a ser reapropiadas por la arquitectura occidental a partir del Renacimiento y estarán presentes en estado puro o en variaciones en cada edificio de alguna importancia hasta la llegada del Modernismo en el siglo XX.

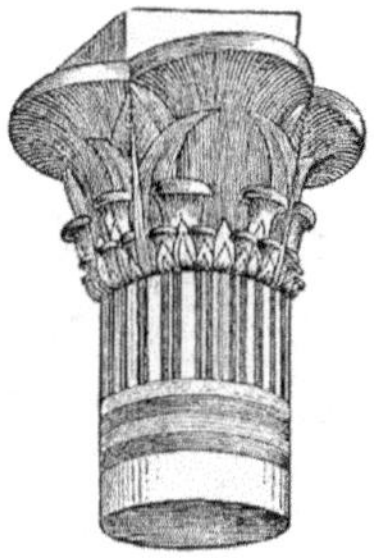

Lotiforme

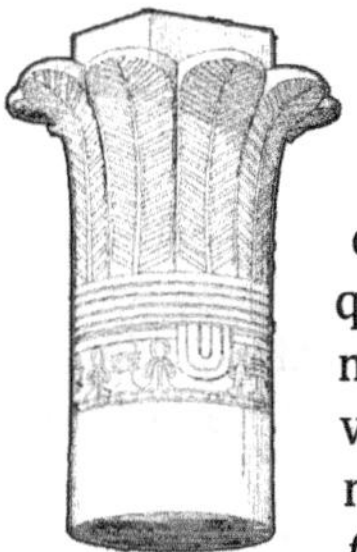

Palmiforme

Sin embargo, hay columnas notables por su forma y belleza en otras culturas, como las egipcias, que son una locura de hermosas. Solían estar dentro de los templos formando bosques de columnas y sus capiteles eran muy variados. Había mucha fantasía vegetal. Los más conocidos son los *lotiformes* (en forma de flor de loto), *papiromorfas* (de planta de papiro), *palmiforme* (de palmera datilera), *hatórica* (con la cabeza de la diosa Hator). El fuste era bastante ancho y robusto, se angostaba hacia la parte superior, podía estar grabado con dibujos o jeroglíficos y, por supuesto, la presencia del color era fundamental.

Podemos identificar las columnas persas del período aqueménida por su capitel bicéfalo o doble animal, en general dos toros (aunque puede haber de grifos, leones, etc.). Están muy trabajadas en toda la superficie, desde la basa hasta el capitel. El fuste es fino y acanalado.

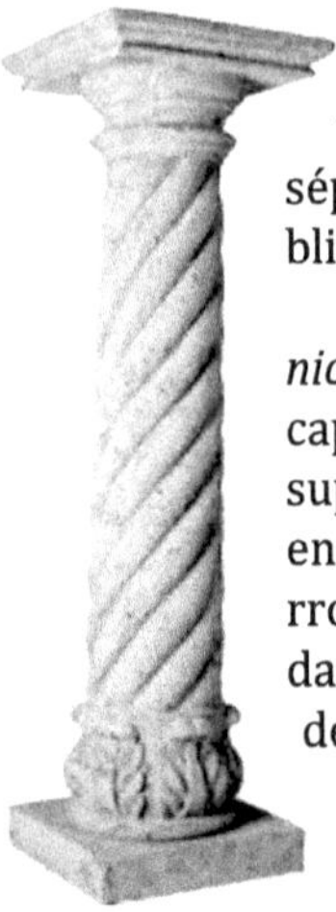

El capitel ocupa más espacio que en otras columnas porque lleva bastantes elementos decorativos. Este tipo de columnas se encontraron en las ruinas de Persépolis y en el Palacio de Darío en Susa, en la actual República de Irán. Modelar esto es todo un desafío artístico.

Otra columna que tenemos bastante vista es la *salomónica*. Su característica es el fuste helicoidal. Tiene basa y capitel corintio o compuesto. Lleva ese nombre porque se suponía que así eran las columnas del Templo de Salomón en Jerusalén. Se usaron muchísimo durante el período barroco —la mayoría de las veces como ornamento y adosadas— porque tienen un gran efecto dramático y sensación de movimiento. Las veremos seguido en construcciones de la América colonial.

Estos son algunos de los tipos más habituales de columnas que vamos a encontrar en distintas épocas, con variaciones más estilizadas, más fantasiosas, incorporando elementos decorativos nuevos o modificando su proporción. Hay una miríada de posibles columnas, tantas como la imaginación de los constructores.

Qué son los órdenes clásicos

Los constructores griegos crearon un sistema formal conocido como *órdenes* que se aplicaba a las edificaciones de la polis. Como dijimos, son los órdenes *dórico, jónico y corintio.*

Se estarán preguntando para qué hacían esas cosas. Tenía que ver con encontrar en la combinación de los elementos arquitectónicos y decorativos un patrón que diera cuenta del ideal estético griego. Los órdenes fijaban buenas prácticas —proporciones, relación entre cada una de las partes y el todo, etc.— que aseguraban un resultado armonioso. Es decir, bello (veremos qué es la belleza en el siguiente capítulo).

En general, se reconoce a cada orden por la forma de su columna y su capitel, pero, en verdad, abarca algunos elementos más. Lo que define un orden es el entablamiento y las columnas. ¡No se asusten!

El *entablamento* es la parte decorada que vemos apoyada en las columnas. Está formado por: a) cornisa, b) friso y c) arquitrabe. Las columnas, ya dijimos, se forman por: a) basa, b) fuste y c) capitel.

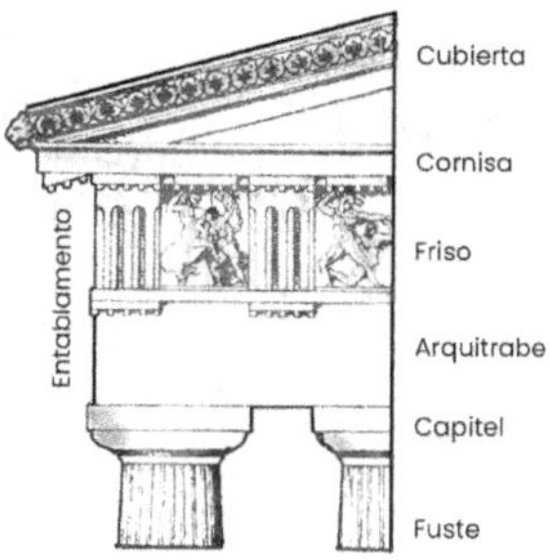

El *dórico* es el orden más antiguo. Queda plenamente definido en el siglo VI a.C. y se extiende por la Grecia Continental y la Magna Grecia (sur de Italia y Sicilia). Luce sobrio y robusto. La columna no tiene basa. El fuste está decorado con 16 o 20 acanaladuras verticales. El capitel se divide en tres partes. El entablamento: cornisa, friso con metopas (espacio para la ornamentación) y triglifos (tres listones) y arquitrabe liso. Ejemplo, el Partenón. Está todo ahí.

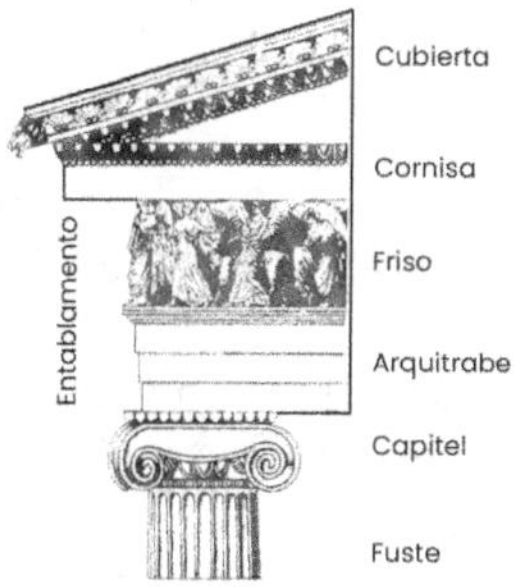

El *orden jónico* surge a fines del siglo VI a.C. y se difunde en el siglo V a.C. Tiene influencia del Asia Menor, ya que se desarrolla en las costas del Mar Egeo y las islas. Esta influencia se percibe en su esbeltez. La columna se apoya sobre una basa y el fuste está decorado con 24 acanaladuras. El capitel tiene dos volutas espiraladas. El entablamento: cornisa, friso sin decoración y arquitrabe con tres listones lisos. Ej.: Templo de Atenea Niké, Acrópolis.

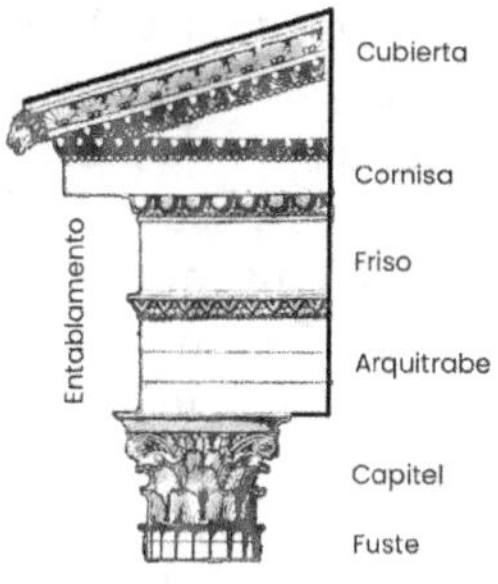

El *orden corintio* es una variación decorativa del jónico. Su auge fue durante la época helenística (la Grecia de Alejandro Magno) y romana. Su fuste es aún más esbelto. El capitel está decorado con hojas de acanto. Ej.: El templo de Zeus Olímpico, Atenas.

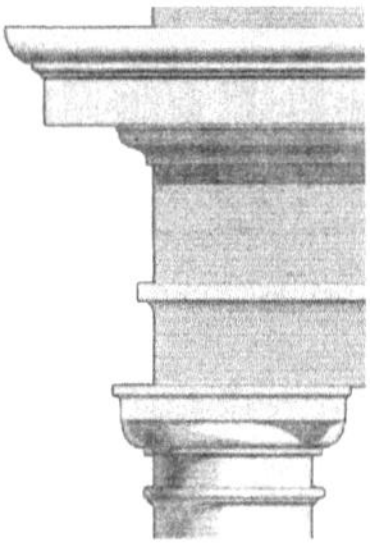

El *orden toscano* es un aporte de la cultura etrusca asentada en las actuales Toscana, Umbría y Lacio de la península itálica. Deriva del dórico —ya que, por la época, estaban influenciados por los griegos— pero lo simplifica. La gran diferencia es que el fuste es liso y se apoya en una basa, y su entablamento no tiene ornamentos. Los romanos, herederos de los etruscos, la emplearon en sus construcciones; a su vez, el Renacimiento retomará su uso de la tradición romana.

Por último, el *orden compuesto* es un aporte romano. En proporciones es similar al orden corintio, pero la basa parece un capitel dórico dado vuelta y el capitel mezcla las volutas del jónico y las hojas de acanto del corintio. Recomendamos buscar imágenes de referencia.

¿Cómo y cuándo utilizar los órdenes clásicos?

Imaginemos un videojuego que transcurre en la Antigua Grecia. Supongamos que se ambienta en la Atenas del siglo de Pericles. En ese caso, convendrá elegir el orden dórico y seguir sus recomendaciones. Si estuviesen en la Grecia post guerras médicas (contra los persas) pueden elegir cualquiera de los tres órdenes griegos. En cambio, en ninguno de los dos casos deberían modelar edificios de orden toscano o compuesto.

Si la acción de su videojuego fuera en la Etruria de Tarquinio el Viejo, nunca deberían emplear los órdenes jónico, corintio o compuesto. En cambio, si la historia fuera en la Roma de Julio César, podrían usar todos los órdenes clásicos.

Siempre tengamos en cuenta que el orden, cualquiera que este sea, se aplica a un edificio y no a toda una ciudad, ¡no sería realista! Pero cuando se aplica un orden a un determinado edificio se deben aplicar siguiendo los preceptos que fija el orden. ¡En especial, si estamos en Grecia! Porque los romanos no se tomaban tan a pecho el tema.

OK, suena a un lío. Pero si queremos que nuestros niveles se vean veraces e históricamente correctos, habrá que investigar. ¡Ánimo!

Los arcos y las bóvedas

Volvamos a un viejo conocido, el arco. Dijimos que el arco es, al igual que el dintel, una de las maneras de salvar un espacio abierto entre dos pilares o muros. Pero con una serie de particularidades: a) su forma curva; b) se compone por varias piezas; c) el peso descarga sobre los pilares de forma oblicua y hace presión en los apoyos. Esto significa que hay que cuidarse de que no se venga todo abajo. ¿Cuáles son sus beneficios respecto del dintel? Logramos más altura y jugamos con la espacialidad, creamos ambientes especiales; en fin, hacemos arquitectura.

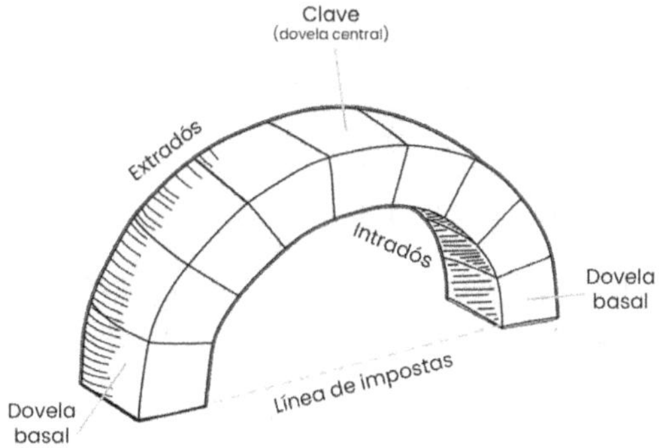

Dijimos también que las *dovelas* son las piezas o bloques que forman el arco y se mantienen unidas haciendo presión unas a otras. Añadiremos ahora que a la pieza central del arco —que muchas veces está decorada— se la llama *clave*. Dovelas y claves pueden ser de adobe, ladrillo o piedra. Otro término para retener es el de *intradós*, que es la superficie interna, cóncava, del arco. La *imposta* es la dovela desde donde arranca el arco (es decir hay dos, una de cada lado). *Flecha* es la altura interior del arco desde la línea trazada entre ambas impostas hasta la clave. La *luz* es la distancia del espacio que salva el arco.

El arco más antiguo es el de *medio punto* (el intradós es una semicircunferencia). Ya lo empleaban mesopotámicos y etruscos, pero lo vamos a ver masivamente y en todo su esplendor en la arquitectura romana. Busquen imágenes del Coliseo, de los acueductos romanos o de los arcos de triunfo.

Pero nos aburrimos de hacer siempre lo mismo así que los arquitectos, ni bien pudieron, empezaron a jugar con las formas del intradós. Y el resultado es un catálogo de arcos para todos los gustos: carpanel, peraltado, escarzano, en herradura visigodo, en herradura califal, apuntados (ojival), elípticos, parabólico, túmido, trilobulado, en cortina, conopial, tudor, entrelazados, y así podemos seguir un buen rato.

Para no desesperarnos, vamos a distinguir cuáles de estos usa cada estilo arquitectónico. Sabemos que los romanos usaron el de medio punto en todas sus variantes. Por ende, vamos a seguir viendo arcos de medio punto tanto en la arquitectura europea después de la caída del Imperio Romano de Occidente, así como en la arquitectura de la parte oriental del imperio, Bizancio. Es decir, tanto la arquitectura bizantina como la arquitectura románica van a usar el arco de medio punto en sus edificaciones.

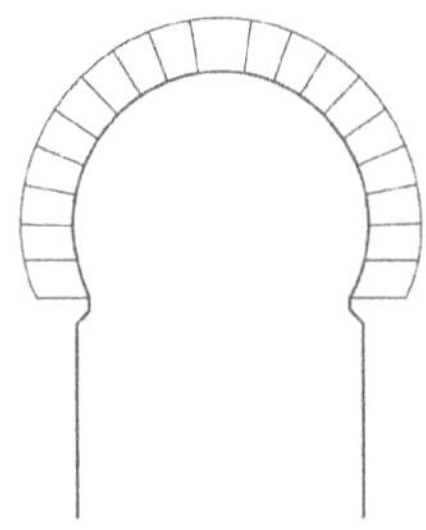

Pero al mismo tiempo, vamos a tener otras búsquedas estéticas. El arco de herradura —que nos evoca genios encerrados en una lámpara y alfombras voladoras— fue usado en edificios de origen visigodo, un pueblo bárbaro que ocupó la península ibérica y se desarrolló entre los años 500 y 725 d.C. Más tarde, la misma zona fue invadida por la expansión del Islam y entre el 711 y 1492 tenemos la cultura del Al-Andalús. El arte musulmán también usó una versión del arco de herradura en sus palacios de ensueño. Es probable que tanto visigodos como árabes hayan tomado este arco de los persas sasánidas (imperio que tuvo su brillo entre los 309-622) e incluso entre los bizantinos hay ejemplos de este arco.

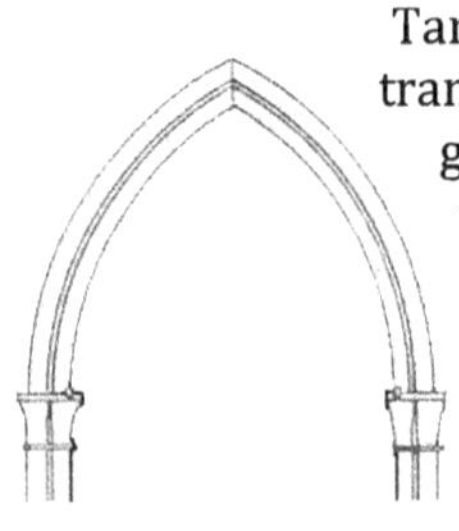

También la arquitectura románica del medioevo se irá transformando en otro estilo con el paso del tiempo, el gótico, cuyo elemento más notable es el arco apuntado u ojival. Existen muchas variantes de arcos apuntados. Sin embargo, este arco lo vamos a ver entre los musulmanes porque surge del arco de herradura apuntado o arco túmido.

Pensemos que entre Oriente y Europa hubo un contacto relativamente fluido y una constante influencia: las cruzadas al Santo Sepulcro, las peregrinaciones, el comercio mediterráneo, las fronteras entre los califatos peninsulares y los reinos españoles. Si bien podemos sintetizar (a lo bestia) que el arco en herradura es dominante en la arquitectura mozárabe, el arco de medio punto domina el románico, y el arco ojival el gótico, sepamos que al observar las construcciones reales no vamos a encontrar estilos puros y, en cambio, veremos que los constructores echaron mano a todo tipo de arco.

¿Qué ocurre en el Renacimiento? Se vuelven a los valores estéticos de la antigüedad grecorromana, los investigan, los readaptan. Rechazan las tradiciones surgidas durante los diez siglos que median entre su tiempo y la caída de Roma: la Edad Media es eso que no les gusta a los renacentistas, lo interpretan como una edad oscura. ¡Podemos imaginar quiénes vuelven! El arco de medio punto, las columnas y los capiteles del orden clásico, el gusto por la representación naturalista y descriptiva. Nadie más va a querer hacerse cargo del medioevo hasta que el movimiento romántico de fines de siglo XVIII y XIX lo desempolve un poco.

Recordemos, para terminar, que las bóvedas son un tipo de cubierta (bah, un techo) que se forma trasladando en el espacio una sucesión de arcos iguales. La *bóveda de cañón* es la que se forma a partir del arco de medio punto y cubre un trecho rectilíneo (un pasillo, la nave de una iglesia). Por lógica, habrá tantos tipos de bóveda como formas de arcos existan: por ejemplo, una bóveda de cañón con el arco apuntado (ojival). Destaquemos cuáles son las más comunes:

La *bóveda de arista* es aquella que se forma con dos bóvedas de cañón iguales que se cortan perpendicularmente.

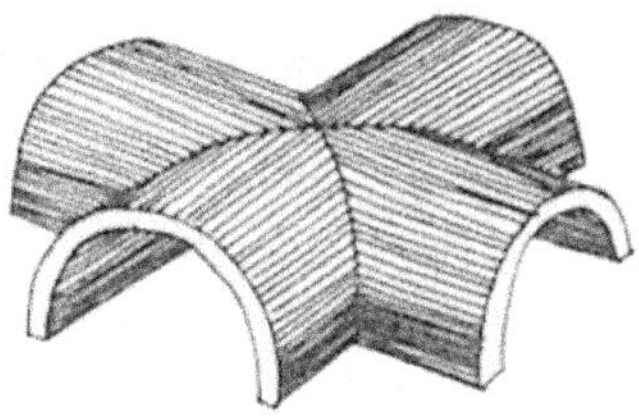

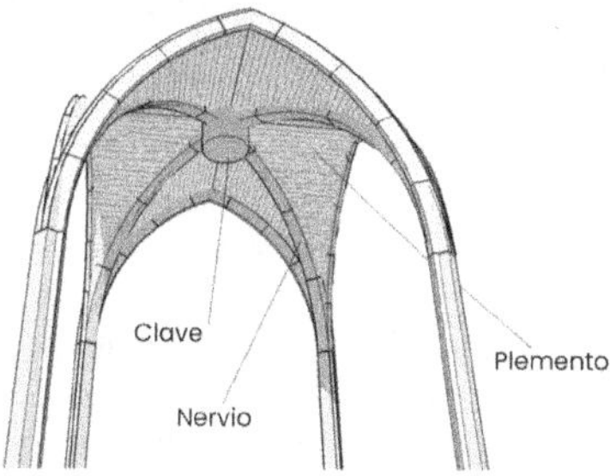

La *bóveda de crucería* (o nervada) se forma —para salir del paso por ahora— por una serie de arcos que dan como resultado unas nervaduras que tienen función estructural. Sin embargo, los espacios que se generan entre esos nervios (los *plementos*) dan un resultado muy decorativo. Se va a usar muchísimo en el gótico y, a medida que este estilo avance, los arquitectos se van a pasar de rosca complicando más y más los cruces. Hay montón de variedades ornamentales, todas muy hermosas pero que interpretarlas es un puzzle de los difíciles.

Una cúpula es otro tipo de bóveda. Si, en vez de proyectar el arco de medio punto de forma rectilínea, hiciéramos una traslación sobre su eje formando un círculo, tendríamos una cúpula. Un ejemplo magnífico es el Panteón de Roma, que fue modelo para tantas otras cúpulas. Los ábsides de las iglesias cristianas (donde está el altar, ¡herejes!) suelen ser medias cúpulas o *bóvedas de horno*.

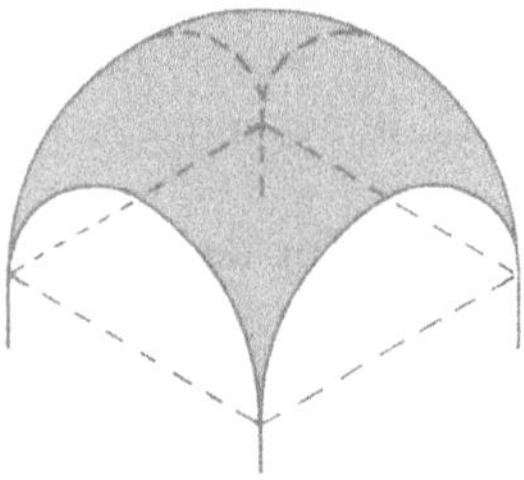

La *bóveda vaída* es una cúpula semiesférica que está cubriendo una planta cuadrada. Se le llama también bóveda de pañuelo porque se parece a uno. Cuando uno mira al techo, no ve la semiesfera porque está cortada por los lados del cuadrado. En la transición del cuadrado a la circunferencia se forman unos vértices estirados (que le dan el aspecto de pañuelo) a los que se llama *pechinas*.

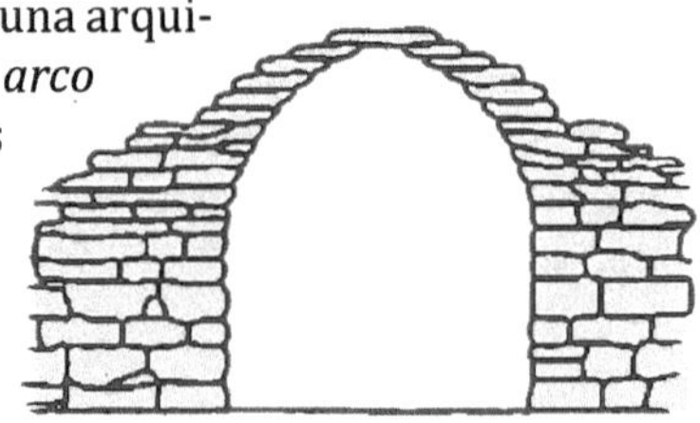

La *falsa bóveda* es conceptualmente una arquitectura adintelada que forma un *falso arco* por aproximación de hileras de piedras o ladrillos. No hay dovelas sujetas por compresión enviando la carga hacia los muros. Por lo tanto, el espacio que pueden cubrir es mucho más pequeño que si la bóveda fuera a partir de un arco real. Existen ejemplos de su uso en todas las culturas desde tiempos remotos, antes de la invención del arco. Los pasadizos internos de las pirámides egipcias estaban hechos con este método y la arquitectura maya lo empleó para templos y palacios.

Cómo se construían las bóvedas

No había brujería alguna. Los albañiles, tanto romanos como medievales, armaban una estructura de madera con las dimensiones del arco que querían construir llamada cimbra. Sobre ella colocaban las piedras, perfectamente cortadas, una bien pegada a la otra. La última piedra o dovela que se colocaba era la clave. Al fraguar la mezcla que ayudaba a unirlas, se retiraba el armazón… y *voilà!*

El mundo antiguo

Se le llama Mundo Antiguo —desde la mirada historiográfica occidental, que es obviamente sesgada— a un largo período en donde surgieron las primeras grandes civilizaciones (esto es, en Mesopotamia, Egipto y cuenca del Mediterráneo). Cuando se habla de mundo antiguo no se incluye al extremo de Asia ni América. Para que se den una idea, el primer imperio chino de la dinastía Qin surgió en 221 a.C. y la cultura olmeca americana floreció entre 1200 y 500 a.C.

Estas civilizaciones se caracterizaron por la organización del Estado, la vida urbana, la escritura, la estratificación social, los cultos religiosos politeístas, y por llevar a cabo grandes construcciones arquitectónicas con diversos usos.

El final de la Edad Antigua se produce con el colapso de Roma y da paso a la hegemonía cultural del cristianismo.

Los templos

Los templos de la Antigüedad, ya lo dijimos, eran la morada del dios y la casta sacerdotal era la encargada de interceder entre el dios y la comunidad. A la sala reservada a la estatua del dios se la llama de diferentes maneras: *sancta sanctorum*, *cella* o *naos*.

Hay enormes diferencias entre los cultos y la arquitectura de las distintas civilizaciones antiguas; incluso, una misma cultura puede tener enormes diferencias internas en las concepciones teológicas dependiendo de su momento histórico. Pensemos que la cuestión religiosa no era un dato folklórico, sino que comprometía una cosmovisión, intereses de clase, pujas de poder, etc. Esto, particularmente, es notable en Egipto y se va a ver reflejado en cambios religiosos que transformarán no solo el culto sino la arquitectura templaria. Ya veremos.

A orillas del Nilo

Situémonos en el antiguo Egipto. Su historia trascurre a lo largo de más de treinta siglos, un intervalo de tiempo suficiente como para que

—aún con lentitud— haya pasado de todo.[80] Si están pensando situar su juego entre los egipcios de antaño, chequeen en qué período va a suceder la acción para no meter la pata.

Sabemos la importancia que le daban a la vida más allá de la muerte. Recordemos las necrópolis —establecidas siempre en la margen occidental del Nilo—, la evolución de los sepulcros en forma piramidal y más tarde la «moda» de las tumbas hipogeo (excavadas en la montaña). Si llegaron hasta nosotros fue gracias al uso de la piedra, material casi indestructible. Lo mismo sucederá con los templos que serán construidos en piedra y distinto con los palacios, destinados a la vida diaria del faraón y a las tareas mundanas de gobernar, edificios que prácticamente no han sobrevivido. ¿Por qué? Porque fueron levantados en adobe, uno preciosamente decorado, pero adobe al fin.

Ahora enfoquémonos en los templos. En el Imperio Antiguo (pongámosle cerca del 2500 a.C.) se consolida el culto solar al dios Ra, que representaba la potencia vivificadora del sol. De esta época son los templos solares, una tipología arquitectónica nueva. Eran templos descubiertos, rodeados de una muralla, de base rectangular. No tenían un sancta sanctorum, sino que se organizaban en torno a un gran pilar que remataba en algo a medio camino entre una pirámide y un obelisco. Por supuesto, tenían adelante un altar para rituales. Han quedado pocos vestigios de ellos, así que habrá que imaginárselos.

Pero la época dorada de los templos egipcios es durante el Imperio Nuevo. La estructura básica será la siguiente: a) dromos (avenida de esfinges, en el exterior); b) pilonos (acceso al templo, muros trapezoidales enormes, decorados, pueden tener estandartes y obeliscos en ambos flancos); c) sala hípetra o patio abierto rodeado de columnas; d) sala hipóstila, gran recinto cubierto con bosque de columnas; e) santuario, sala pequeña y poco iluminada.

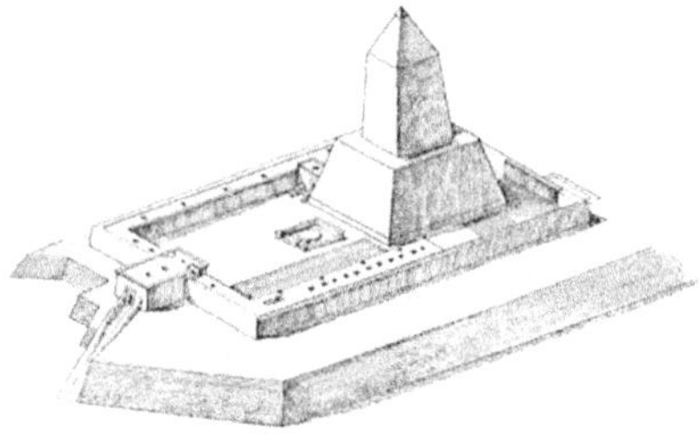

No todos los templos eran iguales en su forma, podían variar, ¡y cómo! En algunos casos, había un recinto llamado *sala de la barca*, con agua para determinados rituales; había *capillas* menores alrededor del

[80] Se suele periodizar el Egipto Antiguo entre Período Arcaico (3050 a.C.), Imperio Antiguo, Primer Período Intermedio, Imperio Medio, Segundo Período Intermedio, Imperio Nuevo, Tercer Período Intermedio, Período Tardío, Período Helenístico hasta la incorporación al Imperio Romano (30 a.C.).

santuario destinados a otros dioses; entre la sala de la barca y el santuario otra sala hipóstila o una hípetra.

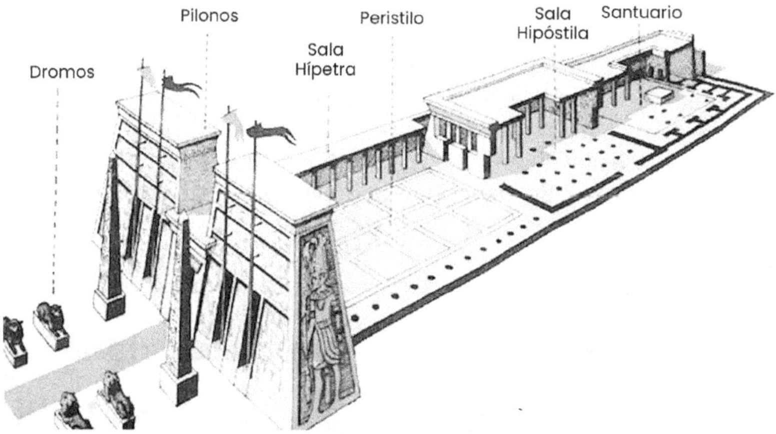

El templo funcionaba como una especie de embudo que determinaba hasta qué profundidades del templo podía acceder cada quien. El pueblo llano hasta los pilonos. Los altos funcionarios hasta la sala hípetra. La familia real hasta la sala hipóstila. Y los sacerdotes y el faraón (dios en la tierra) hasta el santuario.

Para darse una idea de lo variopinta que podía ser la arquitectura de los templos egipcios, investiguen el Templo de Amón-Ra en Karnak (¡jueguen *Serious Sam: The First Encounter*!), el Templo de Amón-Ra en Luxor, el Templo de Horus en Edfú, el Templo de Hathor en Dendera, el Templo de Isis en File, el Templo de Kom Ombo, el Ramesseum. Verán que hay diferencias y constantes. Los rasgos que permanecen en todos ellos son los que les darán identidad de templo egipcio.

Sin embargo, hay casos como los Templos de Hatchetsup, de Mentuhotep y Tutmosis III en Deir el-Bahari que están construidos pegados a la ladera de la montaña y que varían visiblemente por sus rampas, terrazas con columnatas, etc. Aun así, se mantiene la esencia de camino hacia las profundidades del santuario de los otros templos.

El material constructivo era la piedra, ornamentada con bajorrelieves con imágenes (¡al estilo egipcio!) y escritura jeroglífica. La techumbre estaba hecha con losas apoyadas de forma adintelada. Las gruesas columnas de las salas hípetras e hipóstilas eran esas con hermosos capiteles en forma de flor de loto, papiros o palmeras. Había esculturas de diferentes dioses, esfinges y faraones, así como obeliscos labrados con escrituras. Todo estaba coloreado. Recordemos que el color natural de la piedra no era del gusto de los pueblos antiguos.

En las acrópolis

Cuando hablamos de los griegos, nos referimos a una serie de poblaciones asentadas sobre las costas del Mar Egeo y del Mar Jónico en la zona nororiental del Mediterráneo, donde termina Europa y comienza Asia Menor. Es una región montañosa pero marítima que conecta con otras civilizaciones de las cuales recibe influencias. La historia de esa región que más conocemos es la de los helenos, sin embargo, los griegos helenos retomaron elementos de las culturas creto-micénicas que los precedieron.

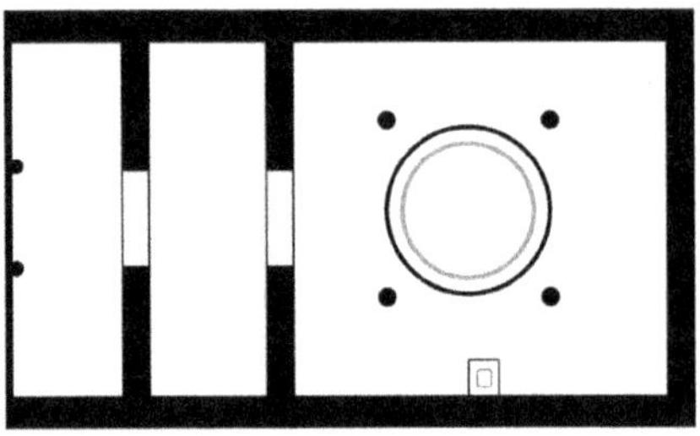

De hecho, el templo griego clásico deriva del *megarón* micénico que era el gran salón de los palacios. Este consta de tres partes: a) el pórtico, un espacio abierto con dos columnas; b) el vestíbulo o *pronaos*; c) la sala principal, *cella* o *naos*.

Durante el período helénico griego, el megarón experimentó una transformación fundamental: se separó del complejo palaciego para convertirse en una estructura independiente. Este nuevo edificio autónomo se emplazaba estratégicamente en la acrópolis (la parte más elevada de cualquier ciudad, no solo de Atenas), donde se configuraba un recinto sagrado denominado *temenos*. Su ubicación privilegiada permitía que fuera visible desde cualquier punto de la ciudad, asemejándose a una obra escultórica monumental.

Esta transformación no fue solo arquitectónica sino también funcional: el megarón evolucionó de sala del monarca a templo, convirtiéndose en la morada de la deidad. La ciudad griega (la *polis*) se organizaba alrededor del templo, que actuaba como su centro espiritual y físico.

Recordemos que los griegos eran un pueblo politeísta con un importante panteón de dioses, los olímpicos. La mayoría de sus templos eran de base rectangular, aunque también los hicieron de planta circular, llamados *tholos*. Si bien había varios modelos de templo, lo común en todos ellos era el espacio de la cella o naos (donde estaba la estatua del dios).

Los más complejos tenían tres salas: a) *pronaos*; b) *cella* o *naos*; c) *opistodemos* (en esta última nadie sabe qué había ahí ni para qué servía, mejor no preguntemos). Otro elemento común era la presencia de las famosas columnas. Podían tener una columnata exterior rodeando el perímetro, o solo en el frente, o en frente y contrafrente. Solían tener una hilera simple de columnas y, los templos más impactantes, doble hilera de columnas.

Los templos se construían con piedra y de forma adintelada. Si bien los griegos conocían los arcos, apenas si los usaron. La cubierta era plana o a dos aguas. Realizaban la estructura en madera y luego la cubrían con losas o con tejas de terracota. Cuando el techo del edificio era a dos aguas, se generaba en los extremos un triángulo llamado frontón que estaba decorado con relieves.

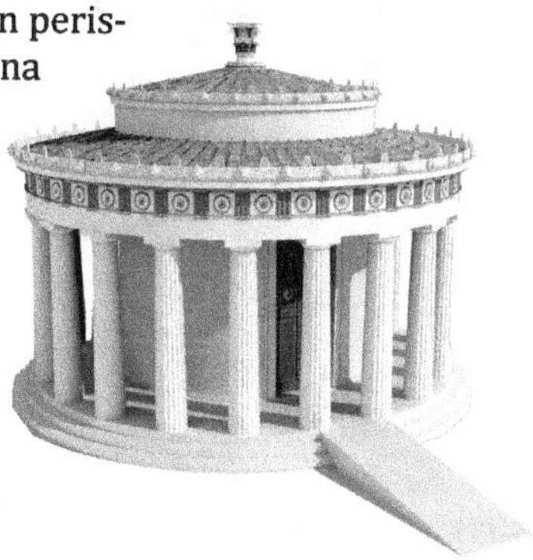

Los *tholos*, que ya nombramos, tenían peristilo y cella y estaban cubiertos por una falsa cúpula. Uno de ellos es el Templo de Atenea en Delfos (del que quedan unas pocas piezas, el resto hay que imaginarlo).

Dijimos que los templos eran como esculturas y, para reforzar ese efecto, se levantaban sobre un pedestal o *crepidoma*. No estaban al ras del suelo, había que subir al menos tres escalones.

Según los *peristilos* (la columnata perimetral), los templos son:

- **Próstilos**: columnas en una fachada.
- **Anfipróstilos**: columnas en ambas fachadas.
- **Perípteros**: columnas rodeando el edificio en cada uno de sus lados.
- **Dípteros**: la columnata es de dos filas.

La cantidad de columnas en los lados en general eran pares: tetrástilos (4 columnas), hexástilos (6), octástilos (8), decástilos (10).

Además, tanto las columnas como los relieves estaban pintados de colores. Lo repetimos, la «antigüedad blanca» no existió. Por último, a los fustes se los abombaba levemente a mitad de la columna —se llama *éntasis*— y servía para hacer correcciones ópticas. Así de puntillosos eran.

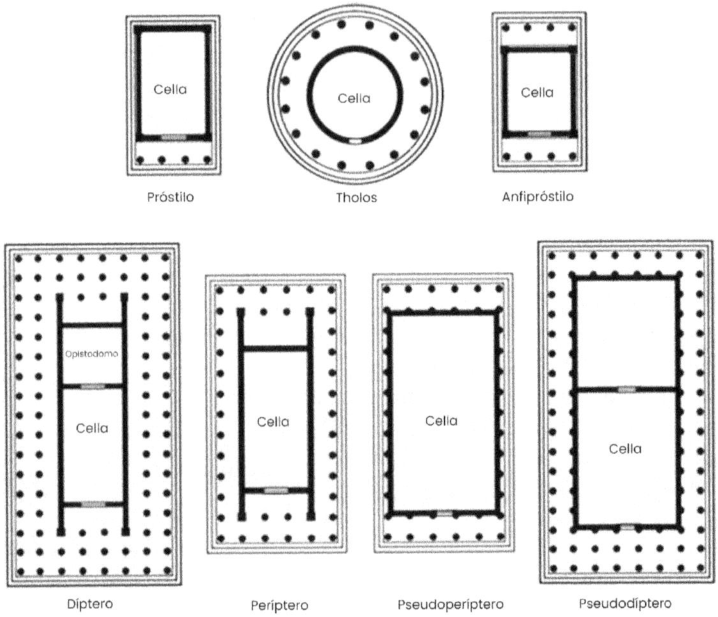

Si vamos a modelar un templo, no solo debemos elegir el tipo de planta, la ubicación de los peristilos, la cantidad de columnas, sino también —mucho muy importante— el orden: dórico, jónico o corintio. Y esto, para un griego, era SA-GRA-DO.

Los arquitectos griegos dirigieron más esfuerzos en refinar la ornamentación, mejorar las proporciones o corregir distorsiones ópticas que en buscar nuevas tipologías para sus templos. Tenían que verse perfectos.

Cuántas veces por día piensas en los romanos

Los romanos han pasado a la historia como grandes ingenieros. Encontrar la manera de resolver un problema o una necesidad los llevó a búsquedas, investigaciones y préstamos que se reflejaron en su arquitectura de manera magistral. Este sentido pragmático de la vida los diferenciaba de los egipcios —que buscaban la eternidad, la permanencia— y de los griegos —que iban detrás del ideal, la armonía—.

Cuando en su etapa expansionista Roma invade y conquista, también funda ciudades en los territorios anexados y erige obras: caminos, puentes, acueductos, templos, edificios gubernamentales, baños, teatros, arcos de triunfo, edificación civil, arquitectura militar, etc. Innovaron en materiales constructivos: no solo emplearon ladrillo y piedra, sino que usaron cemento y hormigón.[81] Trabajaron con el arco de medio punto (no lo inventaron, pero lo llevaron a su máximo desarrollo), la bóveda de cañón, la bóveda de arista e inventaron la cúpula. Para levantar sus obras emplearon maquinaria como grúas y técnicas de drenaje. El alto nivel de conocimiento arquitectónico e ingenieril de los romanos quedó reflejado en el tratado *De architectura* de Vitruvio, publicado hacia el 15 a.C., obra que se convertiría en referencia fundamental durante siglos. Pasemos ahora a examinar los templos romanos.

¿En qué creían los romanos? Sabemos que tenían un culto de dioses domésticos (lares, manes, penates y genios), pero estas divinidades privadas no producían arquitectura más allá de un altar dentro del hogar. Por otro lado, tenían una religión pública politeísta. En la época del Imperio, además, rindieron culto a los emperadores. A medida que tomaban contacto con otras culturas fueron incorporando y adaptando a su panteón inicial (latino y etrusco) deidades y cultos de origen frigio, persa, egipcio y, por supuesto, griego. Van a profesar culto a Júpiter, Juno y Minerva (conocida como «tríada capitolina»), a Marte, a Vesta, a Ceres, pero también habrá quienes profesen a Isis y Osiris, a Mitra, a Cibeles. ¡Avisamos que eran pragmáticos!

Los templos romanos —la casa del dios— tuvieron distintos formatos. Pero el más habitual era el de planta rectangular, con una cella para la imagen del dios. Podía tener un peristilo que lo rodeara o, con mucha frecuencia, un pórtico con columnas, o un pórtico de columnas y columnata adosada en los lados. La cubierta era a dos aguas de tejas. Se formaba el frontón y estaba construido sobre una plataforma alta (*podium*) a la que se accedía por una escalinata central.

Para el ojo poco entrenado, puede parecer casi idéntico al templo griego por las columnas, el frontón, la cella. Pero hay diferencias, más que de estructura, de concepción. El templo romano no está en un lugar privilegiado como una acrópolis sino en un área sagrada llamada *templum* e, incluso, podía integrarse en el tejido urbano.

Es más austero en la decoración que el griego, emplea los órdenes clásicos —especialmente el corintio— pero de manera más libre. Está más sobreelevado debido al podium. Tiene una escalinata central que destaca una de las fachadas como la principal (el templo griego es simétrico, pretende verse igual de todos lados). Las columnas, que en Grecia son un elemento estructural, aquí son más bien decorativas.

---

[81] **Opus caementicium**, llamado hormigón romano. Fue desarrollado alrededor del 150 a.C.

El interior del templo romano es mucho más variado y gracias a sus innovaciones técnicas pudieron hacer evolucionar su tipología. Si bien en la mayoría de los casos, conservan externamente reminiscencias griegas, el interior hará uso de arcadas, bóvedas y cúpulas circulares. También puede haber escalinatas y columnatas interiores.

Un ejemplo fantástico que aún está en perfectas condiciones es el Panteón de Agripa en Roma. Otros templos destacados son: Templos de Vesta en Roma y en Tívoli (siempre eran circulares), Maison Carré en Nimes (templo dedicado a Apolo), Templo a la Fortuna Viril en Roma.

El ocio de los pueblos: teatro, anfiteatro, circo

En el mundo griego, y muy especialmente en el romano, vamos a encontrar edificaciones muy características, cuya forma —como tiene que ser— va a estar determinada por su función: el entretenimiento, el esparcimiento, la gestión del ocio. Uno de ellos es el teatro. Esta práctica, que llega hasta nosotros con casi las mismas características, surge en Grecia y se desarrolla entre los siglos VI y III a.C. Las piezas dramáticas que se representaban eran la *tragedia* y la *comedia*. Se dice que la tragedia tiene su origen en el *ditirambo*, que era un gran coro masculino bajo la dirección del corifeo[82] que cantaba y bailaba a la gloria de Dionisos, divinidad del vino y del delirio místico. La comedia tiene su origen en los *himnos fálicos*, dedicados a Fales, dios de la fecundación (¡imaginemos el tono!). El tema es fantástico y da para profundizar, pero lo que nos interesa aquí es que el teatro antiguo tenía un origen ritual con música y danza.

Las representaciones teatrales se hacían durante festejos religiosos, asociados al mundo agrícola, que luego derivaron en festivales de toda la ciudadanía. Algunos duraban seis días, se hacían tres veces al año (fiestas dionisíacas) y había concursos y premiación de obras y actores. Como ven, la importancia de esta actividad precisaba infraestructura.

En la acrópolis ateniense había varios teatros. El más importante era el Teatro de Dionisos. Otros muy conocidos eran el Teatro Epidauro, el Teatro de Delfos, el de Siracusa. Hay muchísimos en toda la región.

[82] La relación entre coristas y corifeo evolucionó en diálogo; más tarde, el corifeo se escinde del coro para dar lugar al primer **actor**, que no solo cantará, sino que realizará acciones (actuará), y así se sentó las bases estructurales de la tragedia, que serán las del teatro. La comedia las tomará de allí. Había otro género teatral en Grecia, el *drama satírico* —una suerte de tragedia más divertida—, con un coro compuesto por sátiros cuyo corifeo era Sileno.

También había odeones, que eran para concursos de canto, como el Odeón de Herodes Ático y el de Pericles en Atenas.

Pero, ¿cómo eran los teatros griegos? Estaban divididos en tres partes: a) *koilon* (a veces también se le dice theatron o cavea), el lugar del público; b) *orchestra*, el lugar del coro; c) *skené*, el lugar de la obra.

Se aprovechaban las laderas de las colinas para construir las gradas en declive. Era un espacio semicircular con escalinatas que atravesaban las graderías. Los asientos de las primeras filas, destinados a personas importantes, tenían respaldo y algún almohadón para más comodidad. La orquesta era un espacio circular, a veces podía ser un semicírculo. La escena (skené), estaba del lado opuesto al koilon, frente al público y detrás de la orquesta. Comenzó siendo una tienda de donde salían los actores hacia la orquesta. A medida que el teatro se desarrolló y los actores se diferenciaron del coro, la skené pasaría a construirse sobreelevada. En la parte más cercana a la orquesta (*proscenio*) se situarían los actores y la parte más lejana se usaría para montar los decorados. Terminaría siendo una parte muy importante, de hasta dos o tres plantas con arcos de medio punto, esculturas, columnas y telones que escondían las maquinarias propias del teatro. Sí, el teatro antiguo estaba lleno de efectos especiales, visuales y sonoros, plataformas móviles, puertas trampilla, grúas con poleas para subir y bajar al *deus ex machina*. Los teatros estaban hechos para albergar entre quince mil y veinte mil personas. En fin, los antiguos sabían cómo pasarla bien.

EN TODOS LOS TIEMPOS HAY GENTE QUE SE DEDICA A AGUAR LA FIESTA, así que aclararemos que en el teatro griego solo actuaban los varones y a las representaciones de comedia no podían asistir las mujeres. Qué desgracia.

Los actores varones debían representar a los personajes femeninos. Se imaginarán que para que sea creíble debían exagerar los rostros de todos los personajes. Solían llevar mucho maquillaje o usaban máscaras, entre otras cosas, para tener mayor sonoridad. El vestuario estaba muy trabajado. Los coturnos eran unos zapatos de plataforma que los elevaban del suelo y así lucían más altos. ¡Eran unas drag queens*! Había mucho cambio escenográfico. Eran espectáculos muy coloridos, expresionistas y de alto presupuesto.*

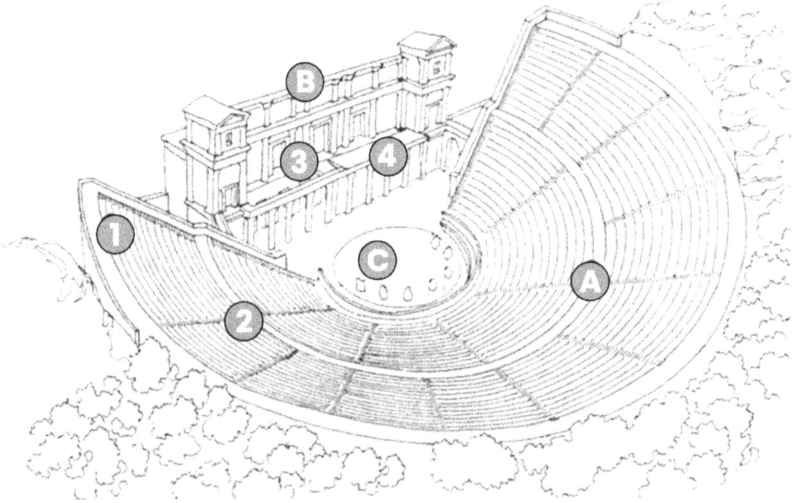

A. Koilon, 1. Gradas o asientos, 2. Escaleras
B. Skené, 3. Decorados, 4. Proskenion, C. Orchestra.

Los teatros en Roma eran similares a los de Grecia, con algunas diferencias, pero la que más nos importa es que la *cavea* —las gradas— estaban construidas —a veces se aprovechaba el desnivel del terreno, como hacían los griegos— y tenían un pórtico de entrada. Es decir, se levantaba un edificio con tres niveles de gradas en cualquier lugar. Los ingenieros romanos sabían hacerlo. Ejemplos para buscar: Teatro Marcelo y Teatro de Pompeyo en Roma, Teatro romano de Bosra en Siria, Teatro romano de Mérida.

Pero además de teatros, los romanos construían otros dos tipos de edificios para entretenimiento: anfiteatros y circos. El anfiteatro, de tradición etrusca, se destinaba para combates de gladiadores y fieras. En algunos se podían representar batallas navales con un complejo sistema de ductos de agua. La diferencia con el teatro —semicircular, con orquesta y escena— es que el anfiteatro era circular u ovoide y, en el centro, tenía una arena de combate con unos muros que protegían al público. También había bajo la arena subsuelos donde esperaban los animales y los luchadores. El más conocido es el Coliseo en Roma, aunque su verdadero nombre es Anfiteatro Flavio. Otros son el Anfiteatro de Pula en Croacia, Anfiteatro de El Djem en Túnez, Anfiteatro de Arles en Francia.

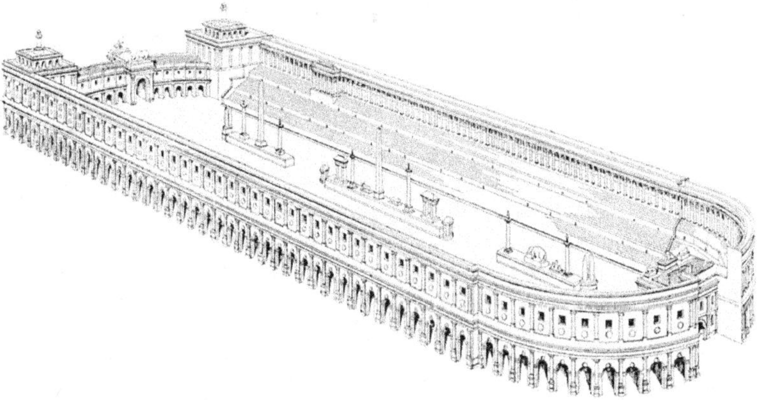

Los circos eran para carreras de cuadrigas (carro tirado por cuatro caballos). Eran edificios alargados para contener la pista y en los extremos remataban en semicírculos. También estaban rodeados de graderías. Ejemplos: Circo Máximo en Roma, en Mérida, en Tarraco.

Por fuera, los teatros, anfiteatros y circos se veían como estructuras sostenidas por arcadas de medio punto y columnas de distintos órdenes. Sus fachadas eran impactantes. Estaban construidos de ladrillo y hormigón romano, las terminaciones y revestimientos eran de piedra y mármol.

Grandes clásicos

¿Tiene cinco minutos para hablar del Panteón y del Coliseo? Ambos edificios se construyeron en Roma y, a diferencia de otros, se mantuvieron bastante enteros con el correr de los siglos. Eso permitió que en el futuro —durante el Renacimiento— artistas y constructores se interesaran y estudiaran estas estructuras de la Antigüedad. Eran magníficas por su tamaño y por la proeza ingenieril que supusieron. Su influencia en la arquitectura europea se hizo sentir hasta fines del siglo XIX.

El Coliseo

El **Anfiteatro Flavio o Coliseo** empezó a construirse en el año 172 de la era cristiana. Es imponente por su gigantismo y porque podía albergar a casi 50 mil personas en sus gradas para ver combates de gladiadores y cacería de animales feroces. Pero no fue por eso por lo que tuvo relevancia en el futuro, sino por la libertad en el empleo de arcos de medio punto y órdenes griegos en su fachada. Sus cuatro plantas tenían, cada una, 80 aberturas; las tres primeras en forma de arco —recordemos que el arco es el gran capital simbólico romano— y la cuarta adintelada. Las aberturas se combinaban con semicolumnas de orden dórico en la primera planta, de orden jónico en la segunda y corintio en la tercera. La cuarta usaba pilares corintios para enmarcar sus ventanas rectangulares. Nos parece algo súper común de tanto verlo en edificios más o menos viejos —porque fue súper difundida desde el Renacimiento—, pero es una combinación nueva que jamás se le hubiera ocurrido a un griego.

El Panteón de Agripa

Como su nombre lo indica, era un templo dedicado a todos los dioses. Entre el 120 y el 125, el emperador Adriano lo mandó a reconstruir creando una joya arquitectónica excepcional incluso en Roma.

Tiene dos grandes partes: 1) el *pronaos* con un pórtico de 16 columnas de orden corintio con frontón triangular como era usual en los templos. 2) un enorme portón de bronce conecta a la *cella circular* (tipo rotonda) que remata en una cúpula semiesférica. ¡Ya empezaron a jugar con el arco de medio punto, estos romanos! Lo interesante es que el diámetro de la cúpula es de 43,30 m que es la altura de toda la cella. Es decir, si geometrizáramos la forma del edificio, es un cubo que contiene una esfera. La única entrada de luz es un óculo de nueve metros en el cénit. El interior de la cubierta está trabajado con casetones huecos de modo tal que pese menos. El muro de ladrillos que sostiene la cúpula tiene seis metros de espesor con arcos embebidos para descargar mejor el peso. Volveremos a hablar del Panteón más adelante cuando les vuele la peluca a más de uno. Aún es una de las cúpulas más grandes del mundo y fue modelo del Duomo de Florencia, el Capitolio de Washington, el Panteón de París y el Congreso de Buenos Aires.

Arcos de triunfo y columnas conmemorativas

Una mención especial para los **arcos de triunfo** (como el Arco de Septimio Severo del 203 o Arco de Constantino del 315 en Roma) y las **columnas conmemorativas**. ¿Por qué? Porque son tipologías que en el futuro también se van a retomar, muy especialmente durante la etapa neoclásica —ya verán— de fines del siglo XVIII y principios del XIX.

Un arco de triunfo es una gran puerta con un gran vano o a lo sumo tres, en ese caso el central es más grande y se destaca. Los arcos están enmarcados con columnas de diversos órdenes, tienen frisos, esculturas y grandes inscripciones talladas en las losas superiores.

Las columnas, como la de Trajano o la de Marco Aurelio, se rematan con una escultura del personaje celebrado y su fuste lleva una crónica visual de los pormenores de la guerra y su triunfo en bajorrelieves.

La Francia republicana y napoléonica produjo monumentos basándose en estos modelos romanos: Arcos de Triunfo del Carrousel y L'Étoile y la columna Vendôme en París.

La basílica: de espacio de usos múltiples a casa de la comunidad cristiana

Dentro de la arquitectura romana existe otro edificio característico que, insospechadamente, trascenderá el tiempo: la basílica. Obviamente, para nosotros, basílica refiere a una iglesia notable debido a su magnificencia, su tamaño, su antigüedad o su centralidad en el culto. Pero en su origen romano, la basílica era un edificio público. Estaba emplazada en los foros de las ciudades junto con los demás edificios importantes.

Su función era variada, generalmente era sede de los tribunales civiles, pero hacía a la vez de mercado, espacio de transacciones financieras, lugar de reunión de ciudadanos para tratar temas comunes. Podríamos pensarlo como un espacio neutral, seguro, garantizado por el Estado.

Era un edificio amplio donde podía circular mucha gente. Estaba compuesto por una nave central (es decir, una gran sala rectangular bastante alargada) y podía tener naves[83] más pequeñas en los laterales

[83] La **nave** en arquitectura es el espacio interior de un edificio, generalmente alargado y dispuesto entre muros o filas de columnas, que se extiende desde la entrada hasta el fondo.

(una o dos a cada lado). La mayoría de las basílicas solían tener tres naves, las más pequeñas una sola y las más grandes cinco. La nave central era más ancha y alta que las demás y la sostenía una columnata. La diferencia de altura entre el techo de la gran nave y las otras permitía abrir ventanas para dar paso a la luz, ya que de otra manera quedaría oscuro. Uno de los extremos de la nave principal terminaba en un espacio semicircular o ábside donde se instalaba el tribunal o algún elemento de importancia. Había varias puertas de ingreso, por los lados o por el extremo opuesto al ábside. Los techos eran abovedados (bóveda de cañón).

Cuando los cristianos de Roma ganaron la libertad de profesar su culto debieron buscar una tipología templaria que se adecuara a su rito[84]. El templo romano o griego como «casa de la deidad» no parecía ser funcional a una religión que concebía al templo como casa de reunión de la comunidad de fieles. El modelo de la basílica servía mejor a las prácticas del culto cristiano. De la basílica romana tomarán todo: las naves (donde circularán los fieles), el ábside (donde oficiará la misa el sacerdote), pero la puerta de acceso será siempre enfrentando al ábside, definiendo con claridad el uso del espacio. Ejemplos: Basílica de Majencio y Constantino en el Foro romano.

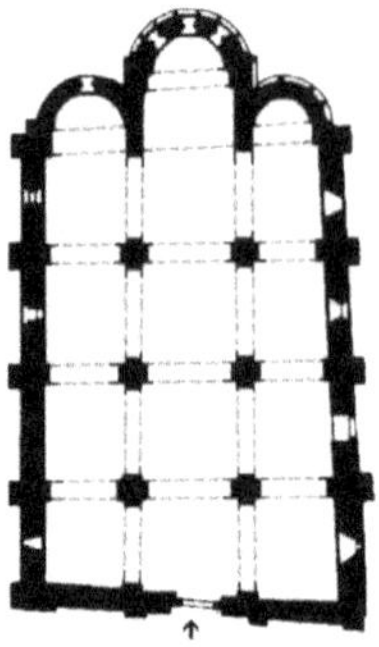

Planta basilical

Iglesias paleocristianas

En sus últimos siglos de existencia el Imperio Romano —como ya adelantamos— fue impactado por la emergencia de esta nueva religión, que tendrá cada vez mayor centralidad en la vida de las personas y del Estado hasta desarrollarse por completo en el período medieval. Las iglesias de los primeros tiempos del cristianismo tomarán la estructura preexistente de la basílica romana y al mismo tiempo van a darles características propias.

Dentro de las iglesias cristianas primitivas (de ahí el término *paleocristianas*) podremos identificar varios elementos que van a ser comunes en todas las construcciones destinadas a ese fin. Acá vamos a hablar con terminología precisa.

---

[84] Alrededor del año 310 d.C., el emperador romano Constantino fue el primero en convertirse a la fe cristiana. En 380 Teodosio la transformó en religión oficial del Imperio.

Todo templo, de cualquier culto, está situado en un espacio sagrado: en Grecia era el *temenos* y en Roma, el *templum*. Para los cristianos lo que definía el acceso al recinto sagrado era el *atrio*, una suerte de patio delantero, claramente delimitado, donde era probable encontrar una pila bautismal. Entre el atrio y la entrada al edificio, estaba el *nártex*, que era un vestíbulo reservado a la gente que aún no estaba bautizada, pero que había comenzado el proceso de iniciación en la fe (los catecúmenos). En esa época, los creyentes adultos pasaban por una etapa de instrucción que finalizaba con el bautismo, la confirmación y la eucaristía (parecido a la actual catequesis, pero un poco más compleja).

Luego una puerta abría al interior de la basílica, que podía constar de una sola nave —si era muy modesta— o de tres o cinco naves, siendo la principal la más ancha y alta. Estaban separadas por columnas (de órdenes clásicos) y la cubierta era a dos aguas con estructura de madera.

Al otro extremo, enfrentado a la puerta, estaba el *ábside* o *coro* semicircular —a veces, poligonal— cuyo techo remataba en una semicúpula; ese sector se destinaba al *presbiterio* y el altar. Era la zona más importante del templo.

En algunos casos, en las naves laterales que daban a la nave principal, se abría una galería en el piso superior, tipo balcón, que se llamaba *matroneo* y estaba reservada a mujeres.

Y, por último, el *claristorio* o lucernario, que era una serie de ventanales abiertos en la parte alta del muro de la nave principal que aportaba luz del exterior. La luz también venía de ventanas de las paredes laterales.

A diferencia de los templos paganos, las iglesias no tenían la escultura del dios. En esa época, a ningún cristiano se le hubiera ocurrido colgar en el ábside una imagen corpórea y grande de Cristo en la cruz. Tampoco de los santos. ¡Eso vendrá mucho después! El dios cristiano es abstracto, irrepresentable. La iglesia era la casa de la comunidad —no del dios— donde el sacerdote en presencia de los fieles daba el sermón, difundía el mensaje divino. Pero, así como no empleaban estatuaria para el culto, sí empleaban pinturas como medio de difundir el evangelio entre personas iletradas. Estas representaciones pictóricas no tenían una función estética, sino didáctica, es por eso que no seguirán los pasos de la representación clásica del verosímil (perspectiva, proporciones, color), sino que buscarán simplificar la imagen en favor de la claridad del mensaje que necesitaban transmitir.

Ejemplos: Basílicas de San Apolinar in Classe y de San Apolinar Nuovo, ambas en Ravena; Santa Sabina, San Juan de Letrán y la antigua basílica de San Pedro en Roma; Basílica de la Natividad en Belén.

Paganos y cristianos

El surgimiento del culto a Cristo en Judea y su expansión hacia las distintas partes del imperio romano tuvo momentos de tolerancia y rechazo por parte de las autoridades. Ya para 313 d.C., bajo el gobierno de Constantino, se firmó el Edicto de Milán que ponía fin a la persecución de los cristianos, quienes habían logrado la adhesión de una enorme parte de la sociedad, incluso de sectores aristocráticos.

Se cerrará el círculo en 380 d.C. cuando el emperador Teodosio instituya al cristianismo como religión oficial del Estado y, pocos años más tarde, inhabilite el ejercicio de todo otro culto pagano, incluso los de orden doméstico. ¡El verdadero «se dio vuelta la tortilla»!

Otros edificios cristianos: mausoleos y baptisterios

La arquitectura cristiana, además de la basílica de estructura rectangular, desarrolló edificios con otras funciones: los baptisterios y los mausoleos. Toman su estructura de modelos preexistentes.

Los baptisterios se organizaban alrededor de una cisterna —ya que en los inicios el bautismo se hacía por inmersión y solo en adultos—, por ende, la planta circular o poligonal (octógono) era la más adecuada. Eran construcciones aisladas pero próximas a las basílicas.

Los mausoleos homenajeaban a grandes personalidades. Eran tumbas de cristianos de origen aristocrático. La planta de estos edificios solía ser circular, con un pasillo que rodeaba el centro donde se emplazaba el sarcófago. En ocasiones, la planta era en cruz griega, conservando la idea de centralidad. Por fuera, ambos tipos de edificios eran poco llamativos ya que el ornamento estaba destinado al interior con mosaicos coloreados. Ejemplos: Baptisterio neoniano y el Mausoleo de Gala Placidia en Ravena, el Mausoleo de Constantina en Roma.

Formas de representación

SI BIEN NOS CONCENTRAMOS EN LA ARQUITECTURA DE LOS EDIFICIOS Y SU FUNCIÓN, no podemos hacernos los distraídos con un elemento que parece de segundo orden pero que le aporta una capa semántica: la decoración. No pensemos en términos de interiorismo moderno, sino que el ornamento de fachadas y paredes nos hablará de una manera de concebir el mundo. La representación de la realidad y, puntualmente, de la figura humana variará de una cultura a otra.

El mundo antiguo no era del color de la piedra, era rabiosamente colorido. Las esculturas de los faraones, de los dioses griegos y de los generales romanos eran como esos viejos maniquís de las boutiques de los años sesenta: imitaban el tono de la piel y el brillo de los ojos, tenían uñas, iban peinados y vestidos imitando las texturas y los colores. Eran descriptivos. Esto no significa que hayan calcado la realidad tal como la veían.

Esos raros egipcios

La forma de representación egipcia no era naturalista. ¡Para qué serlo si ellos pensaban en términos de eternidad! Preferían la idealización y el simbolismo sobre la verosimilitud y la retratística; al mismo tiempo, optaban por la claridad. Un objeto se mostraba por su parte más identificable, se le llama «ley de máxima representación»: para dibujar un estanque, rebatían el plano de forma que se aprecie desde arriba. Los árboles de alrededor, los animales o las personas serían presentados de costado. La aplicación del color era plana de modo tal que no producía ningún efecto volumétrico.

La figura humana «a la egipcia» se representaba con el torso de frente, brazos, piernas, pies y rostro de perfil, ojos y manos de frente. Y usaban un color codificado para varones (más oscuros) y mujeres (más claras).

Las esculturas no estaban para ser admiradas por los cuatro flancos. Estaban regidas por la ley de frontalidad —se miraban de frente— y de simetría axial, se estructuraban en torno a un eje, quedando ambos lados similares. La posición era rígida, hierática y, si estaban paradas, tenían el pie izquierdo adelantado.

La perspectiva, tanto en pintura como en estatuaria, era jerárquica: mayor tamaño y detalle indicaba la importancia de un personaje.

Sin embargo, relativicemos un poco: hubo etapas, en el largo imperio egipcio, en que la representación fue más realista y expresiva. Incluso, en la época de Akenatón se cambió el canon visual.

Las siete cabezas de Policleto

Los griegos, superada su etapa arcaica donde la influencia egipcia era notable (como en los *kuroi*), tenderán a la representación «realista pero no tanto» de la forma humana. La etapa clásica del arte griego se caracterizará por la búsqueda de una fórmula para la representación de la belleza: el ideal. El escultor Policleto estableció su famoso canon de siete cabezas (no, ¡no es un monstruo!). Tomando una cabeza humana como módulo, consideraba que la altura ideal de una persona era siete veces la altura de su cabeza.[85] Con posterioridad, a los artistas les pareció que con siete cabezas el ideal quedaba medio retacón y le metieron media cabeza más, después una octava. Pero Policleto además hizo otro gran aporte, para sacarle rigidez a las estatuas: el *contraposto*. La figura se apoya en una de sus piernas —allí los músculos están en tensión— mientras muestra la otra en estado de relajación. Esta postura genera un movimiento en S que recorre toda la figura e invita al observador a mirarla de la misma forma. Parece un detalle menor, pero el contraposto muestra al cuerpo humano en toda su potencialidad y belleza.

En cuanto a la pintura, los griegos usaban escorzos, sabían cómo dar ilusión de profundidad y el modelado del color para generar volumen.[86] Trabajaban la figura de forma muy naturalista. No han sobrevivido al paso del tiempo las pinturas griegas, solo nos quedan testimonios.

Roma

La escultura romana está influenciada por el naturalismo griego, bajo su forma helenística, es decir de la época del dominio macedonio. Esta se caracterizó por alejarse del canon clásico y dar más importancia a la expresión, al retrato, a lo singular (el pobre Policleto hubiera sufrido mucho en esa época). La retratística va a ser muy importante entre los romanos, que tendrá etapas más naturalistas, más idealizadas y, finalmente, más esquemáticas. La pintura romana también sigue pautas naturalistas. La erupción del Vesubio en 79 d.C., que enterró bajo un manto de lava la ciudad de Pompeya, hizo que allí se conservaran en perfectas condiciones los frescos de las casas pompeyanas. ¿La famosa desgracia con suerte? Nos permitió ver los colores (llama la atención el uso de fondos en rojo y negro), la variedad de motivos (las famosas pinturas eróticas, los bodegones, los retratos y escenas mitológicas) y los marcos en que las situaban. Ni los romanos ni los griegos manejaban la perspectiva lineal; sin embargo, sus dibujos tienen bastante semejanza con el natural, y eso es porque usaban la «perspectiva espina de pez», cuyas líneas fugaban a distintos puntos sobre un eje vertical de forma algo arbitraria. Por ejemplo: Villa de los Misterios, Casa de los Vettii, Casa Casti Amanti, Villa de Publius Fannius Sinistor.

---

[85] El **Doríforo de Policleto** está representado de acuerdo con el canon de siete cabezas.

[86] **Modelado del color**: trabajar la forma agregando luz o sombra.

Oriente y Occidente

La extensión imperial de Roma hacía muy difícil administrar con eficiencia los territorios. Es por eso por lo que en el año 285 d.C. el emperador Diocleciano dividió en dos mitades el imperio. La región oriental ocupada por las actuales Grecia, Turquía, costa oeste del Mar Caspio, Siria y Egipto tendría una mayor herencia cultural griega —usaban el latín, pero masivamente el idioma griego— e influencias persa y semita. La región occidental, con capital en Roma, comprendía lo que hoy es Italia, Francia, Bélgica, España, los Alpes y Gran Bretaña, en donde pesaba más la herencia latina.

Constantino fundó en 330 d.C. la ciudad de Bizancio —la Nueva Roma que luego llevaría su nombre, Constantinopla— en el límite entre Europa y Asia. Era un lugar estratégico, donde pasaban rutas comerciales marítimas y terrestres entre el mundo mediterráneo y el extremo oriente.

La ciudad sería próspera durante siglos y, a diferencia de la ciudad de Roma, no caería en decadencia. Durante la Edad Media, contrastarían las limitaciones materiales de las ciudades y cortes europeas, y el esplendor y suntuosidad de la región oriental.

El colapso de Roma y el occidente cristiano

Se llama Edad Media a un período de diez siglos en los cuales los antiguos dominios imperiales de Roma se disgregaron y se reestructuraron políticamente. Desde el punto de vista cultural, la campaña de evangelización entre los pueblos germanos borró todo rastro de paganismo. Además, las tensiones entre las distintas corrientes del cristianismo, en especial el romano y el bizantino, produjeron cismas dentro de la Iglesia. La aparición de un nuevo culto monoteísta, el Islam, produjo choques y cruzamientos culturales.

Se considera concluido el período a finales del siglo XV, con eventos como la caída de Bizancio a manos de los turcos otomanos, la retirada de los musulmanes de España con la toma de su último bastión, Granada, y el desembarco de Colón en América.

A partir de entonces se produce una expansión europea sobre todo el globo.

Arquitectura bizantina

Cuando hablamos de Bizancio nos referimos a un imperio que se prolongó a lo largo de más de diez siglos: desde 330 d.C. hasta 1453, año en que cayó definitivamente en manos de los turcos otomanos.

Diez siglos es mucho tiempo, por lo que tenemos que pensar que la arquitectura bizantina, si bien conservó una cierta unidad en sus características, necesariamente fue permeable a cambios durante ese largo período. En sus inicios no se diferenció demasiado de la arquitectura que podíamos encontrar en Roma. Sin embargo, fue adquiriendo caracteres propios.

La sociedad bizantina estaba compuesta por poblaciones locales no romanas. Bizancio, situada en una zona de tránsito entre el Mediterráneo y Asia, tenía conexiones con India y China a través de la Ruta de la Seda[87] y con el Mar Rojo y la península arábiga. Era una sociedad quizás más variopinta que la romana y con mayor acceso a productos suntuosos (seda, especias, marfiles, etc.). Había sido parte del Imperio de Alejandro Magno y desde esos tiempos se había arraigado una cultura panhelenística que hacía que las clases cultas se educaran con valores griegos clásicos, tanto en el arte, la ciencia y la filosofía. Bizancio fue donde

---

[87] La **Ruta de la Seda** fue una extensa red de rutas comerciales que conectó Asia y Europa durante más de 1500 años (desde el siglo II a.C. hasta el siglo XV d.C.). A través de ella no solo se comerciaba seda china, sino también especias, papel, vidrio y otros bienes valiosos, facilitando además el intercambio cultural y tecnológico entre Oriente y Occidente.

se conservaron textos, tradiciones y saberes que habían sido olvidados por la Europa medieval y que se revalorizarían en el Renacimiento.

Sin embargo, lejos de ser una réplica de aquella vieja Grecia, estaba atravesada por la cultura cristiana y, a su vez, por la experiencia del Estado romano. De resultas, era una sociedad fuertemente jerarquizada donde el emperador era una figura casi sagrada, a tal punto que su imagen sería retratada al mismo nivel que Cristo, y Cristo sería retratado como un emperador, el Pantocrátor. Es decir, cuando en Europa vemos fragmentación territorial y reyes con apenas más poder que los señores feudales —un primus inter pares—, en Bizancio la cosa es diametralmente distinta. El emperador era el hombre fuerte que controlaba un Estado enorme.

La arquitectura bizantina pretenderá deslumbrar al público, mostrar toda su magnificencia, y esto lo logrará por dos vías: la magnitud de los espacios y el uso masivo del mosaico de colores brillantes.

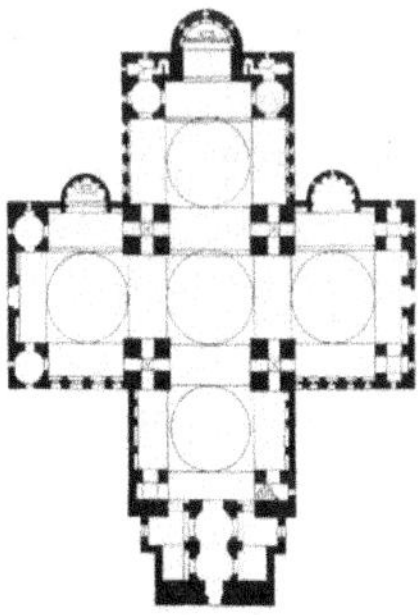

Planta en cruz griega

Al igual que en la Europa medieval, los edificios emblemáticos de Bizancio serán de índole religiosa: catedrales, basílicas, monasterios. Si bien emplearon el tipo basilical, una de las novedades es el espacio organizado a partir de plantas centralizadas como la cruz griega (cruce de dos naves de igual longitud), el octógono o el círculo.

No levantaban los edificios en piedra como en Grecia y Roma, sino con ladrillo, emparentándose con formas de construir propias de Oriente (¡recuerden los zigurats!). Pero sí continuaron empleando elementos estructurales de la arquitectura romana como el arco de medio punto y la cúpula, introduciendo mejoras que les permitieron ganar altura y soportar mayores cargas.

Los edificios bizantinos están construidos a partir del arco de medio punto que es el elemento que rige el espacio. Los reconoceremos por sus cúpulas múltiples. Primero nos llamará la atención la gran cúpula semiesférica que cubre la parte más importante del edificio. Notaremos también otras cúpulas y semicúpulas que la rodean como si le hubieran crecido hongos. Los arquitectos bizantinos lograron transformar la percepción del espacio interior y evocaron una experiencia mística muy fuerte a través de las grandes dimensiones y la altura.

Lo primero que hicieron fue realzar las cúpulas montándolas sobre bases cilíndricas —muro circular con ventanas que daban luz—, lo que elevó la altura varios metros: este elemento se llama *cúpula de tambor*.

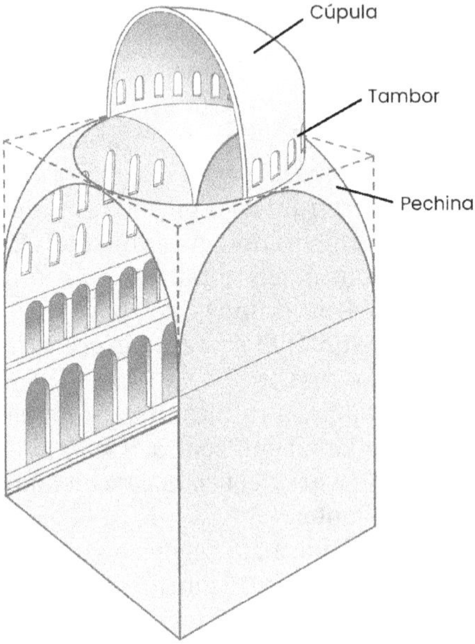

Si la observamos desde el interior, veremos un «sistema de montaje» que permite colocar una cúpula de base redonda sobre muros elevados desde una planta cuadrada. Las famosas *pechinas* son secciones triangulares esféricas que están resolviendo el encuentro entre la circunferencia de la cúpula y el cuadrado de los muros.

El otro gran elemento distintivo de Bizancio es la ornamentación. Austera en el exterior, se limita a jugar con las tonalidades y con la manera de colocar el ladrillo. Sin embargo, la cosa cambia al ingresar al recinto. El abandono total de la escultura de bulto[88] como forma decorativa rompe lazos con la tradición romana. Encontraremos también una reversión de la columna caracterizada por un uso más libre de los órdenes, especialmente del corintio. El fuste será liso y delgado, el capitel tallado con técnica de trépano (formando cavidades y filigranas), coronado por un cimacio (pirámide invertida sobre el capitel).

Pero la gran contribución la harán los mosaicos, allí reside la magia bizantina. El mosaico aportará policromía y brillo a través del dorado, del plateado, de rojos, azules, púrpuras, blancos y verdes. Estaban colocados en las cúpulas y sectores altos de los muros. El observador debía elevar la mirada para apreciarlos.

La imagen bizantina se constituye a partir de un proceso de abstracción de los modelos clásicos. Al igual que ocurrió en la Europa medieval, la imagen imitativa del natural fue perdiendo peso y se priorizó un aspecto más esquemático, descriptivo y hierático, ya que la representación visual era exclusivamente sobre temas sagrados.

---

[88] La **escultura de bulto** o bulto redondo es aquella que se puede contemplar desde todos sus ángulos, ya que está completamente exenta y trabajada en tres dimensiones, a diferencia del relieve que está adherido a un fondo. Puede ser una figura humana, animal u objeto, realizada en materiales como piedra, madera, metal o arcilla.

Ya dijimos que Bizancio duró más de diez siglos, por lo cual tendrá períodos en los que sufrirá algunas variantes o influencias externas, aunque nunca cambiará sus principios fundamentales. Por ejemplo, las crisis entre iconoclastas e iconódulos[89] se reflejaron en el uso de las imágenes. Y en tiempos tardíos, un mayor contacto con el Oriente islámico introdujo el empleo de mosaico vidriado en exteriores y de las cúpulas abultadas (bulbosa o acebollada).

Construcciones notables: Iglesia de Santa Sofía (532-537), Iglesia de los Santos Sergio y Baco, Iglesia de Santa Irene, Gran Palacio en Constantinopla. Basílicas de San Vitale, Basílica de San Apolinar Nuovo, Basílica de San Apolinar in Classe en Ravena. Basílica de San Marco en Venecia.

En el Medioevo pasó de todo

La caída de Roma no fue de un día para el otro. Si bien el 476 d.C. se instituye como el año de su finalización, el eclipse del Imperio Romano de Occidente fue un lento proceso de desgaste político, institucional y sociocultural agravado por las invasiones de distintas poblaciones germánicas que estaban siendo desplazadas por presión de los hunos, pueblos nómades de las estepas del Asia central.

Entre los siglos V y VIII, la ausencia de un poder centralizado produjo la fragmentación territorial de los antiguos dominios y de la compleja estructura burocrática romana que los administraba. En su reemplazo, surgirán monarquías de origen germánico: francos en la Galia (Francia), visigodos en la península Ibérica, sajones, anglos y jutos (nórdicos) en las islas británicas. Fue un período en el cual se reconfiguró toda la economía y el poder en Europa, incluido el poder de la iglesia católica.

La iglesia había quedado como depositaria de la herencia cultural romana, sus miembros sabían leer y escribir, conocían el manejo del Estado y las antiguas legislaciones. Los miembros de las élites gobernantes, de origen militar, no consideraban importante la alfabetización. Eran guerreros. La iglesia, además, se abocó a diseminar la palabra de Dios entre los pueblos paganos que aún resistían la cristianización (Irlanda, Gran Bretaña, Escandinavia, Dinamarca).

---

[89] Los **iconoclastas** («destructores de imágenes») y los **iconódulos** (o iconófilos, «amantes de las imágenes») fueron dos bandos opuestos durante la querella de las imágenes en el Imperio Bizantino (siglos VIII y IX). Los iconoclastas se oponían al uso y veneración de imágenes religiosas, considerándolo una forma de idolatría, mientras que los iconódulos defendían su uso como ayuda para la devoción y la enseñanza religiosa. Esta disputa teológica y política culminó finalmente con la victoria de los iconódulos en el año 843, restableciéndose el culto a las imágenes en la Iglesia Ortodoxa.

Establecieron *scriptoriums*[90] en cada monasterio que fundaban, de modo que desarrollaron el libro en formato códice (como lo conocemos ahora) y no el rollo desplegable de la Antigüedad.

Al mismo tiempo, el antiguo Imperio Romano de Oriente, es decir Bizancio, con capital en Constantinopla (actual Estambul), seguía brillando en el costado oriental del Mediterráneo. Más al este, en la península arábiga, se producía la revolución de Mahoma. Este profeta, que muere en 632 d.C., dejó discípulos que expandieron sus enseñanzas. Entre los años 711 y 726, España sería conquistada por los oméyidas, prolongando el dominio musulmán durante ocho siglos. Como ven, fue una época muy dinámica que produjo muchas novedades.

Ya en el siglo VIII, Carlomagno, rey de los francos, fue ungido por el obispo de Roma (¡el Papa!) como emperador del Sacro Imperio Romano. Era una suerte de alianza —medio rara e incómoda— entre el poder político y el religioso. Lo que nos interesará a nosotros de este momento es que hay un reverdecer de las tradiciones romanas y del arte antiguo. Se le llama «renacimiento carolingio», un proceso virtuoso pero que va a quedar rápidamente trunco.

Sabemos que Carlomagno visitó al Papa en Italia y que quedó impactado con las construcciones de estilo bizantino de la ciudad de Ravena, que se encandiló con sus mosaicos dorados, sus cúpulas, arcos de medio punto y bóvedas. Tan enloquecido quedó que, al volver, hizo construir su palacio de Aquisgrán[91] (Aachen, actual Alemania) y reversionó las cosas que vio en Italia. Pensemos que, desde la desintegración de Roma, las construcciones por fuera de la península itálica eran de madera. No mucho más. No se hacía «arquitectura» como antes. Así que el emperador, que se proponía restituir la antigua organización imperial romana, puso empeño en la construcción de catedrales, palacios y monasterios. En su corte incorporó intelectuales, artesanos de Italia y Bizancio, instaló un scriptorium y estandarizó una forma de escritura, entre otras cosas. Duró poco, pero dejó semillas.

---

[90] **Scriptorium**: era el espacio destinado a la producción de libros en los monasterios medievales. Allí trabajaban los monjes copistas quienes transcribían los manuscritos (como biblias, misales, tratados). Durante la Edad Media se desarrollarán distintas técnicas tipográficas, de ilustración y diagramación del libro.

[91] La **Capilla Palatina de Aquisgrán** es una de las pocas que se conserva original sin agregados ni reformas posteriores. Es un buen ejemplo de arquitectura de los tiempos carolingios.

El románico

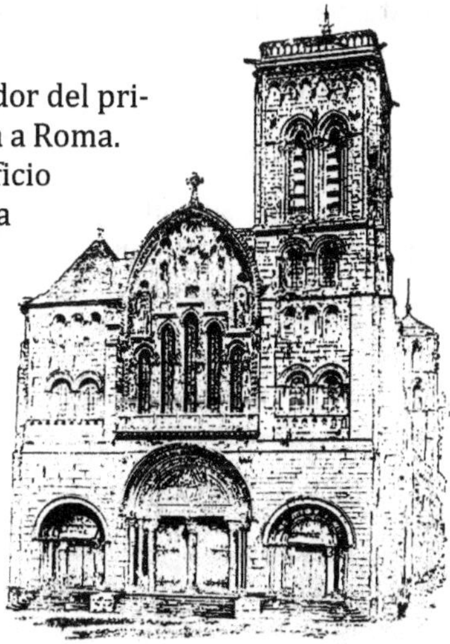

El período románico se sitúa alrededor del primer milenio. Su nombre hace referencia a Roma. Sin embargo, cuando miramos un edificio de este estilo no nos transporta a la época de los césares. ¿Por qué?

Hacia el año 1000, las oleadas de pueblos germánicos que invadían territorios y saqueaban habían finalizado y la Iglesia había hecho un trabajo minucioso en cristianizar a los últimos pueblos paganos de Europa (normandos y magiares). A su vez, la expansión musulmana se había detenido en España. Era un mundo un poco más estable.

En ese contexto, el poder de los señores territoriales de origen militar y el poder eclesiástico se habían consolidado, dando origen a una nueva sociedad que se pensaba a sí misma compuesta por *señores* (bellatores, los que guerreaban), *clero* (oratores, los que oraban por las almas) y *siervos* y *campesinos libres* (laboratores, sí, adivinaron, ¡los que trabajaban, ustedes!). También había otros sectores muy dinámicos que eran de origen comercial y urbano. Si bien el gran florecimiento de las ciudades se produciría unos siglos más tarde, la Edad Media no fue únicamente un mundo rural. Había ciudades y muchas existían desde antes de la caída de Roma.

Los dos estamentos más beneficiados —la Iglesia y los señores feudales y monarcas— disputaban poder: el poder temporal y el poder espiritual. Era una relación tensa. No vamos a profundizar en este tema, pero este dato nos va a servir para entender la emergencia de una nueva arquitectura monumental de origen eclesiástico que se presenta al mundo como un símbolo de magnificencia.

Casi al mismo tiempo, en casi todos los rincones de Europa, se van a descubrir reliquias: un trozo del manto de la Virgen en una capilla perdida, una astilla de la cruz por acá, la tumba olvidada de un apóstol, un sudario por allá, etc. ¡Indy Jones estaría como loco! El «culto a las reliquias» va a reactivar rutas y caminos —ahora más seguros por la estabilidad— que se van a poblar de peregrinos de las más diversas regiones y posiciones sociales. Los destinos más importantes eran Santiago de Compostela (allí están los huesos de Santiago el Mayor) y Tierra

Santa, pero en sí todo lugar donde hubiera una reliquia era un punto de peregrinaje. Era el turismo de la época: promovía el comercio, se abrían tabernas y posadas en los caminos, daba trabajo a transportistas, a actores, en fin, se requerían oficios que atendieran el paso de los peregrinos.

Para 1096, se inaugura la era de las cruzadas; la primera fue la Cruzada de los Pobres, que no era un verdadero ejército, sino que estaba compuesto por peregrinos pobres mal armados.[92] Digamos que no les fue muy bien.

El Gran Cisma de 1054

Tras cientos de años de conflicto, la Iglesia cristiana rompe su unidad. Las diferencias eran de orden teológico, de formas del ritual y, por supuesto, de hegemonía política, especialmente entre el obispo de Roma y el de Constantinopla, quienes junto con los obispos de Antioquía, Jerusalén y Alejandría eran jerárquicamente las cabezas más importantes de la cristiandad.

Estas tres últimas sedes episcopales habían quedado dentro de territorios en disputa con el mundo musulmán. Por lo cual Roma y Constantinopla, antiguas capitales del Imperio Romano, eran los centros más poderosos de la Iglesia, uno con mayor influencia latina, otro con mayor influencia griega y oriental.

A partir de 1054, se rompe la unidad y el obispo de Roma, el Sumo Pontífice o Papa, será el líder de la Iglesia Católica Romana, mientras que el obispo de Constantinopla será el Patriarca de la Iglesia Cristiana Ortodoxa. Estos desacuerdos han tenido impacto en la labor arquitectónica y artística, así como en el programa iconográfico de cada Iglesia.

Otra cosa para tener en cuenta es el florecimiento de las órdenes monásticas[93] como la de Cluny, creada en 910 d.C. en Francia, que va a ser muy importante y exitosa. La otra orden muy conocida es la de Císter de 1098. ¿De qué nos sirve saber esto? Veamos. La vida monacal

[92] La **cruzada de los pobres**, liderada por Pedro el ermitaño y Walter el indigente se movilizaron bajo la premisa de la Guerra Santa contra los turcos selyúcidas que se habían apoderado de la ciudad de Jerusalén, lugar de peregrinación.

[93] La **Regla de San Benito**, escrita en 516 d.C. por Benito de Nursia, es un libro de recomendaciones para monjes bajo las órdenes de un abad (*ora et labora*, ascetismo, disciplina, etc.) y sienta las bases de la vida monacal europea.

implicó un repliegue de la iglesia sobre sí misma. Fundaron abadías alejadas del ruido mundanal para vivir en la oración y la pobreza. Estos lugares —amurallados— se transformaron en centros de cultura y conocimiento (tenían scriptoriums, escuelas, hospitales), producían bienes (se autoabastecían de alimentos) y comercializaban el excedente. Lograron una riqueza tal con el propio trabajo que pudieron construir edificaciones con materiales nobles (piedra) y experimentar sistemas de construcción «a la romana» (arcos, bóvedas, cúpulas) en una época que había perdido el *know-how* de los arquitectos e ingenieros latinos. O sea, buscaron la pobreza, pero terminaron ricos. ¿Ven que se puede?

¡Bienvenidos al comienzo de la era de las grandes abadías y catedrales! ¿Por qué comienzo? Porque el románico, más que un estilo, es un ensayo que, por prueba y error, generará el conocimiento que permitirá llegar a la arquitectura del período gótico.

La madurez del románico es del año 1000 al 1150 y la sistematización que logra hace que sea una suerte de estilo internacional, es decir, lo encontraremos (con variaciones) en toda Europa.[94]

¿Cómo lucía una iglesia románica? El peregrino la avizoraba desde lejos, a varios kilómetros. Era un hito físico, tenía el aspecto de una fortaleza, un macizo de piedra robusto y de gran altura, con ventanas pequeñas hechas con arco de medio punto. Los muros gigantes tenían varios metros de espesor. Varias torres de planta cuadrada y/o circular coronaban la cubierta del edificio. Se la veía simple, con pocos firuletes decorativos. En el interior, ingresaba poca luz. Sin embargo, su amplitud permitía contener a muchísima gente ya que las naves eran enormes y altas debido a que el techo estaba construido con bóvedas que permitían a la estructura crecer hacia arriba.

Lo que permanece estable es la tipología basilical: nártex o pórtico, nave principal, con dos o cuatro naves laterales y ábside orientado al este en forma circular. Pero hubo cambios: la planta será cruciforme, es decir, que se le añadirá una nave transversal que corta a la nave principal formando una cruz latina. Este nuevo elemento se llama *transepto*. En algunas iglesias, más imponentes, puede haber dos transeptos: esto se llama planta en cruz arzobispal.

También hubo otras variaciones en la planta. El ábside (la cabecera de la iglesia), en algunos casos, incorporaba un pasillo o deambulatorio

---

94 El **Románico** en las islas británicas también es llamado Estilo Normando porque fue llevado por los conquistadores normandos desde Francia (Guillermo el Conquistador).

que pasa por detrás del presbiterio. Este pasillo no era para poder mirarle el trasero al obispo en plena misa, sino que por él se accedía a una serie de pequeñas capillas (capillas radiales) donde los peregrinos podían admirar las reliquias. Estas iglesias se llaman «iglesias de peregrinación»: no solo van a tener el deambulatorio y las capillas, sino que se va a poder acceder por una puerta lateral, abierta en el transepto. Además, solían tener cinco naves para que todos estén más cómodos. ¡La idea era que los peregrinos no molestaran a quienes querían oír la misa! Imagínense que era muchísima gente, sin modales, cansados y tal vez hambrientos, empujándose unos a otros. Con frecuencia se producían accidentes y desmanes. Las iglesias románicas estaban pensadas para albergar multitudes.

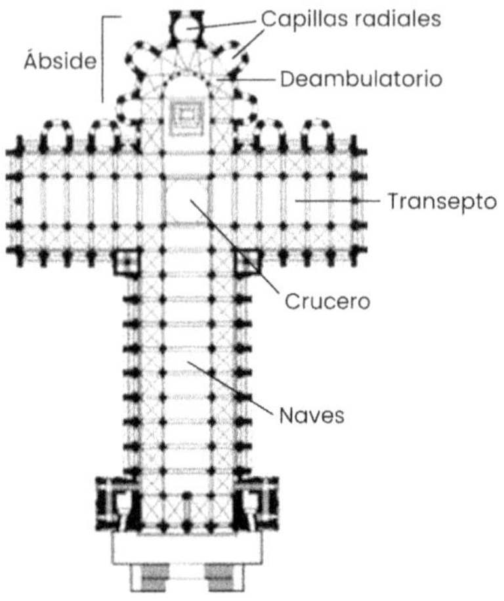

Planta en cruz latina

Otro distintivo del románico es el uso de la bóveda. Antes las iglesias se cubrían con techos de madera en aguas. Esto tenía varios problemas. Era un material inflamable, muchas se prendían fuego o colapsaba el techo por envejecimiento de la madera. Además, la longitud máxima de un tronco limitaba la superficie y altura de los espacios que se podían crear. La bóveda resuelve ese problema porque usa piezas de piedra (dovelas) cortadas de forma regular.

Recordemos que la bóveda de cañón es la proyección de un arco de medio punto, y la bóveda de arista la que se forma por intersección de dos bóvedas de cañón. Se solía rematar el techo abovedado por una cubierta exterior en aguas de teja o pizarra que venía bien para las nevadas invernales.

Como dijimos, los arquitectos de este período estaban probando «a ciegas» viejas formas de construcción. Levantaban muros y pilares innecesariamente gruesos (solían tener varios metros de espesor) porque tenían miedo de que las paredes colapsen por la carga de las bóvedas. Los puntos donde el techo producía mayor empuje se los reforzaba con engrosamientos del muro en el lado exterior del edificio, llamados *contrafuertes* o *estribos*. Desde afuera se ven como pilastras adosadas al muro y uno pensaría que se trata de una decisión decorativa, pero eran funcionales.

También se usaban arcos fajones dispuestos de tramo en tramo para reforzar las bóvedas de cañón. Lo mismo, parece una decisión «aesthetic» pero era para darle más estabilidad.

Las ventanas y las puertas eran pequeñas porque donde hay una abertura el muro se debilita. Para evitarlo usaban el sistema de abocinado, siendo las aberturas más angostas en la parte externa y más anchas en la parte interior de manera que el ingreso de luz se expandiera como una linterna. Así y todo, los espacios interiores quedaban algo penumbrosos.

La decoración era sobria. Donde veremos más fantasía ornamental será en los capiteles de las columnas: tallados con hojas de acanto o elementos abstractos de influencia bizantina, o bien representaban algún episodio o figura bíblica o alguna monstruosidad infernal. Los fustes de las columnas podían ser circulares, cuadrados o en forma de cruz, aportando variedad. Al final del período románico empieza a decorarse el pórtico abocinado del edificio —el tímpano— con esculturas de los santos y los evangelistas, aunque la escena más representada era la del Juicio Final. Las figuras estaban talladas en la misma piedra del edificio —adheridas a él— y pintadas con diversos colores, que el tiempo lavó. En algún caso, podía haber pinturas murales interiores al fresco.[95]

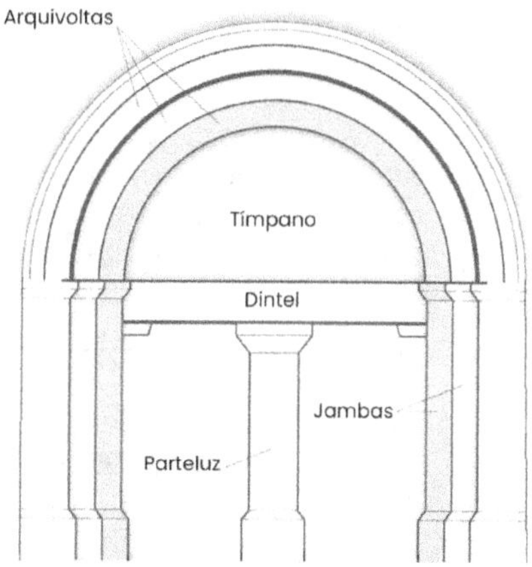

Por último, imaginemos la construcción de una iglesia románica. Era un acontecimiento social y económico, ya que movilizaba recursos, mano de obra local y externa (artesanos, escultores, maestros de obra, constructores, carpinteros, etc.). Estas personas llegaban de otras ciudades y países, tal vez hablaban distintas lenguas y, por supuesto, traían relatos y noticias de otros lugares del mundo.

[95] La **pintura al fresco** fue una técnica utilizada en Grecia y Roma. Consistía en preparar una pared con yeso u otra mezcla y aplicar pigmento estando todavía húmeda. De esta forma, los colores se integran a la pared. Durante el románico volvió a emplearse para decoración de las iglesias.

El Cristo de los tímpanos románicos

Como dijimos, el Juicio Final era la escena más representada en los pórticos románicos. Estaba tallada en relieve y coloreada. Se destacaba una figura central y más grande que el resto: el Cristo Juez o Pantocrátor, una imagen de Jesús como soberano todopoderoso. Está sentado en su trono mostrando sus manos levantadas. A su derecha, están las almas de los justos, los que se salvarán, acompañadas de ángeles y, a su izquierda, las almas de los condenados al Infierno, rodeadas de demonios.

¿Cómo reconocemos a Cristo? Por su tamaño, por el nimbo en forma de cruz o porque está encerrado en un marco almendrado llamado mandorla. En el románico, e incluso en el gótico, no estaban interesados en representar el natural como lo estaban los antiguos griegos y romanos. La Edad Media prefiere la claridad del mensaje que quiere transmitir frente a la verosimilitud en la representación. Para que no haya distorsiones visuales ni equívocos, empleará la perspectiva jerárquica (la figura de mayor tamaño es más importante), rebatirá planos para mostrar todos los lados de un objeto o edificio (no usará escorzos) y simplificará la forma humana geometrizando rasgos faciales y ropajes.

Construcciones notables: Catedral de Espira (1030-1061); Abadía Santa María de Laach (1093-1230); Santiago de Compostela (1075-1211); Notre Dame La Grande, Poitiers (1086-1150); Iglesia de Sainte Foy de Conques (1050-1130). Abadía de Vézelay (1096-1104); Abadía de Saint-Étienne de Marmoutier; Catedral de San Pedro de Tréveris (1235-1260).

En síntesis: si se ve sólida como una fortaleza, si tiene torres robustas cuadradas o circulares y tanto sus estrechas ventanas como su pórtico están hechos con arcos de medio punto, estaremos frente a una edificación típicamente románica. La luz será escasa en relación con la amplitud de sus espacios interiores. El techo será abovedado con bóveda de cañón y/o bóveda de arista. Por fuera, las cubiertas serán de pizarra o teja. La decoración en piedra tallada se limitará a los capiteles interiores y los relieves del tímpano de la puerta frontal estarán debidamente coloreados.

Iglesias góticas

Sin la experiencia románica no podría haber surgido el estilo gótico. El gótico es producto de los años de experimentación que hicieron los arquitectos en el románico. De hecho, se pueden ver iglesias que siendo su estructura general románica tienen elementos propios del gótico. Por ejemplo, arcos en ojiva. Son edificios de transición. Nada ocurre de un día para el otro.

Hacia el siglo XII comienza a desarrollarse una nueva forma de construir que introduce innovaciones técnicas que van a cambiar radicalmente la manera de proyectar un edificio. No es solamente un nuevo look de las iglesias, sino que hay cambios significativos en la estructura que permitieron crear espacios que aún hoy son una verdadera fantasía visual.

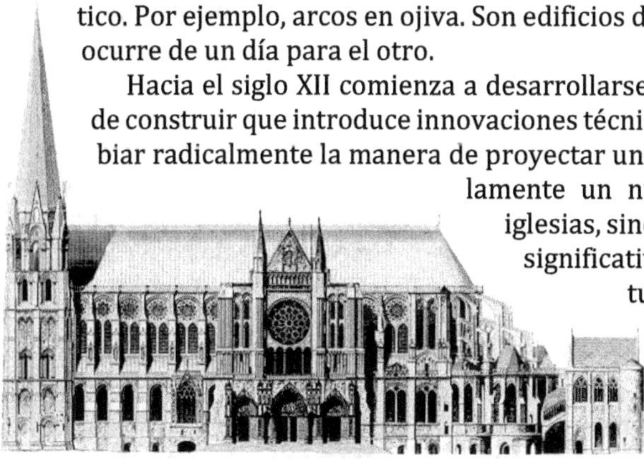

El gótico es un estilo muy urbano porque para esta altura las ciudades ya tenían una prevalencia económica mucho mayor que durante el período anterior, concentraban más población y poder. Las catedrales románicas, en general, estaban emplazadas en monasterios en ámbitos rurales apartados. Las catedrales góticas eran burguesas: en buena parte se construían con aportes de comerciantes enriquecidos. Los artesanos y constructores organizados en gremios o cofradías profesionales garantizaban altos estándares de calidad. Una ciudad que erigía una catedral de estas características se jerarquizaba, era —además de un espacio para la sociabilidad y el culto religioso— una exteriorización de su poder.

Pero ¿qué diferencia una forma de construir de la otra? En el románico los muros eran el principal sostén, por eso se los construía gruesos, en las partes más vulnerables se los reforzaba con contrafuertes, y se intentaba no debilitar los muros con ventanas demasiado grandes. En el gótico lograron que el sostén principal sea un andamiaje de pilares, vigas y nervios que reparten las cargas de forma escalonada, sin que ningún elemento sufra demasiado peso. Es un sistema mucho más sofisticado y eficaz. Si observamos bien una de estas catedrales podemos ver su esqueleto —la estructura— como si se tratara de un animal. Los muros son solo cubritivos así que podían ser más delgados e, incluso, reemplazados por grandes ventanales de vidrio coloreado.

Experimentando con la forma de los arcos —recordemos que el arco es la unidad fundante de la estructura abovedada— un día a alguien se le habrá prendido la lamparita y le dio al arco semicircular una forma más triangular, «apuntada» hacia arriba. Esto que parece de índole ornamental, no lo es. Ya que en un arco apuntado —ojival— las cargas bajan desde el clave de manera más vertical, más rápido y los muros no tienen que hacer tanta fuerza.

Esto permitió aligerar el grosor de los muros y pilares que sostenían los techos. Pero no fue todo.

Así como el románico va a trabajar con la bóveda de aristas (el encuentro de dos bóvedas de cañón), el gótico va a tener su propia versión: la bóveda de crucería, que es la intersección de dos bóvedas apuntadas que descansan en cuatro pilares más delgados. ¡Y aquí comienza la magia del gótico!

Desde afuera parecen, como dijimos, esqueletos de animales gigantes. Esta sensación se debe, en parte, a que el nuevo sistema permitió elevar muchos metros la altura de los edificios. Además, la estructura de pilares, vigas y nervios tenía exteriormente elementos nuevos: los *arbotantes*, que eran arcos que transmitían las cargas de las bóvedas hacia los contrafuertes o pilares a los lados del edificio; los *pináculos*, que eran piezas en forma piramidal que coronaban los pilares o contrafuertes ayudando a estabilizarlos al enviar las cargas hacia abajo, aparte de cumplir una función decorativa. Los exteriores estaban poblados de animales fabulosos esculpidos en piedra: las *gárgolas* con bocas o fauces abiertas decoraban la salida de los desagües, en cambio las *quimeras* solo oficiaban de animales protectores del templo ahuyentando los malos espíritus. Resabios del paganismo.

Esculturas también encontraremos en los pórticos. A diferencia del románico, las fachadas góticas suelen tener tres puertas de ingreso, cada una con sus tímpanos y columnas esculpidas. La estatuaria se desarrolló muchísimo. Lo que en el período anterior eran relieves adosados a las paredes, en el gótico paulatinamente se independizarán del muro creando mayores contrastes de luces y sombras. Habrá un interés creciente en captar la realidad de los cuerpos: la postura y su anatomía, la caída de las vestimentas y los rostros serán cada vez más cercanos al natural. Tengamos en cuenta, como venimos insistiendo, que estos trabajos en piedra estaban pintados en colores saturados y definidos, muy al gusto de la época: azules, rojos, amarillos, blancos. Esos mismos colores brillantes los encontraremos en los vitrales. El tiempo fue lavando los colores. Ahora pongámonos en los zapatos de un creyente que ingresa por esas grandes puertas repletas de tallas coloreadas.

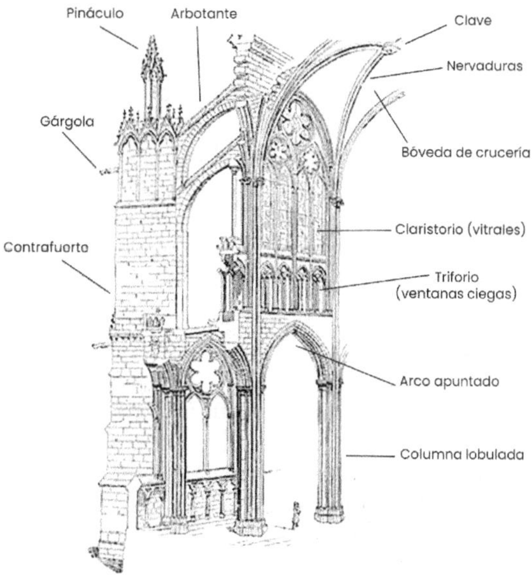

Una vez adentro, la percepción cambia. Lo que distingue una iglesia del gótico de una del románico es la luz. Como los muros no sostienen la estructura, ahora se pueden abrir enormes ventanas en las paredes. Las catedrales se van a llenar de luz y colores que se cuelan por los vitrales de las naves laterales y a través de otro elemento típico del gótico, el *rosetón* (gran ventana circular en la fachada). En los vidrios coloreados se van a representar escenas de la Biblia y el Evangelio como apoyatura gráfica para la prédica de la misa. Recordemos que el arte en las iglesias tenía una función pedagógica en una sociedad mayormente analfabeta.

En muchas catedrales góticas veremos otro rasgo particular: los laberintos. Dibujados en el piso con baldosas de piedra de diferente color, representaban el camino del peregrino.

Hay otro elemento que se suma. Recordemos que, tanto en la época paleocristiana como románica, las iglesias tenían una planta de luces o *claristorio* que aprovechaba los distintos niveles de la bóveda de la nave central y de las laterales para abrir ventanas que daban claridad al interior. El gótico incorpora, entre la planta inferior y el claristorio, un segmento de ventanas ciegas o *triforio*. Servía como elemento decorativo, pero ante todo salvaba distancias entre las bóvedas de las naves. Por último, al alzar completamente la vista, si el creyente no era chicato, vería el techo abovedado, cruzado de nervaduras —algunas funcionales, otras decorativas— que creaban dibujos regulares. Algunos, especialmente en Francia, estaban pintados como un cielo estrellado. ¡Una verdadera experiencia Disney!

En síntesis, si un edificio está coronado de elementos punzantes que se elevan apuntando hacia el cielo, tendremos un caso gótico. Tendrá enormes ventanales vidriados hechos de arcos en ojiva que desplazarán la mirada hacia arriba. Parte de la estructura que lo sostiene se verá por fuera como un esqueleto de dragón: arbotantes y contrafuertes, que sumados a gárgolas, quimeras y pináculos darán en su conjunto una sensación de complejidad visual (y en la actualidad, un poco de miedito).

Las torres altas parecerán estrechas y filosas, coronadas por agujas. Los techos en aguas tendrán mayor inclinación. Por dentro las naves estarán techadas por bóvedas de arcos apuntados y bóvedas de crucería, dejando ver los nervios del edificio. Las columnas serán estrechas y a veces en forma de ramilletes delicados. La luz entra a raudales, coloreada a través de los vitrales y el rosetón. Todo se eleva y nos transporta a los brazos de Dios.

Construcciones notables: Basílica de Saint-Denis (1140); Catedral de Estrasburgo (1015-1439); Notre-Dame de París (1163-1345); Notre-Dame de Reims (1211-1270); Notre-Dame de Chartres (1145-1220); Notre-Dame de Amiens (1220-1401); Sainte Chapelle (1241-1248).

El abad Suger, promotor del gótico

La basílica de Saint-Denis es la primera obra catalogada como gótica. Saint-Denis no es una abadía más. Cercana a París, allí descansan los restos de la mayoría de los monarcas franceses. Suger (1081-1151) fue uno de sus abades más notables.

A diferencia de otros intelectuales de su época, no le hizo asco a la contemplación de la belleza material; por el contrario, planteó que la belleza puede elevarnos hacia un estado de gracia y acercarnos al conocimiento de Dios. Con esa premisa, abogaba por la mejora estilística de las catedrales, incorporando luz, color, imagen, altura y grandes espacios. Alrededor de 1140 comenzaron, bajo su patrocinio, las reformas de Saint-Denis dando el puntapié inicial para el desarrollo del gótico.

El toque british

En las islas británicas, se desarrolló una variante local de gótico un poco pasado de rosca. La bóveda en abanico, las tracerías complicadas o las crazy vaults —que en algunos puntos no siguen un patrón regular—, hacían alarde de virtuosismo y espíritu lúdico. El gótico inglés jugó con las formas un rato largo, ya que seguía vigente en pleno siglo XVI cuando Italia transitaba el ordenado camino del Renacimiento.

Ejemplos excelentes son la Catedral de Exeter (1112-1400), Catedral de Lincoln (1185-1311), Catedral de Wells (1175-1490), Capilla del King's College (1512-1515) y Abadía de Bath (1572).

Por qué se le dice gótico

Dijimos que la Edad Media es una periodización polémica ya que mete en la misma bolsa procesos políticos, económicos, sociales y culturales muy variados. Para los renacentistas, la Edad Media era una etapa oscura entre la Antigüedad grecorromana, que tanto idealizaban, y su tiempo. Fueron ellos quienes calificaron de románico y gótico determinados estilos. Románico refiere al rescate de la tradición de construir de la época romana (pulgar arriba). En cambio, gótico viene de la palabra *gothus*, un grupo de pueblos germánicos (pulgar abajo) establecidos en España, sur de Francia y norte de Italia a quienes hacían responsables del derrumbe de Roma. Poco y nada tiene que ver el estilo gótico con esta gente. *Gótico* fue una forma despectiva de referirse a una manera de pensar la arquitectura que estaba en la vereda opuesta de la representación renacentista. Para su mentalidad ¡el gótico era mala palabra!

Al-Ándalus, el occidente islámico

No podemos hablar de la Edad Media y pasar por alto la presencia musulmana. Comparado a la Europa de la misma época, el mundo islámico era un espacio luminoso no solo por el desarrollo de las artes y las ciencias sino por el nivel de suntuosidad, hedonismo y sofisticación. La relación entre la Europa cristiana y la cultura musulmana fue larga, con encuentros y desencuentros. En el occidente islámico, esto es, la península ibérica —conocida como Al-Ándalus— y el norte de África, se desarrolló una cultura muy compleja y rica que dejó obras arquitectónicas y artísticas exquisitas. Se le suele dar el nombre de arte morisco (por *moros*). Además del arte producido por los propios árabes, en los reinos ibéricos cristianos del norte de España que tenían fronteras comunes adoptaron elementos estéticos de sus vecinos y desarrollaron un arte «arabizado» (mozárabe).

Necesitaríamos más espacio del que disponemos para explayarnos, ya que se trata de un lapso enorme, ocurre en distintas regiones, e incluye períodos políticos y culturales bien diferenciados. La arquitectura musulmana tomará prestados elementos de los pueblos que conquistaron: arte visigodo, bereber, bizantino y persa. Con toda su variedad, podemos identificar algunos principios básicos.

Uno de los más importantes es la prohibición de representar a dios, Alá, y, por adyacencia, a la figura humana. Esta tendencia iconoclasta produjo un arte marcadamente abstracto (con algunas excepciones). Los ornamentos serán intrincados, de formas geométricas, motivos vegetales, lazos entrecruzados o caligráficos[96] que, mediante el recurso de la repetición y multiplicación, evocarán la intuición del infinito.

En el occidente musulmán, desarrollaron tanto arquitecturas adinteladas como abovedadas. Los edificios —fortalezas, palacios, templos o residencias— estarán organizados alrededor de patios y jardines de naranjos y azahares, con galerías, fuentes, estanques y sistemas de riego que, a la par que moderan el sol y las temperaturas, definen un espacio de contemplación recreando la metáfora del paraíso. La arquitectura civil es de baja altura —un piso— y su techumbre en aguas de forma

[96] Mayormente se trataba de versos del Corán escritos en caracteres estilo *kufí* (angulosos y estructurados) o *nasjí* (cursivos y dinámicos). Hay muchos tipos de caligrafías árabes que se derivan de los anteriores.

piramidal está recubierta de tejas. Está soportada por columnas estilizadas y finas que hacen que parezca que la planta alta estuviera levitando. Las aberturas usan gran variedad de arcos, los más son en herradura, pero también usan los ojivales, conopiales y lobulados, y muchas veces están protegidos del sol por celosías de madera calada con mucha decoración que crea juegos de luces y sombras en los interiores.

En las mezquitas, además, veremos salas hipóstilas con su bosque de columnas —como entre los egipcios, pero con una levedad que solo el Islam es capaz de crear—. Las bóvedas y cúpulas se emplearon allí masivamente. En España, sin embargo, para ver cómo lucía la arquitectura andalusí muchas veces será necesario hacer una pesquisa, ya que quedaron ocultas bajo las fachadas de las iglesias cristianas o fortalezas hispanas en las que fueron convertidas luego de la Reconquista.

Las paredes o techos podían estar revestidos con mosaico, mayólica y esmaltados, con los que añadían brillo, tornasoles y colores a la geometría del ornamento. Las bóvedas se trabajaban también con estucos coloreados y se empleaba la técnica de panal o mocárabe, que son esos techos que parece que se deshacen en el aire como estalactitas de azúcar. Había mucha fantasía en la arquitectura árabe —tanto palaciega como religiosa—, que materializaba su concepto de espiritualidad y encendía de admiración las mentes europeas.

Obras notables para mirar con atención: Catedral-Mezquita de Córdoba (siglo VIII, período omeya); Giralda y Catedral-Mezquita de Sevilla (siglo XII, período almohade); palacio-fortaleza de La Alhambra de Granada y Jardines del Generalife (siglo XIV, período nazarí).

Castillos: ciudades amuralladas

No todo era catedrales y vida monacal en el Medioevo. Como dijimos, los reyes y magnates con sus huestes que vivían de la guerra (bellatores) fueron exageradamente idealizados por los cantares de gesta como gentiles guerreros de a caballo, armadura, escudero y dama. Este estamento militar de origen noble habitaba un espacio arquitectónico particular: el castillo.

Castrum romanum est

Muchas ciudades evolucionaron a partir de un asentamiento militar. Los romanos, en su etapa expansionista, establecieron líneas de fortificaciones por vastas regiones. Las fortificaciones llamadas *castrum* (de allí provienen las palabras *castrense* y *castellum*, diminutivo de *castrum*) eran casi inexpugnables. Se estructuraban a partir de una planta rectangular cruzada por dos caminos perpendiculares en direcciones N-S y E-O que la dividían en cuatro partes similares. El punto de contacto de ambas vías determinaba un centro —o *principia*— donde se alzaban las edificaciones más importantes, por ejemplo, el *foro*. En los extremos de los caminos se abrían cuatro puertas en la muralla que delimitaba al castrum y lo comunicaban con el afuera. Además del foro central, el resto se organizaba con calles en forma de cuadrícula. Por añadidura, los romanos llamaron castrum a los asentamientos amurallados de otros pueblos, que no seguían el patrón en damero del castrum propio. Algunos nombres de ciudades inglesas terminan en -caster, -chester, -cester, lo que evidencia su origen militar.

Muchas ciudades medievales eran antiguos asentamientos militares romanos, por lo cual siguieron creciendo sobre la misma estructura (dos caminos, la plaza central y el damero) y respetaron, reconstruyeron y ampliaron las murallas defensivas. Las edificaciones públicas romanas con el tiempo fueron colapsando, transformándose o dejando vestigios en mejor o peor estado y rodeados por nuevas edificaciones con estilos y técnicas constructivas diferentes. Se fueron adhiriendo calles que rompían la ortogonalidad del núcleo urbano primitivo. Las ciudades prósperas crecerán sobrepasando el perímetro de muralla inicial, que se integrará a la ciudad formando pórticos internos, delimitando barrios. Algunos muros servirán de apoyo a otras edificaciones. Tal vez un puente que cruza el río tendrá partes antiguas y partes nuevas, y muy probablemente casas habitadas a ambos lados del camino.

Otros asentamientos europeos existían antes de la conquista romana y sobre ella asentaron sus ciudades los romanos. Londinium (Londres) y Aquae Sullis (Bath) en Inglaterra, Lutecia Parisii (París) en Francia, Barcino (Barcelona), Valentia (Valencia) y Caesaraugusta (Zaragoza) tienen origen romano o prerromano.

Castillos de Mota y Bailey

Ya entrados en la Edad Media, con el mundo romano desintegrado, una casta de origen militar se repartió territorios conforme fue extendiendo su poder. Surgieron los castillos del tipo *mota y bailey*, para defensa y control político y territorial. Estaban construidos en un terreno sobreelevado o montículo (*motte* o mota castral), que podía ser de origen natural —una colina— o artificial; en este caso, se removía terreno y se fijaba con soportes de troncos o piedra. Sobre el montículo se creaba un espacio protegido por una empalizada, el *bailey*, donde se instalaba el patio de armas y otras dependencias. Dentro de estos límites se alzaba un torreón de madera que permitía ver el entorno circundante y advertir con antelación los movimientos del enemigo. Solían dejar un foso entre la muralla y el exterior. Estos primeros castillos eran pequeños y serán el origen de los futuros grandes castillos. En muchos de ellos se puede identificar el núcleo original del tipo mota y bailey. Sobre cómo se veían estos castillos de madera y barro solo tenemos un conocimiento conjetural porque no han llegado hasta nosotros.

Castillos de piedra

A medida que avanzaba la Edad Media y el estamento militar consolidaba su poder, las fortalezas se fueron complejizando. En primer lugar, se sustituyó la madera por la piedra, que aportaba mayor durabilidad. Es un proceso similar al de la construcción de catedrales: el reemplazo por materiales perdurables.

La función de un castillo es en primer lugar defensiva y la muralla de piedra es un elemento fundamental. No hay castillo sin muralla. Esta no es un elemento que delimita un interior de un exterior, sino que es una estructura que permitía a los habitantes del castillo resistir asedios.

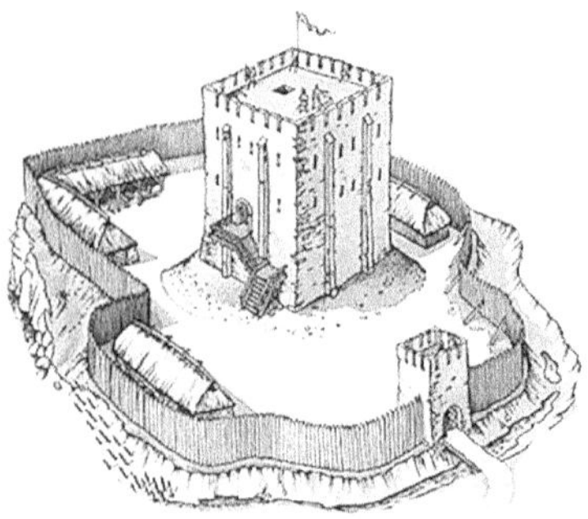

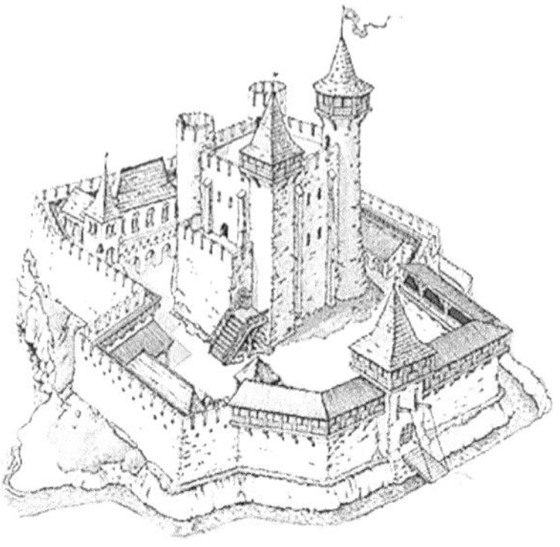

¿Quiénes habitaban el castillo medieval? En primer lugar, los dueños, que podían ser reyes, condes o señores menores. Ocupaban la casa principal, en la parte más resguardada del castillo llamada torre de homenaje. Había otras dependencias para personas destinadas al servicio y mantenimiento del castillo, en una época en que la autosuficiencia era necesaria: cocinas, huertas, corrales, caballerizas, guardia armada, herrería, carpintería, armería y cualquier otra tarea que hiciera falta para el correcto funcionamiento. Además, había un funcionariado que llevaba las cuentas del tesoro, organizaba el trabajo tanto puertas adentro como en el campo circundante, e instruía y comandaba la milicia. Por último, los campesinos que labraban las tierras del señor. Sus casas podían estar dentro o fuera de los límites del castillo, dependiendo de la extensión de las tierras. Si habitaban afuera, en épocas de asedios era obligación de su señor darles protección intramuros.

Detengámonos en las partes del castillo. Primero tendremos una muralla continua de piedra, alta y gruesa que rodea el perímetro. Podía tener más de tres metros de espesor. La muralla será transitable en la zona superior —por el *adarve*—, es allí donde los guardias hacen la ronda y se posicionan tras las *almenas* al momento de defender la plaza. Las almenas o *merlones* son un tipo de crestería en el borde de murallas y torres de formas rectangulares[97], que se repiten a intervalos y dan ese aspecto de serrucho. Permiten a los arqueros protegerse tras ellas y acomodarse para atacar.

[97] En los castillos medievales las **almenas** suelen ser rectangulares. Sin embargo, las hay de otras formas: escalonadas, arqueadas, piramidales, etc., ya que existen en todas las edificaciones defensivas de distintas culturas: mesopotámica, persa, árabe y otras.

Las *saeteras* eran orificios verticales angostos y profundos en los muros que servían de resguardo para arqueros y tiradores de ballesta.

La muralla podía estar rodeada de una fosa profunda con o sin agua para complicar la llegada de los asaltantes. En esos casos, las puertas del castillo tenían un puente levadizo. Las pesadas puertas de madera se aseguraban además con el *rastrillo*, una reja de hierro con puntas que cerraba cayendo desde arriba. Muchos castillos tenían la *torre barbacana*, que estaba fuera del perímetro, adelantada y comunicada por un puente o terraplén a la puerta principal. Era una forma extra de reforzar la defensa.

La muralla no era regular, ya que a cada tanta distancia se elevaban *torreones* de vigilancia y refuerzo de la defensa. Estas torres que interrumpían la cortina de muralla podían tener distintas formas: cuadradas, en forma de D o circulares. En general, los vértices son los lugares más frágiles de una construcción, por eso a veces se optaba por paredes curvas. En las puertas de acceso, que eran otro lugar vulnerable, había *matacanes* —o *murder holes*— de madera o piedra. Eran construcciones abalconadas que en la sección saliente tenían orificios que permitían disparar flechas, piedras, proyectiles, y volcar líquidos hirviendo sobre los asaltantes para impedir que ingresaran.

Al atravesar la puerta, se entraba al *patio de armas* —evolución del bailey primitivo—, que era una plaza seca donde tenía lugar el entrenamiento militar y desde donde se accedía a las distintas dependencias del castillo: la torre de homenaje, los cuarteles, las mazmorras[98], los pasadizos secretos, y todas las que ya nombramos más arriba. Y, cómo olvidarlo, una capilla con cura y monaguillo, ¡vale dios! Aunque no siempre las había.

La *torre de homenaje*[99], como dijimos, era el edificio más importante del castillo: la casa del señor. Por lo tanto, será el más fortificado, el último en caer ante un ataque. Era la construcción más grande, más alta y central donde estaban las estancias principales y los almacenes con

---

[98] No exageremos, los subsuelos del castillo no estaban repletos de mazmorras. ¿Para qué tantas? Había sí almacenes donde guardar víveres y otros recursos.

[99] Las denominaciones cambian dependiendo del autor o de la localización de cada castillo. En España se habla de **torre de homenaje**, en las Islas Británicas se les dice **keep**, en Francia **donjon** (que da lugar al término inglés **dungeon**, mazmorra).

víveres. En un principio, fue una torre o torreón. A medida que la vida se complejizó y mejoraron las condiciones materiales de los mismos señores feudales, la torre de homenaje se fue ampliando con torres adyacentes. Recordemos que las condiciones de vida de la nobleza y el acceso al lujo en la Edad Media europea era restringido incluso para los estamentos más altos. La puerta estaba en altura y se ingresaba por una escalera de madera que podía ser removida para impedir el asalto a la torre. Las habitaciones eran espacios —más o menos grandes— tabicados por tapices donde la intimidad no era una realidad muy concreta. Incluso una misma sala servía a la vez de comedor, sala de recepción, dormitorio, etc. Esto fue cambiando de a poco, y dependiendo de cuánta riqueza dispusiera el dueño del castillo. Cuanto más importante y rico era el castellano, mejor infraestructura y suntuosidad tenía la edificación. El nombre «torre de homenaje» se debe a que en este «salón de usos múltiples» se realizaba la ceremonia donde el vasallo juraba lealtad a su señor.

Había castillos que tenían más de una muralla, es decir, había dos o más anillos defensivos. Se les llama *castillos concéntricos*. Tener varias murallas circulares a modo de capas, cada una equipada con sus propios torreones, matacanes, saeteras y almenas aumentaba enormemente la capacidad de resistencia. Un ejército podría tumbar una puerta, pero le resultaría muy difícil alcanzar la siguiente, ya que no estaba alineada con la primera. Tendría que sortear el terreno, atravesando un meandro bajo una lluvia de flechas disparadas por los arqueros apostados en el primer y el segundo muro, para finalmente llegar a la segunda puerta y derribarla.

Castillos notables: Castillo de Beaumaris (Gales); Château Gaillard y Ciudadela de Carcassonne (Francia); Crac de los Caballeros (Siria).

Ya vimos la estructura básica de los castillos europeos del Medioevo. Habrá mucha variedad ya sea por su tamaño, emplazamiento o estilo. Una buena parte de ellos serán pequeños sitios que defendían las instalaciones de saqueos. Otros, en cambio, serán plazas fuertes establecidas en lugares estratégicos por su importancia geográfica o porque eran una sede política de peso.

Como vimos, el concepto de castillo surge de la mota castral, es decir un lugar sobreelevado que permitía visualizar con anticipación al enemigo. Los castillos se construirán especialmente sobre colinas, montañas, promontorios, el lugar más inaccesible que se pudiera.

Los ejércitos se componían por infantería, artillería y caballería.[100] La mayoría de las veces, eran guerras de asedio y no batallas campales como vemos en películas y novelas. El guerrero de armadura y a caballo era inútil a la hora de tomar por asalto una muralla; para ingresar a la ciudad hacía falta que se adelantasen quienes debían tirar la puerta abajo o trepar los muros. Definitivamente, asediar un castillo era cuestión de tiempo, paciencia y recursos para esperar a que los víveres de los sitiados escaseen, se les acabe el agua potable, se produzca alguna epidemia, o se debilite la moral y la resistencia del castillo. La espera era muy costosa (podía durar meses o años) y era difícil tener éxito, más si llegaba un ejército de apoyo al castillo y los sitiadores terminaban entre la espada (ejército) y la pared (muralla).

En ocasiones, era necesario actuar de manera directa: encender fuego en las partes de madera usando proyectiles incendiarios, causar daño con máquinas de guerra como el *fundíbulo*, que lanzaba grandes piedras, conquistar las murallas con torres de asedio y escaleras, o colapsarlas cavando una mina bajo los muros, e incluso derribar la puerta con un ariete. Una vez que se lograba atravesar las puertas, se procedía a la toma y el saqueo, que —como sabemos— es el objetivo final de toda guerra.

En cuanto al look de los castillos, si románico si gótico, digamos que cuanto más antiguo más pastiche de estilos tendrá. No hay un castillo igual a otro. Estructuras originales, ampliaciones, reconstrucciones y añadidos con diferencia de siglos harán que los castillos suelan tener elementos románicos a la vez que rasgos del gótico y, por qué no, renacentistas. Pensemos también que la tecnología militar fue variando el equipamiento y la forma de la guerra. Las plazas fuertes fueron adaptándose a esos cambios, especialmente entrados al siglo XVI cuando se produjo la gran revolución militar de la Modernidad.

---

[100] Las armas de la época eran espadas, hachas, lanzas, arcos y ballestas; la artillería: arietes, fundíbulos, contrapesos, torres de asalto, entre otras. En realidad, la infantería tenía mucho más peso que la caballería en los asedios.

Las ciudades episcopales

Había ciudades que no eran en origen un castrum romano ni asiento de un castillo señorial, sino que eran sedes de obispados que respondían directamente al Papa. Al igual que los castillos feudales, estaban amuralladas y pertrechadas con instalaciones defensivas, contaban con una guarnición propia y tenían a cargo siervos y campesinos. Solían ser polos culturales ya que estaban administradas por eclesiásticos y la Iglesia era en esa época la mayor depositaria del saber y la producción cultural. Poco a poco fueron asiento de artesanos, prestamistas y comerciantes y tuvieron una importancia enorme durante el renacer cívico.

Las catedrales góticas se erigieron en estas ciudades prósperas, y los constructores de la época no se abocaban solo a la arquitectura religiosa, ya que se requerían edificios de índole civil, como colegios, universidades, ayuntamientos, casas gremiales, palacios, puentes, caminos y accesos.

La consolidación de un patriciado rico de origen burgués hará aparecer el palacio urbano, un tipo de edificio que demandará intensamente la actividad de los gremios constructores en el último tramo de la Edad Media, en especial en las ciudades del norte de Italia y de Flandes.

Renacimiento

Las ciudades italianas son las que han parido lo que conocemos como Renacimiento, en especial las más ricas y florecientes del norte. A diferencia de otras regiones europeas, en Italia la vida urbana posterior al colapso de Roma, aún con dificultades, siguió su curso. Allí se conservaron algunas antiguas instituciones romanas. Con el tiempo, muchas ciudades pasaron a ser ciudades–estado independientes con pequeños territorios circundantes y gobiernos comunales muy poderosos: la república de Venecia (sobre el mar Adriático, con fuertes lazos comerciales con el Imperio Bizantino), la de Génova (su rival naval al oeste, sobre el mar de Liguria), y las de Florencia, Siena y Pisa (estas tres en la Toscana). Otras ciudades importantes fueron Milán, Mantua, Padua, Ravena, Boloña, Ferrara que, si bien formaron parte de territorios mayores, lograron poder propio a base de comercio y producción de cultura. De hecho, la banca europea surgió a finales de la Edad Media en las ciudades ricas del norte italiano. Al mismo tiempo, la ciudad de Roma nunca dejó de ser referencia del Papado y la cristiandad y en ella —aunque en condiciones deplorables y saqueadas en parte— se encontraban edificios de la dorada época del imperio romano. Las ruinas romanas siempre estuvieron allí, y en toda Europa, esperando que alguien les vuelva a prestar atención.

Recordemos que durante el período gótico se empezó a buscar una representación más realista de la figura humana, en especial en la estatuaria. Se le dio lugar a la observación anatómica y al detalle. Fue en Florencia donde Giotto[101] hizo los primeros intentos para dotar al espacio pictórico de mayor coherencia, trabajó los cuerpos con volumen y procuró dar más expresividad a los rostros. Los intereses artísticos empezaron a dirigirse hacia otras soluciones formales y lo mismo pasó en arquitectura.

La cúpula de Brunelleschi

Hay quienes le ponen fecha al «nacimiento del Renacimiento»: la construcción de la cúpula del Duomo de Florencia. Para ponernos en contexto, en 1296 las autoridades municipales querían reemplazar la vieja iglesia de Santa Reparata (de tipología paleocristiana) por una catedral que le diera más lustre a la ciudad y compitiera en glamour con otras ciudades como Siena y Milán. Arnolfo di Cambio ganó el concurso y comenzó la demolición de lo viejo y la construcción de lo nuevo. La nueva iglesia —de estilo gótico— estaría bajo la advocación de Santa María del Fiore.

Años más tarde, se decidió ampliar la catedral porque «el que puede puede». Ganas, dinero y mano de obra calificada no les faltaba. Sin embargo, las ampliaciones se habían ido de las manos, habían construido un tambor para elevar aún más la cúpula y ya los constructores no sabían cómo cerrarla. ¡No les daban los números! Tenían que cubrir un espacio de 41 m de diámetro —casi la misma distancia que la cúpula del Panteón de Agripa construido mil años antes, pero sin dominar la técnica constructiva de los romanos—.

---

[101] **Giotto di Bondone** (Florencia, c. 1267-1337). Autor de los frescos de la Capilla de los Scrovegni o Capilla de la Arena y del primer proyecto del Campanile de Santa María del Fiore en Florencia.

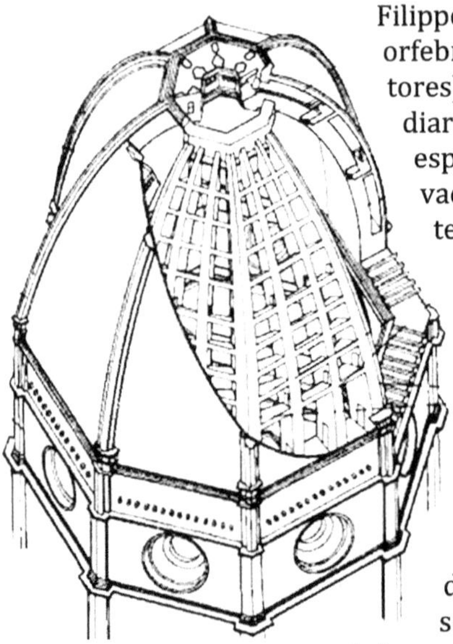

Filippo Brunelleschi[102], del gremio de los orfebres (que reunía también a los escultores), se había ido de Florencia a estudiar a Roma las edificaciones antiguas, especialmente el Panteón. Sus observaciones fueron epifánicas: 1) el panteón tenía dos cúpulas, no una; 2) la cúpula no tenía clave, tenía un óculo; 3) los muros de sostén tenían arcos de medio punto embebidos que descargaban mejor el peso de la cúpula.

En 1418, se abrió un nuevo concurso para cerrar la cúpula, lo ganó Brunelleschi y —como había aprendido del Panteón— proyectó dos cúpulas, cuya construcción iba a ser más barata porque no emplearía cimbras para levantarla sino apenas algunos andamios (estamos hablando de toneladas de madera ahorradas). Entre el cascarón exterior (más grande) y el interior (más pequeño) de la cúpula habría una cámara de aire; allí estarían las escaleras para recorrer la cúpula hasta la linterna, en el cenit. En la cúpula interna, una estructura de nervios descargaría el peso y una serie de mini estructuras de madera permitirían encajar las hiladas de ladrillos inclinados. Además, el ladrillo estaría puesto en forma de «espina de pescado» que funcionaría similar al arco embebido del Panteón, pero de manera más espiralada. Finalmente, en 1436 se inauguró la cúpula: del piso a la linterna había una altura de 100 metros. Podemos decir que el nuevo período inicia con una solución renacentista para un problema gótico.

Pero los aportes de Brunelleschi no se limitan a Santa María del Fiore. Sus estudios en Roma le permitieron repensar la arquitectura de su tiempo usando con libertad elementos clásicos en iglesias y palacios: columnas, pilastras, columnas adosadas, capiteles, entablamentos, arcos de medio punto, bóvedas vaídas, óculos. Que quede claro, el Renacimiento admirará a Roma, no la copiará. Nunca podremos confundir un edificio del siglo de Augusto con uno del siglo XVI porque son

102 **Filippo Brunelleschi** (Florencia, 1377-1446). Otros edificios suyos fueron el Hospital de los Inocentes (primera obra en que reconstruye el lenguaje de la Antigüedad), San Lorenzo, Capilla Pazzi, Sancto Spirito.

conceptualmente distintos. Hasta inicios del siglo XX —cuando definitivamente cambian materiales, técnicas, formas de construcción y maneras de vivir el mundo— vamos a ver hasta el cansancio estos elementos de orden clásico que propusieron Brunelleschi y los renacentistas que le siguieron.

También se atribuye a Brunelleschi la invención de la perspectiva lineal. Esto es, un sistema de representación matemática del espacio tridimensional en un plano de dos dimensiones (línea de horizonte, punto de vista, puntos de fuga, plano de cuadro, línea de tierra, etc.). Esto es aporte del Renacimiento, ya que los antiguos griegos y romanos no manejaron la perspectiva lineal.

Un discípulo suyo, Massaccio, realiza un fresco en la Iglesia de Santa María Novella que es la primera pintura donde se aplica la perspectiva lineal: *La Santísima Trinidad* (1425-28). Produjo impacto, admiración, emociones; los fieles veían que una pared se abría a un espacio arquitectónico virtual por el uso de la perspectiva, los escorzos y el trabajo realista del cuerpo humano. Era una imagen fuerte para la época y estaba en la vereda opuesta del programa estético gótico, con sus figuras gráciles y encantadoras.

Mientras en Italia ocurría esto, más al norte trabajaban en otra dirección: la observación obsesiva del detalle, de las texturas, de los brillos. Los artistas flamencos llegarán al verosímil por esta vía. Jan Van Eyck (1390-1441) inventa la pintura al óleo.[103] Mezclar los pigmentos con aceite —que retarda el secado— permitió mayor manejo del color. El óleo se aplicaba sobre tablas, lo que dio como resultado una pintura de formatos más pequeños, que bien podían habitar los espacios reducidos de una casa burguesa.

Van Eyck en 1434 pintó *El matrimonio Arnolfini*, donde retrata los esponsales de un comerciante italiano y su mujer. Es una escena para mirar de cerca: un suntuoso interior burgués, un espejo que refleja, la luz que ingresa por una ventana, un peludo perrito de compañía, texturas de alfombras, cojines, doseles, ropa, los brillos de una lámpara de bronce, las vetas de la madera. Detalles que la pintura flamenca va a seguir trabajando a futuro.

---

[103] Las técnicas predominantes en la Edad Media eran el **fresco** —que ya mencionamos— y el **temple** o **témpera**. El pigmento se mezclaba con huevo y secaba muy rápido.

Elementos distintivos del Renacimiento

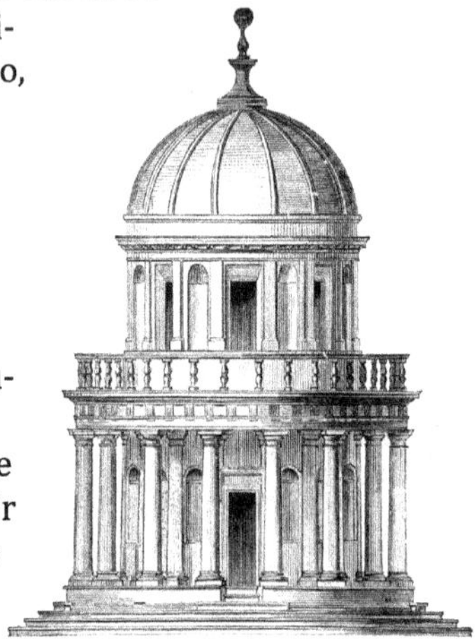

Es propio de los renacentistas pensar desde la abstracción matemática. Harán una arquitectura racional que requerirá de diseño, mediciones y elaboración previa; el arquitecto renacentista leerá los escritos romanos como el *Tratado de Vitruvio*, estudiará ruinas romanas y adaptará ese saber de los clásicos a los requerimientos de su tiempo. Tendrán inclinación por las formas geométricas más puras.

Muchas iglesias —tradicionalmente cruciformes— serán construidas a partir de una planta circular o cuadrada, dando idea de centralidad. Un ejemplo clásico es Il Tempietto, construido por Donato Bramante en Roma alrededor de 1502[104]. Es una capilla dedicada a San Pedro in Montorio de planta circular —una tipología típica de templos paganos, el *tholos*— con tres escalones, un pequeño podio y peristilo de 16 columnas de orden toscano con entablamento dórico. La cornisa la decora una *balaustrada*. Está techada con una cúpula de tambor semiesférica con un remate en su centro. Por fuera nada remite a un templo cristiano.

El Palazzo Medici tiene la estructura apaisada de los palacios del Renacimiento y mantiene un ritmo regular a lo largo de toda su fachada.

---

[104] Como siempre nos gusta poner en contexto, cuando Bramante construye Il Tempietto hacía diez años que **Cristóbal Colón** había llegado por primera vez a América, en 1492.

Los palacios van a tomar forma apaisada, a diferencia del palacio gótico que se desarrolla en altura y conserva la estructura de una fortaleza militar.

Fachada del Palazzo Rucellai en Florencia inspirada en el Coliseo romano, muestra divisiones por piso, con distintos órdenes en sus pilastras y ventanas enmarcadas.

Palacios notables: Palazzo de Medici Riccardi (1444), Palazzo Rucellai (Alberti, 1451), Palazzo Pitti (1458), todos florentinos.

Villa palladiana

Se trata de un tipo de casa de campo diseñada por el arquitecto Andrea Palladio, caracterizada por su rigurosa simetría y uso de elementos clásicos de la arquitectura romana. Suele tener un cuerpo central con un frontón triangular sostenido por columnas o pilastras, flanqueado por alas laterales.

Villa Rotonda de Andrea Palladio, Vicenza (Italia).

Una característica notable era que se veía exactamente igual por los cuatro costados. Estas villas estuvieron muy de moda entre las élites del siglo XVIII, especialmente en Inglaterra y Estados Unidos.

A diferencia del gótico, los nuevos arquitectos pretendían limpieza visual y equilibrio, y lo lograban a partir de la repetición de un mismo módulo (ya sea este de dimensión, proporción, forma o motivo ornamental). Veamos de qué manera usaron los elementos clásicos y algunos aportes propios.

1. Uso de *columnas, pilastras* y *columnas adosadas* siguiendo los órdenes clásicos (dórico, jónico, corintio, compuesto, toscano).

2. Para realzar una fachada podían incluir un *frontón triangular.*

3. Empleo del *orden colosal* que se caracterizaba por columnas adosadas que salvaban varios pisos. De esta forma se daba coherencia a la fachada, se integraban los pisos superiores con la planta baja y se brindaba monumentalidad.

El primero en usarlo fue Alberti[105] en 1472 para la Iglesia de San Andrés en Mantua. Luego lo retoma Miguel Ángel[106] para la Piazza del Campidoglio en Roma y Andrea Palladio[107] lo usa en el Palazzo del Capitaniato de Vicenza en 1565 (ver imagen).

4. Las puertas y ventanas solían estar *enmarcadas con tímpanos* triangulares o curvos, con ménsulas de volutas y columnillas.

[105] **Leon Battista Alberti** (Génova, 1404-1472). Humanista, arquitecto y uno de los primeros tratadistas del Renacimiento. En sus tratados *De Pictura* (1436), *De Re Aedificatoria* (1452) y *De Statua* (1464) retoma ideas de Brunelleschi. Para Alberti la belleza no es sino un equilibrio perfecto, «la conveniencia razonada entre las partes» (*concinnitas,* conveniencia), por lo tanto, añadir o alterar las partes perjudica el todo porque rompe el equilibrio.

[106] **Miguel Ángel Buonarroti** (Toscana, 1475-1564) fue un pintor, escultor, arquitecto y poeta italiano del Renacimiento, considerado una de las figuras más influyentes de la historia del arte occidental. Es conocido por sus majestuosas obras, como el fresco de la Capilla Sixtina en el Vaticano, la escultura de *David* y la *Pietà*, entre muchas otras.

[107] **Andrea Palladio** (Venecia, 1508-1580). Arquitecto y tratadista, autor de *I Quattro Libri dell' Architettura* publicado en Venecia en 1570. Allí compendia y sistematiza su saber con teoría y ejemplos de sus proyectos, ilustrado con grabados. Su obra dio lugar a un estilo, el *palladianismo,* que hará furor un par de siglos más tarde en las villas solariegas y edificios gubernamentales en Reino Unido y Estados Unidos.

5. Las *ménsulas en volutas* son elementos decorativos que se utilizaban como soportes o salientes. Estas ménsulas tenían presencia de volutas, que son espirales o remolinos curvos. Entre los griegos y romanos, ya eran un elemento común, pero a partir del Renacimiento y, en especial, durante el Barroco alcanzaron su máximo esplendor, con diseños exuberantes y dramáticos.

6. Techos y bóvedas interiores con *casetones* (como el del Panteón) cuadrados, octogonales o rectangulares, muchas veces adornados con un florón.

7. Hay otros elementos que son originales como el *balaustre* o *balaustrada*, que servía de límite para balcones, escaleras, ventanas, miradores, cornisas.

8. En 1470, Alberti finaliza la decoración de la fachada de Santa María Novella en Florencia e introduce un nuevo elemento, el *alerón*, que con forma de enormes volutas une dos pisos de distinta altura y anchura disimulando el desnivel y tapando techos. Ese elemento va a ser retomado un siglo más tarde por Giacomo della Porta para la fachada de la iglesia de Il Gesú en Roma (1568) y se convertirá en un elemento distintivo del Barroco y, en especial, de las iglesias jesuíticas, muchas de las cuales están en América.

En cuanto a la pintura, ya hemos hablado sobre el uso de la perspectiva lineal, el escorzo y la aplicación de focos de luz que proyectan sombras, creando volumen y atmósfera. También se aborda el estudio anatómico, así como los movimientos humanos y animales. La aplicación del color se realiza de manera modelada. Se da especial importancia al espacio arquitectónico y natural dentro de la obra, y se buscan nuevas formas de estructurarlo para evitar que figura y fondo compitan entre sí. Más adelante, Leonardo desarrollará la técnica del *sfumato*, que es crucial no solo por su efecto de contornos difusos, sino porque marcará el inicio del proceso en el que la pintura comienza a liberarse de la línea del dibujo.

La escultura, cuya función era decorar los muros de las iglesias y, por eso, era pensada para verse desde el punto de vista frontal, se autonomiza completamente de la pared para ser recorrida por todos sus lados. Un formato muy de moda para pinturas o relieves cerámicos que decoraban paredes y techos fueron los *tondos*[108] de forma circular.

Fuera de Italia, el Renacimiento cobró otros matices. Los arquitectos tomarán de lo nuevo sus elementos decorativos. Arcos de medio punto, columnillas, frisos de tipo clásico, pero organizativamente el edificio seguirá siendo gótico.

[108] Ver ejemplos de Brunelleschi, Botticelli, el famosísimo *Tondo Doni* (Miguel Ángel, 1506) y los *tondos* cerámicos de la familia de artistas Della Robbia.

Renacimiento y Barroco, ¿más de lo mismo?

Se dice que hay dos fases del Renacimiento italiano, el del *quattrocento* (años 1400) y el del *cinquecento*[109] (1500s). El del siglo XVI será el más difundido por sus grandes artistas como Leonardo, Miguel Ángel y Rafael. Entender algunas cosas de este lapso nos va a llevar al período siguiente, el Barroco.

Eran tiempos de crisis en Europa (¡cuándo no!). Por un lado, tenemos el movimiento de la Reforma protestante en los países del norte[110]. Y poco después, a partir del Concilio de Trento[111], se lleva a cabo el programa de la Contrarreforma. Hablamos de programa, porque fueron un conjunto de políticas diseñadas por la Iglesia católica para contraponerse a la revuelta protestante. Lo que nos interesa es su política cultural y artística, y en la parte que nos toca, la arquitectura, el Barroco va a emplear todos los elementos clásicos que trajo el Renacimiento, pero con tremenda osadía.

Distinguir un edificio renacentista de uno barroco para un ojo no entrenado puede ser difícil porque, como dijimos, usan los mismos elementos y motivos, pero el conjunto —la suma de las partes— da resultados diferentes.

Barroco

Este período usará los mismos elementos clásicos, pero no aplicará las estrictas reglas que plantearon sus predecesores renacentistas. Sabemos que ningún estilo nace de la noche a la mañana, sino que se va abriendo paso de a poco. En Miguel Ángel ya hay indicios de que el corset clásico estaba molestando. En toda su obra —pictórica, escultórica y arquitectónica— empieza a colarse un sentido más expresionista, más

[109] Los **grandes artistas del siglo XVI** serán Leonardo Da Vinci, Michelangelo Buonarroti, Raffaello Sanzio, Tiziano, Correggio, Giorgione, y en el norte Albrecht Durer, Hans Holbein el joven, Lucas Cranach el viejo.

[110] La **Reforma** fue un movimiento cristiano iniciado en Alemania por Martín Lutero en 1517 (dos años antes de que **Hernán Cortés** entrara en Tecnochtitlán) que cuestionaba ciertos aspectos de la iglesia de Roma y pregonaba volver a la senda del cristianismo primitivo. Estas revueltas produjeron finalmente un cisma que dio lugar a nuevas corrientes e iglesias, las más importantes la iglesia luterana y la calvinista, y otras como la anglicana, puritana, metodista, bautista, evangélica, pentecostal.

[111] **El Concilio de Trento** (1545-1563) fue una serie de encuentros donde los obispos católicos debatieron —entre otras cosas— formas con las que oponerse a la Reforma protestante. Fue uno de los concilios más importantes de la historia de la iglesia católica, ya que allí se definieron desde cuestiones doctrinales hasta litúrgicas que aún tienen vigencia.

dramático (en el sentido de *pathos*) que lo distancia de la búsqueda clásica de armonía y serena perfección. En los frescos de la Capilla Sixtina, en la escalinata de la Biblioteca Laurenciana, en su proyecto de remodelación de la Piazza del Campidoglio se nota un cierto desborde, con exageradas torsiones de cuerpos, estructuras más espiraladas o curvas, formas puras como el círculo y el cuadrado que se deforman dando lugar a ovoides y trapezoides, todo en pos de una intencionalidad expresiva.[112]

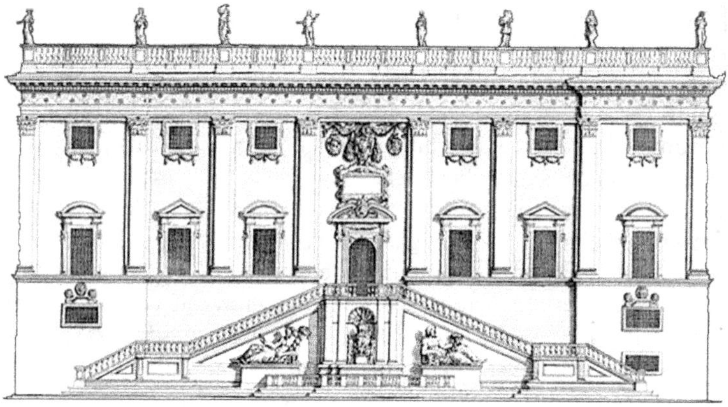

Palacio Senatorial frente a la Piazza del Campidoglio, Roma. Los edificios de transición hacia el Barroco comienzan a romper la regularidad renacentista, en este caso con la escalinata y la entrada principal jerarquizada.

A esta tendencia hacia la dramatización, se suma el programa estético de la Contrarreforma. La iglesia católica necesitaba diferenciarse de la austeridad predicada por los protestantes, de su crítica al lujo desmedido y de su rechazo al culto hacia las imágenes sagradas. Lo resolvieron redoblando la apuesta y rodeándose de artistas que trabajaron en la construcción y decoración de iglesias y catedrales, ya no para crear imágenes que enseñaran los Evangelios al pueblo analfabeto —este era el sentido en el gótico—, sino para crear una representación

[112] La obra de **Miguel Ángel** fue admirada en su tiempo y muchos de sus contemporáneos tomaron los rasgos más personales de su obra y los llevaron al límite. Así surgió una corriente experimental, el **manierismo**, que pretendía hacer obra «a la manera de» Miguel Ángel. Se caracteriza por una mayor libertad compositiva, deformación de proporciones, empleo de luces de forma no natural y sensación de desequilibrio, entre otras. Un uso exagerado de la alegoría hacía que sus temas resultaran herméticos para el conjunto de la gente.

deslumbrante. Ingresar a una iglesia católica debía deslumbrar al creyente: el esplendor de la imagen, la dramatización de las escenas que componían, la música polifónica, introducían al creyente en un ritual inmersivo.

Pensemos que fue un siglo y medio (se periodiza el Barroco desde finales del XVI hasta mediados del siglo XVIII) atravesado por la disputa entre católicos y protestantes, que permeó en todas las capas de la sociedad. Son momentos de fervor religioso; aparecen los místicos como San Juan de la Cruz y Santa Teresa de Jesús con sus visiones; surge la Compañía de Jesús, una orden masculina que tomará el evangelio como misión —por eso tendrá tanto peso en las colonias americanas, incluso en Asia— y se organizará para este fin como una estructura militar. Nada más lejano de la racionalidad renacentista.

En 1575, se empieza a construir en Roma la Iglesia de Il Gesú. Ya la nombramos más arriba. La obra pertenece a la Compañía de Jesús y es la primera que construye la orden.

Los jesuitas, muy comprometidos en la labor de la Contrarreforma, sentaron aquí el modelo de la iglesia barroca que se impuso en toda Europa: se vuelve a la planta en forma de cruz (se descarta el estilo centralizado renacentista). Tiene dos cuerpos: el de más abajo se corresponde con la nave central única más dos series de capillas laterales para el culto a los santos. La fachada está compuesta por elementos clásicos dispuestos de modo tal que generen una centralidad y efecto teatral. Tiene tres puertas de acceso, sin embargo, la del medio será más grande, más ornamentada y compleja, con un tímpano curvo y otro triangular a doble altura que remata a su vez en otro tímpano curvo (esta exageración es impensable en el Renacimiento). Además, un escudo encima la distingue de las otras puertas (que tienen esculturas de santos en hornacinas rectangulares); pilastras dobles de orden colosal corintio aportan monumentalidad a los primeros pisos.

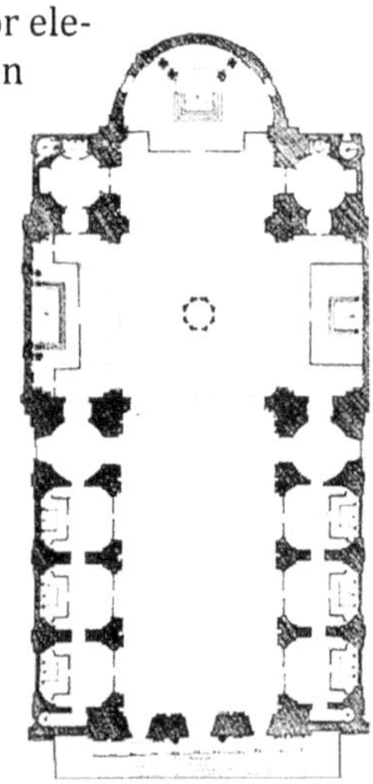

El cuerpo superior es más angosto porque tiene el ancho de la nave central. Vemos los alerones de Alberti que corrigen la diferencia de altura con sus volutas. La decoración repite los motivos del cuerpo inferior. Remata un frontón triangular.

La planta es en cruz, sin embargo, el transepto no sobresale. Está cubierta por una bóveda de cañón y en el crucero se yergue una gran cúpula con tambor por el cual ingresa la luz. Al fondo, en el ábside rematado en una semicúpula se levanta el altar recubierto de oro e imágenes. Ese sector será el más luminoso. Los altares del Barroco serán los puntos focales del edificio. Allí van a poner casi toda su artillería visual.

Las capillas laterales a la nave central, con imágenes de distintos santos, estarán en penumbras para invitar al recogimiento de los fieles.[113] El Barroco va a jugar con las luces, las sombras y los brillos.

La bóveda de esta iglesia está decorada en dorado y pintada al fresco. Está absolutamente recargada. Recomendamos observarla porque hay un torbellino de imágenes representadas con técnica ilusionista que pareciera abrir el techo para dejar pasar una luz deslumbrante de origen divino.[114] Más barroco no se consigue.

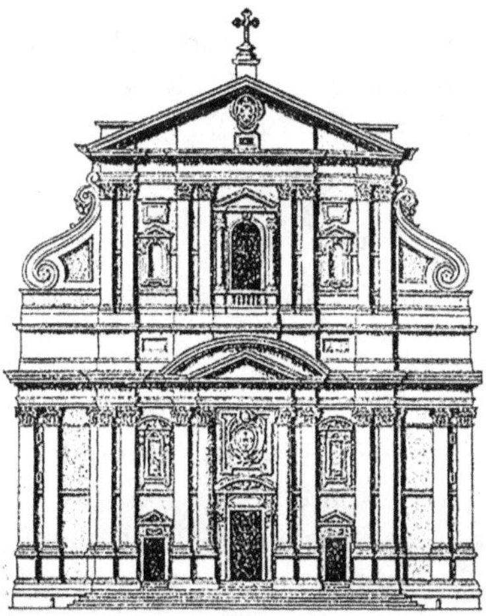

La sensación exterior es bastante despojada si la comparamos con la fantasía del interior.

Dijimos que Il Gesú es el puntapié del Barroco. Pero no todas se verán así por fuera. Muchas iglesias y catedrales tendrán fachadas curvas, eso es distintivo de este período. Los campanarios a los dos lados de la fachada es otra característica. Muchas de esas torres tendrán pisos que jugarán con la forma de su planta: una planta cuadrada, a determinada altura se transforma en planta circular, más arriba podrá volver a su cuadratura o girarse levemente. Si detectamos estos juegos con los elementos clásicos —impropio de los renacentistas— entenderemos cuándo estamos ante un concepto barroco.

Una obra escultórica de Gian Lorenzo Bernini[115] en una capilla de la Iglesia de Santa María della Vittoria en Roma nos servirá también para entender la mente de la época. Si observamos *El éxtasis de Santa Teresa* (1645) veremos todo el mecanismo

113 Otra característica del catolicismo barroco será el reforzamiento del culto a los santos y a distintas manifestaciones de María, que lo distingue de las iglesias reformadas.

114 *Triunfo del nombre de Jesús* (1679, Giovanni Battista Gaulli). Fresco y estuco.

115 **Gian Lorenzo Bernini** (Nápoles, 1598-1680): Artista italiano del Barroco, maestro de la escultura y arquitectura. Sus obras más célebres incluyen el baldaquino y la Plaza de San Pedro en Roma.

teatral del Barroco: la santa parece flotar en una nube (ese es el pedestal); está en una capilla donde caen unos rayos dorados que funcionan como fondo y marco de la figura; su rostro mira hacia lo alto y su expresión es de éxtasis; su cuerpo está agitado, en torsión; esa agitación se traduce en el torbellino de su atuendo. No es la imagen de una santa serena, transmite arrebato místico (pero arrebato al fin).

Construcciones religiosas notables: Il Gesú (1568-1584, Roma, Giacomo Della Porta); Basílica de San Pedro (1506-1626, Roma, VVAA); Fachada del Obradoiro de la Catedral de Santiago de Compostela (1738-1750, Fernando de Casas Novoa); Iglesia de Sant'Ivo alla Sapienza (1643-1662, Roma, Francesco Borromini); San Carlo alle Quattro Fontane (1638-1641, Roma, Francesco Borromini); Iglesia de Val-de-Grâce (París, 1645-1667, Louis Le Vau); Catedral de San Pablo (Londres, 1675-1710, Christopher Wren); Abadía de Melk (1702-1736, Jakob Prandtauer); Abadía de Ettal (1744, Enrico Zuccalli).

Palacio de Catalina la Grande, San Petersburgo.

Pero no todo era construcciones religiosas. El programa barroco le sirvió simbólicamente a la realeza europea. El poder absolutista del monarca va a plantear un pretendido origen divino para imponer su hegemonía sobre la aristocracia de origen feudal cada vez más debilitada. También se reforzaba la idea del rey taumaturgo hacia la plebe.

La distancia entre el mundo real de la plebe (prendas de colores terrosos, ambientes oscuros y malsanos, lodazales) y la magnificencia y suntuosidad de los señores de la iglesia y los reyes debía ser abrumadora. Ese era el efecto que se quería lograr.

Luis XIV, el Rey Sol, proyecta Versalles —que más que un palacio es un complejo de palacios y jardines— empleando el programa estético de la iglesia barroca.

Versalles se proyectó gigante, tanto sus palacios como sus jardines, que eran una expansión arquitectónica de los edificios. Las fachadas con elementos clásicos repetitivos no caen en la monotonía renacentista porque una variedad de esculturas, hornacinas, copones y sinfín de ornamentos les dan dinamismo. Los jardines proyectan avenidas, setos recortados, espejos de agua regulares, estatuas, entre otros adornos y mobiliarios. Son jardines extremadamente geométricos y organizados. Los interiores de palacio son recargados, dorados, espejados, luminosos.

Versalles funcionó como modelo para muchos palacios europeos.

El jardín inglés

AL MISMO TIEMPO QUE LOS FRANCESES HACÍAN ESOS JARDINCITOS TAN DISCIPLINADOS, la aristocracia inglesa que fruncía la nariz ante tanto exceso barroco —por flemática, por puritana o por aburrida— pone de moda para sus casas de campo la villa palladiana (la del Renacimiento que se veía por los cuatro costados igual). Pero a esa regularidad atroz había que bajarle el tono y empezaron a pensar en un nuevo tipo de paisaje, el jardín inglés. La idea era que «parezca natural», con perspectivas, pastos altos, flores creciendo al tuntún, un estanque de bordes irregulares, una roca sobresaliendo accidentalmente (¡si es una vieja ruina, tanto mejor!). Es un salvajismo diseñado, pero ¡qué lindos que quedan!

La revolución de la pólvora: los bastiones

Solemos pensar la guerra como un hecho desgraciado y de carácter excepcional. Pero lo cierto es que la humanidad ha vivido en permanente conflicto y aunque no nos demos cuenta esto afecta muchos aspectos de nuestra vida. Y qué decir si nos referimos a la infraestructura.

La pólvora —una invención china del siglo IX— comenzó muy de a poco a llegar a Europa, en forma de bombardas (una suerte de cañón portátil y de poco alcance). Hay evidencias de que a finales del 1300 algunos asedios contaron con artillería de pólvora y que servía más para amedrentar que para generar daño real.

Al mismo tiempo, se estaba produciendo un cambio en la forma de pensar la guerra. En la plena Edad Media, las guerras al interior de Europa eran conflictos entre el estamento militar (reyes y señores, que al final eran todos parientes). Los estados nacionales aún no estaban conformados. Esta guerra entre aristócratas, en general, trataba de evitar el conflicto y forzar una negociación.

Pero con la Modernidad, los conflictos serán moneda corriente, más cruentos e involucrarán a más cantidad de personas. ¿Por qué? Por varias razones, entre ellas el advenimiento de ciudades comerciales poderosas de origen burgués —norte de Italia y Flandes— que armaban sus propias milicias o contrataban mercenarios (como los famosos *condotieros* italianos) para defender su ciudad. Estos ejércitos eran mayormente de infantería (gente de a pie) y emplearán otros tipos de armamento como el arco largo inglés (más eficaz que el corto), las picas, las alabardas, las ballestas. Un caballero armado era vulnerable frente a una andanada de arqueros y una carga de infantería.

Otro motivo fue que los señoríos de origen feudal empezaron a declinar y los reyes recuperaron poder territorial. Al centralizar la recaudación de impuestos eran ellos quienes podían armar mejores ejércitos y van a incorporar cada vez más infantería: un caballero acorazado estaba apuntalado, en promedio, por quince infantes, entre arqueros, lanceros y piqueros. La infantería no era de origen noble sino plebeya, muchos de ellos campesinos o siervos. Si el rey pretendía un gran ejército, eficiente, disciplinado y con permanencia debía equiparlos y adiestrarlos, ¡y pagarles!

También se empezaba a dar importancia a la guerra naval. Los soberanos promovieron el establecimiento de astilleros para la construcción de barcos. Los barcos permitían el control costero, de puertos y de ríos, estos últimos importantísimos para el transporte de pertrechos militares. Europa se preparaba para guerrear.

Dijimos que la pólvora entró de a poco, pero ya en el siglo XVI estaba completamente instalada y cambió el arte bélico. Así como tiempo antes la infantería le sacó protagonismo a la caballería, la artillería basada en pólvora —bombardas, cañones, culebrinas, morteros, etc.— va a pasar a tener un papel central en la guerra moderna.

Unas cuantas mejoras técnicas harían que estas armas tengan mayor capacidad de destrucción. Las inexpugnables murallas medievales no estaban preparadas para soportar balas de cañón. Habrá que adecuar el sistema defensivo. Hubo parches, engrosamiento de muros, pero no resolvían el problema. Un viejo conocido, el arquitecto renacentista Leon Battista Alberti (¿se acuerdan?), es uno de los que encontró la solución: una planta en forma de estrella.

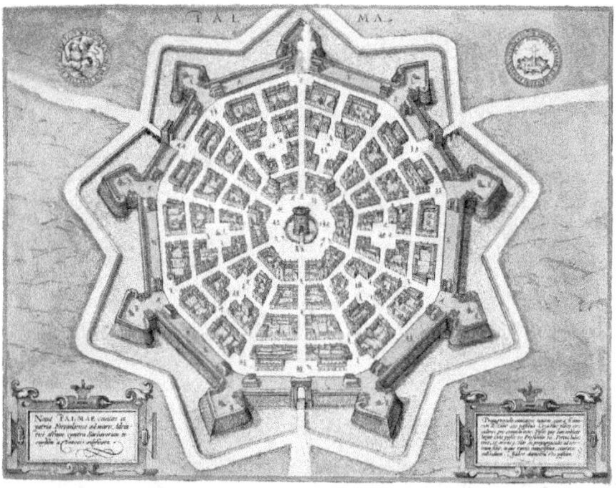

Las fortalezas de *traza italiana*, así se las llama, no solo tienen plantas poligonales, sino que sus muros son de menor altura, mucho más gruesos que los de antes y en forma de talud (inclinados, la base más ancha), lo que dificulta abrir brechas con cargas de cañón. De las cortinas de muralla sobresalen estructuras triangulares o pentagonales —los *bastiones* o *baluartes*— y esos ángulos generan campos de fuego cruzados que permiten defender mejor los muros. Sobre estos muros también se instalaba artillería. Este tipo de construcción era carísima y debía planificarse con antelación. Aun así, Europa se pobló de bastiones.

En América —para esta altura ya invadida por los europeos—, la arquitectura colonial va a desarrollarse en plena época barroca. Así como sus iglesias seguirán el programa estético del Barroco, el formato de fortaleza que se construía para repeler ataques por mar será el de traza italiana. Hay muchísimos ejemplos aún en pie desde el sur de los Estados Unidos y el Caribe, hasta el Río de la Plata.

Obras notables: Ciudadela de Jaca, España; Ciudadela de Palmanova, Italia; Castillo de San Felipe de Barajas en Cartagena de Indias (1536-1657).

Ciudades del Nuevo Mundo

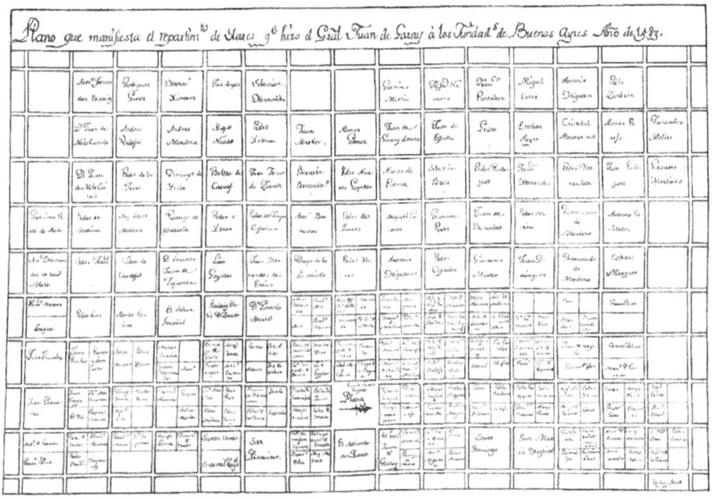

Plano de 1580 de la ciudad de Buenos Aires, fundada por Juan de Garay, con la repartición de solares.

LAS CIUDADES AMERICANAS NO CRECIERON DE MANERA ORGÁNICA, salvo aquellas que eran preexistentes a la llegada de los españoles, como Tenochtitlán (actual ciudad de México) o Cuzco. Durante el período colonial, los adelantados enviados por la corona tenían la ciudad ya dibujada en sus planos antes de encontrar el lugar y fundarla. Por eso, nuestras urbes suelen tener un trazado geométrico ordenado, basado en una retícula con principios de simetría, funcionalidad y control. En el corazón de la ciudad se encontraba la Plaza Mayor, un espacio público central a partir del cual se organizaba el resto. Allí estaba el mercado y los edificios más importantes como la iglesia principal, el cabildo, las casas de gobierno, el fuerte y otros edificios administrativos o religiosos se construían alrededor de ese centro.

En los cascos históricos de nuestras ciudades más antiguas aún hoy está presente la retícula colonial y se pierde la simetría a medida que nos alejamos del núcleo original.

Siglos XVIII y XIX, lo nuevo de lo viejo

Pasada la segunda mitad del siglo XVIII —el Siglo de las Luces—, la historia de Europa se empieza a acelerar (o a ir al traste, como quieran verlo) y se produce un evento icónico que todos aprendemos en la escuela: la toma de la Bastilla en 1789, que da comienzo a la revolución francesa contra el antiguo régimen monárquico y aristocrático.

En realidad, estaban pasando muchas cosas al mismo tiempo y en distintos lugares del planeta, sin embargo, la Revolución Francesa nos sirve para identificar el ascenso de la burguesía como clase hegemónica y de una nueva forma de organización de la sociedad que impacta hasta nuestros días. Y estos cambios, como es usual, se reflejan en la cultura.

Sin embargo, en cuanto a lo que nos interesa —arte y arquitectura— la burguesa no fue una revolución que haya puesto todo patas arriba. Si hubo cambios en ese sentido fueron bastante conservadores. Veamos por qué.

En esta época, surgieron diversas corrientes que se alejaban del programa grandilocuente del Barroco y de una deriva más intimista y sensual como el Rococó[116], muy en boga en ese fin de siglo. Los nuevos árbitros de la cultura cuestionaban estas estéticas y las asociaban al decadente poder aristocrático. Había un reverdecer de lo grecolatino, empujado por la circulación de grabados de ruinas como la Acrópolis y otros realizados por artistas en suelo griego. Se había vuelto a estudiar lo clásico con nuevos ojos, que no eran los renacentistas (que habían accedido a lo clásico por ruinas romanas tardías). El *neoclásico* —así se llama una de las corrientes— pretendía volver a las fuentes antiguas de mesura y armonía y será el estilo adoptado desde el período revolucionario hasta la caída de Napoleón. Establecía una línea simbólica entre la revolución y los valores republicanos y democráticos de Roma y Atenas. El neoclásico va a ser adoptado por todos aquellos que se diferenciaban del antiguo poder monárquico.[117]

Su reverso era el *romanticismo*, al que no le interesaba seguir por la senda clásica y rechazaba la Razón Iluminista. Los románticos volverán

[116] El **Rococó** se aparta de los temas religiosos y el tratamiento espectacular del Barroco, y se concentra en la vida mundana y la naturaleza; es agradable, con predominio de los colores pasteles y las asimetrías.

[117] La Place de la Concorde, la Iglesia de la Madeleine, el Panteón de París en Francia; el Capitolio, la Casa Blanca y la Casa Monticello de Thomas Jefferson de los Estados Unidos; en el Río de la Plata, tenemos la Catedral de Buenos Aires de estilo neoclásico proyectada durante el período rivadaviano.

hacia la idea de una vieja Europa cristiana y medieval. Cobrarán importancia los estudios folklóricos, la recolección de los cuentos de hadas orales, los mitos germanos, las estructuras góticas y románicas, las historias fantásticas y la ficción histórica[118]; el trabajo de historiadores medievalistas renueva el interés académico por esa época. El *neogótico* hará aparecer villas solariegas en forma de castillos medievales, en especial en Inglaterra y Alemania, donde el romanticismo tuvo más impacto.

Clausurada la etapa napoléonica se consolidarán los estilos historicistas que tienen tantas cosas en común que cuesta a veces identificar uno de otro. Uno de ellos es el *academicismo francés* o *beaux arts* que hace referencia a la École de Beaux Arts de París, que estableció un código estético para combinar elementos clásicos. El *historicismo* propiamente dicho retoma antiguos estilos y los reinterpreta: incluye el neogótico[119], neorrománico, neorrenacentista, neocolonial, neomudéjar, neobizantino, neobarroco, neoegipcio, entre otros. A la vez, trabaja con regionalismos, cada país le imprimía sus improntas. Y, por último, el *eclecticismo* mezclaba uno o varios estilos tomados de la historia del arte. Sin embargo, nada de esto parece nuevo ya que trabajan con elementos del pasado.

La otra revolución

No nos olvidemos de la otra gran revolución, la industrial. Mientras se cocinaba la revolución francesa, alrededor de 1750 y hasta las primeras décadas del siglo XIX, los avances tecnológicos aplicados a la industria produjeron transformaciones dramáticas en la vida de las personas. Un proceso sostenido de expulsión de poblaciones desde el ámbito rural hacia las periferias urbanas hizo que las ciudades sufrieran una

[118] Horace Walpole escribe *El Castillo de Otranto* en 1764; Ann Radcliffe, *Los misterios de Udolfo* en 1794. Ambos escritores inauguran la novela gótica. Walter Scott escribe *Rob Roy* en 1817 e *Ivanhoe* en 1819 y Victor Hugo, *Notre-Dame de Paris* en 1831. Ellos se decantaron por la novela histórica.

[119] **Neogótico**: nuestro conocimiento de los castillos medievales suele llegarnos de construcciones neogóticas: Horace Walpole —el escritor— construyó su Strawberry Hill House en 1749. El Palacio de Westminster (o Parlamento inglés) fue destruido por un incendio en 1834 y reconstruido con arquitectura neogótica por Charles Barry y Augustus Pugin en 1840. Notre-Dame de París fue restaurada libremente por Eugène Viollet-Le-Duc en 1845 quien le incorporó las quimeras y la aguja, también «intervino» en la Ciudadela de Carcassonne y el Mont Saint-Michel. El Castillo de Neuschwanstein fue construido por Luis II de Baviera en 1869.

expansión nunca registrada. La migración masiva y desorganizada generó problemas que en algún momento las autoridades debieron hacer frente. Lo más preocupante era el hacinamiento y el colapso sanitario, pero también hubo que repensar las ciudades para albergar a muchísima gente de forma adecuada: espacios verdes, paseos públicos, vías de comunicación, lugares de sociabilidad, vivienda, redes cloacales y un gran etcétera.

La ciudad de traza medieval, con callecitas angostas, laberíntica, era además peligrosa en el sentido de que hacía difícil sofocar revueltas, más teniendo en cuenta el descontento de quienes eran explotados en las fábricas sin derechos laborales.

Esta fue una época de muchísima construcción, nunca se había construido tanto en tan poco tiempo. Pero no todo lo que se construía era de calidad ni de buen gusto para los estándares de la época. Pensemos que el sector que podía contratar un arquitecto y construir era el Estado para sus edificios públicos o eran personas recientemente enriquecidas exteriorizando su potencial económico y buscando validación social. Los constructores de la época trabajaban con estilos «on demand» y hacían uso de los historicismos, la arquitectura ecléctica o el *beaux arts* al (mal)gusto del cliente.

Esta falta de identidad del siglo XIX tuvo grandes críticos[120] que intentaron pensar una nueva forma de arte. Sin embargo, había algo absolutamente novedoso —propio del siglo y originalísimo— al que nadie estaba prestándole atención: la construcción en hierro.

Acero, cristal y hormigón armado

El hierro comenzó a usarse en Francia en la década de 1780 por unos constructores de teatros a prueba de fuego —en una época en que los teatros solían incendiarse muy seguido— y en 1790 los industriales ingleses ya usaban ese sistema para sus fábricas. Pero

[120] **William Morris** (1834-1896) fue un personaje polifacético, ideólogo y promotor del movimiento *Arts and Crafts* (artes y oficios). Su crítica de la modernidad y su forma de producción industrial puede verse como reaccionaria, sin embargo, su trabajo abrió el campo del estudio del diseño y las artes aplicadas.

no hacían un uso estético del hierro. Las poéticas del hierro van a comenzar en los puentes: el Coalbrookdale Bridge fue levantado en 1777 y es el primero de su tipo. Tenía 30 metros. Muy poco después otros puentes iban a superarlo en tamaño y formas. Más tarde, las estaciones de ferrocarriles —la primera línea de tren interurbano es de 1830 entre Liverpool y Manchester— serán construidas con hierro y cristal que aportaba luminosidad. Era una forma de construcción modular con piezas prefabricadas, un modelo para armar (tipo Mecano) que se fabricaba en serie y permitía reducir el tiempo y coste de construcción. Además, la estructura era desmontable. El hierro, a su vez, se podía trabajar con ornamentos, molduras, capiteles, volutas, columnillas, etc.

El **acero** permitía fabricar vigas del largo que se le ocurriera al arquitecto. ¡La viga ya no dependía del tamaño y altura de un árbol! Se pudieron crear espacios adintelados mucho más amplios y con más resistencia.

Habrá que esperar a 1851, en la Gran Exposición de Londres —una de las tantas ferias internacionales para promover industria, comercio, tecnología y cultura—, para que Joseph Paxton construya el Crystal Palace que era el pabellón oficial. Este edificio promoverá la construcción de acero y vidrio como un estilo arquitectónico válido y moderno. En 1887, París tendrá su torre Eiffel de 300 m de altura armada para la Exposición Universal.

Sin embargo, los arquitectos, aunque usaran las estructuras de hierro, tendían a invisibilizarlas con cubrimientos como piedra y mampostería. La clientela no quería adoptar ese estilo para sus palacetes o villas de verano, ni para edificios públicos, teatros, escuelas, museos, hospitales o iglesias. La sociedad burguesa, dinámica y liberal en cuanto a lo económico, se volvía retrógrada en este aspecto. Seguían atados a las formas del pasado.

La curva modernista

El modernismo —conocido también por *Art Nouveau, Jugendstil* o *Sezession* y otros nombres— estaba en la vereda de los que querían alejarse de los historicismos y romper con las tradiciones. Lo hicieron. El modernismo alcanzó su máximo desarrollo en la década de 1890, la *belle époque*. Sus construcciones y objetos de diseño como muebles, lámparas de vidrio, azulejos, fuentes tipográficas o joyería eran prácticamente artesanales. Era un estilo muy ornamental que empleó el hierro y el cristal, pero creando formas esbeltas y estilizadas.

Trabajará la curva y las asimetrías, tomará temas de la naturaleza, la flora, los insectos y los estilizará. En arquitectura tuvo representantes como Victor Horta, Antoni Gaudí, Otto Wagner, Joseph Olbrich, Hector Guimard, pero era una arquitectura de artistas, cada edificio era único e irrepetible.

Los que sí adoptarán masivamente este tipo de construcción son los edificios industriales y las oficinas comerciales. Es allí donde se desarrollará estilísticamente la arquitectura del siglo próximo: funcional, utilitaria, económica, moderna.

Alrededor de 1850 surge otra novedad. La técnica del *hormigón armado*, que se compone de la mezcla húmeda (el más habitual, el cemento portland) y una estructura de acero corrugado donde la mezcla se adhiere al fraguar. Antes del hormigón armado se usaban las estructuras metálicas como armazón (lo que sostiene el edificio) y se añadían luego las coberturas. En cambio, el hormigón armado hace que el armazón trabaje en conjunto con la mezcla o cobertura (no hay una que sostiene a la otra). Esto resolvía problemas y liberaba el quehacer del arquitecto: casi que se podía hacer lo que uno quisiera, solo era cuestión de intentarlo.

En la década de 1870, Estados Unidos —hasta ese momento con cierta mentalidad provinciana— sorprende al mundo con la construcción de los primeros *rascacielos* que serán su sello identitario. La Escuela de Chicago, en una de las ciudades comerciales más potentes, abogaba por una arquitectura funcional de escasa o nula ornamentación (podía estar en lugares específicos como la entrada o las cornisas). Los rascacielos solían ser edificios comerciales de armazón de hierro, con amplias ventanas para aprovechar la luz solar y donde básicamente se apilaban hacia arriba pisos de oficinas con la misma estructura. Repetir el diseño de la planta era importante porque permitía sectorizar áreas de cañerías y desagües, ductos de ventilación y calefacción, etc. Simplificaba la tarea de proyectar y de construir. Estamos acostumbrados a que nuestras viviendas multifamiliares sigan esta lógica, pero en esa época era una novedad.

Un estilo internacional

A fines de siglo XIX y principios del XX se va masticando la idea entre los arquitectos y diseñadores industriales —es decir, las artes aplicadas— de crear obras y objetos que satisfagan las demandas de una sociedad compleja, urbana y masiva. El XX será el siglo de las masas: megalópolis con sus conurbanos industriales y sus millones de personas trasladándose a sus trabajos, consumiendo y viviendo sus vidas.

Para ellos la «curva modernista» no servía, porque la mayoría no podía pagarla además de que no se ajustaba a los requerimientos de la vida moderna.

La línea recta dominó la arquitectura. Las formas simples y puras prevalecieron en el diseño de objetos. Todo se simplificó —como puede verse en la moda del vestido— para favorecer tanto la funcionalidad (la comodidad) como la producción industrial en serie, más económica que la artesanal. El siglo XX dejó atrás la fascinación por los ornamentos, los arabescos y los floripondios, privilegiando la belleza práctica y duradera. Este cambio permitió que las clases trabajadoras accedieran a más bienes que nunca en la historia.

Empezaron a construirse viviendas para obreros y clases medias con instalaciones sanitarias: la invención del baño moderno es del siglo XIX al que solo tenían acceso las clases adineradas. Ahora todos, por poco dinero que tuvieran, tenían un nuevo espacio en la casa con inodoro, bañera, agua de red ¡y bidet! (no en todo el mundo hay bidets, horror).

Esto solo se pudo hacer a nivel masivo cuando la arquitectura estandarizó su labor, sus materiales y sus accesorios.

Arquitectos y escuelas de diseño modernos: Louis Sullivan y la Escuela de Chicago, Frank Lloyd Wright, Peter Behrens y la Werkbund, Futurismo, Mies van der Rohe, Walter Gropius y la Bauhaus, Le Corbusier.

>>>>>>>>>>>>>>>

HEMOS LLEGADO AL FINAL DE ESTE CAPÍTULO, cuyo propósito fue abrir cabezas y entender que detrás de los edificios en los que uno habita existen procesos que afectan la forma de estos.

Pueden ser cuestiones materiales y de adaptabilidad al ambiente (como ocurre en las viviendas), pero en los edificios religiosos o palaciegos operan cuestiones ideológicas, cosmovisiones y simbologías. Son construcciones que pretenden decir algo a los demás.

Desde luego, no podemos tratar aquí la arquitectura y los estilos de todas las épocas y culturas, por lo que nos enfocamos en aquellos aspectos que más conocemos y que nos parecen más relevantes. Quedaron fuera de este capítulo culturas milenarias, complejas y con una gran riqueza arquitectónica. En el caso de querer trabajar con ellas, deberemos abordarlas desde la investigación no solo de formas y materiales, sino teniendo en cuenta sus procesos políticos, religiosos y culturales.

VI. El camino al Templo de los Mil Despropósitos

DESPUÉS DE SU POMPOSA ENTRADA, el Invasor de Hierro señaló con dramatismo hacia un edificio que apenas se distinguía entre las montañas cubiertas de niebla.

—¡Adelante! —ordenó, levantando su espadita con un aire de triunfo.

—¿Adelante a dónde, señor? —preguntó su único soldado, un hombre robusto con cara de pocas luces, mientras rascaba su casco oxidado.

—¡Hostias, hacia el weenie os digo! —exclamó el Invasor, apuntando hacia la lejana torre.

—¿Qué es un güini?

—¡Lo explicarán en el capítulo 12! ¡Avanza, ejército!

El problema era que entre ellos y el templo no había un camino. Solo un abismo vasto y traicionero salpicado de plataformas flotantes, algunas de piedra, otras hechas de madera podrida que parecían incapaces de sostener siquiera a un pájaro.

—Ah, plataformas flotantes. Qué original —murmuró el Pergamino desde la panza del guerrero—. Porque no hay mejor forma de proteger un templo que diseñar un sistema que parece una prueba de circo.

—¿Tenés algo útil que decir o solo estás acá para comentar? —gruñó Chimalpopoca, girando ligeramente la cabeza, como si eso ayudara a hablar con su propio abdomen.

—Claro, tengo mucho que decir —respondió el pergamino, con un tono que sugería que estaba revisando un manual de instrucciones invisibles—. Por ejemplo: no saltes en las *plataformas de madera. Ah, y cuidado con los pájaros gigantes, tienen mala actitud.*

—¿Qué pájaros...? —comenzó a decir Chimalpopoca.

—¡No es chiste, bruto! —gritó el Invasor, girando sobre sus talones con un chirrido metálico. Señaló el abismo con un gesto dramático—. ¡Es una prueba! Solo los verdaderos héroes pueden cruzar este terreno mortal.

Desde dentro de su estómago, el Pergamino emitió un carraspeo teatral.

Chimalpopoca observó las plataformas, luego al Invasor, y finalmente a Gomabola, quien ya estaba mascando un trozo de hierba que había encontrado milagrosamente en el borde del acantilado.

—Bueno, si vos lo decís... —dijo Chimalpopoca, encogiéndose de hombros antes de dar un enorme salto hacia la primera plataforma.

El macizo guerrero aterrizó con un estruendo, la plataforma de piedra temblando, pero aguantando su peso.

—¡Una pavada! —exclamó con una sonrisa confiada.

—Sí, sí, muy impresionante —comentó el Pergamino—. Pero la dificultad va a escalar rápido.

Efectivamente, las plataformas siguientes parecían diseñadas para desquiciar a cualquiera que las mirara. Unas se movían en círculos, otras se balanceaban, y algunas estaban cubiertas de musgo resbaladizo.

—Esto parece un mal sueño —gruñó Chimalpopoca mientras daba un salto calculado a una plataforma giratoria.

—Oh, no te preocupes, héroe. Estoy aquí para ayudarte. ¿Sabías que hay un 78% de probabilidad de que te caigas si calculas mal ese próximo salto?

—¿Y qué hago con eso? —preguntó Chimalpopoca, irritado.

—Nada, solo pensé que deberías saberlo.

—¡Ah, esas son las fáciles! —advirtió el Invasor, con una sonrisa torcida—. A ver si sobrevives a las que vienen.

El viejo tenía razón. Las plataformas siguientes no solo eran más pequeñas, sino que algunas oscilaban traidoramente o se desvanecían en una nube de polvo apenas se tocaban. Una, cubierta de musgo resbaladizo, casi envió a Chimalpopoca al abismo, pero este logró aferrarse al borde con una mano y subir de un tirón que hizo crujir la piedra.

—Eso estuvo cerca —murmuró, mientras Gomabola, que había decidido tomar un desvío por un sendero oculto en la ladera, lo miraba con desprecio.

—¡Ja! ¡Esto es pan comido para mí! —gritó el Invasor, dando su primer salto. Desafortunadamente, su armadura resultó ser más pesada de lo esperado, y apenas aterrizó en la plataforma, esta se hundió lentamente bajo su peso.

—¡Ayuda! —chilló, agitando sus brazos frenéticamente.

Su soldado, visiblemente resignado, lo agarró por el cuello del casco y lo arrastró de vuelta al borde.

—Intente no saltar en las de madera, señor —dijo con tono cansado.

Mientras tanto, Chimalpopoca ya había avanzado considerablemente. Ahora enfrentaba una serie de plataformas móviles que giraban como si estuvieran diseñadas específicamente para humillar a cualquiera que intentara cruzarlas.

—Che, esto parece complicado —dijo, dando un salto preciso hacia la primera plataforma giratoria.

Con un equilibrio sorprendente para alguien de su tamaño, logró avanzar mientras las plataformas lo llevaban de un lado a otro. Sin embargo, el verdadero desafío llegó cuando una bandada de loros gigantes, claramente enfurecidos por la invasión de su territorio, comenzó a atacarlo.

—¡¿Qué es esto ahora?! —rugió, agitando su macuahuitl en el aire como si estuviera espantando moscas.

Los loros esquivaban los golpes con facilidad, graznando con burla, pero uno de ellos cometió el error de acercarse demasiado. Con un rugido triunfal, Chimalpopoca lo atrapó con una mano y lo lanzó hacia el abismo.

—¡A joderse! —gritó, mientras Gomabola, quien seguía observando desde una posición segura, mascaba hierba con evidente indiferencia.

El Invasor de Hierro, mientras tanto, había decidido que las plataformas móviles no eran para él y había encontrado una escalera de aspecto precario que descendía hacia un punto más bajo del abismo.

—¡Ja, soy un genio estratégico! —gritó mientras bajaba, solo para que un escalón podrido se rompiera bajo su peso, enviándolo rodando hasta el siguiente nivel.

—¿Está bien, señor? —preguntó su soldado, mirando hacia abajo.

—¡Sí! ¡Todo según el plan! —respondió el Invasor, aunque su casco estaba torcido y su espada había quedado clavada en un árbol cercano.

Finalmente, después de muchos tropezones, saltos desesperados y un par de momentos en los que Chimalpopoca casi pierde a Gomabola (que decidió cruzar una de las plataformas para robar bayas de un arbusto cercano), todos llegaron al templo.

—Eso fue... emocionante —murmuró Chimalpopoca, sacudiéndose el polvo de las plumas de su casco.

—¡Esto apenas comienza! —declaró el Invasor, levantando su espada (recuperada milagrosamente) con una mano temblorosa—. ¡Preparaos para enfrentar mi verdadera grandeza en este templo sagrado!

Chimalpopoca lo miró, luego al templo, y finalmente a Gomabola, quien ya estaba husmeando la entrada con curiosidad.

—Bueno —dijo el bruto—, al menos va a ser divertido.

XI
Neuroarquitectura

Iluminación. Formas. Tamaños y escalas. Simetría y asimetría. Texturas y materiales. Sonido. Puntos de referencia (wayfinding). Ritmo espacial. Mood. Curiosidad. La belleza de la armonía en el diseño de niveles. La arquitectura como lenguaje emocional.

LA NEUROARQUITECTURA ESTUDIA CÓMO LOS ENTORNOS INFLUYEN EN LAS EMOCIONES, EL COMPORTAMIENTO Y LA COGNICIÓN DE LAS PERSONAS. Este concepto, que nació en la intersección entre la neurociencia y la arquitectura, tiene un valor inmenso para el level design, ya que permite manipular la percepción espacial y el flujo emocional en un entorno. Aprender estas cosas te dejan medio loco. La disciplina se basa en la idea de que el espacio circundante afecta la actividad cerebral, moldeando cómo nos sentimos y nos comportamos. Los estímulos sensoriales que provienen del espacio (como la luz, el sonido, las formas y las proporciones) se procesan en áreas del cerebro como el sistema límbico, que regula las emociones, y la corteza prefrontal, que influye en la toma de decisiones.

En el diseño de niveles, tener nociones sobre neuroarquitectura ayuda a crear espacios que generen respuestas específicas en los jugadores, desde la calma hasta el estrés o la excitación. Es uno de los aspectos del oficio que puede transformar un diseño arquitectónico genérico en uno profesional. Está íntimamente relacionado con la UX.

Iluminación

La iluminación es uno de los recursos más importantes para guiar las emociones. La luz cálida va asociada con la tranquilidad y la seguridad, y es perfecta para áreas de descanso o refugios. En *The Legend of Zelda: Breath of the Wild*, las zonas con luces cálidas (hogueras, pueblos) transmiten calma después de explorar entornos peligrosos. Por otro lado, la luz fría genera una atmósfera tensa o inquietante, como se ve en *Dead Space*, donde la iluminación azul y tenue aumenta la sensación de peligro. La oscuridad y las sombras pueden desencadenar respuestas intensas, como miedo o ansiedad, al limitar la visibilidad. Los juegos de terror como *Outlast* aprovechan la oscuridad para crear un entorno impredecible y amenazante. El cambio dinámico de la luz (por ejemplo, una lámpara que parpadea) es capaz de transmitir incertidumbre y estrés, aumentando la intensidad de una escena.

Esto ocurre porque las zonas de penumbra activan la amígdala, centro de procesamiento del miedo. Una iluminación fría y angular puede provocar distanciamiento, mientras que una luz cálida y difusa genera sensaciones de amparo. Un rayo de luz que atraviesa una habitación oscura no es solo un efecto visual, es una posibilidad de escape. Cabe preguntarse por qué diabólica razón las clínicas y consultorios utilizan luces frías e intensas, en lugar de crear ambientes cálidos y tranquilizadores. ¡No todo tiene que parecer una morgue!

Formas

Al igual que en la arquitectura física, las formas virtuales comunican funcionalidad y emociones *antes* de que el jugador interactúe con el espacio. Las formas orgánicas, irregulares y fluidas, inspiradas en la naturaleza, aparecen en juegos que buscan transmitir lo salvaje o lo desconocido, como en los entornos alienígenas de *No Man's Sky* y los edificios de Antoni Gaudí en la vida real. Con los ajustes correspondientes de iluminación y sonido, por ejemplo, generan inquietud, ansiedad. Por ejemplo, los escenarios de estilo extraterrestre inspirados en la obra de H. R. Giger, el artista detrás de *Alien*. Estas formas rompen con las expectativas del jugador e inducen a la exploración.

Las líneas rectas y angulares activan zonas del cerebro asociadas con la alerta y la tensión. Un nivel que juega con estas geometrías puede llevar al jugador a través de un viaje emocional sin necesidad de una narrativa explícita. Las formas geométricas producen distintas percepciones. Los **cuadrados** y **rectángulos** se asocian con estabilidad y funcionalidad. En juegos tácticos como *Counter-Strike*, predominan los espacios con líneas rectas para favorecer una navegación clara y predecible. Las formas **circulares** sugieren fluidez, protección, cohesión. En juegos como *Journey*, los espacios circulares invitan a la contemplación y a explorar. Los **triángulos** transmiten dinamismo, peligro, incluso desequilibrio. Pueden usarse para diseñar áreas hostiles o generar tensión visual en mapas de combate.

Tamaños y escalas

Los tamaños y escalas influyen en la percepción del espacio y nos afectan profundamente. Los espacios confinados o compactos generan claustrofobia, nos ponen nerviosos. Son comunes en juegos lineales o de terror, como *Dead Space*. Resultan ideales para controlar el ritmo de la narrativa, y pueden incrementar la tensión al limitar el movimiento y la visibilidad.

Los espacios íntimos provocan sensaciones de protección, de conexión. Los espacios amplios tienden a transmitir libertad y calma. Se ven mucho en los juegos de exploración como *Journey*. Algo muy amplio, como una ciudad o un campo inmenso, son ideales para contar grandes relatos al estilo de *Skyrim*.

Yendo un poco más allá, una escala desproporcionada, monumental, sin duda impactará al jugador, haciendo que se sienta insignificante en comparación con su entorno. Ejemplos incluyen los melancólicos titanes en *Shadow of the Colossus* o las estructuras masivas de *Halo* y *Mass Effect*. Algo de tamaño colosal genera asombro, intimidación.

Siempre resulta impactante asomar a un escenario vasto al aire libre luego de atravesar un espacio angosto, oscuro y húmedo. Si además vemos algo gigantesco como un monumento, una ciudad o una nave nodriza flotando sobre un valle, el efecto es todavía mayor y potencialmente memorable.

Simetría y asimetría

La simetría se define como la correspondencia precisa en la disposición, forma, tamaño o posición de las partes de un objeto respecto a un punto, eje o plano central, aportando una sensación de orden y estabilidad. Por otro lado, la asimetría rompe con esa predictibilidad, despertando curiosidad y creatividad. En juegos como *The Last of Us*, los entornos asimétricos, con caminos irregulares y no lineales, invitan a explorar distintas estrategias, enriqueciendo la experiencia individual y dotándola de autenticidad. En contraste, la simetría cobra un papel esencial en los mapas multijugador competitivos, como el icónico Dust

II de *Counter-Strike*. Aquí, el equilibrio entre los equipos enfrentados depende de un diseño simétrico que garantice igualdad de oportunidades, eliminando ventajas injustas. Así, mientras la asimetría nutre la narrativa y la inmersión en solitario, la simetría sostiene la equidad en la competencia directa.

Podríamos decir que nuestro cerebro tiene una relación de amor-odio con simetría y asimetría. La primera activa las regiones como el córtex visual y el sistema de recompensa (todos sentimos un subidón de dopamina al ver una chocotorta cortada en partes idénticas). Es como si nuestra mente dijera: «¡Todo está en su lugar, puedo relajar!». Nos da un respiro, una sensación de control en un mundo que, admitámoslo, suele parecer una partida de *Among Us* donde todos son impostores.

Pero luego está la asimetría, que enciende la corteza prefrontal como si fuera un concierto de AC/DC. Nos intriga, nos empuja a resolver acertijos, a buscar patrones donde no los hay. Un edificio derrumbado con ángulos imposibles no solo grita «apocalipsis», también despierta nuestra curiosidad innata: queremos explorarlo, treparlo, sobrevivir en él. El cerebro humano es un órgano obsesionado con encontrar sentido, se deleita en el tira y afloja: un día aplaude la perfección de un círculo, y al siguiente se enamora del garabato que hiciste mientras hablabas por teléfono. *Moraleja: cuando podamos, combinemos ambas formas. Los cerebritos de nuestros jugadores estarán felices.*

Texturas y materiales virtuales

Aunque las texturas y materiales en los videojuegos no son «tangibles» (no se pueden tocar, al menos sin equipo háptico), su representación visual despierta en el cerebro las mismas zonas que reaccionan ante objetos reales, comunicándose a través de un lenguaje táctil sutil e inconsciente. Las superficies rugosas evocan resistencia o esfuerzo, mientras que las lisas y suaves transmiten fluidez y facilidad de movimiento. Un nivel con cambios abruptos entre texturas puede provocar inquietud, una señal intuitiva de que algo está fuera de lugar.

La selección de texturas moldea cómo percibimos un entorno. Las superficies suaves y orgánicas inspiran calma y bienestar, en contraste con las ásperas o desgastadas, que generan tensión e incomodidad. Este efecto se potencia en atmósferas como las de *The Last of Us*, donde texturas deterioradas refuerzan un tono apocalíptico.

Sonido

Cuando las imágenes se combinan con sonidos —pisadas metálicas, madera que cruje—, la inmersión emocional se intensifica aún más. Aunque no es estrictamente arquitectónico, el sonido es parte irremplazable de la experiencia. El eco, el silencio, los sonidos ambientes no son elementos decorativos, sino extensiones emocionales del espacio. Un nivel silencioso puede ser más aterrador que uno lleno de sonidos explícitos de amenaza.

En la etapa del «bloqueo», cuando el diseñador de niveles define la arquitectura y los espacios, incorporar sonidos provisionales resulta clave para captar el tono del juego desde temprano. Aunque estos elementos suelen ser temporales, sientan las bases para que, más adelante, el artista ambiental perfeccione cada detalle, elevando la cohesión visual y sensorial del mundo creado.

Puntos de transición

Son momentos neurálgicos, los espacios ideales para introducir una «arquitectura de la incertidumbre», así llamada cuando un espacio mantiene un equilibrio delicado entre lo familiar y lo extraño, debido a que el cerebro entra en un estado de alerta y quiere explorar. Una puerta entreabierta, un corredor que se curva misteriosamente, una escalera que desaparece en la penumbra: son umbrales psicológicos que activan la *anticipación*, un estado delicado entre el miedo y la curiosidad. Es bueno dedicarle neuronas a diseñar transiciones que disparen la inquietud del jugador.

Puntos de referencia / *Wayfinding*

Usar puntos de referencia (grandes torres, iluminación direccional, elementos destacados) ayuda a los jugadores a no perderse. Este principio, conocido como «wayfinding», se inspira directamente en el diseño urbano. La neuroarquitectura propone el uso de puntos de referencia claros («landmarks»), colores y patrones repetitivos para facilitan al jugador a ubicarse. Más adelante veremos el concepto de «weenies».

En *Hollow Knight*, se utiliza una paleta de colores específica y estructuras visualmente únicas para diferenciar áreas del mapa, lo que mantiene una sensación de orientación incluso en un diseño laberíntico.

Ritmo espacial

Esto se refiere a cómo los jugadores experimentan el flujo —la navegación— entre diferentes áreas del nivel. La neuroarquitectura sugiere que los cambios entre espacios abiertos y cerrados, altos y bajos, o iluminados y oscuros, mantienen el interés y provocan reacciones variadas. Vemos un ejemplo de este principio en *Dark Souls*, donde los espacios abiertos y majestuosos como Anor Londo contrastan con pasadizos estrechos y oscuros, intensificando el impacto emocional de cada área.

Según este concepto, para evitar la monotonía los espacios deben tener un ritmo casi como el *latido de un corazón*. Es necesario alternar entre áreas abiertas y cerradas.

Mood

El término se traduce como «ambiente» o «atmósfera» y se refiere al tono emocional y estado de ánimo que se busca transmitir a través de los elementos visuales, sonoros y de gameplay.

El mood influye en la atmósfera general que envuelve la experiencia del jugador, en cómo este *siente* y *percibe* el entorno del juego.

Algunos ejemplos de moods en diseño de niveles son:

- **Tenso / Aterrador:** áreas oscuras, luces tenues, sonidos perturbadores, enemigos amenazantes para crear un ambiente de suspenso y miedo.

- **Épico / Grandioso:** grandes espacios abiertos, vistas panorámicas, música orquestal para transmitir una sensación de aventura y escala monumental.

- **Misterioso / Críptico:** iluminación suave, geometrías confusas, pistas visuales sutiles para evocar curiosidad y desorientación.

- **Alegre / Lúdico:** colores brillantes, plataformas desafiantes pero accesibles, efectos de sonido amigables para un tono relajado y divertido.

El LD trabaja para establecer y mantener un mood particular que realce la experiencia narrativa y emocional deseada en cada sección del juego. Así le es posible transmitir tensión, melancolía, esperanza, misterio o adrenalina. Es interesante hacer un mapa de moods para cada nivel.

Como dijimos, los espacios son el lenguaje del LD.

Un mood efectivo puede hacer que un mismo entorno o mecánica se sienta completamente diferente: una misma habitación puede ser aterradora en un juego de horror, nostálgica en un juego de exploración, o esperanzadora en un juego de supervivencia, dependiendo de cómo se diseñe su atmósfera.

Curiosidad

La curiosidad es dinamita pura para la experiencia de juego. En el diseño de niveles, estimularla no es un arte aleatorio, más bien es una suerte de ciencia de provocación neurológica y psicológica. Nuestro cerebro está programado para resolver misterios. Cuando un espacio presenta una discontinuidad, una asimetría o un elemento fuera de lugar, genera lo que se llama *tensión cognitiva* inmediata. Un pasillo que se curva ocultando parcialmente lo que hay más allá, una puerta entreabierta que deja entrever un destello de luz, una estructura arquitectónica que parece desafiar las leyes de la física: todos estos son disparadores neurales de curiosidad.

Una técnica potente es la «oclusión parcial»: se revelan solo fragmentos de información. Un objeto brillante semi oculto, un camino que se bifurca, una estructura que parece incompleta, provocan en el cerebro un estado de «hambre perceptual». El sistema límbico se activa, liberando pequeñas dosis de dopamina que generan anticipación.[121]

La neuroarquitectura enseña que la curiosidad no surge de la información completa, sino de los espacios entre lo conocido y lo desconocido. Un nivel bien diseñado es un *acertijo visual*. No se trata de revelar, sino de insinuar (la mencionada «arquitectura de la incertidumbre»).

[121] Ver *Estructura lúdica*, Cap. VI, «Sociología y psicología aplicadas al juego».

Un ejemplo es la sensación que provocan juegos de aventura, exploración e ingenio como *Myst* (Cyan, 1993), ¡favorito!

La variabilidad sensorial es otro disparador. Es aconsejable un nivel que mantenga formas y texturas variables, que juegue con la escala y la iluminación, que introduzca elementos inesperados en secuencias aparentemente predecibles.

La curiosidad es un *estado de placer anticipatorio*. No es sobre obtener la respuesta, sino sobre el viaje hacia ella. Un buen diseño de niveles no resuelve misterios, los cultiva. El cerebro humano no busca solo información, sino experiencia. No busca solo resolver, busca maravillarse. Para eso jugamos las personas que tenemos un perfil de explorador.

La belleza de la armonía en el diseño de niveles

Al igual que en la arquitectura tradicional, la belleza y el atractivo visual son componentes centrales para sumergir al jugador en «la Zona».[122] Sin embargo, la verdadera belleza en el diseño de niveles no proviene *únicamente* de gráficos detallados o una ornamentación ostentosa, sino de lograr una armonía subyacente de composición, proporción y ritmo visual. Como señaló Vitruvio en la antigua Roma, la belleza arquitectónica surge de la unidad armoniosa de tres cualidades: *firmitas* (solidez estructural), *utilitas* (funcionalidad) y *venustas* (belleza y deleite estético). Del mismo modo, los niveles de juego más memorables y atractivos logran un equilibrio armonioso entre estructura de juego sólida, jugabilidad funcional y su encanto visual.

> *La **belleza** proviene más de la armonía y el equilibrio que del simple aspecto exterior de las cosas.*

La belleza armoniosa en el diseño de niveles a menudo se logra a través del uso hábil de proporciones y patrones matemáticos como la

---

122 **La «Zona»** se refiere al estado mental óptimo donde una persona experimenta total inmersión y enfoque en una actividad, encontrándose en el punto exacto entre el aburrimiento (cuando el desafío es muy bajo para sus habilidades) y la ansiedad (cuando el desafío excede sus capacidades). Mihaly Csikszentmihalyi lo identificó como el estado donde las habilidades del individuo coinciden perfectamente con el nivel de desafío de la tarea.

sección áurea[123], las proporciones radiales, las progresiones geométricas y los patrones fractales. Estos principios crean una sensación de coherencia visual, equilibrio y fluidez. Por ejemplo, las obras maestras arquitectónicas como el Partenón o la Catedral de Notre Dame exhiben proporciones basadas en la sección áurea que las hacen inherentemente agradables a la vista.

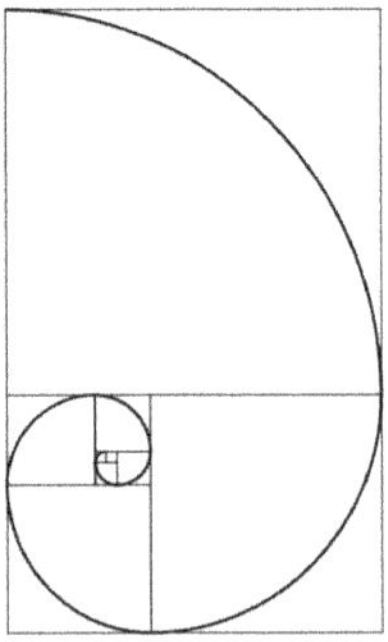

La sección o razón áurea se encuentra tanto en la naturaleza como en el arte y la arquitectura. En el diseño de niveles, puede utilizarse para determinar la ubicación de elementos como puntos de interés o puntos de control, creando armonía visual aun en escenarios complejos debido a su equilibrio entre simetría y asimetría.

Las proporciones radiales, por su lado, se basan en la relación entre el radio y la circunferencia de un círculo. Se usan para distribuir elementos de manera equilibrada en espacios circulares o anulares.

Pueden emplearse también para crear secuencias de elementos con un ritmo visual hipnótico (¡maldad pura!). Por último, los patrones fractales se repiten a diferentes escalas, creando estructuras bellamente intrincadas. La repetición rítmica de elementos como columnas, arcos, ventanas y detalles ornamentales crea un patrón visual que nos gusta porque los seres humanos venimos así de fábrica. Este ritmo cautiva la mirada y transmite una sensación de orden y armonía. En los niveles de juego, se puede emplear ritmos visuales similares a través de hileras de árboles, pedestales equidistantes o incluso patrones de enemigos y plataformas que crean una estética irresistible.

Pero la verdadera maestría en el diseño de niveles va más allá de los elementos individuales y se enfoca en lograr una composición unificada. Al igual que una sinfonía musical entrelaza diversos motivos en una composición cohesiva, los mejores niveles combinan hábilmente varios elementos como arquitectura, iluminación, texturas, paletas de

[123] La **proporción áurea**, también conocida como número áureo, razón áurea o razón de oro, es un concepto matemático y geométrico que se considera estéticamente agradable y armónico a la vista. Se define como una razón constante cercana a 1.618, representada por la letra griega phi (ϕ). Esta proporción se obtiene cuando se divide una línea en dos segmentos de tal forma que el segmento más corto es al más largo como el más largo es a toda la línea.

colores y detalles ambientales. Cada componente complementa y refuerza a los demás, creando una experiencia que trasciende la suma de sus partes.

Es importante tener en cuenta que la matemática es una herramienta, no un fin en sí mismo. Como hemos dicho en capítulos anteriores, se deben equilibrar la aplicación de estos principios con otros factores, como la narrativa, la jugabilidad y la coherencia temática.

La arquitectura como lenguaje emocional

Por todo lo dicho, podemos ver la arquitectura de un nivel como un **lenguaje emocional**, un sistema de comunicación que habla directamente con nuestras estructuras psíquicas. Cada espacio es un estímulo que desencadena reacciones complejas mucho antes de que el consciente procese racionalmente el entorno.

El secretito entonces será combinar espacios y moods en patrones impredecibles.

La **memoria espacial** juega su papel. Cada espacio se construye no solo con lo que muestra, sino con lo que sugiere, con los recuerdos que evoca. Un LD comprende que está creando no solo un espacio físico, sino un espacio de memoria emocional.

¿Qué es la belleza?

La belleza proviene más de la armonía y el equilibrio que del simple aspecto exterior de las cosas.

La belleza clásica se basa en proporciones armónicas como la divina proporción o la sección áurea, más que en formas o colores específicos. Estas proporciones transmiten un sentido de equilibrio y unidad.

En la naturaleza, percibimos belleza en fenómenos armónicos como un atardecer, un caparazón de caracol o el vuelo sincronizado de las aves, más que en objetos aislados.

En el arte y la arquitectura, obras consideradas bellas a menudo destacan por su unidad de estilo, coherencia de elementos y composición equilibrada, mucho más que por detalles ornamentales.

En la música, la belleza surge de la armonía entre notas, ritmos, volúmenes, más que de sonidos aislados.

Filosóficamente, la belleza se ha asociado con conceptos como orden, simetría, integridad, los cuales implican armonía más que solo apariencia.

Psicológicamente, tendemos a percibir como más bello aquello que nos transmite sensaciones placenteras de unidad y fluidez visual o auditiva.

Algunos ejemplos

Los siguientes títulos demuestran cómo los principios de neuroarquitectura pueden aplicarse de manera intuitiva para crear diferentes experiencias.

- **Minecraft** *(diseño espacial y construcción)*: aprovecha principios de neuroarquitectura al permitir la construcción de entornos que estimulan la creatividad y la resolución de problemas. Los espacios abiertos y la posibilidad de modificar el entorno activan áreas cerebrales relacionadas con la planificación espacial y la imaginación.

- **Portal** *(percepción espacial y resolución de problemas)*: desafía la percepción espacial mediante portales de teletransportación que cambian la orientación y perspectiva del jugador. Estimula las conexiones neuronales relacionadas con la orientación espacial y la resolución de problemas complejos.

- **Monument Valley** (*ilusiones espaciales*): explora ilusiones ópticas y arquitectura imposible (M. C. Escher). Estimula áreas de procesamiento visual y razonamiento espacial, desafiando la percepción del jugador.

- **RollerCoaster Tycoon** (*diseño experiencial*): los jugadores diseñan parques de diversiones considerando flujo, emociones y experiencia sensorial. Implica comprender cómo los espacios y diseños pueden generar diferentes experiencias emocionales.

¡BIEN, YA ESTAMOS EN CONDICIONES DE PRODUCIR NIVELES COMO QUIEN PONE CHORIZOS A LA PARRILLA! Ahora es cosa de practicar sin descanso, unir las piezas. La práctica hace al maestro, dice el saber popular, así que cuantos más niveles hagamos, mejor profesionales seremos.

LEVEL V

MAPAS Y ESCENARIOS

EL PAÍS DE
CHIMALPOPOCA EL BRUTO

La arquitectura es la creación reflexiva del espacio.

Louis Khan

XII
Mapas y escenarios

El círculo mágico. Diferencia entre escena y diseño de nivel. Los diez principios. Topografía. Cartografía virtual. Diagramas de proximidad. Blueprints. Espacios de juego. Llegadas. Genius Loci. Laberintos. Para que un pueblo parezca funcional. El método de las cinco habitaciones. Tiempo, elementos esenciales y variables. Áreas de puzzles sin enemigos. Mundos abiertos. Weenies. Niveles multijugador.

LOS VIDEOJUEGOS Y LA ARQUITECTURA PRESENTAN DIFERENCIAS SUSTANCIALES, principalmente porque la arquitectura está limitada por reglas físicas y normativas. Un edificio real requiere de un diseño que contemple tanto su interior como su exterior, donde la configuración de uno afecta directamente al otro. Además, se deben considerar factores como las condiciones meteorológicas, la geología del terreno, las normas de urbanismo y las limitaciones estructurales. Estas son restricciones con las que los diseñadores de espacios virtuales no necesitan lidiar (gracias a Cthulhu) (Totten, 2019).

El diseñador Don Carson dice en un artículo publicado en el sitio Game Developer[124]: «Si tengo un deseo fundamental para cualquier videojuego o atracción temática, es este:

Llevame a un lugar que:

- Me permita ir a donde nunca podría ir.
- Me permita ser quien nunca podría ser.
- ¡Me permita hacer cosas que nunca podría hacer!»

---

[124] Carson, D. (2000, Marzo 1). Environmental storytelling: Creating immersive 3D worlds using lessons learned from the theme park industry. *Game Developer.* gamedeveloper.com/design/environmental-storytelling-creating-immersive-3d-worlds-using-lessons-learned-from-the-theme-park-industry.

El círculo mágico

Huizinga en su obra *Homo Ludens* introdujo el concepto del «círculo mágico» en relación con el juego y la cultura. El círculo mágico sería un espacio temporal y espacial donde las reglas normales de la realidad se suspenden y son reemplazadas por las reglas del juego.

El círculo mágico crea una frontera entre el mundo real y el mundo del juego. Dentro de este, se aplican reglas y normas diferentes a las de la vida cotidiana. Las acciones y objetos dentro del círculo adquieren un significado especial que puede no tener sentido fuera de él. El círculo mágico existe solo mientras dura el juego o la actividad lúdica. Allí, los jugadores se sumergen en una realidad alternativa. Los participantes entran voluntariamente en este círculo y aceptan sus reglas. Huizinga argumentaba que el juego, y por extensión el círculo mágico, es fundamental para el desarrollo de la cultura, porque facilita la formación de comunidades y la transmisión de valores y habilidades. De aquí se desprende su clásica definición del juego.[125]

Hay que tener presente que el concepto del círculo mágico no se limita solo a los juegos tradicionales. Se puede aplicar a diversas actividades culturales como rituales religiosos, actuaciones teatrales, competencias deportivas e incluso interacciones en redes sociales. Se puede cuestionar, cómo no, la rigidez de la separación entre el círculo mágico y la vida real. Podríamos argumentar que los límites son más porosos y que existe una influencia mutua entre el juego y la realidad.

Los game designers utilizan el concepto para crear experiencias inmersivas. Los mecanismos de juego, e incluso la interfaz y los tutoriales, ayudan a establecer y mantener el círculo mágico.

Como hemos dicho en los primeros capítulos de este libro, el diseño de niveles en videojuegos es el arte de crear espacios interactivos que invitan al jugador a sumergirse en un mundo alternativo. Al igual que el círculo mágico de Huizinga, un nivel bien diseñado establece sus propias reglas, desafíos y recompensas, lo que, en conjunto, forma la experiencia de juego. La entrada a un nuevo nivel puede verse como el cruce del umbral del círculo mágico. Al final del nivel, el jugador experimenta una sensación de salida de ese círculo. Esto se consigue mediante las secuencias de victoria, resúmenes de puntuación o transiciones a

[125] **Definición de juego según J. Huizinga (1938)**: «El juego es una acción u ocupación libre, que se desarrolla dentro de unos límites temporales y espaciales determinados, según reglas absolutamente obligatorias, aunque libremente aceptadas, acción que tiene su fin en sí misma y va acompañada de un sentimiento de tensión y alegría y de la conciencia de ´ser de otro modo´ que en la vida corriente».

cutscenes que devuelven al jugador al mundo más amplio del juego o mismo a la realidad.

Diferencia entre escena y diseño de nivel

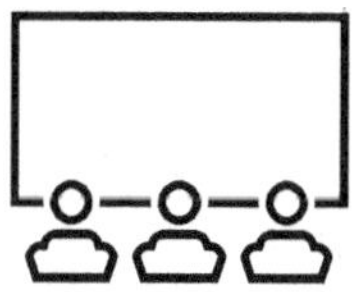

En el mundo del teatro, se le dice escena al espacio donde se representa la acción dramática. Este espacio puede incluir decorados, telones, elementos escenográficos que representan el lugar donde ocurre la acción. También se le dice escena a la división o segmento de la obra teatral. Una obra suele dividirse en actos, y cada acto se divide en escenas. Una escena es una unidad de tiempo y lugar, comienza cuando hay un cambio de ubicación o variación temporal. Esta misma lógica fue llevada al cine.

En videojuegos, en tanto, decimos «escena» a una instancia o representación de un entorno dentro de un motor de juego. Una escena contiene modelos 3D, luces, cámaras, efectos de partículas, etc. Es básicamente el espacio donde se construye y renderiza el mundo del juego. Los jugadores transitan la escena.

Por otra parte, el diseño de niveles se refiere al proceso creativo y técnico de construir y estructurar los niveles o etapas de un juego *dentro de una o múltiples escenas*. El diseño de nivel implica tomar decisiones sobre el layout[126], la arquitectura, los desafíos, los objetivos, el flujo de juego, el posicionamiento de objetos, enemigos, plataformas, etc.

La escena provee el lienzo o espacio para construir, mientras que el diseño de nivel se enfoca en el diseño de la experiencia concreta de juego y los desafíos que el jugador enfrentará en cada nivel utilizando los elementos dentro de la escena.

[126] El **layout** en un nivel de videojuego es la disposición estratégica de elementos espaciales, rutas, obstáculos y puntos de interés que define la experiencia de juego, guía el movimiento del jugador y crea un flujo narrativo y mecánico dentro del espacio virtual.

Los diez principios del buen diseño de niveles

En 2014, el sitio *gamedeveloper.com* publicó un artículo de Daniel Taylor[127], lead level designer de *Shadow of the Tomb Raider* (Eidos Montreal, 2018), en el que sugiere diez principios que deberían tenerse presentes en el oficio de diseñar niveles. A continuación, citamos estos principios, que nos parecen fabulosos, agregando algunas ideas.

1. Un buen diseño de nivel lo hace divertido de navegar

En la mayoría de los casos, el método principal de interacción del jugador con un nivel será la navegación, el proceso de atravesar el espacio del juego. Un cuidadoso diseño, iluminación, señalización y otras pistas visuales deberían crear un «flujo» natural que guíe instintivamente al jugador a través del nivel y, a la vez, lo ayude a progresar de forma intuitiva. Desde un aspecto estético, todos los niveles del juego deberían complementarse para crear un lenguaje visual consistente, mediante el uso del color y la forma.

La coherencia visual y una guía sutil pero clara son clave para permitir que el jugador se sumerja en el mundo del juego sin confusión ni interrupciones. De esta manera, el jugador puede concentrarse en la acción y el disfrute, en lugar de tener que luchar contra controles o rutas confusas.

2. Un buen diseño de nivel no depende de palabras

«Un mentor me dijo una vez que una buena comunicación es como un círculo roto», dice Taylor. «El autor crea este círculo, pero deja un pequeño espacio para que los jugadores lo completen por sí mismos».

¡Pero hay que tener cuidado con este espacio! Si es demasiado pequeño, el jugador no lo notará; si es demasiado grande, correremos el riesgo de perder al jugador, que no podrá conectar el círculo. Entonces, ¿cómo creamos el círculo y el espacio en un nivel de juego?

---

[127] Taylor, D. (2014, enero 22). Ten Principles of Good Level Design. *Game Developer.* gamedeveloper.com/design/ten-principles-of-good-level-design-part-1-

Primero es necesario comprender los tres aspectos narrativos clave que operan en un nivel. Hablando en general, existen tres tipos de narrativa: explícita, implícita y emergente.

- **Explícita**: cualquier cosa que se mencione mediante texto u otro tipo de vehículo narrativo, por ejemplo: un objetivo de misión o una cinemática.

- **Implícita**: es la historia contada por el entorno. La mejor manera de crear una narrativa implícita es mediante la llamada *mise-en-scène*. Este es un término que se utiliza en el teatro y el cine. Significa «puesta en escena» y se refiere a la orquestación de todos los objetos y elementos visuales que aparecen dentro del encuadre de una escena. En el contexto del diseño de niveles, se refiere a la colocación y disposición de objetos, iluminación, colores, texturas y otros detalles visuales y ambientales dentro del nivel para transmitir información al jugador sin necesidad de texto o diálogos explícitos. Solemos llamarla narrativa ambiental (ver el *Cap. I*, «Relación con la estructura dramática»). Un buen LD debe ser un experto en relatar historias a través del entorno. Unas botellas vacías pueden contar que el PNJ que está babeando en el piso es un borracho.

- **Emergente**: es la historia «contada» por el propio jugador a medida que atraviesa un nivel. Los LD no crean (o guionan) la narrativa emergente, sino que la hacen posible al brindar opciones a los jugadores, como elementos reactivos por física. Ejemplos de narrativa emergente es GTA y la mayoría de los juegos de mundo abierto.

3. Un buen diseño de nivel indica qué hacer, no cómo hacerlo

En un videojuego, otorgamos al jugador un conjunto definido de metas u objetivos, fomentando la sensación de que es él mismo quien identifica las vulnerabilidades y supera al gordo malvado al final del nivel o descubre el tesoro sin una guía explícita. Proporcionaremos al jugador los recursos necesarios para cumplir su misión enseñándole gradualmente cómo utilizarlos.

Debemos considerar múltiples enfoques y rutas para alcanzar un objetivo, adaptándonos al estilo de cada persona. El diseño se conforma de una red de sistemas que, si bien sugieren libertad, en realidad ofrecen un abanico controlado de opciones. Es ideal no imponer una única forma de completar una misión; haremos sistemas que estimulen la creatividad y permitan que se despliegue el carácter del jugador. Por ejemplo, un fusil de francotirador estratégicamente ubicado en un punto elevado puede sugerir una táctica específica. Otras restricciones, como el límite de daño que el jugador puede soportar o la velocidad de reacción de los enemigos, también juegan su papel.

Es bueno ofrecer diversos caminos y, además, la improvisación debe ser alentada en lugar de castigada. Si un jugador opta por escalar hasta los tejados, aunque no sea la ruta más directa, recompensémoslo con un tesoro oculto allá arriba que premie su caradurez.

4. Un buen nivel enseña constantemente

Al homo sapiens le gusta resolver problemas y detectar patrones; esto crea orden en un universo desordenado (?). Si el jugador está constantemente aprendiendo y completando tareas, se mantiene comprometido. Los jugadores desean ser recompensados por sus acciones y, a veces, esa recompensa puede ser el conocimiento y la sensación de dominio. El «proceso de incorporación», así llamado, suele comenzar de manera explícita, introduciendo al jugador en las mecánicas básicas del juego, como el movimiento. Puede ser tan sencillo como «aquí debes dar un doble salto presionando la tecla A». Que luego se le diga al jugador: «¡Bien hecho!» proporciona un *feedback* positivo suficiente para que el juego resulte agradable.

Puede parecer ridículo para el jugador veterano, pero, al novato lo empodera y hace mucho más probable que continúe en el juego incluso cuando la dificultad aumenta. Por eso los juegos tienen tutoriales explícitos e implícitos. Los game designers llevan años jugando y han probado una variedad de géneros. Esto puede ponernos puntos ciegos al crear un juego, ya que existe la tendencia a hacer suposiciones sobre quién es nuestro jugador. *El jugador no es el diseñador.* Si el juego no enseña cómo funciona, esto puede frustrar a los nuevos o a aquellos no familiarizados con el género y sus convenciones. El proceso de incorporación se encarga de esto, utilizando tutoriales como parte del progreso del jugador.

El veterano aún completaría los tutoriales, pero estaría más enfocado en la acción a su alrededor; ambos tipos de jugadores obtienen algo positivo de la misma experiencia.

5. Un buen nivel es sorprendente

«Las sorpresas no significan llenar tu nivel de sustos baratos o enemigos que saltan de los armarios al azar, ya que estos se vuelven rutinarios muy rápidamente», dice Taylor. En cambio, las sorpresas pueden provenir de una variedad de fuentes, desde la construcción de la intensidad del nivel hasta un giro narrativo o una nueva habilidad interesante. No perder la frescura evita que caigamos en la rutina.

Una línea de progreso típica es un patrón de montaña rusa. Tenemos *crescendos* de intensidad cada vez mayores puntuados por valles de intensidad ligeramente menor. Pero cuidado, en no mucho tiempo este patrón también puede volverse aburrido. La diversión se sostiene a través de la incertidumbre, al sacar constantemente al jugador de su zona de confort. Tomar riesgos es importante.

Algo para recordar: ¡nunca sabremos qué es bueno en los juegos reales cuando solo podemos pensar en papel, así que probemos en digital con frecuencia y desde lo antes posible!

6. Un buen diseño de nivel empodera al jugador

Nunca debemos darle al jugador misiones que suenan a una «lista de compras» porque los videojuegos son esencialmente una forma de evasión. ¿Por qué la gente querría escapar en el juego a algún lugar que podría ir en la vida real? En la mayoría de los juegos, el jugador quiere ser un «badass».[128] Bueno, dejemos de lado aquí a *Los Sims* (Electronic Arts, 2000), que nos puso a sacar la basura y regar el jardín (hasta que pudimos ahogar y quemar vivos a esos pequeños tontuelos).

El jugador debería hacer sus propios descubrimientos y tomar sus propias decisiones. El empoderamiento del jugador podría provenir de explorar el lado más oscuro de su personalidad al tomar decisiones ruines o moralmente cuestionables. El mundo y sus niveles también deberían reaccionar a esas decisiones, porque esto refuerza el papel que el jugador encarna. Los PNJ deberían alejarse del personaje malvado o

---

[128] **Badass**: alguien que es extremadamente audaz, temerario o intrépido, para decirlo en palabras elegantes. En la mayoría de nuestros países lo diríamos de otra manera.

sonreír y saludar al personaje bueno. Si el juego reconoce las decisiones que toma el jugador y las refleja de una manera significativa, la inmersión se profundiza.

7. Un buen diseño de nivel es fácil, medio y difícil

Aunque todavía existe de manera explícita en algunos juegos (generalmente en el género de los FPS), es inusual ver juegos que tengan una selección de dificultad. Una razón por la que pasó de moda es que estos procesos de selección pueden ser arbitrarios. El jugador no conoce la diferencia entre las experiencias en el modo FÁCIL en comparación con el modo DIFÍCIL antes de jugar. Por supuesto, puede volver y cambiar la configuración de dificultad, pero esto solo funciona si esa configuración está vinculada a la inteligencia artificial (IA) enemiga o a los niveles de daño. Por ejemplo, al elegir la opción «más difícil», el enemigo podrá soportar más balas antes de morir o tendrá una mejor IA de evasión, por lo que será más costoso golpearlo. En la opción «fácil», el enemigo puede simplemente deambular a la vista, esperando a que lo tumben de un solo tiro. Este sistema usa *Vlad Circus: Descend into Madness* (Indiesruption, 2023), donde el modo «Cuento» hace más fácil los momentos de acción, por ejemplo, cambiando la velocidad de algunas criaturas, o reduciendo sus puntos de vida iniciales. Puzzles e historia se mantienen idénticos.

En los juegos de ingenio, una solución es cambiar los enigmas difíciles por otros con menos pasos o más sencillos.

Un enfoque más sutil es utilizar caminos divergentes que presenten una propuesta de riesgo versus recompensa para el jugador, o implementar un sistema de dificultad dinámica que reaccione ante los éxitos y fracasos del jugador. *The Witcher 3: Wild Hunt* (CD Projekt, 2015) usa una forma de dificultad dinámica; los enemigos tienen niveles o marcas de calavera sobre sus cabezas, lo que es una comunicación visual para el jugador de que ganar ese combate podría ser posible, pero probablemente resultaría en su (épica) muerte. El jugador puede reintentar ese mismo escenario luego de progresar y ser más poderoso.

8. Un buen diseño de nivel es eficiente

El desarrollo de un juego siempre tiene recursos finitos, ya sean limitaciones técnicas como hardware, memoria, cantidad de polígonos; o restricciones como el cronograma de producción, el número de personas en el equipo y el alcance del proyecto.

Es necesario maximizar todos los recursos a nuestra disposición. Un LD podría tentarse de crear niveles enormes con una cantidad bestial de detalles que aprovechen sistemas climáticos, multitudes de PNJ y enemigos, criaturas, rayos divinos, efectos de partículas y dinámicos. Todo esto es hermoso hasta que uno de los programadores observa la enorme tensión en la plataforma y sufre un colapso nervioso. Un mantra de todos los diseñadores es «utiliza lo que necesitas para hacer el trabajo, nada más». Las producciones de Hollywood no construyen edificios completos, utilizan fachadas. No hay nada detrás de la pared frontal que vemos en el plano, y los interiores se construyen con lo suficiente para convencer a los espectadores de la realidad. En los videojuegos ocurre algo similar cuando se modela el nivel: todo es humo y espejos. La realidad del diseño de niveles puede volverse muy técnica con recuentos de polígonos y tiempos de renderizado, pero en lo esencial solo necesitamos mostrarle al jugador lo que necesita ver y hacerlo de la manera más eficiente.

Una opción es utilizar un diseño modular. Una vez que un modelo se carga en el engine, ocupa una cierta cantidad de la memoria del sistema. Si se vuelve a utilizar, no agrega mucho a los tiempos de renderizado y la memoria porque ya está en el sistema. Si el modelo se gira un poco, se refleja o se repite en algún patrón complejo, el jugador creerá que es un elemento nuevo o una continuación de esa estética. Había una razón por la cual los primeros videojuegos 3D eran básicamente pasillos y habitaciones cerradas: eficiencia.

9. Un buen diseño de nivel crea emoción

¿Cómo hacemos para que un nivel genere emoción? Si tomamos la teoría arquitectónica, podríamos decir que las ventanas por debajo de las rodillas están destinadas a provocar voyerismo. Las ventanas por encima de los hombros están destinadas a invocar una sensación de persecución y encarcelamiento. Podemos crear empatía espacial.

Si vamos a lo neuro: usaremos esquinas cerradas para mantener a los jugadores tensos y con sensación de claustrofobia. Podemos hacer que un nivel sea laberíntico para crear confusión y pánico. Abriremos mucho espacio para crear una sensación de vastedad y escala épica. Incluso pasaremos de un espacio estrecho a uno grande para obligar al jugador a mirar una vista específica y crear así la sensación de asombro. Podemos incorporar verticalidad para producir una sensación de persecución al atacar al jugador desde arriba. Crearemos una sensación de vértigo al hacer que los jugadores escalen una montaña o un edificio alto. Y meteremos una sensación de esperanza al colocar una recompensa en la cima de un edificio.

También se generan emociones desde el gameplay. Por ejemplo, en *Company of Heroes* (Relic Entertainment, 2006), se nos pide proteger el pueblo de la fuerza invasora nazi hasta que lleguen los refuerzos aliados, lo que nos mantiene al borde de los nervios esperando que se cumpla el plazo (lo que mintieron sobre esto es que la llegada de los refuerzos no se activa por un temporizador, sino por la cantidad de soldados que nos queden vivos. ¡Solo aparecen cuando restan dos soldados!).

10. Las mecánicas moldean el diseño de niveles

El diseñador de niveles (LD) tiene la tarea de integrar las mecánicas del juego en el mundo virtual para que el jugador pueda experimentarlas de manera fluida y natural. Idealmente, las mecánicas se definen antes que el arte del entorno, el diseño de personajes y el diseño de niveles. Sin embargo, en la realidad, el desarrollo rara vez sigue un camino lineal: las pruebas y retroalimentación pueden llevar a descartar o incorporar nuevas mecánicas sobre la marcha. Por eso, como en cualquier ámbito del diseño, la comunicación clara y constante es esencial.

Recordemos el Principio 7: ofrecer al jugador varias formas de superar obstáculos o alcanzar objetivos —como distintos niveles de dificultad— es clave para un diseño de juego efectivo y satisfactorio. Pero esto solo es posible si las mecánicas lo respaldan. Aunque parezca evidente, si el LD considera que una función es crucial para el nivel, debe coordinarse desde el inicio con el diseñador de mecánicas o programador, ya que añadirla más tarde suele ser complicado. Esta comunicación debe fluir en ambas direcciones. Por ejemplo, si una mecánica como un gel explosivo permite destruir paredes, el LD podría preguntarse: ¿qué tal si coloco enemigos desprevenidos al otro lado para que la explosión los elimine? Este tipo de ideas surgen cuando los diseñadores —tanto de niveles como de juego— exploran las posibilidades que ofrecen las herramientas a su disposición.

Las mecánicas también moldean el diseño de niveles de formas más amplias. Si el juego incluye la habilidad de volar, los entornos deben diseñarse con una perspectiva aérea realista, evitando estructuras huecas o solo fachadas. El LD entonces se plantea: ¿cómo puedo aprovechar esta mecánica de vuelo para enriquecer la experiencia más allá de ir de un punto a otro? Las respuestas podrían incluir desafíos como lanzar bombas desde el aire, rozar a peatones para crear caos controlado o premiar al jugador por atravesar espacios estrechos con maniobras precisas. En esencia, el rol del LD dentro del equipo es tomar las mecánicas establecidas y darles vida en el mundo del juego, explotando su potencial dentro de las reglas del universo creado. Así, se construyen niveles que no solo funcionan, sino que elevan la experiencia del jugador a algo memorable y divertido.

Topografía

En el diseño de niveles 2D, el movimiento de los jugadores está restringido a dos ejes principales: horizontal (X) y vertical (Y). Un buen ejemplo son los juegos de plataformas como *Super Mario Bros.*, donde las mecánicas giran en torno a la navegación en un plano único con un fuerte énfasis en la precisión del salto, el tiempo y el desplazamiento lateral.

En contraste, en un entorno 3D, el espacio incluye un tercer eje (Z), lo que expande las posibilidades del movimiento. Los jugadores pueden explorar un entorno en cualquier dirección. Esto exige considerar factores como:

- **Perspectiva y visibilidad:** en 2D, los jugadores tienen una vista clara del espacio a su alrededor, pero en 3D los ángulos de cámara y obstáculos pueden limitar la visibilidad.
- **Colisión y navegación vertical:** en 3D, debe definirse cómo los jugadores interactúan con terrenos irregulares, rampas, paredes y otros elementos que no existen en un plano 2D.

La topografía representa la configuración geométrica del escenario y en la práctica es un lenguaje espacial. Más allá de la simple disposición de superficies y volúmenes, actúa como un sistema de información tridimensional que guía la experiencia del jugador. Desde ese punto de vista, un terreno en declive no es simplemente una superficie inclinada; se percibe como una invitación a la velocidad, a moverse. Una elevación es un obstáculo, pero también una oportunidad de dominio visual y posicional. Una depresión no representa solo un espacio inferior, sino tal vez una trampa o un refugio. Una curva, elevación, depresión o plano se convierten en instrumentos narrativos y mecánicos que influyen en el comportamiento y las decisiones del jugador.

Cartografía virtual

El mapa de un videojuego y sus escenarios son conceptos relacionados pero distintos. El mapa es la representación general y simplificada del mundo del juego, que muestra la disposición de diferentes localizaciones, niveles o zonas. Funciona como una vista panorámica que indica las conexiones entre espacios, rutas de progresión y la organización global del mundo. Es similar a un mapa geográfico que muestra la ubicación y relación entre diferentes regiones.

Los escenarios, por otro lado, son los espacios de juego detallados. Mientras que el mapa ofrece una visión de conjunto, los escenarios representan los espacios individuales donde la acción del juego se desarrolla, con su propia arquitectura, elementos de diseño y estética, mecánicas, desafíos específicos y contexto narrativo.

Los mapas han sido esenciales para la humanidad, permitiéndonos explorar y comprender nuestro entorno. En el mundo de los videojuegos, juegan un papel igual de importante, aunque con funciones y desafíos únicos.

En los juegos de mundo abierto, los mapas son la columna vertebral de la experiencia. Representan reinos enormes, desde los áridos desiertos de un RPG de fantasía hasta las intrincadas calles de una ciudad futurista. Estos mapas no solo deben ser bellos, sino también funcionales, ofreciendo puntos de referencia claros y rutas navegables. *Primero la función, después la forma.*

La cartografía en los videojuegos va más allá de lo estético. Los mapas deben integrarse con el gameplay, revelando progresivamente nuevas áreas a medida que el jugador avanza. Un mapa bien diseñado es una invitación a explorar.

Además, y como dato no menor, los mapas de videojuegos suelen ser interactivos, lo que permite al jugador marcar puntos de interés, rutas, dar saltos instantáneos entre ubicaciones ya visitadas o incluso modificar el terreno en títulos de construcción (como *SimCity* o *Minecraft*). Esta interactividad agrega una dimensión extra a la cartografía tradicional.

El diseño de mapas asimismo presenta desafíos únicos. Se hace necesario equilibrar su escala y complejidad con las limitaciones técnicas del hardware. Un mapa demasiado grande o detallado, sin la tecnología correcta y bien aplicada, puede ralentizar el rendimiento del juego, en particular en un hardware poco potente.

Por último, los mapas deben ser coherentes con la narrativa y el género del juego, al igual que los demás elementos. Un mapa en un juego de terror debe transmitir una sensación de claustrofobia y peligro, uno de aventuras va a inducir el espíritu exploratorio.

Existe otro tipo de «mapa», que a veces se confunde con la cartografía general del mundo del juego. Se trata de los mapas de piso, en nuestra industria llamados en general *blueprints* (planos o planos maestros). Estos planos son la base del diseño de los espacios del juego. Es decir, son borradores, nunca los verán los jugadores, excepto quizás en una versión mejor terminada en caso de que les demos esa opción.

>>>>>>

Los blueprints son una herramienta técnica del LD para el diseño conceptual previo a la construcción de los escenarios. Sin embargo, antes de meterse a diseñar y dibujar el plano general de un nivel, sería conveniente trabajar teniendo en cuenta el concepto de proximidad o adyacencias.

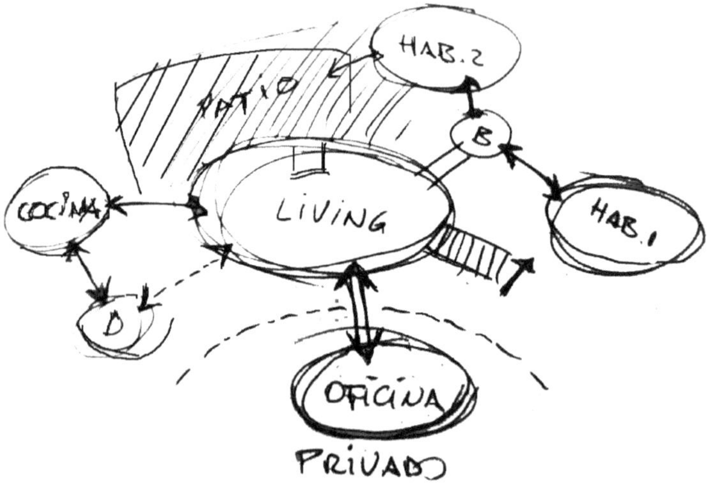

Diagramas de proximidad

Los diagramas de proximidad son representaciones gráficas utilizadas en arquitectura y diseño urbano para analizar y planificar las relaciones espaciales entre diferentes áreas o funciones de un proyecto. Los vamos a tomar prestados para el oficio de diseñar niveles. Estos diagramas, en inglés a menudo llamados *bubble diagrams* (diagramas de burbujas) al igual que los blueprints que veremos en unos momentos, son útiles en las etapas iniciales de diseño, ya que ayudan a visualizar cómo se conectan y organizan los espacios según sus usos y necesidades.

A pesar de su simplicidad y posibles limitaciones, los diagramas de proximidad siguen siendo una herramienta muy utilizada en arquitectura debido a su eficacia para visualizar y refinar rápidamente conceptos de diseño, convirtiéndolos en una parte esencial del proceso de planificación.

Un arquitecto no solo diseña muros y habitaciones, sino que crea un ecosistema donde cada elemento dialoga con su entorno. Una cocina cerca del comedor, un dormitorio alejado de las zonas de ruido, un estudio con acceso directo a un jardín: cada decisión cuenta una historia de interconexión y propósito. Con un diagrama de proximidad se podría planificar, por ejemplo, que en una escuela el aula esté cerca de los baños y pasillos principales, mientras que el gimnasio podría estar más lejos de las zonas de estudio para evitar ruidos. Así los diagramas muestran qué áreas deben estar cerca unas de otras y cuáles pueden estar más alejadas, basándose en criterios como funcionalidad, flujo de personas o interacción entre actividades. Ojo, estos diagramas todavía no representan dimensiones exactas ni formas arquitectónicas, sino relaciones conceptuales.

La cercanía entre las formas circulares refleja la conexión física y funcional entre diferentes espacios. Los arquitectos suelen utilizar una variedad de trazos para especificar la naturaleza de las relaciones. Un trazo continuo y sólido indica una vinculación estrecha e inmediata entre dos áreas, sugiriendo una conexión directa e importante. En contraste, un trazo discontinuo o punteado representa una relación más tenue o indirecta, donde los espacios pueden estar relacionados, pero no de manera inmediata o crucial.

La elección del tipo de línea y su grosor se convierte así en un *lenguaje visual* que comunica de manera rápida e intuitiva la jerarquía y la intensidad de las conexiones espaciales, permitiendo a los diseñadores explorar y comunicar conceptos de organización con gran rapidez y claridad.

La ventaja de los diagramas de proximidad es que se pueden ajustar fácilmente a medida que evolucionan las ideas del diseño.

En videojuegos, mientras tanto, estos diagramas adquieren una complejidad aún más dinámica. Un nivel no es simplemente un espacio físico, sino un organismo vivo donde cada área, cada punto de *spawn*, cada ruta de enemigo se calcula para generar una buena experiencia.

Un LD debería utilizar diagramas de proximidad para conectar los espacios de juego de manera creíble y funcional. La veracidad de los espacios virtuales y la coherencia son importantes. Esto no es solo para que los espacios y edificios se vean realistas, también para que la jugabilidad sea mejor. Las zonas de combate se relacionan con áreas de descanso, los puntos de recolección de recursos se equilibran estratégicamente con zonas de mayor riesgo. No se trata solo de distancia física, también de distancia emocional: ¿cómo se siente el jugador al moverse entre estos espacios?

Como se puede deducir, esta técnica sirve para espacios de cualquier envergadura. Podríamos trazar unas burbujas tanto para el interior de un edificio como para la planificación de un pueblo (alrededor de la plaza principal están la iglesia y el palacio de gobierno, más alejado situamos el hospital y todavía más distante el cementerio, etc.).

En ambos campos —arquitectura y level design— los diagramas de proximidad revelan una verdad fundamental: *el espacio no es neutro*. Es un sistema de relaciones, un tejido donde cada elemento influye y es influenciado por su contexto. Un corredor en un juego de terror, un pasillo en una casa, una plaza en una ciudad virtual: todos son sistemas de proximidad donde la distancia cuenta historias, genera tensión, provoca emociones. ¡La proximidad es narración, es mecánica, es experiencia!

Haciendo burbujas

No existe una manera obligatoria para dibujar un diagrama de proximidad, pero sí ciertos usos comunes. A continuación, una posible metodología donde se puede apreciar que, por ejemplo, el tamaño de una «burbuja» señala la importancia del espacio.[129]

- **Tamaño**: Grande = Espacios principales, Medio = Espacios secundarios, Pequeño = Áreas de servicio.
- **Colores**: Rojo = Áreas de estar, Azul = Dormitorios, Gris = Áreas de servicio.
- **Tipos de Líneas**: Continua = Conexión directa, Discontinua = Conexión indirecta, Doble = Circulación principal.
- **Etiquetas/Texto**: Cada burbuja se etiqueta con el nombre del espacio que representa.
- **Símbolos**: □ = Mueble, ★ = Iluminación, ↑ = Dirección norte.
- **Sombreado o patrones**: Líneas diagonales = Espacios exteriores, Puntos = Áreas privadas.

Es normal (y hasta deseable) dibujar estos diagramas a mano. Pero, desde luego, existe software profesional o en línea que permite trabajar directo en formato digital como SketchUp, Canva o Miro.

Terminado el estudio de proximidad, es decir la funcionalidad del espacio y su entorno, podremos pasar al diseño de un blueprint.

[129] Archisoup (2024, mayo 9). Architecture bubble diagrams. *Archisoup*. archisoup.com/architecture-bubble-diagrams.

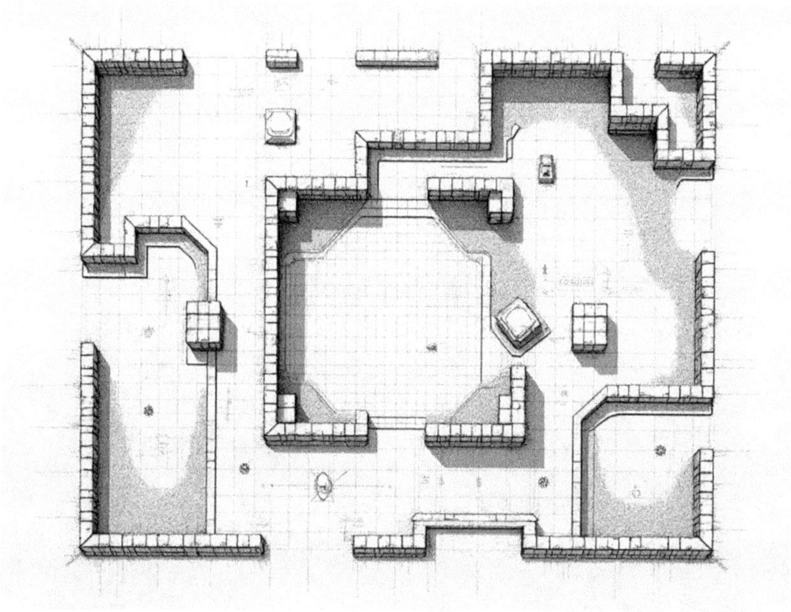

Blueprints

En el contexto del diseño de niveles, los *blueprints* pueden referirse tanto a planos digitales como a diseños dibujados en papel, dependiendo de la etapa de desarrollo y las preferencias del equipo. Como dijimos, se los llama también *planos de piso*.

Los blueprints en papel son una herramienta tradicional y muy utilizada en las primeras etapas de conceptualización. Los LD a menudo comienzan dibujando bocetos a mano, utilizando papel, lápices, marcadores o cualquier medio que les permita expresar rápidamente sus ideas. Estos bocetos son útiles para:

- Explorar conceptos de manera rápida y flexible.
- Realizar los primeros bocetos de la distribución de espacios.
- Comunicar ideas preliminares al equipo.
- Experimentar con diferentes *layouts* sin la rigidez de las herramientas digitales.

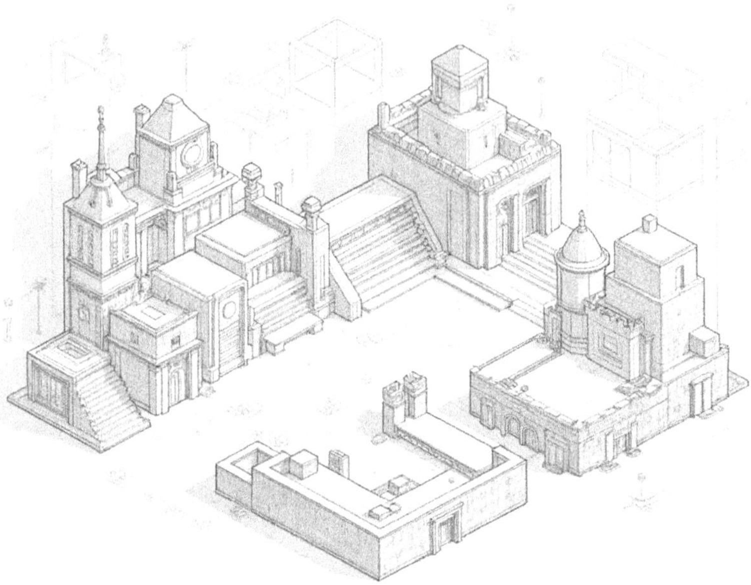

Los blueprints digitales, por otro lado, son más precisos y se utilizan en etapas más avanzadas del desarrollo. Estos pueden ser planos en software de diseño 2D, mapas de diseño en motores gráficos como Unity o Unreal Engine, modelos 3D preliminares del nivel, y representaciones digitales detalladas con medidas exactas.

De esta manera, los blueprints muestran la disposición general del nivel, incluyendo la ubicación de sus elementos clave, es decir:

- Geometría y topología del terreno.
- Ubicación de objetos, obstáculos y elementos interactivos.
- Caminos y rutas para que los jugadores naveguen.
- Áreas de inicio, objetivos y puntos de control.
- Ubicación de enemigos, retos y peligros.
- Distribución de recompensas, ítems y puntos de guardado.
- Flujo general de juego e intenciones de diseño para ese nivel.

En Unreal Engine

En el contexto del motor gráfico Unreal, los *blueprints* son un sistema de scripting visual basado en nodos que permite crear lógica de juego, definir comportamientos y construir interactividad sin necesidad de codificar en un lenguaje de programación tradicional. Son esenciales para equipos donde los diseñadores, artistas y programadores deben colaborar codo a codo.

Los blueprints de Unreal son diagramas visuales compuestos por nodos conectados que representan diferentes tipos de eventos, condiciones, funciones y variables. Estos nodos se enlazan para formar scripts que determinan cómo reaccionan los objetos del juego ante entradas del usuario, interacciones con otros objetos u otros eventos. Además, se integran sin problemas con el código C++ para tareas más complejas. Recomendamos echarle un ojo a la guía práctica del profesor Federico Garazo (Quilmes, 1990), *Mis primeros 50 Blueprints.*

Principales características de los blueprints de Unreal:

1. **Scripting Visual**: como dijimos, en lugar de escribir código, se crean y conectan nodos visuales representando conceptos de programación como variables, bucles, condicionales, eventos, etc.

2. **Orientado a objetos**: cada blueprint está asociado a un actor u objeto específico del juego, definiendo su comportamiento.

3. **Interfaz de programación**: los blueprints pueden interactuar con el código C++ del proyecto a través de la interfaz de programación.

4. **Depuración visual**: Unreal ofrece herramientas para depurar y perfilar visualmente la ejecución de los blueprints.

5. **Reutilización**: los blueprints son assets del proyecto que se pueden heredar, extender y reutilizar.

La mayoría de los equipos de desarrollo utilizan una combinación de ambos tipos de blueprints: comienzan con bocetos en papel para la conceptualización creativa (en esa fase se produce el brainstorming de cada nivel específico) y luego se traducen a blueprints digitales para su implementación técnica.

De este concepto, podemos deducir que **no es buena idea ponerse a diseñar niveles directo en el editor del engine**. ¡Para hacer un edificio primero es necesario dibujar el plano, poner los cimientos!

Un plano está compuesto por un conjunto de espacios.

Espacios de juego

Los espacios de juego son áreas definidas dentro de un nivel o escenario de videojuego que tienen un *propósito* específico en el diseño, proporcionando contexto, desafío y posibilidades de interacción para el jugador. Pueden clasificarse según su función:

1. **Espacios de tránsito**: zonas de movimiento que conectan diferentes áreas del nivel, permitiendo la navegación del jugador y controlando el ritmo y la dirección de su progresión.

2. **Espacios de combate**: áreas diseñadas específicamente para encuentros y enfrentamientos, con consideraciones como cobertura, líneas de visión, posiciones estratégicas y distribución de elementos que facilitan o dificultan el combate.

3. **Espacios de exploración**: regiones que invitan a la curiosidad, con secretos ocultos, rutas alternativas, coleccionables o elementos narrativos que recompensan la investigación. Existe una personalidad de jugador que adora la exploración más que a su familia.

4. **Espacios de descanso o transición**: zonas de menor intensidad que permiten al jugador recuperarse, procesar información, prepararse para el siguiente desafío o experimentar elementos narrativos.

5. **Espacios de puzzle o resolución de problemas**: áreas diseñadas para presentar desafíos mentales que requieren que el

jugador use mecánicas específicas, observe el entorno y encuentre soluciones creativas.

El diseño de estos espacios busca crear una experiencia fluida, equilibrada y envolvente que guíe al jugador sin limitar su sentido de *agency* o libertad. Los espacios del nivel se conceptualizan, como dijimos, usando «mapas de piso», alias blueprints, sin desatender el uso de los diagramas de proximidad.

Los espacios se pueden diseñar bajo distintos conceptos y formas.

Figura-fondo / *Figure-ground*

En arquitectura, «figura-fondo» es un concepto que se utiliza para describir la **relación** entre los espacios construidos (las «figuras») y el espacio vacío o abierto que los rodea (el «fondo»). Originaria del campo de la psicología de la Gestalt, esta teoría se aplica en arquitectura y urbanismo para analizar y diseñar la organización espacial de edificaciones y sus entornos.

En un plano o mapa de figura-fondo, es decir en 2D, los edificios suelen representarse en negro (o en un color sólido) y el espacio abierto en blanco. Este tipo de representación ayuda a visualizar la densidad del tejido urbano, identificar patrones de conectividad y entender cómo los espacios públicos y privados se distribuyen y relacionan entre sí.

La ilustración que vemos aquí, conocida como la *Vasija de Rubin*, muestra el concepto de espacio positivo (figura) y negativo (fondo) y de qué manera pueden invertirse. Dependiendo de cómo el espectador interpreta las partes negras o blancas de la imagen, la ilustración se percibe como dos caras enfrentadas, o una vasija.

La teoría se utiliza para enfatizar la importancia del equilibrio entre masa (edificaciones) y vacío (espacios abiertos), lo que es útil para crear entornos urbanos funcionales y estéticamente agradables. Un buen diseño *figure-ground* promueve la accesibilidad y puede mejorar la experiencia espacial de los usuarios, ya sea en contextos urbanos densos o en diseños de paisajes abiertos.

Los espacios en los videojuegos suelen diseñarse en torno a dinámicas de movimiento a través de estos espacios negativos, incorporando elementos positivos como plataformas o apoyos que marcan el camino del jugador. Además, la utilización de otras dinámicas permite moldear los intersticios entre formas sólidas, dando lugar a la creación de habitaciones, pasillos y diversos entornos donde los jugadores pueden realizar acciones como correr, saltar, combatir, perseguir, ocultarse, dialogar, etc.

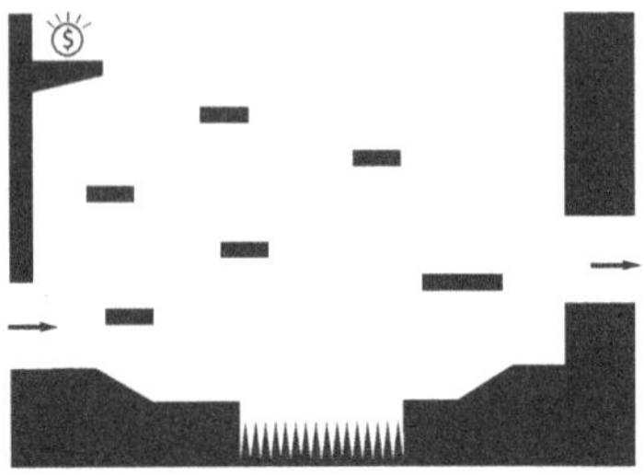

Forma-vacío / *Form-void*

El concepto de «forma-vacío» es otra herramienta que ayuda en el diseño espacial, y entenderlo puede marcar la diferencia entre un nivel funcional pero genérico y uno que sea memorable e inmersivo. Este principio, que evoluciona desde la idea clásica de figura-fondo (usada en arte bidimensional), se adapta al espacio tridimensional y permite crear entornos más dinámicos, coherentes y significativos para los jugadores.

¿Qué significa «forma-vacío» en el contexto del diseño de niveles? En términos simples, «forma» se refiere a los elementos sólidos o físicos que definen un espacio: paredes, columnas, techos, obstáculos, etc. Por otro lado, «vacío» representa los espacios negativos o huecos que quedan entre esos elementos sólidos: pasillos, habitaciones, balcones, ventanas, túneles, etc. Ambos conceptos están conectados: no podemos tener forma sin vacío, ni vacío sin forma. Juntos, crean la estructura espacial del nivel.

Lo que hace especial a este concepto es que los espacios no solo se definen por lo que está presente, sino también por lo que falta. Por ejemplo, un muro con una puerta no es solo un muro con una abertura; esa puerta sugiere una invitación a explorar, al tiempo que el muro mismo actúa como una barrera que guía al jugador hacia esa opción. De manera similar, un balcón o una ventana no son solo huecos arquitectónicos; son oportunidades para observar, planificar estrategias o simplemente disfrutar de la estética del entorno.

En la arquitectura real existen ejemplos icónicos como las Termas de Vals de Peter Zumthor o la Casa Bianchi de Mario Botta. Estas demuestran cómo el vacío puede transformarse en un elemento activo dentro del diseño. Recomendamos echarles un vistazo.

Imaginemos un nivel en un FPS. El LD decide colocar una gran sala con múltiples niveles y balcones interconectados. Los muros y columnas (forma) proporcionan cobertura y puntos de referencia, mientras que los espacios abiertos (vacío) permiten movimientos rápidos y enfrentamientos dinámicos.

Sin embargo, también incluye detalles sutiles: una pequeña rendija en una pared que parece insignificante al principio, pero que conduce a un pasaje secreto con munición extra. Aquí, el vacío (la rendija) actúa como un gancho narrativo y mecánico, mientras que la forma (la pared) define el límite explícito del espacio.

Un pasillo estrecho rodeado de muros altos puede generar tensión o claustrofobia. Un espacio abierto y amplio transmite libertad, pero también vulnerabilidad si el jugador se siente expuesto a los enemigos. Una habitación oculta o un pasaje secreto puede incentivar la curiosidad y recompensar la exploración. Un agujero en el suelo puede ser un obstáculo mortal o una ruta alternativa para avanzar. Una ventana alta puede servir como punto estratégico para francotiradores o como un detalle ambiental que sugiere

Gestalt

La teoría de la Gestalt, originaria de la psicología, se centra en cómo las personas perciben y procesan visualmente los elementos como partes de un todo, en vez de unidades aisladas. El término *Gestalt* se traduce del alemán como «forma» o «configuración», y esta teoría propone que nuestro cerebro tiene una tendencia innata a organizar los elementos sensoriales en grupos o patrones unificados según principios.

Estos principios incluyen la *proximidad*, que indica que los objetos cercanos entre sí tienden a ser vistos como una unidad; la *similitud*, que sugiere que tendemos a agrupar objetos similares en su forma, color o tamaño; el *cierre*, que es nuestra tendencia a ver figuras completas incluso cuando parte de la información está faltante; la *continuidad*, que nos lleva a percibir líneas o patrones que fluyen en una dirección como una unidad; y la *simplicidad*, que nos inclina a interpretar formas de la manera más simple posible.

La Gestalt es fundamental en diversos campos, desde el diseño visual, la arquitectura y el diseño de niveles de un juego hasta la interfaz de usuario y la experiencia de usuario (UI/UX), porque ayuda a comprender cómo las personas interpretan y dan sentido a los estímulos visuales.

vigilancia. Un espacio vacío en medio de un nivel puede actuar como un «descanso visual» o un área de transición entre momentos intensos.

Los motores de juego modernos permiten manipular formas geométricas de manera aditiva (añadiendo elementos) o sustractiva (quitando partes de una masa inicial). Esto es similar a cómo funcionan las operaciones booleanas en programas de modelado 3D, donde se puede combinar o restar volúmenes para crear estructuras más elaboradas.

Llegadas / *Arrivals*

El concepto de «arrivals» o llegadas en arquitectura y su relación con el diseño de niveles en videojuegos presenta una intersección entre el espacio físico y el virtual, donde el diseño y la experiencia del jugador convergen para crear momentos impactantes. Tanto en la arquitectura como en los videojuegos, el momento de la llegada no solo sirve como introducción a un nuevo espacio, sino que también establece el tono, anticipa lo que está por venir y proporciona contexto a la experiencia del jugador.

El acceso al Partenón conduce al visitante por una rampa que lo obliga a ver la fastuosa estructura desde todos los ángulos antes de entrar, al tiempo que pasa por frente a la escultura de Atenea (Totten, 2019).

En arquitectura, el concepto de llegada es clave para la primera impresión. La manera en que un edificio se presenta a sus visitantes, desde el primer acceso hasta la puerta y la recepción al ingresar al espacio interno, juega un papel fundamental en cómo se percibe y experimenta el lugar. Por ejemplo, la Ópera de Sidney, diseñada por Jørn Utzon, ofrece una de las llegadas más dramáticas y reconocibles a nivel mundial. Su extraña silueta, visible desde lejos, prepara al visitante para una experiencia única, donde la transición desde el exterior hasta el grandioso vestíbulo continúa elevando la expectativa y la emoción. El Museo Guggenheim de Bilbao, diseñado por Frank Gehry, es otro ejemplo donde la llegada transforma la experiencia del visitante. La forma en que se es guiado desde el exterior serpenteante hacia la entrada, hasta el atrio lleno de luz del museo, es una narrativa espacial que fomenta la curiosidad y la expectativa.

Lo mismo se puede apreciar en el imponente portal de ingreso al Museo Nacional de Arte Decorativo, o en la rampa que conduce al predio de la Biblioteca Nacional en la ciudad de Buenos Aires.

De manera similar, en el diseño de niveles, la llegada a un nuevo escenario o área juega todo un rol en establecer el ambiente, el contexto de la narrativa y las expectativas del jugador. Por ejemplo, en *The Legend of Zelda: Breath of the Wild*, la primera vista panorámica que el jugador tiene del vasto mundo de Hyrule desde el Templo del Tiempo establece la magnitud del viaje que le espera. Esta introducción no solo sirve para asombrar con la belleza del mundo del juego sino también para instigar la exploración y la aventura. La sensación de vastedad es maravillosa.

Dark Souls utiliza las llegadas no solo para establecer el tono y la atmósfera, sino también para señalar transiciones y desafíos. La primera vez que el jugador llega a Anor Londo, se presenta con una vista majestuosa que indica un cambio en la narrativa y el nivel de desafío, preparando al jugador para lo que está por venir (presagio).

Estos ejemplos demuestran cómo el diseño de llegadas, tanto en arquitectura como en videojuegos, utiliza la transición espacial y la narrativa visual para influir en la experiencia de la visita. La llegada no es solo un umbral físico o virtual, es un momento cargado de significado que nos prepara para una nueva experiencia, ya sea entrar en un edificio emblemático o sumergirse en un mundo de juego.

Si lo relacionamos con lo que sabemos sobre narrativa, las llegadas en arquitectura y diseño de niveles son el equivalente al abordaje (*onboarding*) del principio del juego, el punto de ataque (*in medias res*) de una película, o el íncipit de la obra literaria.

Genius Loci

El concepto de «Genius Loci», o el espíritu del lugar, tiene sus raíces en la antigua Roma, donde se creía que cada lugar tenía su propio espíritu protector o presencia única. En la arquitectura y el diseño urbano contemporáneos, Genius Loci se refiere a la atmósfera o carácter distintivo de un lugar, influenciado por aspectos físicos, culturales y sociales. Este enfoque en la identidad única de un lugar puede ser igualmente aplicado y es relevante en el level design.

La aplicación de Genius Loci implica más que replicar un entorno físico dentro de un juego; se trata de capturar la esencia de un lugar para crear una atmósfera que resuene emocionalmente con el jugador (volveremos sobre esto más adelante). Esta captura de la esencia puede provenir de la historia, la cultura, la arquitectura, la geografía, e incluso los mitos y leyendas asociados con un lugar. Todos contribuye (ver el apartado «Investigación» en el *Cap. II*).

Un ejemplo emblemático es la saga *Assassin's Creed* de Ubisoft. Cada entrega del juego está meticulosamente investigada y diseñada para reflejar el espíritu del período histórico y la ubicación en la que se establece, desde la Jerusalén del siglo XII en *Assassin's Creed* (2017) hasta la Bagdad de la Edad de Oro islámica en el siglo IX en *Assassin's Creed: Mirage* (2023). Los LD no solo recrean los edificios y paisajes de estos períodos, sino que infunden en ellos el ambiente cultural, político y social, permitiéndonos experimentar el Genius Loci de cada era y lugar.

Por otro lado, en el mencionado *The Legend of Zelda: Breath of the Wild* vemos cómo el Genius Loci puede ser evocado en un mundo completamente ficticio. Hyrule es un reino devastado pero lleno de belleza natural, ruinas antiguas y diferentes ecosistemas que juntos crean una sensación de historia y misterio. El diseño de cada ubicación, desde los bosques de Korok hasta las inmensas llanuras, transmite la sensación de estar en un lugar único y auténtico.

Shadow of the Colossus (Team Ico, 2005-2018) es otro título donde el Genius Loci es central para la experiencia. El vasto y solitario paisaje, poblado solo por los majestuosos y trágicos colosos, crea un ambiente melancólico y reflexivo que refuerza la narrativa del juego y el vínculo emocional del jugador con la misión del protagonista. Aquí, el espíritu del lugar se comunica principalmente a través del paisaje y la atmósfera, más que a través de poblados o interacciones con otros personajes.

Estos conceptos sirven cuando los tenemos presentes y aplican al proyecto en el que estamos trabajando. Conviene emplearlos durante el proceso de mapeo, y luego, en el de pulido final. El equipo de **playtesting** *debe tener estos elementos en cuenta porque así puede advertir al equipo sobre potenciales mejoras de concepto y de estética.*

Laberintos

Los laberintos son una forma básica presente en muchos juegos. Pueden ser —atentis— la geometría base de una parte de un nivel, de un nivel entero, de un mundo cerrado o de todo un mundo abierto.

Existen dos tipos, unidireccional y multidireccional, que en nuestro idioma llamamos indistintamente laberinto, pero que en inglés tienen nombres específicos. Veamos las diferencias:

Laberinto unidireccional *(Labyrinth)*

Tiene un único camino sin ramificaciones o con muy pocas. Este camino lleva desde la entrada hasta el objetivo o salida sin que el jugador se enfrente a elecciones de dirección. Los laberintos son más sobre el viaje, descubrir secretos o superar obstáculos en el camino. Son lineales y su propósito puede ser guiar al jugador a través de una historia o escenario, sumergiéndolo en la atmósfera del juego sin distraerlo con desafíos de navegación complejos. Un laberinto puede usarse para contar una historia o llevar al jugador por un camino específico, permitiendo el desarrollo del personaje o revelaciones de la trama de manera controlada (la mayoría de las veces sin que el jugador sea consciente de que el entorno es en realidad un laberinto inmenso). Es útil en juegos narrativos, de aventuras o aquellos donde el foco está en la experiencia emocional más que en el desafío puro.

Los juegos de plataformas clásicos, como las primeras entregas de *Super Mario Bros.*, *Donkey Kong Country* y *Crash Bandicoot*, suelen tener niveles diseñados como laberintos unidireccionales. El jugador avanza a través de un camino lineal, superando obstáculos y recolectando ítems.

Muchos juegos de aventuras gráficas, como la saga *Monkey Island*, *Day of the Tentacle* o los juegos de Telltale Games (*The Walking Dead*, *The Wolf Among Us*, etc.), utilizan laberintos unidireccionales para guiar al jugador a través de la narrativa y los escenarios.

Algunos juegos de terror o survival horror, como *Amnesia: The Dark Descent, Outlast* o *Layers of Fear*, emplean laberintos unidireccionales para crear una sensación de desorientación y claustrofobia, al tiempo que cuentan una historia.

Juegos de exploración y misterio, como *Gone Home, What Remains of Edith Finch* o *The Vanishing of Ethan Carter*, suelen tener diseños de laberinto unidireccional para conducir al jugador por los diferentes escenarios y revelar progresivamente la narrativa.

Ciertos juegos de aventuras y puzzles, como *The Witness, Braid* o *Limbo*, utilizan laberintos unidireccionales como base para sus niveles y desafíos.

Laberinto multidireccional *(Maze)*

Por otro lado, un «maze» se caracteriza por tener múltiples caminos, bifurcaciones, y callejones sin salida. El objetivo aquí es desafiar la habilidad del jugador para navegar y tomar decisiones. Los *mazes* requieren exploración, memoria y, a veces, estrategia para encontrar la salida o resolver un puzzle. Son excelentes para crear tensión, desafío y la satisfacción de resolver un acertijo complicado. Ideal para niveles que buscan poner a prueba las habilidades del jugador, como en juegos de ingenio, aventuras gráficas, o incluso en ciertos niveles de títulos de acción y horror, donde el desafío de encontrar el camino añade una capa extra de tensión y satisfacción al superarlo.

El mítico Laberinto de Creta que creó Dédalo para encerrar al Minotauro es un laberinto multidireccional. La serie *Pac-Man* es un ejemplo clásico, donde los laberintos multidireccionales conforman los niveles que Pac-Man debe explorar y completar.

Muchos juegos de aventuras gráficas antiguos como *King's Quest, Maniac Mansion* y *Zak McKracken* contenían secciones de laberintos multidireccionales que el jugador debía resolver. La serie *Mega Man* y otros juegos de acción/plataformas a menudo incluyen laberintos multidireccionales como niveles o subniveles para poner a prueba las habilidades de exploración del jugador. Algunos juegos de horror como la serie *Silent Hill* y *Amnesia* emplean laberintos multidireccionales para desorientar al jugador y aumentar la tensión. Juegos de mazmorras como *Legend of Grimrock*[130] se basan en intrincados laberintos multidireccionales llenos de puzzles y enemigos. La clave en este asunto es visualizar el espacio macro del juego como un laberinto.

Para que un pueblo parezca funcional

Es importante incluir una variedad de edificios y espacios que reflejen las necesidades básicas de una comunidad. Aquí hay varios elementos para considerar al momento de pensar el blueprint:

1. **Viviendas**: desde casas humildes hasta grandes mansiones, las viviendas son fundamentales para mostrar dónde y cómo

[130] ***Legend of Grimrock*** (Almost Human, 2012) revitaliza el género de mazmorras en primera persona, reimaginando los juegos de rol de exploración de calabozos clásicos mediante un sistema de cuadrícula, donde los movimientos y combates se realizan en casillas exactas, combinando mecánicas de juego retro con gráficos y diseño de puzzles modernos.

vive la población local. Iremos variando los estilos, materiales (texturas) y tamaños según la clase social representada.

2. **Edificios cívicos/administrativos**: una municipalidad, juzgado o edificio de gobierno muestra cuál es su forma de organización y autoridad. También se debería incluir un cuartel de guardia o puesto militar.
3. **Lugares de culto**: una iglesia, templo o santuario refleja las creencias y prácticas espirituales de los habitantes.
4. **Comercios**: tiendas de suministros, herrerías, panaderías, tabernas y posadas hacen que el pueblo parezca autosuficiente y tenga una economía activa.
5. **Mercado/plaza**: un área abierta central para un mercado o feria crea un punto de reunión social y comercial.
6. **Escuela**: una pequeña escuela o casa de estudio indica que la educación es valorada en la comunidad.
7. **Hospital o lugar de sanación**: una comunidad requiere atención, por lo que podríamos colocar sitios o PNJ sanadores.
8. **Cementerios/tumbas**: por si todo sale mal. A menudo, los encontraremos alejados del pueblo o lugar.
9. **Granjas**: áreas agrícolas o ranchos en las afueras del pueblo muestran cómo se produce la comida.
10. **Talleres/fábricas**: según el nivel de desarrollo tecnológico, podemos incluir talleres de artesanos, molinos, fábricas o herrerías que representen la producción local de bienes.
11. **Establos/corrales**: los pueblos suelen tener establos o áreas para alojar animales de granja o bestias de carga.
12. **Fuentes/pozos**: puntos de acceso a agua potable, ya sean fuentes ornamentadas o pozos comunitarios. Puede haber un estanque, un arroyo, un río o un lago cercano. O el mar, si es una costa o isla.
13. **Alcantarillas**: debajo de las ciudades viven *cosas*.
14. **Caminos/calles**: un sistema de caminos y calles bien definido que conecte los diferentes distritos y edificios.

15. **Áreas verdes**: parques, jardines o áreas arboladas para recreación y embellecimiento del pueblo.
16. **Muros/puertas**: dependiendo del contexto (ver el *Cap. X*, «Estructuras arquitectónicas»), es posible que el pueblo tenga muros defensivos o puertas de entrada.
17. **Lugares de recreación**: si es un sitio grande y populoso, sin duda podría tener algún tipo de estadio o arena para la práctica deportiva (¡o para sangrientos torneos!).
18. **Puntos de interés**: ¿por qué los turistas visitan el lugar? Podemos agregar un monumento, una obra artística o algo que sea único de la ubicación y le proporcione su identidad.

Recordemos también agregar detalles como letreros, accesorios urbanos, PNJ realizando tareas cotidianas para que el pueblo se sienta vivo.

El Método de las Cinco Habitaciones

Popularizado por el usuario JohnnFour[131] en un lejano 2007, este método ofrece una estructura simple y efectiva para diseñar niveles bien polentas. Desde entonces, se ha vuelto un clásico. Si bien el artículo original se orienta al diseño de calabozos para partidas de rol de una sesión corta, de las llamadas «one-shot», nos parece útil también para el diseño de espacios de videojuegos (y juegos de mesa).

Four menciona un esquema de cinco espacios o habitaciones, aunque pueden ser más de cinco. Estas también pueden formar parte de un conjunto o cluster (grupo) de espacios concatenados que conforman un nivel más grande. En tal caso, dicho cluster debería tener una cantidad variable de espacios. Como sabemos, será necesario insertar desvíos y sorpresas para hacerlo impredecible. Por ejemplo, colocando desafíos novedosos en los lugares de transición entre un subsector y el siguiente. Se puede aplicar a cualquier género de videojuego.

Veamos los cinco pasos.

[131] JohnnFour, (2007, junio). 5 Room Dungeon. *Strolen's Citadel.* Consultado en junio de 2024 en: strolen.com/viewing/5_Room_Dungeon.

1. Entrada y guardián

La primera habitación o espacio establece un desafío inicial que impide el acceso fácil al resto del nivel. Esto puede ser un guardián, una trampa, una puerta cerrada o cualquier obstáculo que los jugadores deban superar. Este paso es crucial ya que justifica por qué el lugar no ha sido explorado antes y prepara a los jugadores para los retos que están por venir.

Ejemplo: La entrada podría estar custodiada por un grupo de criaturas que los jugadores deben derrotar (o evadir). En un juego de plataformas, podría ser un salto difícil o una serie de trampas.

2. Puzzle o desafío de interpretación

Este espacio debe ofrecer un reto que no se pueda resolver mediante el combate directo. Aquí, los jugadores deben usar su ingenio para avanzar. Puede ser un puzzle o una interacción con un PNJ, como un diálogo o una adivinanza que requiera pensar fuera de lo común.

Ejemplo: Un artilugio que requiere mover bloques en una secuencia específica para abrir una puerta, o un enigma que debe resolverse para obtener una llave. Si el nivel contiene más de cinco habitaciones (*rooms)*, deberemos proporcionar desafíos de dificultad creciente en cada grupo de espacios (cerrados o abiertos). Es importante combinar y variar.

3. Trampa

Este espacio introduce un giro inesperado o un contratiempo que aumenta la tensión. Puede ser una trampa, la traición de un aliado o la aparición de un nuevo enemigo. El objetivo es mantener a los jugadores en vilo y evitar que el nivel se vuelva predecible.

Ejemplo: Los jugadores encuentran una habitación que parece contener un tesoro, pero al intentar tomarlo se activa una trampa que libera enemigos o cierra las puertas, atrapándolos.

4. Clímax

El clímax es el enfrentamiento principal del nivel. Es donde ocurre el mayor conflicto o la batalla más significativa. Aquí podríamos colocar también un *mini boss*. Es importante diseñar esta parte del nivel con terreno interesante y tácticas que obliguen a los jugadores a usar todas sus habilidades y recursos.

Ejemplo: Una batalla contra un jefe que requiere que los jugadores utilicen el entorno para cubrirse o activar mecanismos que debiliten al enemigo.

5. Recompensa, revelación o giro de la trama

La última habitación del subsector —y cuando llegue el momento, la última *room* del nivel entero— ofrece una recompensa por los esfuerzos de los jugadores, así como una revelación o un giro en la trama que conecta con la historia principal del juego. Esta recompensa puede ser un objeto valioso, información crucial o una mejora de habilidades.

Ejemplo: Después de derrotar al jefe, los jugadores encuentran un artefacto poderoso que necesitaban para continuar su misión, junto con un mensaje que revela más información sobre el villano principal.

> *En **términos narrativos**, el paso 1 sería el planteamiento, los pasos 2 y 3 la confrontación, y los pasos 4 y 5 la resolución (ver en el Cap. I «Relación con la narrativa de un juego»).*

>>>>>>>

Cinco habitaciones + siete topologías

Complementando esta metodología de cinco espacios, el sitio de jugadores de rol *Nerds On Earth* propone las siguientes topologías para distribuir el contenido, pero aclara que no necesariamente es la arquitectura del espacio sino una **técnica narrativa.**[132]

[132] Jones, C. (2021, septiembre 17). How Making Up A Dungeon On The Fly Is As Simple As Counting To 5. *Nerds On Earth.* nerdsonearth.com/2017/12/5-room-dungeon/

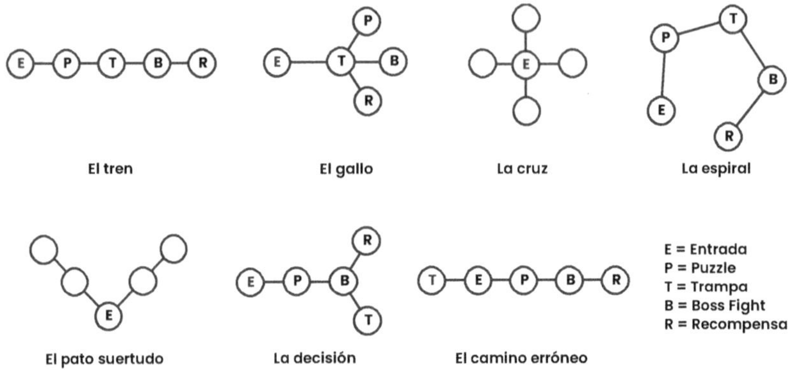

En esta estructura, «El tren» es lineal, y sirve para intercalar entre otras estructuras no lineales, unidireccionales o bidireccionales. Se podría usar una o dos veces, distanciándolas a lo largo del juego. «El gallo» genera un recorrido inesperado: la trampa podría dirigir a los jugadores hacia un puzzle, mientras a continuación el boss los sorprende, o la recompensa está oculta detrás de una puerta secreta. «La cruz» representa la estructura clásica de hub o nodo concentrador desde el que se va y viene (E), por ejemplo, buscando algo que se requiere en otro espacio (como una llave o un puzzle). «La Espiral» es similar al tren, pero con escaleras descendentes o ascendentes. Un ejemplo típico es el diseño espiralado de los niveles de *Dark Souls*, con giros frecuentes que despejan la sensación de linealidad y que puede tener accesos rápidos o portales para acelerar el regreso (ideal para un nivel en forma de torre). «El pato suertudo» es parecido a la cruz, pero los jugadores regresan a la entrada luego de visitar dos áreas consecutivas (que alternan el orden entre puzzle, trampa, boss fight y recompensa). «La decisión» y «El camino erróneo» juegan con la sorpresa. En el primero, los jugadores deben elegir entre dos caminos, pero no saben qué les espera y no pueden volver a la bifurcación (B). En el segundo, la estructura podría empezar con la trampa, antes de dar paso al guardián (E). Se mantiene la pelea con el boss seguida de la recompensa al final.

Una manera de usar estas siete topologías, sean arquitectónicas, narrativas o una combinación de ambas, puede ser encadenándolas entre sí para formar un nivel complejo, de manera que los jugadores no consigan inferir un patrón. Sería, desde luego, un nivel extenso.

Tiempo, elementos esenciales y variables

La duración de un nivel no es un concepto estático, sino una variable dinámica que depende de múltiples factores como el género del videojuego, la densidad de eventos y la curva de engagement del jugador.

Un nivel efectivo debe ser una experiencia orgánica que fluya naturalmente, presentando desafíos que mantengan la atención sin provocar fatiga. Desde un shooter de acción rápida hasta un RPG de exploración, cada género tiene su propia métrica temporal. Según nuestra experiencia, un nivel «grande» de shooter puede durar entre 15 y 20 minutos, mientras que un nivel de juego de rol podría extenderse hasta dos horas sin perder el interés del jugador.

Los elementos esenciales de un nivel van más allá de la simple disposición espacial. Un buen nivel necesita un objetivo claro, un propósito definido que guíe al jugador. Debe ofrecer oportunidades de aprendizaje y experimentación, permitiendo que las mecánicas del juego se desarrollen de manera orgánica. Ya vimos que los puntos de interés no son simples decoraciones, sino elementos que capturan la atención, generan curiosidad y recompensan la exploración. Hay que distribuir con cabeza.

La progresión es fundamental. El jugador debe sentir que avanza, que cada acción tiene un significado dentro del contexto más amplio del juego. Esto se logra mediante un sistema de feedback inmediato, logros que motivan y desbloqueos que expanden las posibilidades de juego.

Sin embargo, no todo debe ser prescriptivo. Los niveles no necesitan seguir una fórmula rígida. No todos requieren combates intensos, ni deben estar saturados de coleccionables. La variedad es la sal del diseño de niveles, diría la Abuela Bruta. Un buen LD debe cuidar cuándo introducir momentos de calma, cuándo desafiar las expectativas del jugador y cuándo permitir la exploración libre.

Recordemos las enseñanzas del maestro Sid Meier: *El gameplay es una serie de elecciones interesantes.* ¡Cada momento, el jugador tiene que decidir y lo que decida tendrá consecuencias que valen la pena! No existe mejor herramienta de control de calidad que esto.

Las cinemáticas, los tutoriales, los obstáculos repetitivos son herramientas que hay que usar con moderación. El objetivo no es crear una experiencia dirigida, sino una experiencia participativa. La maestría en el diseño de niveles radica en la capacidad de crear momentos que trasciendan lo mecánico, que conecten emocionalmente con el jugador. Un nivel no es un mero conjunto de obstáculos, sino un **viaje**, una historia que se cuenta a través de la interacción, del movimiento, de las decisiones que el jugador toma momento a momento.

watabou.github.io/one-page-dungeon

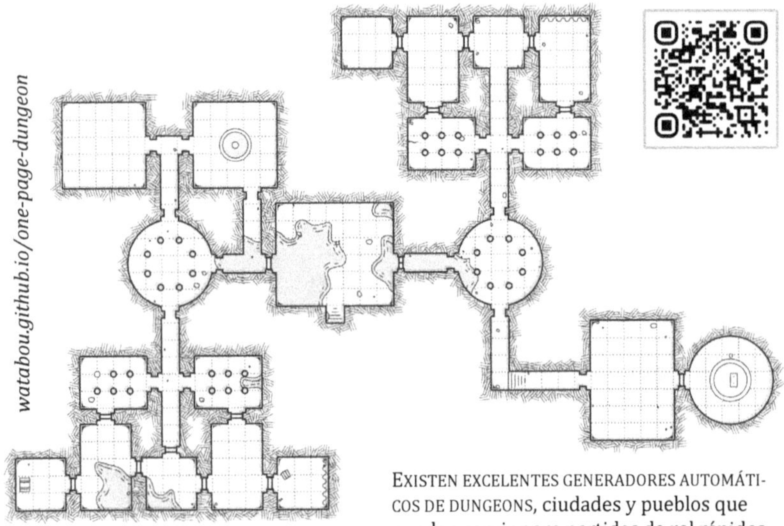

Existen excelentes generadores automáticos de dungeons, ciudades y pueblos que pueden servir para partidas de rol rápidas, pero también como inspiración para un LD.

Áreas de puzzles sin enemigos

En ciertos casos (y también géneros enteros), la ausencia de enemigos tradicionales no significa una falta de desafío, sino todo lo contrario. El verdadero antagonista en estos juegos es el propio diseño del nivel, la complejidad de los mecanismos, la lógica intrínseca del espacio. Títulos como *Portal*, *The Witness*, y *Baba Is You* ejemplifican esta filosofía de diseño donde el rompecabezas mismo es el único «enemigo» que el jugador debe vencer.

Aquí las mecánicas no buscan la destrucción, sino la transformación. Un cubo puede ser una llave, una plataforma puede ser un puente, la luz puede ser un medio de transporte. La física del mundo se convierte en un lenguaje que el jugador debe aprender a descifrar y a manipular.

El diseño de estos niveles requiere una complejidad matemática casi poética. No se trata solo de crear obstáculos, sino de construir sistemas que se comunican entre sí, donde cada elemento tiene un propósito dentro de una lógica más amplia. El jugador no avanza mediante la fuerza, sino mediante la comprensión, la experimentación y la revelación.

La curva de aprendizaje es diferente. No hay muerte, no hay reinicio. El fracaso es tan solo otra oportunidad de comprensión. Cada intento fallido es un dato, información que se suma al conocimiento del jugador.

La narrativa suele ser más abstracta, más sugerente. No se necesitan explicaciones extensas ni cinemáticas complejas. El mundo se cuenta a través de los propios mecanismos de juego, mediante la progresión de la complejidad, a través de la revelación gradual de sistemas cada vez más intrincados. Un precioso ejemplo es *Myst.*

La ausencia de enemigos permite además una libertad de diseño casi... filosófica. Sin la necesidad de equilibrar combates o diseñar inteligencia artificial, es posible concentrarse en la mecánica, en la lógica, en la belleza de los sistemas. Cada nivel se convierte en una especie de enigma matemático, donde la elegancia está en la simplicidad de las reglas y la complejidad de sus posibles combinaciones. Juegos como *Opus Magnum* o *Factorio* llevan esta idea al extremo, donde el objetivo no es superar un enemigo, sino crear el sistema más eficiente posible. El jugador pasa a ser un diseñador, más que un guerrero o un héroe tradicional.

La experiencia emocional de estos juegos es diferente. No hay adrenalina de combate, no hay tensión de supervivencia. En su lugar, tenemos una sensación de logro intelectual. Este tipo de juegos nos recuerdan que el verdadero desafío no está en la destrucción, sino en el entendimiento. ¿Complicados de hacer? Sin duda.

Diseño de mundos abiertos

Podemos visualizar un mundo abierto como un conjunto de niveles y laberintos más pequeños, como los que hemos discutido hasta ahora. Estos grupos de niveles ya no estarán conectados con puertas ni pantallas de carga sino con espacios intermedios igualmente explorables, niveles en sí mismos. Serían una suerte de nodos unidos por líneas, al estilo de un diagrama de proximidad. Verlo así puede facilitar la distribución geográfica del mundo abierto.

La saga *The Legend of Zelda* de Nintendo es reconocida por sus inmensos y preciosos mapas *open world* que invitan a la exploración. Desde la revolucionaria entrega de *Ocarina of Time* en 1998 hasta *Tears of the Kingdom* (2023), la franquicia ha establecido un estándar en cuanto al diseño de entornos vastos y súper detallados.

Como debemos saber, el diseñador original de los juegos de Zelda es Shigeru Miyamoto (prefectura de Kyoto, Japón, 1952), algo así como el dios de los videojuegos. Miyamoto-san, con 72 años cuando escribimos esto, era un nene ñoño adicto al manga, a la construcción de marionetas y a la exploración. Solía perderse por horas en los bosques de Sonobe armado solo con su bicicleta, para terror de la abuela.[133] Ya adolescente, entró a trabajar en Nintendo como ayudante de los artistas —por recomendación de un cliente del presidente, que era buen amigo de su padre (la importancia del *networking*, ¿eh?)— y escaló hasta convertirse en el dios del game design. Lo que hizo, en definitiva, fue trasladar sus vivencias de niño a la mesa de diseño. Para su nuevo juego quiso crear un pequeño jardín virtual que los jugadores pudieran explorar para encontrar secretos. Eso fue combinado sabiamente con su amor por el manga y una historia heroica, algo que ya venía ensayando en juegos previos.

Uno de los principios fundamentales del diseño de mundo abierto en Zelda es la sensación de un espacio coherente, creíble. Los reinos de Hyrule no se sienten como un simple *collage* de áreas inconexas, sino como regiones interconectadas que fluyen de manera orgánica. Las transiciones entre biomas como praderas, desiertos, montañas y lagos se entrelazan de forma natural, creando una sensación de continuidad espacial. Otro pilar clave es el uso de la topografía y los accidentes geográficos. Las montañas escarpadas, los valles serpenteantes y las formaciones rocosas distintivas no solo brindan puntos de referencia visuales, sino que también actúan como barreras y obstáculos naturales que dan forma a las rutas de exploración. Este diseño inteligente de la topografía crea un sentido de escala épica y desafía al jugador a buscar caminos o habilidades para superar estos impedimentos.

La arquitectura y las ruinas antiguas también desempeñan un papel crítico. Desde los imponentes castillos y mazmorras hasta los pueblos y asentamientos, estas estructuras aportan un sentido de narrativa y propósito al mundo abierto. Actúan como faros que atraen al jugador, sembrando misterio sobre los secretos que encierran.

Pero quizás lo más impresionante es la forma en que los mundos de Zelda incentivan y recompensan la exploración. Cada rincón parece esconder tesoros, eventos aleatorios, criaturas peculiares o pasadizos secretos. Esta sensación de descubrimiento constante mantiene al

---

[133] **Libro III**: ***Memoria del juego*** - «La cueva» (110), «El hijo de un amigo» (153), «La leyenda de Zelda» (201). Se puede consultar en *gamedesignla.com/memoria (¡usen el buscador del sitio!).*

jugador enganchado, deseoso de ver qué se esconde más allá del siguiente acantilado o valle.

Para diseñar un mundo abierto como los de *Zelda*, es necesaria una planificación bien sesuda. Comenzar con un diseño de alto nivel del mundo, bloqueando las principales regiones y características geográficas. Luego, proceder a iterar y perfeccionar cada área, asegurándose de que haya una variedad de puntos de interés, rutas alternativas y desafíos que superar. Ir de lo grande a lo pequeño.

La ambientación y la narración ambiental también son fundamentales. Cada estructura, ruina y elemento del entorno debe tener un propósito y una historia detrás (ver el apartado «Game Mythology» en el *Cap. II* de este libro), permitiendo que el mundo cuente su propia historia a través de la exploración.

Además, la inclusión de sorpresas, secretos y recompensas bien ubicadas mantiene a los jugadores comprometidos y deseosos de descubrir más.

Weenies

Los «weenies» en los parques de diversiones son grandes atracciones visuales que sirven como puntos de referencia y atraen a los visitantes a través del parque. Este término fue acuñado por Walt Disney durante el desarrollo de Disneyland alrededor de 1950. Walt, entonces con 52 años, solía comerse un pancho (*hot dog* o «weenie», como los llamaba), lo que provocaba que su perra Lady lo persiguiera por toda la casa hasta que le diera uno. Eso le indujo la idea, dicen. Puede que sea solo una leyenda urbana, bueh.

Más tarde, los weenies fueron popularizados por los *Imagineers* de la compañía, quienes los utilizan para diseñar los recorridos en sus parques temáticos. Hoy constituyen una técnica ampliamente utilizada en la industria de parques y centros de entretenimiento en general.

Estas estructuras no solo son reconocibles por su tamaño, forma y diseños distintivos, sino que también están estratégicamente ubicadas para ayudar a los visitantes a orientarse y navegar por el parque. Por ejemplo, el Castillo de la Cenicienta en el Magic Kingdom y la Spaceship Earth en EPCOT funcionan como weenies. Están a la vista desde casi todos los sectores. Los weenies también pueden incluir movimientos, sonidos o cualquier característica que llame la atención y cree expectativa o intriga, incentivando a los visitantes a explorar más. Además de su función de orientación, los weenies también están diseñados para mantener un flujo coherente de tráfico y mejorar la experiencia general durante la visita. Es decir, no solo sirven como puntos focales, también ayudan a contar la historia o crear un ambiente temático, facilitando la navegación y la experiencia inmersiva del visitante.

Si llevamos este concepto al diseño de mundos abiertos, podremos guiar a nuestros jugadores colocando puntos de referencia en lugares estratégicos del mapa. En los *Zelda*, algunos weenies están «ocultos» por la topografía, de manera que el jugador recién los descubrirá al recorrer determinada región. Por ejemplo, al rodear una montaña, a lo lejos se podría ver una estructura llamativa, alta, misteriosa. Esto que el jugador puede distinguir es lo que se da en llamar «línea de visión». Irá hacia allí de forma instintiva, aunque no haya caminos ni señalamientos que indiquen dirección. De hecho, en un mundo abierto hasta es mejor que no los haya. Esto aumenta la sensación de libertad y las ganas de explorar.

Para lograr este efecto, basta con colocar tres elevaciones o estructuras en triángulo frente al jugador. La base del triángulo que mira al jugador —como un pueblo y una montaña— ocultará el vértice lejano —un castillo—, que será el último punto al que dirigirse en el recorrido. Solo llegando al pueblo, o trepando la montaña, divisaremos el castillo. En esencia: A mira a B, B tapa a C. Solo vemos C al llegar cerca de B.

Ah, y lo criogenaron a Walt, dicen.

Atención al detalle

El diablo está en los detalles, ¿cierto? Como caso de estudio, *Red Dead Redemption 2* (Rockstar Games, 2018) parece creado por Mandinga en persona. El mundo abierto de Rockstar es un ecosistema digital que desafía la comprensión de la realidad virtual y, probablemente, también del infierno que debe haber sido desarrollar tremenda bestia.

La profundidad de la simulación se manifiesta en múltiples dimensiones. La descomposición de cuerpos, tanto humanos como animales, refleja un nivel de realismo sin precedentes, que en 2025 todavía no fue replicado. Los cuerpos no son meras representaciones estáticas, son entidades dinámicas que evolucionan, degradándose hasta convertirse en esqueletos, mientras que los animales carroñeros pueden incluso consumir los restos. Sí, a mordiscones y picotazos, y se ven.

La vida salvaje alcanza niveles de complejidad extraordinarios. Los animales, más que elementos decorativos, son entidades con comportamientos auténticos: osos pescando, águilas cazando presas más pequeñas, interacciones que desafían la programación tradicional de videojuegos. Cada criatura parece tener una vida propia, independiente de la intervención del jugador. Es decir, uno puede interrumpir a un oso que está pescando, y agarrar el pez (si el oso no nos liquida). ¡No se trata de scripts, el oso caza de verdad, el ave también! Los caballos parecen vivos, incluso... ¡sudan!

La atención al detalle se extiende a aspectos atmosféricos y ambientales. El cielo cambia dinámicamente según la ubicación, con estrellas más visibles en áreas remotas y oscurecidas por la contaminación lumínica en zonas urbanas. La física de elementos como molinos de agua, embarcaciones y abrevaderos responde de manera increíblemente realista a las interacciones del jugador. Podemos dispararles a las aspas de un molino y las veremos girar suavemente, acusando los balazos.

Los PNJ alcanzan un nivel de complejidad casi cinematográfico. Cada individuo posee un ciclo de vida completo: los PNJ despiertan, trabajan, comen (sí, se acaban la comida, se levantan y siguen con su rutina diaria). Sangran (y mueren desangrados) según en dónde recibieron plomo. Interactúan entre sí, comentan sobre la apariencia de Arthur Morgan, el protagonista: si está flaco, viejo o cómo tiene el pelo. El sistema de honor transforma no solo la narrativa, también los comportamientos y reacciones de Arthur, algo que ya parece un exceso de detalle.

La transformación del mundo es otra locura. El mapa general evoluciona con el progreso de la historia: edificios se construyen, bosques se talan, líneas de tren se completan. Cada acción del jugador tiene potenciales consecuencias en la transformación del entorno, creando una sensación de mundo verdaderamente orgánico.

Elementos técnicos como la suciedad de las armas —si no las limpiamos, tienden a fallar, tardan más en recargar y hasta los disparos suenan diferente—, el peso de Arthur, las decenas de animaciones de muerte y las nubes tridimensionales —sí, son en 3D aunque no haya forma de volar para verlas de cerca— demuestran un compromiso con la verosimilitud que va más allá de lo convencional y roza la demencia. La iluminación, los sonidos nocturnos y hasta fenómenos como los rayos —pueden fulminar animales y al propio Arthur—contribuyen a crear una experiencia inmersiva sin precedentes y sin imitadores. RDR2 trasciende la definición tradicional de videojuego. Es una experiencia que captura la esencia de un mundo vivo, complejo y orgánico, donde cada cosa cuenta y cada interacción tiene consecuencias inesperadas. Es casi menos un juego y más una simulación de realidad alternativa.

Hay algo raro con Rockstar, debe haber algún pacto demoníaco. Como sea, hace un trabajo excepcional, que no está al alcance de cualquiera (en fin, de nadie más). Es bueno saber que ciertas cosas son posibles, al menos si hay suficientes fondos y amor al trabajo obsesivo.

Niveles multijugador / Multiplayer

Mientras los niveles *single player* se diseñan como experiencias con un arco dramático definido, los niveles *multiplayer* son ecosistemas donde la imprevisibilidad y el balance resultan los verdaderos protagonistas. Podemos definir dos tipos de niveles multijugador: los cooperativos, en donde los jugadores en línea o en red trabajan juntos con un objetivo común —por ejemplo, entre todos vamos a darle una paliza al dragón de hielo—, y los competitivos, donde al menos dos jugadores o grupos de jugadores luchan entre sí hasta que solo sobrevive uno.

Niveles cooperativos

La génesis de un nivel cooperativo comienza con la ruptura de paradigmas de diseño individuales. Ya no se trata de crear un espacio para un héroe solitario, sino de construir un *ecosistema* donde múltiples jugadores puedan complementarse. Todos luchan contra la IA del juego.

La mecánica fundamental reside en la interdependencia. Un buen nivel cooperativo transforma al jugador en un elemento de la mecánica de grupo. Esto requiere diseñar espacios con desafíos que requieran múltiples perspectivas, habilidades divergentes y una comunicación constante. Un francotirador que cubre a un equipo de asalto, un médico que regenera la salud de sus compañeros, un hacker que abre caminos para sus aliados.

La complejidad aumenta cuando se consideran los diferentes perfiles de jugadores. Un nivel cooperativo tendrá que ser flexible para adaptarse a gamers casuales y hardcore, principiantes y veteranos. La solución no está en la uniformidad, sino en la modularidad. Crear caminos alternativos, objetivos secundarios, zonas de dificultad escalable que permitan que cada jugador encuentre su lugar en el espacio de juego. La distribución no es solo estética, es para la comunicación. Tanto como cuidar la arquitectura del nivel, hay que construir puntos de reagrupamiento, zonas de visibilidad compartida y corredores que fomenten la coordinación.

La prueba de fuego viene con el playtest, se sabe. ¡Ningún diseño sobrevive al primer contacto con jugadores reales! Cada sesión de prueba es una tomografía que revela las verdaderas dinámicas del nivel. ¿Dónde se estancan los jugadores? ¿Qué rutas emergen naturalmente? ¿Qué momentos generan verdadera conexión entre los participantes?

La tecnología actual permite niveles de complejidad antes impensables. Sistemas de inteligencia artificial que adaptan dinámicamente la dificultad, mecánicas que cambian según la composición del equipo, entornos que reaccionan a la estrategia colectiva. El futuro del diseño cooperativo no es predecir, sino crear ecosistemas con vida propia.

Niveles competitivos

El diseño de niveles competitivos se centra en la implementación de principios que aseguren una experiencia justa, atractiva y estratégica. Lo primero a vigilar es el balance del gameplay. Este punto es el pilar del diseño competitivo y refiere a la capacidad para ofrecer igualdad de oportunidades a todos los jugadores, con independencia de su posición inicial o preferencia de estilo de juego. Un mapa competitivo debe evitar favorecer a un equipo, facción o jugador, ya sea intencionadamente o por descuido en su diseño.

En términos técnicos, hablamos de simetría, es decir, que la arquitectura está espejada y es idéntica para los bandos en lucha. Sin embargo, juegos como *Counter-Strike* o *Halo* ofrecen mapas semi-simétricos, lo que significa que ambas partes tienen acceso a recursos y posiciones estratégicas similares, aunque con ligeras asimetrías diseñadas para aumentar la profundidad táctica. En cualquier caso, la colocación de recursos, puntos de captura o líneas de visión debe ser tal que fomente confrontaciones dinámicas y se puedan usar múltiples estrategias.

La legibilidad en un nivel competitivo asegura que los jugadores puedan interpretar rápidamente el entorno y tomar decisiones. Esto incluye la claridad visual, la señalización ambiental y la intuición espacial, donde mucho depende de la arquitectura. Por ejemplo, en *Overwatch*, los mapas utilizan colores, texturas y formas específicas para comunicar áreas clave como puntos de captura, rutas alternativas y posibles emboscadas. Siempre el espacio competitivo debe ofrecer una diversidad de rutas y posiciones que permitan a los jugadores adaptar sus estrategias. Esto se traduce en un diseño no lineal con múltiples opciones que recompensan tanto la habilidad mecánica como la planificación táctica. El desplazamiento de los jugadores se llama «flujo» o navegación, es decir, el movimiento natural dentro del mapa y la forma en que los competidores interactúan con el entorno. Un buen flujo evita cuellos de botella y promueve los enfrentamientos frecuentes. En este sentido, hay que saber que los mapas competitivos son mejores cuando los enfrentamientos surgen con frecuencia. En otro caso, si transcurre mucho tiempo entre encuentro y encuentro, habrá que colocar otras actividades para hacer o nuestros guerreros empezarán a aburrirse.

El mayor secreto del diseño de niveles competitivos es la construcción de rutas primarias y secundarias. Las rutas principales conectan puntos estratégicos, mientras que las secundarias ofrecen opciones de flanqueo o emboscadas. Por ejemplo, en *League of Legends*, las tres calles principales están complementadas con la jungla, lo que añade profundidad y flexibilidad táctica. Otro elemento son los «nodos de acción», es decir, los puntos específicos donde es probable que ocurran enfrentamientos debido a la convergencia de rutas, como las zonas de bombas en *CS:GO*. Estos nodos deben estar balanceados para no favorecer excesivamente a una de las partes.

Puede que nuestro juego tenga niveles verticales, es decir, que sea un espacio tridimensional con varios pisos y desniveles. Esta característica suma complejidad y estrategia al gameplay. En juegos como *Apex Legends* o *Team Fortress 2*, la verticalidad permite emboscadas desde arriba, posicionamiento defensivo y movimientos evasivos. Técnicamente, y en honor al balance, el LD debe buscar que la verticalidad no genere ventajas insuperables para los jugadores en posiciones elevadas. Para manejar esto, se podría limitar las líneas de visión desde las posiciones elevadas —por ejemplo, no se ve la calle desde una torre—, y sumar otras desventajas, como rutas de acceso rápido a los pisos elevados que el enemigo que sube usará para contrarrestar los ataques altos.

Algo para tener en cuenta es el tiempo que un jugador tarda en recorrer el mapa, porque afecta directamente la dinámica de las partidas. En *Valorant* los diseñadores ajustan el tiempo de desplazamiento entre puntos clave para garantizar que los jugadores lleguen simultáneamente a las zonas de conflicto iniciales. Esto puede lograrse mediante la colocación estratégica de puntos de aparición o el diseño de rutas con diferentes velocidades de movimiento (por ejemplo, áreas abiertas versus espacios cerrados).

En estas modalidades de juego, también cuenta la distribución y la frecuencia de las recompensas, que en general toman la forma de equipamiento —armas, escudos, municiones, power-ups— y tienen el efecto de alterar la navegación y el comportamiento durante las partidas. Un escudo que aparece en cierto sector, cada cierto tiempo, promueve el desplazamiento de los jugadores hacia ese lugar, incidiendo indirectamente en la estrategia de juego.

Si estos objetos aparecen con un intervalo fijo, los jugadores van a tender a amontonarse en el sector cuando calculan que llega el momento, lo que induce un enfrentamiento. Si en cambio los objetos se regeneran con un intervalo variable (al azar), obtendremos un flujo constante y una distribución uniforme de jugadores, porque van a andar rondando, pero no concentrados en un mismo punto. Si las recompensas aparecen con un ratio fijo, el efecto puede ser similar. Como hemos advertido en páginas anteriores, lo aconsejable para enriquecer el gameplay es utilizar una combinación de ratios e intervalos fijos y variables.

Análisis de calor

Una de las herramientas en el arsenal del LD, especialmente valiosa en juegos multiplayer, es el análisis de calor (*heat map*). Esta técnica utiliza datos recopilados por telemetría u observación durante las sesiones de juego para crear representaciones visuales de la actividad del jugador dentro del nivel. Así es posible identificar problemas como rutas poco usadas o zonas desequilibradas.

Información que pueden revelar los mapas de calor:

- **Puntos de congestión**: áreas donde los jugadores tienden a quedarse atascados o pasar demasiado tiempo.
- **Rutas preferidas**: los caminos que eligen con más frecuencia.
- **Zonas ignoradas**: áreas del nivel que tienden a pasar por alto.
- **Puntos de muerte**: lugares donde fallan con más frecuencia.
- **Uso de recursos**: dónde y con qué frecuencia utilizan ciertos elementos del juego.

Los mapas de calor funcionan como una radiografía del comportamiento colectivo. Mediante gradientes de color que van desde tonos fríos hasta cálidos, revelan las zonas más densas de actividad, los puntos de mayor concentración y las áreas que generalmente son ignoradas o evitadas. Una zona oscura puede indicar un diseño poco intuitivo, mientras que un punto brillante podría señalar un elemento particularmente atractivo o un desafío bien construido. Se ven los puntos de muerte más recurrentes y las zonas de concentración de conflicto. Incluso es posible inferir los momentos de mayor intensidad emocional.

Imaginemos que estamos diseñando un mapa para un juego de disparos en equipo y, al revisar los mapas de calor, notamos que la mayoría de los jugadores se concentran en una ruta principal mientras ignoran por completo una ruta secundaria que pensábamos que ofrecería una ventaja estratégica. Esto podría deberse a que la ruta no es lo suficientemente visible, carece de incentivos interesantes como armas o recursos, o resulta demasiado riesgosa o complicada de usar. Con esta información, podremos mejorar la señalización hacia esa ruta, colocar recompensas atractivas que motiven su uso o incluso reconsiderar si es necesaria en el diseño, asegurándonos de que todas las áreas del nivel contribuyan a una experiencia equilibrada y entretenida. A veces, la mejor solución es eliminar y santo remedio.

La metodología comienza con la recopilación detallada de información, utilizando las herramientas de análisis integradas en plataformas como Unity, Unreal Engine o Steam Analytics, o los profesionales dedicados a esta noble tarea, que uno no ve, pero existen en los grandes estudios. Este proceso requiere recopilar información de múltiples jugadores, considerando diferentes estilos de juego, niveles de habilidad y contextos. Un *heat map* no es una fotografía estática, es más bien una película en constante movimiento que evoluciona con cada nueva partida.

La belleza del análisis de calor radica en su objetividad. No se trata de lo que creemos que los jugadores harán, sino de lo que realmente hacen. Esta información es invaluable para identificar discrepancias entre nuestras intenciones de diseño y la experiencia real del jugador. En otras industrias hay herramientas y técnicas parecidas, muchas relacionadas al concepto de UX.

XIII
Progresión y dificultad

Colocación de enemigos y criaturas: Densidad, distribución, narrativa ambiental, anticipación. Trampas físicas del nivel. Zonas de combate y áreas seguras. Ritmo del juego (pacing). Flujo y progresión. Elementos dinámicos: spawners, triggers. Aplicando la estructura lúdica. Recompensas. Diseñando un nivel paso a paso.

YA TENEMOS LA TEORÍA Y NUMEROSOS CONCEPTOS PARA CONSTRUIR ESPACIOS DE JUEGO, tanto desde su estructura como de los efectos que esta provoca en el jugador. Sabemos que vamos a poner por delante la función, luego la forma, pero que la forma requiere conocer sobre neuroarquitectura, lo que involucra espacios, llegadas, luz, texturas y otros elementos.

Colocación de enemigos y criaturas

Junto a la geometría de un nivel, la segunda cosa que produce un impacto en la experiencia de juego es la distribución de enemigos. Esta resulta el hilo conductor que teje la narrativa, el ritmo y el desafío. La distribución de desafíos no es simplemente un ejercicio de poblar un espacio; es el balance entre arte y técnica. Estamos hablando aquí de niveles y juegos en solitario, *single player*. Los juegos multijugador siguen otra lógica que veremos al final del capítulo.

Densidad

La densidad de desafíos en un nivel es cosa seria, porque no se trata de revolear enemigos así porque sí. Cada sección debe estar pensada y probada para mantener el interés del jugador sin abrumarlo. Tomemos como caso un juego de acción. En este, una densidad excesiva puede resultar frustrante, convirtiendo el juego en una maratón agotadora de combates sin fin. Por otro lado, una escasez de enemigos puede hacer que la experiencia se sienta vacía y carente de desafíos. Por eso hablamos de balance, de equilibrio. Si fuera el caso de un juego de aventuras, con mucha narración y puzzles, sería lo mismo, deberíamos intercalar historia —por medio de diálogos, narrativa ambiental y textos auxiliares— con los momentos de usar la neurona para resolver acertijos. Sería un error duro que todos esos elementos que componen el gameplay estuviesen agrupados. Por ejemplo, que el juego te presente varios minutos de diálogos, y luego estén los puzzles todos juntos uno tras otro como patada de mula. Si hacemos eso, la experiencia de jugar no es nada buena. Hay que intercalar, y hacerlo con cierta estrategia. Podríamos ver esta técnica como similar a la distribución de la recompensa.[134]

Siempre vamos a considerar el ritmo del juego como un todo. Momentos de intensa acción, donde los enemigos abundan, deben alternarse con períodos de relativa calma. Como se dijo más adelante, como *el latido de un corazón*. Esta fluctuación en la densidad no solo proporciona un respiro necesario, sino que también construye anticipación y tensión. El jugador, al encontrar un área despejada, se preguntará instintivamente cuándo y dónde surgirá el próximo desafío.

Por otra parte, como ya debemos saber porque conocemos los fundamentos del game design, o porque jugamos desde que usábamos chupete, la distribución de enemigos (desafíos psicomotrices) y los momentos de conversación (narrativa) e ingenio (desafíos lógicos) tendrán siempre que ir *in crescendo*, poco a poco volviéndose más desafiantes, más peligrosos, más enigmáticos.

Distribución

La monotonía entonces se convierte en el enemigo silencioso del buen diseño de niveles. En verdad, es el principal enemigo. Una distribución uniforme de bichos, sin importar cuán bien balanceada esté, puede volverse predecible y, por ende, aburrida. Como vimos, la clave está en el **contraste**. Si hablamos de la arquitectura de un nivel, como ya vimos, alternar entre áreas densamente pobladas y espacios más abiertos crea una dinámica que mantiene alerta al jugador.

Imaginemos un nivel que comienza con un pasillo estrecho lleno de enemigos, que desemboca en una plaza abierta aparentemente vacía.

---

[134] Ver *Estructura lúdica*, Cap. VIII, «Recompensas: calendario de refuerzos; Mapa de recompensas e interdependencia».

Este contraste no solo sorprende al jugador, también le permite adaptar su estrategia. Los espacios abiertos pueden ofrecer más opciones tácticas, las áreas confinadas fuerzan encuentros más directos. Esta variedad en la distribución se traduce directamente en variedad de juego.

Más tarde, por supuesto dependiendo del género del juego, podrían aparecer los enemigos con ganas de atacar. Eso ocurrirá a lo largo y ancho del nivel. La distribución debería ser algo como:

> [...] COMBATE - CALMA - CALMA - COMBATE - COMBATE - CALMA - COMBATE - COMBATE - COMBATE - CALMA - COMBATE - COMBATE FINAL.

Y no algo así:

> [...] CALMA - COMBATE - COMBATE - COMBATE - COMBATE - COMBATE FINAL.

¿Por qué? Porque el jugador necesita espacios serenos y momentos de calma en los que ejercer su estrategia: reaprovisionarse, sanarse, prepararse emocionalmente para el desafío que custodia la salida del nivel.

Técnica repetible en cada nivel, en el total del juego (y en el amor).

Narrativa ambiental y los encuentros

La distribución de enemigos tampoco es un ejercicio puramente mecánico. Cada enemigo y criatura colocada es una oportunidad para contar una historia, para dar vida al mundo del juego. Un grupo de guardias vigilando una entrada refuerza la idea de un lugar importante o peligroso. Enemigos que parecen estar realizando tareas cotidianas antes de notar al jugador añaden un nivel de realismo y credibilidad al mundo (ver el *Cap. V*, «Rutinas diarias», más atrás en este libro).

Esta narrativa ambiental puede comunicar información crucial sin necesidad de diálogos o textos explicativos. Un área devastada, con enemigos dispersos y en alerta, puede contar la historia de una batalla reciente mejor que cualquier monólogo expositivo.

Ya sabemos aquello de que es mejor «mostrar, no decir».

Anticipación / presagio

La anticipación es un recurso narrativo tan antiguo como la literatura. Llamada también «presagio», esta técnica, que consiste en dejar pistas sutiles sobre eventos futuros, cobra una nueva dimensión en la experiencia interactiva.

El presagio se manifiesta de diversas formas en nuestro medio, desde animaciones de cámara que guían al jugador hacia su objetivo, hasta escenas cinemáticas que revelan las habilidades de un temible jefe final. Cada una de estas pistas cuidadosamente colocadas cumple un propósito crucial: mantener al jugador inmerso y orientado en su travesía.

Imaginemos, por ejemplo, que nos adentramos en una antigua tumba perdida en un desierto. De repente, la cámara se aleja del PJ y realiza un recorrido por los pasillos laberínticos, revelando una sala oculta al final del camino. Esta animación de «vuelo previo» no solo nos muestra un destino, sino que también despierta la curiosidad y nos invita a explorar en busca de secretos.

Algo más. El presagio no se limita a guiar al jugador físicamente. ¡También puede preparar el terreno para momentos épicos o desafíos titánicos! Una escena cinemática bien ejecutada puede mostrar al imponente jefe final realizando sus movimientos más devastadores, creando una sensación de anticipación y temor en el jugador. De esta manera, cuando finalmente se enfrente a este enemigo formidable, la batalla cobrará un significado mucho mayor.

Pero... como dice la Abuela Bruta, esto de que todo extremo es malo, el uso excesivo del presagio puede ser perjudicial. Si el LD decide revelar demasiada información de antemano, corre el riesgo de arruinar la sorpresa y la sensación de descubrimiento. Es cosa de dosificar estas pistas, dejando suficiente misterio para mantener al jugador enganchado.

Última y para tener en cuenta: el presagio no se limita a los juegos lineales y narrativos. También es una herramienta valiosa en juegos de mundo abierto, donde los jugadores a menudo se sienten abrumados por la vastedad del entorno. Un objeto aparentemente inalcanzable, puede actuar como un presagio de desafíos futuros, incentivando a regresar una vez que se haya adquirido las habilidades necesarias.

Trampas físicas del nivel

Las trampas físicas en el diseño de niveles son mucho más que simples mecanismos de muerte instantánea. Cuando hablamos de trampas físicas, no nos referimos únicamente a los clásicos pinchos o fosos sin fondo. Estamos hablando de interacción espacial, donde cada objeto del entorno puede convertirse potencialmente en un elemento de riesgo o de estrategia. Un bloque que se mueve, una plataforma que desaparece, un resorte traicionero, una corriente de aire inesperada: todos son instrumentos que podemos usar para impartir justicia y terror.

El verdadero arte de la trampa física radica en su capacidad para comunicar sin palabras. No se trata solo de matar al jugador, sino de enseñarle. Cada muerte es una lección, cada obstáculo un párrafo en un diálogo silencioso (o un insulto) entre el diseñador y quien juega. Una buena trampa física no busca la frustración, sino la revelación: muestra al jugador los límites de sus habilidades, le obliga a repensar su estrategia, a observar con más detalle, a moverse con más precisión.

La complejidad aumenta cuando consideramos cómo estas trampas se integran en la narrativa del nivel. No son solo obstáculos aleatorios, sino elementos que cuentan una historia. Un conjunto de pinchos puede sugerir el abandono de una antigua fortaleza, una plataforma que se desmorona puede simbolizar la fragilidad de un mundo en ruinas. Muchas de las ideas para las trampas del nivel surgen de su narrativa, del *lore* y del contexto.

Una buena trampa física opera entre lo predecible y lo sorpresivo. Tiene que ser justa pero desafiante, visible pero no obvia. El jugador debe sentir que su muerte fue resultado de su propia falta de atención o habilidad, no de un diseño arbitrario o injusto (¡qué culpa tenemos nosotros!). Veamos algunos ejemplos típicos de trampitas malvadas:

- **Castillo medieval**: un piso trampa que se abre de repente, revelando un foso con estacas afiladas y unos bonitos muertos resecos allá abajo. Candelabros que caen cuando el jugador pasa por debajo (¡odiosos!). Armaduras antiguas que cobran vida y atacan al acercarse. Bloques de piedra que se desprenden del techo cuando se activa un sensor. Puentes levadizos que se desploman al peso de Chimalpopoca.

- **Laboratorio científico**: tubos de ensayo que liberan gas venenoso al ser tocados. Superficies electrificadas que cambian de estado aleatoriamente. Robots de seguridad con patrones de movimiento impredecibles. Láseres que se activan y desactivan en secuencias complejas. Compuertas que se cierran súbitamente, aplastando al jugador (¡ja!).

- **Selva antigua**: lianas medio podridas que se desprenden cuando se usan. Plantas carnívoras gigantes que intentan atrapar al jugador. Trampas de arena movediza que se activan al pisar ciertas zonas. Ramas que se doblan para golpear al pasar (¡nuestras favoritas!). Géiseres de lodo caliente que explotan intermitentemente.

- **Base espacial**: compuertas que se abren al vacío del espacio (¡hola, Alien!). Campos de fuerza que alternan su estado. Plataformas que se desplazan sobre circuitos de energía. Androides de mantenimiento con sistemas de defensa automáticos. Conductos de ventilación que expulsan gases o descargas eléctricas.

- **Templo submarino**: columnas que se desploman con ritmo impredecible. Corrientes submarinas que arrastran al jugador. Estatuas que lanzan dardos cuando se activa un sensor. Suelos que se hunden gradualmente. Piedras que al removerlas dejan escapar un cardumen de pirañas hambrientas. ¡Burbujas trampa que explotan al contacto, sí!

- **Ciudad postapocalíptica**: edificios que colapsan parcialmente. Tuberías que liberan vapor a alta presión. Cables eléctricos que caen de postes. Vehículos abandonados que explotan. Zonas de radiación que se expanden y contraen. Cabezas zombie llenas de explosivos. (?)

- **Mina abandonada**: vagonetas que se mueven sin control. Secciones de roca que se desprenden del techo. Sistemas de soporte que fallan repentinamente. Túneles que se inundan con agua o rocas. Mecanismos antiguos que lanzan herramientas. ¡Cofres que estallan disparando cientos de joyas asesinas!

Un LD se las tiene que pasar bomba diseñando trampas crueles, porque estas pueden ser parte integral de la arquitectura. Es algo que un arquitecto de la vida real no puede hacer, porque iría preso.

Zonas de combate y áreas seguras

Como vimos, la articulación entre zonas de combate y áreas seguras crea un ritmo que alterna entre la adrenalina del enfrentamiento y la calma de la exploración y la recuperación.

El primer paso en la creación de zonas de combate y áreas seguras efectivas es su delimitación clara. Esta demarcación no tiene que ser explícita —raramente veremos una línea pintada en el suelo que diga «zona de combate», así como tampoco veríamos que nos indican una trampa— sino que debe comunicarse a través del diseño del entorno y las señales sutiles que proporciona el juego.

Las zonas de combate pueden señalizarse mediante cambios en la arquitectura, como espacios más amplios que permiten el movimiento táctico, o la presencia de elementos que pueden servir como cobertura. La iluminación juega todo un papel: áreas más oscuras o con iluminación rojiza pueden indicar peligro inminente. La música y los efectos de sonido también son herramientas para establecer el tono de una zona.

Por otro lado, las áreas seguras suelen caracterizarse por una iluminación más cálida y brillante, espacios más cerrados o acogedores, y la presencia de elementos reconfortantes como fogatas, bancos o PNJ amistosos. La música en estas áreas debería ser más suave y relajante.

La claridad en esta delimitación permite al jugador ajustar su estado mental y su estrategia de juego. Saber cuándo puede bajar la guardia y cuándo debe estar alerta es bueno para una experiencia satisfactoria.

A menudo, escucharemos mencionar dos conceptos: el de «área de preparación al combate», y el de «puntos de descanso y recuperación».

Áreas de preparación al combate

Las áreas de preparación son espacios liminales, ni completamente seguros ni zonas de combate activo. Estos espacios permiten al jugador prepararse para los desafíos que se avecinan, y son cruciales para establecer el ritmo y la tensión del juego.

En términos de diseño, estas áreas pueden incluir elementos como estaciones de recarga de munición o salud, puntos de guardado, vistas panorámicas de la próxima zona de combate y pistas sutiles sobre los desafíos por venir. Las áreas de preparación sirven para múltiples propósitos. Desde una perspectiva de juego, permiten al jugador equiparse adecuadamente. Desde un punto de vista narrativo, construyen anticipación. Y desde el enfoque del diseño, ofrecen un momento de respiro que hace que el subsiguiente combate sea más impactante.

Puntos de descanso y recuperación

En el fragor del combate y la tensión constante, los puntos de descanso se convierten en oasis necesarios para el jugador. Son áreas libres de enemigos que permiten un momento de pausa, reflexión y, crucialmente, de apreciación del mundo del juego.

Los puntos de descanso no tienen que ser grandes o elaborados. Pueden ser simples, como un rincón tranquilo con una vista impresionante, o un pequeño claro en un bosque hostil. Lo importante es que ofrezcan un contraste claro con las zonas de combate circundantes.

Estos espacios cumplen varias funciones, como la recuperación física del jugador, que puede sanar y reabastecerse. Se afloja la tensión constante del combate, necesaria en la gran mayoría de los juegos. Además, es un momento donde se puede enriquecer la historia o el mundo del juego mediante conversaciones y artefactos narrativos (por ejemplo, libros antiguos y notas de viajeros). Incluso dan tiempo al jugador para reflexionar sobre su estrategia.

Como siempre venimos diciendo, hay que ser equilibrados: si ponemos puntos de descanso demasiado frecuentes, el juego puede perder su sentido de desafío. Muy escasos, y el jugador podría sentirse abrumado. ¿Cómo dice la Abuela Bruta? «Todos los extremos son malos».

Emboscadas

Estos son los lugares donde el entorno se presta naturalmente para sorprender al jugador. Puede ser una esquina ciega, una puerta que se abre repentinamente, o un área elevada perfecta para francotiradores.

La efectividad de una emboscada radica en su capacidad para desafiar las expectativas. *Deben ser esporádicas, dar tiempo a explorar el nivel antes de emboscar.* Después de varios encuentros predecibles, una emboscada bien ejecutada puede reavivar la sensación de peligro y mantener al jugador comprometido. Sin embargo, no hay que abusar. Las emboscadas deben ser utilizadas con moderación para mantener su impacto y evitar que el jugador se sienta injustamente tratado.

El LD debe ser consciente de que está guiando al jugador a través de una experiencia, modulando la tensión, el desafío y el ritmo.

Transiciones

Las transiciones entre zonas de combate y áreas seguras son tan importantes como las zonas mismas. Una transición brusca puede romper la inmersión, una bien ejecutada aumentará la tensión o proporcionará un alivio gradual y satisfactorio.

Estas transiciones pueden tomar muchas formas. Un pasillo que se estrecha gradualmente puede indicar el paso de una zona abierta de combate a un área más segura y contenida. Un cambio progresivo en la paleta de colores del entorno, de tonos fríos a cálidos, puede sugerir un movimiento hacia la seguridad. El sonido ambiental que se desvanece de los ruidos de batalla a un silencio relativo puede ser una transición sutil pero efectiva. Un excelente caso de estudio es el de *Half-Life.*[135]

Las transiciones también pueden ser narrativas. Un diálogo que indica que el área ha sido «despejada», o la visión de enemigos que se retiran, pueden servir como puentes entre estas zonas distintas.

Ritmo de un juego single player / *Pacing*

En conclusión, la alternancia entre zonas de combate y áreas seguras es una herramienta para regular el ritmo del juego, lo que se da en llamar *pacing*. Esta combinación de tensión y alivio, desafío y recompensa, genera una experiencia dinámica y emocionante. Un buen diseño de niveles aprovechará esta alternancia para mantener al jugador cautivado. Tras intensos enfrentamientos, una zona segura puede ofrecer un profundo sentido de alivio, mientras que una sucesión de áreas seguras puede incrementar la tensión, haciendo que el jugador se pregunte cuándo y dónde surgirá el próximo conflicto.

El arte de equilibrar zonas de combate y áreas seguras es, en definitiva, el arte de modular la experiencia del jugador. Es un balance entre el desafío y el descanso, entre la adrenalina y la calma. Cuando se ejecuta con habilidad, esta alternancia transforma el recorrido del jugador en una experiencia inolvidable: las zonas de combate se vuelven más intensas gracias al contraste con las áreas seguras, y estas últimas, más reconfortantes debido a la amenaza latente del peligro.

---

[135] ***Half-Life*** es un videojuego de disparos (tiros) en primera persona (FPS) desarrollado por Valve Corporation, lanzado en 1998, que revolucionó el género con su narrativa inmersiva y storytelling sin cinemáticas. El juego sigue a Gordon Freeman, un científico que sobrevive a un experimento que sale terriblemente mal en el laboratorio Black Mesa, desencadenando una invasión de criaturas alienígenas que el protagonista debe detener.

En el diseño de niveles, las zonas de combate y las áreas seguras van más allá de ser simples espacios en un mapa. Son los latidos del corazón del juego, el pulso que mantiene al jugador comprometido, desafiado y, sobre todo, inmerso en el mundo que hemos creado.

Flujo y progresión

Es una técnica, pero también un arte el asunto de incrementar gradualmente el desafío que enfrenta el jugador, manteniendo un equilibrio entre la frustración y el aburrimiento. El sistema de progresión es el tercero de los cinco elementos esenciales de la estructura lúdica.

Una escalada de dificultad bien diseñada sigue estos principios:

1. **Gradualidad**: el aumento de la dificultad debe ser lo suficientemente sutil como para no abrumar, pero lo suficientemente notorio como para mantener el sentido de progreso.
2. **Consistencia**: la curva de dificultad debe ser coherente con la narrativa y el mundo del juego. Un salto repentino en la dificultad *debe justificarse* dentro del contexto del juego. Aquí es donde deberemos hacer coincidir el guion con el diseño del nivel. Cuando hay un clímax en la historia, el LD crea un espacio acorde al momento.
3. **Variedad**: la dificultad no solo debe aumentar en términos de «dureza» de los enemigos, sino también en la complejidad de los puzzles, la precisión requerida en las plataformas, o la sofisticación de las estrategias necesarias. Es imprescindible ir introduciendo nuevos tipos de enemigos de manera controlada para que el jugador pueda aprender. Veremos esto con más detalle unas páginas más adelante.
4. **Puntos de inflexión**: momentos clave donde la dificultad da un salto notable, generalmente acompañados de una mejora significativa en las habilidades o el equipo del jugador.

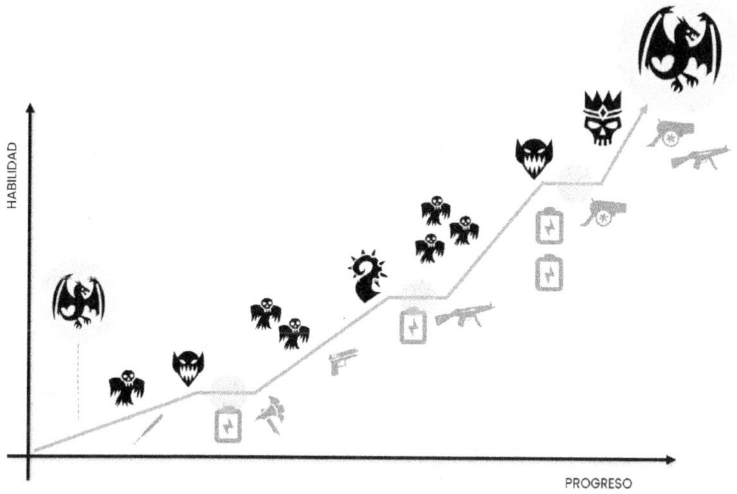

La escalada de dificultad no es una línea recta ascendente, sino más bien una escalera, con picos y valles que crean un ritmo dinámico. Es la alternancia entre momentos de alta intensidad y períodos de calma relativa que hemos mencionado. Será siempre necesario alternar entre encuentros intensos y momentos de exploración o resolución de puzzles, controlar la *velocidad* a la que se presentan nuevos desafíos o información al jugador, proporcionar espacios donde el jugador pueda «digerir» lo que ha experimentado y prepararse para lo que viene. Es decir, tendremos que estructurar el nivel con puntos culminantes claros, seguidos de períodos de descompresión. Un ritmo bien ejecutado mantiene al jugador en un estado de «flujo», donde el tiempo parece desvanecerse y la inmersión es completa.[136]

Como se puede ver en el gráfico anterior, la curva de dificultad es la que señala el ritmo o *pacing* del juego. Al principio, asciende lentamente, mientras el jugador aprende los primeros movimientos y controles. Es buena práctica que, en ese momento inicial, se presente un vestigio del *big boss* que espera al final del juego. Tras el primer ascenso por la escalera, lo recibirá en la cima un mini jefe, que será un desafío mayor que lo visto hasta entonces. Luego, tendrá su punto de descanso

---

[136] Csikszentmihalyi, M. (1990). *Flow: The Psychology of Optimal Experience.* Harper & Row.

donde se recuperará, se equipará —por ejemplo, con un arma más poderosa—, y seguirá viaje enfrentando nuevos enemigos y puzzles.

La curva irá en ascenso hasta el nuevo mini jefe. Nótese que decimos «mini jefe» pero no necesariamente se tratará de criaturas, podrían ser otro tipo de desafíos, como puzzles o grandes burócratas que te revisan el pasaporte. Seguiremos así, ascendiendo, siempre con áreas de descanso, reaprovisionamiento, mejores armas, etc., hasta llegar al desafío último, representado en el gráfico con el ícono del dragón.

Atención, que vale lo mismo para un nivel (micro) que para el conjunto de todos los niveles (macro) que conforman el juego completo. Si juntásemos todos los niveles como si fueran una ristra de chorizos, cada chorizo tendría esa forma de «escalera» —su dificultad progresiva—, y la ristra entera también, debido a que, si hacemos bien la estructura del juego, el primer chorizo deberá ser fácil en comparación al último, y todos los del medio serán cada vez más desafiantes, y por lo tanto habrán ido convirtiéndose, en una vista macro o de águila, en los escalones de esa gran escalera que conforma el juego completo.

Puede surgir una pregunta sobre esto. ¿Sería válido crear todo un nivel con mucha acción, seguido de todo un nivel de «descanso» o con fuerte carga narrativa? No es la mejor práctica. Por aquí nos gusta considerar un nivel de juego como el capítulo de una novela o un episodio de una serie de televisión. Creemos que un nivel debe contener todos los elementos que hay en el juego incluyendo su «escalera», porque de otra forma sabemos que no funciona. Imaginemos una serie de TV en el que los personajes se la pasan hablando todo el episodio, seguido de otro episodio donde solo hay acción. Claramente, sería terrible y con decenas de *youtubers* quejándose.

A veces, estos lapsos o valles de la escalera surgen naturalmente durante las transiciones entre niveles, cuando vemos las pantallas de carga o tenemos la oportunidad de equipar a nuestros avatares. Ahí no nos hace ruido y, a estas alturas de la historia, es un modo de presentar la experiencia de juego ya totalmente incorporado a la cultura gamer.

Recordemos siempre las sabias enseñanzas del benemérito profesor Mihaly Csikszentmihalyi (1934-2021) —se pronuncia algo parecido a «míjali chítzent-mijali»—, que habla de la teoría del flujo o fluir, el estado de sumergirse tanto en una actividad al punto de perder la noción del tiempo (ver Estructura lúdica, *Cap. X, «Level Design»). ¡Como cuando nos ponemos a viciar y de repente son las tres de la mañana!*

Dificultad de enemigos y puzzles

Es todo un reto hacer la colocación de enemigos y otros desafíos dentro del nivel de juego, debido a que casi nunca suelen ser corredores rectos, tipo *endless runners*[137], de forma que podamos colocarlos siguiendo un patrón de escalera simple. Si solo estuviéramos ante un pasillo recto, sin esquinas ni curvas, la teoría es clara: iniciamos el nivel colocando al enemigo o PNJ más fácil y simple, mostramos un vistazo del *big boss* que nos espera al final de la aventura, y desde ahí vamos subiendo la dificultad suavemente, con algunas áreas de calma. Subimos la dificultad colocando más cantidad de enemigos, más variedad, y combinándolos para que el gameplay no se vuelva repetitivo. Fácil.

Sin embargo, lo común es que nuestros niveles no sean rectos sino todo lo contrario. Habremos construido espacios de diferentes tamaños, funciones y aspecto. Una catedral, como vimos, tiene columnas y naves laterales, sótano, varios pisos, torres, campanario y exteriores. En estos casos, la colocación de enemigos y puzzles ya no es tan clara, no es lineal.

En el capítulo de *level design* de nuestro primer libro, explicamos una técnica para la colocación de enemigos y puzzles en un nivel como el que se ve aquí. Esta nave muestra un recorrido circular. En lugar de moverse linealmente, el jugador puede hacerlo en diferentes direcciones. En una habitación podría haber una llave que necesita en otra, y por lo tanto debe explorar. La mayoría de los juegos presentan este tipo de distribución espacial. Entonces el problema consiste en cómo colocar correctamente los desafíos para cumplir con la teoría de la dificultad progresiva y en «escalera», algo que involucra también las recompensas que podría encontrar el jugador.

Más allá de usar la clásica técnica de prueba y error —colocando a ojito las criaturas, probando cómo quedan y corrigiendo— se puede ser más precisos y ahorraremos tiempo si establecemos un valor de dificultad para cada criatura, que de hecho lo debería ya tener desde su instancia de diseño conceptual (ver «Métricas» y «Fichas de personajes» en el *Cap. IV* de este libro). Con este valor, es posible colocar criaturas, y combinaciones de diferentes bichos, simplemente sumando sus valores de dificultad. Así, cada espacio puede tener cierto valor, acorde a la

---

[137] **Endless Runner**: género de videojuego en el que un personaje corre automáticamente hacia adelante de manera continua, mientras el jugador debe esquivar obstáculos, recolectar objetos y sobrevivir el mayor tiempo posible. El desafío radica en la velocidad creciente y la dificultad que aumenta progresivamente, donde el objetivo principal es conseguir la mayor distancia recorrida antes de inevitablemente fallar.

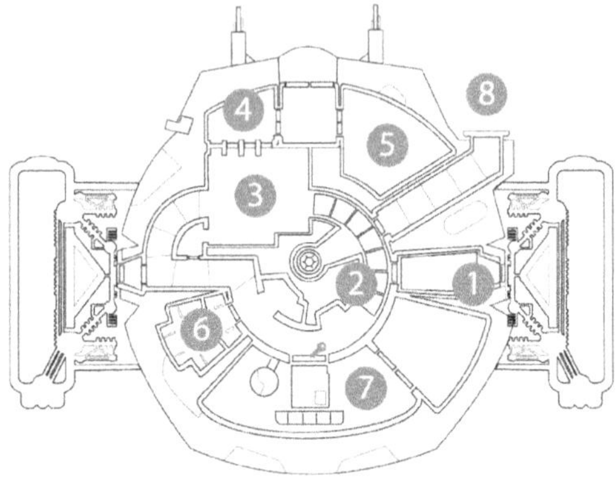

escalera de dificultad. Por ejemplo, tres criaturas de valor 1 (total=3), en otro espacio dos criaturas de valor 1 y una nueva de valor 2 (total=4); en el siguiente espacio tres criaturas de valor 1 y una de las nuevas (total=5), etc. Hay que ir aumentando el valor total de dificultad del espacio donde se produce el encuentro. Jugar con las variantes. Hay que cuidar que la sumatoria de los valores de dificultad del espacio o habitación nunca supere el poder de daño del PJ, a menos que queramos matarlo sí o sí. El poder de daño asimismo es una forma común de regular la dificultad de los encuentros. Vigilaremos siempre que el valor de dificultad no suba —ni baje— abruptamente entre áreas contiguas o cercanas.

En el ejemplo, el jugador ingresa al nivel por 1 y escapa por 8. En medio, podría recorrer los distintos espacios en cualquier orden, y enfrentará enemigos y grupos de estos cada vez más difíciles de vencer. Quizás para resolver un acertijo —por ejemplo, hackear la computadora para obtener un código que abre la salida— antes deberá eliminar a las criaturas que custodian el lugar. Los enemigos que encontrará al iniciar el recorrido tendrán un valor de dificultad menor. A medida que progrese hacia el interior del nivel, los valores de dificultad deberán aumentar.

Un buen diseño de nivel, entonces, consiste en cuidar que haya variedad de criaturas y variedad en la *combinación* de esas criaturas, al tiempo que suben los valores de dificultad rumbo a la salida.

Elementos Dinámicos

Los elementos dinámicos mantienen el ritmo, la tensión y la interacción. Tienen el objetivo de asegurar que el jugador no solo interactúe con un mundo estático, sino con un entorno que reacciona y evoluciona a medida que progresa. Se logra así una experiencia de juego más envolvente, donde las decisiones del jugador y su habilidad para adaptarse son continuamente puestas a prueba. Son dos: *spawners* y *triggers*.

Spawners

Los *spawners* son puntos de generación de enemigos, recursos, objetos, PNJ u otros elementos del mundo del juego. Su función principal es crear un flujo constante de desafíos de algún tipo (por ejemplo, flechas que salen disparadas de una pared trampa). En esencia, pueblan dinámicamente el espacio de juego de manera controlada. Cuando los *spawners* generan enemigos hablamos de *monsters generators.*

Ojo, no confundir los *spawners* con los *sources* (fuentes) que son las reglas que dan origen a los recursos económicos del juego[138] (en este caso, esas reglas regularían la cadencia de disparo de las flechas). Un spawner puede ser utilizado para dirigir la atención del jugador hacia áreas específicas, obligándolo a moverse de forma estratégica.

Como dijimos, los *spawners* pueden poblar el espacio de juego con enemigos, objetos recolectables (power-ups, armas, municiones), recursos (salud, energía), elementos ambientales, aliados, proyectiles, o lo que haga falta. Pueden tener diferentes comportamientos: ser de generación continua, por oleadas, condicionada a ciertos eventos o con límites de cantidad o tiempo. Es posible hacer que sean indestructibles, o podemos permitir que el jugador los destruya para impedir que sigan expulsando cosas. Un ejemplo son los agujeros de locusts de *Gears of War* (Epic Games y The Coalition, 2006 en adelante) que el jugador puede reventar a granadazos, una mecánica también presente en el juego de mesa de la saga.

La colocación inteligente de los *spawners* puede influir muchísimo en la tensión del juego. Por ejemplo, en títulos como *Left 4 Dead* (Valve, 2008), los jugadores enfrentan oleadas de zombies que aparecen en intervalos regulares o al activar ciertos eventos. Los *spawners* permiten que la acción sea continua y añaden un elemento de imprevisibilidad. Cuando se posicionan en lugares donde el jugador debe moverse estratégicamente para sobrevivir, los *spawners* incrementan el desafío, promoviendo tanto la acción como la toma rápida de decisiones.

[138] Ver *Estructura lúdica, Cap. IX*, «Economía interna y balance».

Otra forma en que los *spawners* se utilizan es para equilibrar dinámicamente el nivel de dificultad. Algunos juegos adaptan la frecuencia o el número de enemigos generados en función del rendimiento del PJ. Si este está progresando con demasiada facilidad, lo detendremos. ¡El sistema debe generar más enemigos para que sude como corresponde!

Triggers

Los *triggers* son otro componente en la creación de un entorno dinámico. Hacen que se activen eventos en respuesta a ciertas acciones del jugador, como entrar en una nueva área, resolver un puzzle o cumplir un objetivo. Al desencadenar la aparición de enemigos o cambios en el entorno, estos eventos ofrecen una respuesta directa del juego a las decisiones del jugador, lo que hace que cada acción tenga consecuencias palpables. Por ejemplo, en *Resident Evil*[139], al recoger ciertos objetos clave, se desatan eventos que incluyen la aparición de nuevos enemigos o la activación de trampas. Esto añade tensión y cambia la forma en que el jugador debe abordar el juego, obligándolo a ser más consciente de las consecuencias de sus acciones.

Además, los *triggers* pueden ser usados para crear situaciones dramáticas o tensas en la narrativa, como los ya mencionados momentos especiales. En juegos de rol o aventuras, activar la aparición de enemigos tras una conversación crucial o encontrar un objeto importante pueden intensificar la sensación de peligro. Así, estos eventos logran una combinación entre la progresión de la historia y la mecánica del juego, manteniendo al jugador comprometido con la trama y el combate de manera simultánea.

Los *triggers* —mejor dicho, sus consecuencias— se conocen también como *triggered events* o *scripted events*, esto último especialmente cuando se refiere a momentos que siguen un guion o secuencia predeterminada dentro del juego.

---

[139] ***Resident Evil*** es una icónica franquicia de videojuegos de terror y supervivencia creada por Capcom en 1996, que sigue las aventuras de diversos protagonistas luchando contra zombies y amenazas biológicas generadas por la Corporación Umbrella, popularizando el género de survival horror y expandiéndose luego a películas, series y múltiples entregas de videojuegos.

Aplicando la estructura lúdica

Un poco redondeando la cosa. Cada nivel de juego podría cuidar de cumplir con los cinco elementos de la estructura lúdica. Nos remitimos al apartado «Relación con el diseño de un juego» en el *Cap. I* de este libro. Esto significa que el LD construirá la arquitectura y el recorrido del jugador dosificando y distribuyendo el contenido. La meta de diseño y el *genius loci* no se deben perder: lo que emociona, lo que queremos transmitir. Y esto es nivel por nivel —a nivel micro— y en el todo —a nivel macro—. Satisfaremos deseos mediante momentos emocionantes y las victorias del jugador. Habrá quizás un sistema de progresión mecánico diseñado por el game designer al estilo RPG —el jugador acumula XP, sube de nivel—, y uno de progresión o curva de dificultad que es responsabilidad del LD, que se obtiene de colocar desafíos correctamente. Habrá objetivos que cumplir en un nivel, que son de tres tipos: corto plazo (por ejemplo, luchar), mediano (reunir recursos, armas, artefactos narrativos) y largo (escapar vivo). Y, por fin, habrá un sistema de recompensas para reforzar la experiencia de juego. Todo esto quizás unido a una historia o narración interactiva.

Distribución de recompensas

Las recompensas, mecánicamente hablando, pueden ser de distintos tipos y formas. El jugador las encontrará en el recorrido de un nivel, como por ejemplo objetos, armas, artefactos narrativos, habitaciones secretas o poderes mágicos. Otras recompensas estarán contenidas en el sistema de progresión, que hace evolucionar al jugador y su PJ, como cuando sube de nivel y obtiene nuevas habilidades. Habrá aún más en el meta juego (por fuera del gameplay), como las insignias y los logros.

Es importante cómo se distribuyen las recompensas. Así como los desafíos van creciendo, estas deben ir mejorando. El jugador espera que, a mayor esfuerzo y peligro, más recibirá. Si bien la recompensa en sí no es la razón principal para jugar, es un potentísimo reforzamiento conductual. Así que necesita atención.

Las recompensas se conceden y colocan después de una victoria del jugador. Cuando vence a una criatura, cuando descubre una habitación oculta, cuando consigue atravesar una zona peligrosa, cuando construye un artefacto, cuando adquiere poderes mágicos, etc.

Vamos a empezar por conceder recompensas pequeñas y simples, y en el camino iremos aumentándolas en cantidad y en calidad. Sobre todo, el incremento en la calidad de la recompensa satisface más.

En nuestro primer libro hemos explicado el concepto de calendario de refuerzos[140], también aplicable a la densidad de encuentros en un nivel. Se trata, en esencia, de colocar recompensas en los momentos y con la frecuencia más eficaz.

Existen estudios científicos[141] sobre cómo reaccionan los seres humanos ante determinados estímulos que se utilizan en el diseño del comportamiento, por ejemplo, para las aplicaciones móviles y todo software donde se pretende fidelizar al usuario. Este asunto es suficientemente importante como para que los grandes estudios —sí, los de bolsillos gordos— contraten psicólogos para ayudar al diseño de las recompensas.

En esta imagen, cada círculo representa una recompensa.

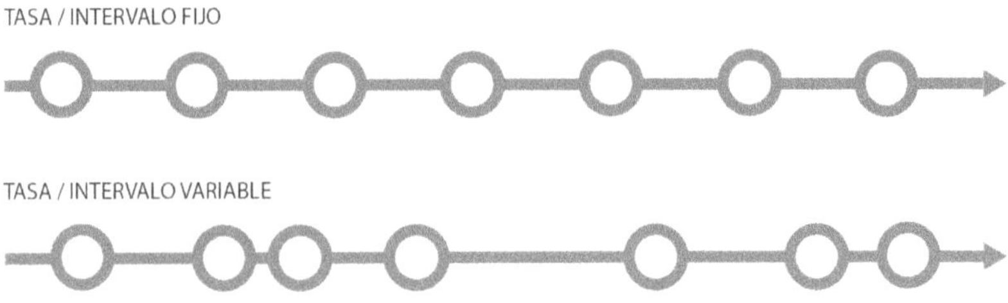

La distribución puede ser de dos tipos: de ratio/razón o tasa (fija, variable) y de intervalo (fijo, variable). En los sistemas con tasa o razón fija, el premio se obtiene tras un número predecible de repeticiones de una acción. Cuando el sistema se basa en intervalos temporales fijos, la recompensa llega después de transcurrir un período de tiempo específico.

En cambio, cuando la tasa o el intervalo son variables —por ejemplo, porque son aleatorios—, el jugador desconoce cuándo recibirá el

[140] Ver *Estructura lúdica*, Cap. VIII, Recompensas: calendario de refuerzos; Mapa de recompensas e interdependencia.

[141] Ver el trabajo de B.F. Skinner en *Sobre el conductismo* (1974) y *Más allá de la libertad y la dignidad* (1971), y los estudios de Ivan Pavlov sobre el condicionamiento clásico descritos en *Los reflejos condicionados* (1927). Estas obras fundamentales establecieron los principios del conductismo.

estímulo positivo. Esta incertidumbre genera que continúe realizando la actividad de manera más pausada, pero persistente, manteniendo la expectativa de una posible recompensa.

Idealmente, se deben *combinar* ambos tipos de frecuencias; es decir, soltaremos un premio por cantidad de veces que el jugador hace algo (ratio, tasa), y también por el tiempo que transcurre entre las actividades (intervalo). Claro que esto depende también del tipo de género o de juego, y es asimismo combinable con la recompensa que aparece por cuestiones narrativas o de arquitectura del nivel. Si estamos en un castillo embrujado buscando cofres repletos de oro, el jugador esperará que cada uno le otorgue una recompensa. Pero podremos sorprenderlo con un logro o un aumento de poder en forma inesperada.

El calendario de reforzamiento se diseña colocándolo encima del plano de piso. Esto sirve tanto para distribuir los premios en momentos clave, como para vigilar que vayan incrementando su calidad.

La recompensa nunca debe extinguirse (dejar de entregarla a lo largo del juego) ni disminuir su calidad. Estos dos errores son motivo de furia para el jugador, que dirá lo malo que son el juego y sus creadores.

Por otra parte, y sobre todo en juegos cooperativos, la recompensa tiene que ser justa y equilibrada en todas las situaciones. El jugador espera que, por igual esfuerzo, igual sea su premio. Si otro jugador obtiene más por hacer lo mismo, hay bronca.

Un diseñador de niveles efectivo es un guardián que protege la integridad de la visión del juego (Doetschel, 2015). Filtra y evalúa cada elemento, preguntándose constantemente: «¿Añade esto valor real a la experiencia del jugador?». Su trabajo es un arte de sustracción tanto como de adición, eliminando lo superfluo y potenciando lo que realmente importa.

Diseñando un nivel paso a paso

Haremos un ejemplo, como para poner todo lo hablado en ejecución. Nuestro objetivo será crear la arquitectura de un nivel que deba recorrerse en espiral, con atajos y diferentes conexiones. Este diseño sentará las bases para un ambiente laberíntico y retorcido como los de la serie *Dark Souls*. La clave es pensar en el nivel como un todo integrado desde el inicio. Veamos cómo sería el proceso de trabajo. Posiblemente, pero no obligatoriamente ni en este orden, seguiríamos estos pasos:

1. Diseño de alto nivel.
2. Bloqueo de espacios.
3. Colocación de puntos clave.
4. Análisis de las líneas de visión.
5. Implementación de bucles.
6. Pruebas y ajustes.
7. Decoración (y nuevas pruebas).

1. Diseño de alto nivel

Empezamos dibujando un esquema o mapa conceptual del nivel completo antes de entrar en los detalles. Esta es la fase de planificación general donde se define la estructura y cómo las diferentes áreas se conectarán entre sí en un patrón espiral o laberíntico.

Será el momento de definir el tema y la ambientación general del nivel (castillo, cripta, ciudad, etc.). Esto ayudará a determinar la estética y tipos de espacios a utilizar. Aquí probablemente el LD haga un brainstorming con el equipo, o al menos con el game designer para discutir los objetivos del nivel y su narrativa particular.

A continuación, ya librados a nuestra suerte y oficio, dibujaremos un diagrama de proximidad, un boceto muy básico en 2D de la disposición aproximada de las diferentes áreas o «habitaciones» (*rooms*) principales del nivel. Estas serían como las espirales o anillos concéntricos del edificio. Recordemos que el diagrama de proximidad sirve para encontrar la primera idea sobre la cantidad y los tamaños de los espacios y de qué manera irán conectados para que sean funcionales.

De allí pasaremos a un plano de piso, por lo general todavía analógico (a menudo, estaremos dibujando sobre un papel cuadriculado), o bien directamente en digital. Suele funcionar bien hacerlo primero a mano, antes de «calcarlo» en el software o engine que usemos, pero esto depende más de la habilidad y estilo de trabajo del LD. Este proceso intermedio provocará varias alteraciones y nos permitirá ver más claro cómo toma forma la arquitectura del nivel.

Los niveles en espiral en verdad son bastante lineales, pero como el jugador va girando y a menudo descendiendo, o ascendiendo, la sensación de linealidad se disimula casi por completo. Si el jugador observa hacia abajo, podría ver un paisaje monumental, que lo asombra al tiempo que le anticipa el recorrido y genera ansiedad.

Bien, lo siguiente será identificar los puntos de entrada y salida iniciales para este esquema, así como posibles ubicaciones importantes como áreas de jefes, puntos de control, etc. Comenzaremos a unir estas áreas esbozadas con líneas o flechas que representen potenciales conexiones, bucles, atajos secretos. La idea es crear un diseño altamente interconectado. En caso de que el nivel tuviera varios pisos, podríamos usar un plano para cada uno, que luego deberemos conectar con flechas y números que indiquen hacia dónde apuntan. Por ejemplo, flecha tal en la superficie (del plano 0) apunta al subsuelo 1 (del plano 1).

Siempre será necesario iterar sobre este diseño 2D, moviendo y reposicionando áreas para lograr un flujo más orgánico y una espiral más coherente. Buscaremos espacios para crear nuevos bucles. ¡Nunca nos quedemos con la primera idea, porque todas las que siguen casi siempre van a ser mejores!

Con el plano de piso listo, pasaremos a crear un bloqueo 3D básico de volúmenes para representar este diseño en un espacio tridimensional. El objetivo es tener un esquema o *blueprint* detallado que posteriormente guíe la construcción de los niveles reales en 3D.

2. Bloqueo de espacios / *Gray box blockout*

Ahora toca importar o crear la geometría básica (primitivas 3D como cubos, cilindros, etc.) que represente los volúmenes aproximados de las diferentes áreas esbozadas en el mapa de piso. Deberemos posicionar y escalar estos volúmenes siguiendo el esquema en espiral. Algunas áreas pueden ser mayores y otras más pequeñas dependiendo de su función.

Procederemos a conectar estos volúmenes con formas básicas que representen los caminos, corredores, puentes, escaleras y otras áreas de tránsito entre ellos. Mantengamos en mente las conexiones y bucles planeados. Es necesario asegurarse de dejar suficiente espacio para las áreas de combate, las zonas cerradas, puntos de paso obligados, etc. Prestemos atención a la escala y las proporciones.

Además de las áreas principales, podríamos bloquear volúmenes que representen áreas secretas, atajos, huecos, y otros pasos para implementar más adelante. Lo importante es definir la arquitectura general, flujo de espacios y puntos de conexión clave en esta fase preliminar. Pensemos siempre en cómo los jugadores transitarán y explorarán estos espacios, es decir, el flujo o navegación.

El bloqueo da una comprensión 3D del diseño al tiempo que mantiene flexibilidad para ajustes posteriores.

3. Colocación de puntos clave

Después de tener el bloqueo básico en espiral, el siguiente paso es identificar y colocar puntos estratégicos. Estos servirán como anclajes y puntos de referencia importantes para el diseño final. Veamos.

- **Entradas y salidas**: definimos dónde estarán las entradas y salidas principales del nivel, así como posibles entradas y salidas secretas de la espiral.

- **Ubicaciones de jefes**: determinamos los lugares ideales para pelear contra enemigos jefe, típicamente en puntos culminantes o cercanos al centro de la espiral, los más amplios.

- **Puntos de control**: decidimos dónde colocar fogatas, puntos de guardado o *respawn* para que sirvan de descanso entre secciones desafiantes. Recordemos que la dificultad sube en «escalera», con pequeños descansos o zonas de calma (ver los apartados de «densidad» y «distribución» al principio de este capítulo).

- **Tesoros importantes**: identificamos ubicaciones estratégicas para colocar tesoros muy valiosos o clave que recompensen la exploración exhaustiva. Estos son imprescindibles, ¿eh? A menudo, tendrán directa relación con el guion de la historia (ver «Relación con la estructura dramática» en el *Cap. I*).

- **Puntos de orientación**: elegimos lugares prominentes para hitos visuales, arquitectura llamativa o elementos tipo *weenies* que ayuden a los jugadores a orientarse en el laberinto.

- **Accesos a atajos**: marcamos posibles entradas y salidas para los atajos y pasadizos secretos que conectarán diferentes partes del nivel entre sí.

- **Áreas de combate**: designamos espacios específicos donde tendrán lugar encuentros críticos con enemigos que requerirán diversas tácticas de combate.

La ubicación de estos puntos clave determina la experiencia y el flujo de juego. Pensemos en cómo guiar y recompensar al jugador mientras explora la espiral. La idea es crear puntos focales memorables. ¡Si hay que darles vueltas a otras ideas, hagámoslo!

Lo que sigue sería cuidar las líneas de visión.

4. Análisis de las líneas de visión

Este es un tema para cuidar en la mayoría de los niveles 3D, y mucho más en este ejemplo de arquitectura espiralada. Consiste en vigilar qué áreas son visibles desde diferentes puntos clave dentro del nivel. Esto lo haremos para saber dónde colocar pistas visuales y elementos direccionales para guiar intuitivamente al jugador.

Lo primero será verificar estos puntos especiales del nivel, algo que ya tenemos hecho desde el paso 2. Estos pueden ser entradas de áreas, ubicaciones de combate, intersecciones de caminos, etc. Desde ellos los jugadores obtendrán información visual importante. Así que, partiendo de esos puntos de vista, trazaremos líneas de visión —utilizando herramientas 3D— hacia diferentes direcciones para comprobar qué áreas son visibles. Ahora podremos estudiar qué geometría, estructuras, iluminación o elementos son visibles desde cada punto de vista. Tomemos nota de cualquier área importante en el campo visual.

Cuando ya tenemos todo visto, procederemos a colocar pistas visuales. En las áreas visibles, insertaremos elementos como focos de luz, arquitectura distintiva, efectos de partículas, etc. que puedan servir de señales que atraigan la atención del jugador. Cuando no deseamos que el jugador vea áreas importantes aún, podemos colocar obstrucciones como paredes, columnas o vegetación para bloquear la línea de visión.

Las líneas de visión guiarán la mirada del jugador hacia puntos de interés o crearán momentos de revelación al entrar a nuevas áreas. Por supuesto, hay que probar todo esto de las líneas de visión directamente en el nivel, «caminando», mirando en vivo y ajustando según sea necesario para lograr el efecto deseado. El objetivo es utilizar lo que el jugador puede y no puede ver para dejar «migas de pan» visuales (las llaman *breadcrumbing*) que sugieran dónde ir y qué explorar sin hacer que el camino sea obvio. En niveles laberínticos, las líneas de visión resultan determinantes para la navegación intuitiva.

5. Implementación de bucles

Los bucles —caminos espiralados o repetitivos, que también podemos llamar estructuras cíclicas o en *loop*— y los atajos que conectan diferentes áreas, son propios del diseño en espiral y los encontraremos en muchos tipos de niveles. Los atajos pueden estar en pasillos, salas o secciones que estén cerca unas de otras, como ya hemos ideado en los puntos 1 y 2. Lo que haremos ahora será decidir qué tipo de mecanismos o eventos activarán la abertura de estos atajos. Pueden ser llaves, palancas, acertijos ambientales, que el jugador deba derrotar a un enemigo específico, etc. Podríamos colocar puertas cerradas, paredes que se pueden derribar o abrir, o cualquier tipo de barrera que bloquee inicialmente el acceso a estas conexiones.

Siempre ubicaremos estos atajos en lugares que sean accesibles, pero no obvios, para recompensar la exploración. Por ejemplo, pueden estar ocultos o fuera del camino principal (*critical path*). Pensaremos en la dirección de los bucles, es decir, si estos senderos cíclicos permitirán viajar en ambas direcciones o sólo en una. Esto afecta el flujo. También determinaremos la distancia o cantidad de áreas que un bucle conectará para ofrecer atajos significativos, pero no demasiado poderosos. Asegurémonos de que se abran de forma escalonada, desbloqueando más accesos conforme el jugador progresa y explora más.

Por otra parte, a nivel estético, los bucles y sus atajos deben integrarse de forma orgánica y creíble con la arquitectura y ambiente para no parecer artificiales. ¡Y no, no basta con una texturita diferente, eso ya pasó de moda hace rato! Para que los bucles, atajos y conexiones entre áreas se sientan parte integral del nivel y no elementos simplemente insertados, nos valdremos de la narrativa ambiental. Es decir, los atajos deben tener una justificación narrativa dentro del mundo del juego. Pasillos secretos, entradas ocultas, puertas de escape, etc. que tengan sentido con el contexto. También cuidando los detalles arquitectónicos. En lugar de túneles genéricos, podríamos usar elementos existentes como pasadizos, conductos, alcantarillas, accesos de servicio, etc. para disfrazar las conexiones. Es linda práctica que, cuando se descubran atajos, el jugador encuentre momentos de «revelación», como vistas impactantes o áreas inesperadas.

En lugar de una textura de ladrillitos diferente, al estilo juegos de los 90, podríamos ser más modernos y sutiles, colocando marcas de desgaste, corrientes de aire, estructuras caídas, algo así, como para sugerir la existencia de caminos ocultos.

Los atajos accesibles deben abrirse en un orden lógico a medida que se explora y se adquieren nuevas habilidades y herramientas. La idea central con esto es implementar una red de rutas intrincada que recompense al jugador curioso por explorar a fondo el laberinto.

6. Pruebas y ajustes

Esta fase implica que todo el equipo de desarrollo, o un equipo de *playtest* y QA, juegue y explore —con lupa— todas las áreas, rutas y conexiones del nivel, siguiendo todos los caminos posibles. El fin es identificar problemas de flujo, buscar cualquier punto donde la navegación se interrumpa o se sienta forzada. Estas son las principales áreas donde los jugadores tienden a frustrarse o confundirse. Es positivo buscar oportunidades para añadir o remover conexiones a fin de mejorar el flujo general y sensación de laberinto.

Es necesario asegurarse de que cada atajo, puerta y mecanismo de desbloqueo funcione correctamente y en el orden previsto. Hay que evaluar si las pistas visuales, iluminación y señales ambientales guían efectivamente al jugador o si se necesita mayor claridad (a que sí). Ajustaremos la dificultad y vigilaremos la curva de aprendizaje en secciones demasiado fáciles o frustrantes. Equilibraremos combates y desafíos.

Siempre que sea posible, es conveniente hacer pruebas con jugadores externos para obtener retroalimentación fresca sobre su experiencia de descubrimiento y navegación.

7. Decoración de escenarios / *Set Dressing*

Una vez conformes y hecho un testeo final a pata por dentro del nivel en modo turista, ya (recién) podremos ponernos con la decoración y pulido, glamoroso proceso llamado *set dressing, polishing* o *flavour stage*. Esta fase consiste en mejorar las texturas y materiales —quizás hemos usado solo primitivas o materiales genéricos mientras los artistas creaban los definitivos— y en colocar la iluminación final (tonos, fuentes de luz, etc.). Es similar a la decoración de un set en una producción cinematográfica. Y, dependiendo de cuánto se pague a los artistas, igual de caro.

Estos detalles no suelen tener una funcionalidad de juego directa, sino que contribuyen a crear una sensación de profundidad, realismo y ambiente en el espacio del nivel. A veces claro que impactan en el flujo, como cuando un rayo de luz cae sobre una puerta para llamar la atención del jugador (ver el *Cap. XI*, «Neuroarquitectura»).

La idea al hacer pulido estético es «cortar» las líneas duras de la geometría con algunos elementos. Pueden ser cosas como mobiliario, adornos, vegetación, objetos ambientales, desgaste y deterioro y elementos que sugieren una historia o contexto previo, como una estatua hundida en la arena —que es parte de una ciudad perdida miles de años atrás—, de acuerdo con el *lore* del universo narrativo. Donde nos quedó un vértice fulero, zas, le clavamos un malvón.

Esta fase, si la realiza el LD, puede que sea a modo de decorado transitorio, debido a que luego vendrá un *enviroment artist* a ocuparse de la tarea de embellecimiento final. En otro caso, el menos ideal, el *polishing* será tarea de este mismo level designer que hizo la arquitectura. ¿Esto por qué? Como ya explicamos, muchas veces a un LD le gusta trabajar creando los espacios y el gameplay, pero no le agrada demasiado la fase de embellecimiento que, en esencia, requiere saberes diferentes.

El objetivo es vender la ilusión de que incluso los caminos ocultos son elementos integrales del diseño original, en lugar de adiciones forzadas. Con los detalles apropiados, nuestros demoníacos jugadores tendrán la sensación de estar explorando un entorno creíble e interconectado.

Bueno, ya con el nivel terminado (y nuevas pruebas de flujo y rendimiento), agarraremos el siguiente y volveremos al punto 1. El ciclo se repetirá. Ahora, de acuerdo con el GDD, será un nuevo nivel más grande, más peligroso y mucho más monono.

En el ***Apéndice A*** *hemos proporcionado un pequeño ejemplo de LDD.*

A partir de esos conceptos, podría ser desarrollado el blocking de los espacios y los elementos de gameplay concordantes con las mecánicas descriptas en el GDD o Biblia.

VII. El Templo de los Mil Despropósitos

El Invasor de Hierro y su «ejército» (es decir, el tipo con armadura oxidada y un garrote) habían perseguido a Chimalpopoca y Gomabola hasta la entrada de un antiguo templo. Era una estructura imponente, tallada en la roca de la montaña, con estatuas de deidades olvidadas que parecían más confundidas que amenazantes. Un intrincado patrón de espirales decoraba las paredes, sugiriendo que los arquitectos antiguos habían tenido demasiado tiempo libre.

—¡Aquí será vuestro fin, bárbaro! —gritó el Invasor, ajustándose el casco, que seguía cayéndose cada vez que movía la cabeza.

Chimalpopoca miró el templo, luego al Invasor, y finalmente a Gomabola, quien le devolvió la mirada con un «¿De verdad vamos a hacer esto?» en sus ojos expresivos.

—Bueno, si vamos a pelear, al menos hagámoslo en un lugar fresco —dijo el bruto, entrando al templo con su macuahuitl al hombro.

El interior del templo era impresionante en el sentido de «esto parece diseñado para matar gente». Un camino en espiral descendía hacia las profundidades, bordeando un abismo tan oscuro que parecía devorar la luz. Cada pocos metros, había estatuas de guerreros antiguos que sostenían armas imposibles, unos bolsitos cuadrados y parecían estar a punto de cobrar vida. El aire estaba cargado de polvo y una sensación de inevitabilidad dramática, como si el lugar hubiera sido construido específicamente para héroes propensos a tropezarse.

—¡Os tengo justo donde quería! —gritó el Invasor, descendiendo con dificultad por los escalones de piedra. Su armadura metálica resonaba como un tambor desafinado, y su compañero del garrote, claramente arrepentido de sus decisiones de vida, lo seguía a regañadientes.

Chimalpopoca los observó desde un par de giros más abajo.

—Che, sabés que te escucho, ¿no? —dijo, su voz rebotando en las paredes del templo.

—¡Silencio! ¡Cerrad la boca! —respondió el Invasor, intentando parecer intimidante mientras resbalaba ligeramente y daba un pequeño gritito agudo.

La batalla comenzó en serio cuando el Invasor, tras un dramático grito de guerra, lanzó un ataque con su diminuta espada. Chimalpopoca lo esquivó con un movimiento casual, como si estuviera apartando una mosca particularmente insistente.

—¿Eso fue todo? —preguntó, levantando una ceja.

—¡Esto es solo el comienzo! —gritó el Invasor, avanzando con un ataque que, técnicamente, habría sido más peligroso si no hubiera estado apuntando a las gordas rodillas de Chimalpopoca.

Mientras tanto, el tipo del garrote intentaba rodear a Gomabola, quien, en un acto de puro desdén, l escupió en la cara antes de retroceder. La bola de saliva y fruta ácida le cerró los ojos.

El verdadero caos comenzó cuando Chimalpopoca, en un esfuerzo por terminar rápido, golpeó el suelo con su macuahuitl. El impacto hizo temblar el templo y, de alguna manera, activó un mecanismo oculto.

—¡Cuidado! —gritó el Pergamino desde el interior del estómago de Chimalpopoca—. ¡Alguien acaba de activar el modo «todos mueren»!

Las estatuas a lo largo de las paredes comenzaron a moverse, sus ojos brillando con una luz verde intensa. Una de ellas, un guerrero con una lanza que parecía más grande que él, se abalanzó hacia el Invasor, quien soltó un grito que sonaba notablemente menos heroico y más como el de un ratón sorprendido.

—¡Retirada estratégica! —gritó el Invasor, corriendo hacia los escalones, su «ejército» siguiéndolo a ciegas.

—¡¿Qué pasó con conquistar Pangea?! —se burló Chimalpopoca, riendo mientras golpeaba a una de las estatuas con su macuahuitl, desarmándola con un crujido satisfactorio.

El templo ahora era un caos total, con estatuas persiguiendo a todos, el Invasor tropezando con su armadura, y Gomabola subiendo las escaleras con una dignidad que sugería que estaba por encima de todo esto.

Finalmente, cuando las estatuas parecían estar ganando terreno, el Invasor de Hierro se detuvo al borde de un precipicio.

—¡Este no es el final! —gritó, levantando un dedo dramáticamente—. ¡Volveré con un plan mejor y un ejército más grande! ¡Os lo prometo!

Y con eso, saltó al abismo... aterrizando en un charco de agua poco profundo que estaba a solo dos metros de profundidad.

—¿Cómo salgo de aquí? —preguntó, mirando hacia arriba.

Chimalpopoca, Gomabola y hasta el tipo del garrote (que acababa de recuperar la visión) lo miraron en silencio.

—Bueno, eso fue decepcionante —dijo el Pergamino desde el interior de Chimalpopoca.

—Sí, de terror —asintió Chimalpopoca, girándose hacia la salida—. Vamos, Gomabola. Seguro encontramos algo más divertido afuera.

Y así, la batalla terminó, dejando al Invasor de Hierro gritando por ayuda desde el fondo del abismo, mientras las estatuas, aparentemente aburridas, volvían de a poco a sus posiciones originales.

BONUS STAGE

ESTILO VISUAL

EL GLAMOUR DE CHIMALPOPOCA EL BRUTO

Una obra de arte nunca se termina,
solo se abandona.

Paul Valéry

XIV
Polishing

El proceso de pulido y embellecimiento. Comunicación visual. Iluminación estática y dinámica. Skybox. El uso del color. El uso del sonido. Música adaptativa. Cinemáticas. Motion Comics.

CUANDO HABLAMOS DE POLISHING, NOS REFERIMOS AL PROCESO MÁS REFINADO DE LA CREACIÓN VISUAL DE UN VIDEOJUEGO. Es el momento donde los detalles más pequeños pueden transformar un espacio regular en un mundo impactante. Como dijimos en capítulos previos, esta fase de la producción no siempre queda en manos de los LD —que posiblemente fruncen la nariz con la decoración de escenarios—, sino que podría ser responsabilidad de uno o más *environment artists* (artistas ambientales). En un mundo ideal, es decir, profesionalizado, un level designer y un environment artist son oficios y artes separados, aunque tienen mucho en común.[142] El primero construye los espacios, el segundo los decora y termina de pulir la ambientación. Este proceso es la continuación del diseño de un nivel ya testeado en su aspecto jugable. No se decora mientras el nivel no ha sido verificado, lo que involucra el control de jugabilidad y el control de calidad. El environment artist recibe el nivel con cierta decoración que ya hizo el LD, que puede ser transitoria y está colocada ahí por jugabilidad más que por embellecimiento.

El artista entonces debe leer a fondo la documentación —el GDD, lo que incluye en especial la guía de arte— para entender el tono y la profundidad del juego, y hacer cuantas preguntas considere necesarias. A

[142] A veces, quienes no están dentro de la industria desconocen la **segmentación de roles** que puede tener cada disciplina de las muchas que son necesarias para desarrollar un videojuego, en particular aquellos de mayor presupuesto. Por ejemplo, en el área artística, puede haber un equipo de especialistas en concept art, ilustración, personajes, props, escenarios, animación, rig, materiales, arte técnico y UI / UX. A su vez, cada una podría tener subespecializaciones.

continuación, procederá a trabajar en el *polishing* o *flavour stage* del nivel. A tener en cuenta que, mientras lo hace, el equipo estará construyendo el siguiente nivel. Vale decir, se trabaja en tareas simultáneas.

El proceso de polishing consta de 10 pasos, a saber:

1. **Revisión inicial de entornos**: el primer paso es hacer un recorrido completo por el nivel, documentando cada detalle visual. El artista identifica inconsistencias en la iluminación, texturas que parezcan repetitivas o poco naturales, y zonas donde la composición no se sienta coherente o atractiva. No se trata solo de caminar por el escenario, sino de experimentarlo como lo haría un jugador, pero con los ojos de un artista técnico.
2. **Optimización de texturas**: se refinan las texturas de cada elemento del entorno. Esto implica eliminar imperfecciones, asegurar que las resoluciones sean consistentes. Se debe verificar que los mapas de normales y especulares / *gloss map*[143] estén bien calibrados y que no haya pixelación o degradación visual.
3. **Refinamiento de la iluminación**: fundamental para crear atmósfera y guiar la experiencia del jugador. Se balancean y ajustan las fuentes de luz, se crean puntos focales y de jerarquía visual, se eliminan sombras poco naturales y se generan transiciones suaves entre diferentes zonas de iluminación.
4. **Prop y decoración**: se agregan detalles que den profundidad y credibilidad a los espacios, como pequeños objetos que cuenten historias. Se cuida que haya variedad en la disposición de elementos decorativos, se coloca micro-geometría para una mayor complejidad visual. Es obligatorio asegurarse de que cada prop tenga un propósito estético o narrativo.
5. **Revisión de consistencia visual**: se verifica que todos los elementos mantengan una paleta de color coherente y un estilo artístico uniforme. No debe haber distracciones visuales innecesarias. Todo tiene que integrarse armónicamente con el diseño general del nivel.

[143] Los **mapas especulares** (specular maps) y los **mapas de brillo** (gloss maps) son similares pero tienen diferencias. El gloss map controla qué tan nítidos o difusos son los reflejos. El specular map define la intensidad de los reflejos y el color que se refleja. En la práctica, muchos motores de juegos los usan de manera intercambiable o combinan ambas propiedades en un solo mapa.

6. **Optimización de rendimiento**: consiste en equilibrar la calidad visual con el rendimiento del juego, reduciendo polígonos en zonas poco relevantes, usando técnicas de LOD (ver el *Cap. IV*, «Level of Detail»), optimizando shaders e implementando oclusión de objetos para mejorar la eficiencia.
7. **Pruebas de iluminación y sombras**: se hacen pruebas exhaustivas de calidad de las sombras, el comportamiento de la luz en diferentes condiciones, los efectos de iluminación global y las transiciones entre zonas con distintas condiciones lumínicas.
8. **Iteración y feedback**: una vez hecho todo lo anterior, es hora de volver con el equipo de desarrollo y verificar todo con los LD, los programadores y los demás artistas. Se recogen opiniones y se procede a la corrección final.
9. **Pruebas finales**: un último recorrido crítico verificando que no haya elementos visuales rotos, la consistencia en todos los detalles y la sensación general de pulido y calidad.
10. **Documentación**: es obligación del artista ambiental hacer el registro de los cambios, decisiones de diseño y procesos seguidos para futuras referencias o posibles proyectos similares.

> *Un environment artist experimentado sabe que* ***la perfección está en los detalles****, pero también sabe cuándo detenerse para no caer en la trampa del perfeccionismo que puede retrasar indefinidamente un proyecto.*

Iluminación estática y dinámica

Ya sabemos que la luz juega tanto en la estética como en la funcionalidad de un nivel (neuroarquitectura). Se divide generalmente en iluminación estática y dinámica:

- **Iluminación estática**: se calcula antes de la ejecución del juego (pre-computada o *pre-baked*, «quemada», «horneada») y no cambia durante el gameplay. Es ideal para espacios donde las fuentes de luz no varían, ya que consume menos recursos de procesamiento. Además, permite un alto nivel de detalle en sombras y luces suaves, lo que mejora la calidad visual.

- **Iluminación dinámica**: se calcula en tiempo real, permitiendo que las fuentes de luz respondan a cambios en el entorno, como la posición del jugador, la hora del día o eventos interactivos. Es esencial para juegos con ciclos día-noche, linternas o explosiones, pero es más exigente para el hardware.

Un diseño efectivo suele combinar ambas: la iluminación estática para elementos permanentes y la dinámica para momentos clave o interactivos, equilibrando rendimiento y realismo.

Skybox

Es una textura o conjunto de texturas que envuelven la escena de un videojuego simulando el cielo, el horizonte o el espacio exterior. Cuando en lugar de un cubo es una esfera, algunos LD y los terraplanistas la llaman *skydome*.

Su objetivo es crear la ilusión de un entorno amplio e infinito sin cargar el rendimiento del juego con elementos tridimensionales adicionales. Aunque su implementación suele comenzar en fases tempranas del desarrollo, es durante el polishing donde se optimiza y refina.

Un skybox debe complementar y reforzar la narrativa y el tono del nivel. Es importante asegurarse de que sus colores, texturas y elementos visuales estén en armonía con los eventos del juego y las emociones que se desean evocar. Por ejemplo, un nivel con un ambiente postapocalíptico puede requerir nubes densas y un sol moribundo.

El skybox influye en la iluminación del nivel. Por lo tanto, es necesario asegurarse de que la dirección y calidad de la luz coincidan con las fuentes de luz visibles en el skybox, como soles o lunas. Además, hay que verificar que sus colores no generen contrastes demasiado abruptos con los elementos del entorno.

Un skybox mal optimizado puede impactar negativamente en el rendimiento del juego. Para evitar problemas, las texturas deben ser detalladas para evitar la pixelación, pero no tan grandes como para que afecten el rendimiento. Será necesario simplificar los shaders para minimizar la carga en la GPU, especialmente si el skybox incluye animaciones o efectos dinámicos, como nubes que se desplazan, estrellas titilantes o tormentas en el horizonte.

THIS IS THE WAY

En el ámbito cinematográfico, el skybox adquiere mayor complejidad al integrarse con pantallas LED envolventes y sistemas de renderizado en tiempo real, permitiendo la filmación de actores en escenarios virtuales dinámicos y visualmente coherentes. Un ejemplo destacado es su uso en la serie The Mandalorian, *basada en el universo de Star Wars, donde se empleó la tecnología StageCraft, desarrollada por Industrial Light & Magic (ILM) en colaboración con Epic Games. Esta innovación, estrenada con la serie en 2019 en Disney+, revolucionó la producción audiovisual al combinar fondos renderizados en tiempo real con sets físicos, eliminando la necesidad de pantallas verdes tradicionales y ofreciendo una iluminación integrada y entornos visualmente inmersivos. Un hito en la convergencia entre el arte cinematográfico y las tecnologías de renderizado en tiempo real.*

El uso del color

El color es mucho más que un elemento estético. Cada tono tiene una carga emocional específica que puede modificar el estado de ánimo del jugador. Los azules fríos y profundos generan sensaciones de soledad, misterio o amenaza, perfectos para niveles de ciencia ficción o escenarios de *survival horror*. Los verdes pueden sugerir naturaleza, esperanza o, dependiendo de su tonalidad, putrefacción y descomposición. Los rojos provocan urgencia, peligro o pasión, mientras que los tonos cálidos como naranjas y amarillos pueden transmitir calidez, seguridad o energía. Vimos esto en el *Cap. XI,* «Neuroarquitectura».

La paleta de colores no es solo una decisión estética, sino una herramienta de diseño de experiencia. Un cambio sutil en la temperatura cromática puede guiar psicológicamente al jugador, anticipar eventos narrativos o generar expectativas sobre lo que se encontrará en el siguiente espacio. Un corredor que va degradándose de tonos cálidos y luminosos a colores fríos y oscuros prepara inconscientemente al jugador para una transición hacia algo amenazante.

La coherencia cromática es esencial. Una paleta bien definida hace que un juego se vea atractivo, y además genera una identidad única. Juegos como *Journey* o *Inside* son reconocibles por su uso magistral del color, donde cada tono parece tener un propósito narrativo más allá de lo decorativo.

Los puntos focales se crean mediante la ruptura deliberada de la paleta general, usando un color que destaque sobre el fondo. Un objeto rojo brillante en un entorno azul y desaturado atraerá al instante la atención del jugador.

La evolución de la paleta de colores puede contar historias sin necesidad de texto. Un ambiente que va transformando gradualmente sus tonos puede representar cambios emocionales, temporales o narrativos. La degradación de colores vibrantes hacia tonos apagados puede simbolizar la decadencia de un mundo, mientras que el proceso inverso puede sugerir esperanza o renacimiento.

Los colores también funcionan como códigos de legibilidad. Mediante variaciones cromáticas se pueden crear jerarquías visuales que guíen naturalmente al jugador, diferencien zonas, o sugieran posibles caminos o acciones.

La iluminación amplifica y transforma los colores, creando capas adicionales de significado. Un mismo tono puede parecer completamente diferente dependiendo de cómo la luz lo ilumine. Un rojo puede parecer cálido y acogedor bajo una luz dorada, o violento y amenazante bajo una luz verdosa y artificial.

Comprender el color implica ir más allá de la teoría cromática tradicional. En videojuegos, el color es un elemento dinámico que interactúa con la iluminación, las texturas, la geometría y la narrativa. En videojuegos, en cine, en cómics, en arte, el color no decora, comunica. No es un elemento superficial, sino una dimensión fundamental de la experiencia.

El uso del sonido

Al igual que el color, el sonido es un componente estructural de la experiencia de juego. Un environment artist moderno no puede pensar en un espacio únicamente en términos visuales, debe aprovecharse de los elementos sonoros que construyen, transforman y narran ese mismo espacio.

Los elementos sonoros y la música construyen **estados de ánimo**. Un mismo espacio puede transformarse del todo mediante un cambio en la banda sonora. Un corredor silencioso puede volverse tenso con la introducción de sonidos de respiración entrecortada o música de suspenso, o convertirse en un espacio de esperanza con melodías suaves y ascendentes. Los compositores y diseñadores de sonido utilizan frecuencias, ritmos y texturas sonoras para provocar respuestas psicológicas específicas en el jugador.

El sonido interactivo completa la experiencia. Ya no se trata de una banda sonora estática, sino de un elemento que responde a las acciones del jugador. Cada paso genera un sonido diferente dependiendo de la superficie, la interacción con un objeto produce una respuesta sonora. Un cristal que se rompe, una puerta que se abre, el movimiento de hojas en un bosque, todo se convierte en una experiencia sensorial.

Como narrador, el sonido puede contar historias completas sin necesidad de palabras. Los sonidos ambientales son fragmentos de narrativa que revelan información sobre el mundo. El crujir lejano de una estructura metálica puede sugerir abandono, los sonidos de máquinas funcionando indican actividad industrial, el ulular del viento puede revelar la geografía y el estado de un espacio. Estos elementos sonoros funcionan como pistas arqueológicas que permiten construir mentalmente la historia del entorno. De hecho, es posible diseñar un juego solo con sonidos, una tarea titánica, pero sin duda desafiante como pocas.

La espacialización del sonido añade una dimensión adicional. Un sonido que parece provenir de una dirección específica no solo genera tensión, funciona como una guía sutil para el jugador. Un ruido extraño en una dirección particular invita a explorar —o a salir de raje—, puede ser una advertencia de peligro o una pista narrativa. Los diseñadores utilizan técnicas de audio 3D que permiten una experiencia donde el sonido, más que escucharse, se siente.

Bueno, y algo interesante es que la ausencia de sonido también es un elemento narrativo muy potente. Un silencio repentino puede ser más impactante que cualquier música intensa. Los momentos de quietud sonora generan expectativa, tensión, invitan a la reflexión. Un nivel que juega con la presencia y ausencia de sonido puede crear experiencias narrativas complejas, generando una amalgama de estados emocionales.

La tecnología actual permite niveles de complejidad sonora impensables hace apenas una década. Sistemas de audio adaptativo, inteligencia artificial para generación de sonidos, técnicas de grabación cada vez más sofisticadas, permiten crear experiencias sonoras que respiran, evolucionan y reaccionan de manera casi orgánica. El sonido se ha convertido en un personaje más dentro del universo del videojuego, tan importante como cualquier elemento visual o mecánico.

El aspecto psicológico del sonido

Cada ser humano tiene una memoria sonora única basada en experiencias personales, lo que significa que un mismo sonido podría provocar reacciones emocionales diferentes en distintos jugadores. Un sonido de máquina antigua podría generar nostalgia en alguien, mientras que para otro podría representar una amenaza.

Así como en la música clásica o el cine, ciertos temas musicales o sonoros pueden asociarse con personajes, lugares o situaciones específicas. Cuando un jugador escucha ese motivo musical, inmediatamente evoca toda una carga emocional y narrativa asociada. Por lo tanto, los sonidos pueden ser herramientas para el diseño del gameplay.

En muchos juegos, el audio se convierte en presagio: el sonido de un arma recargándose, el crujir de una estructura que va a colapsar, el susurro de un enemigo oculto que pocos segundos después nos saltará a la yugular. ¡Guardaaa! El sonido transmite información estratégica.

*La **accesibilidad sonora** es un tema importante. Las prácticas recomendables sugieren diseñar sistemas de audio que puedan ser disfrutados por personas con diferentes capacidades auditivas, incluyendo opciones de subtítulos para efectos sonoros, visualización de sonidos mediante señales en pantalla, o sistemas de vibración alternos.*

La sincronización del sonido con los eventos visuales es un arte. Un buen diseño de sonido puede hacer que un mismo evento se sienta diferente dependiendo de cómo se construya su paisaje sonoro.

Pero cuidado. Existe un concepto conocido como «fatiga auditiva», que nos dice que los jugadores no pueden estar sometidos constantemente a estímulos sonoros intensos. Igual que la «escalera» de la curva de dificultad, en materia sonora es importante crear momentos de quietud, transiciones y variaciones de intensidad que permitan al cerebro del jugador descansar y procesar la información sensorial. ¿Acaso no nos pasa a todas las personas que después de un día de mucho tráfico, bocinazos, chirridos, pitidos, voces, la camioneta de las chatarras, pareciera que nos va a estallar el cerebro?

La cultura también influye en la percepción sonora. Un mismo instrumento o tipo de sonido puede tener significados muy diferentes dependiendo del contexto cultural del jugador. La idea es que los diseñadores de sonido procuren crear experiencias sonoras globalmente significativas.

Música adaptativa

La música en videojuegos es única por su naturaleza interactiva. A diferencia del cine o la televisión, donde la música sigue una línea temporal fija, en los videojuegos responde dinámicamente a las acciones del jugador y los estados del juego.

Para hacer el trabajo, el compositor debe entender el tono y la narrativa, y cómo se mueve el jugador por el espacio, qué acciones puede realizar y cómo estas afectarán a la música. No compone una pieza lineal, sino un sistema musical completo que puede transformarse en tiempo real. Esto suele nombrarse música adaptativa.

Una misma pieza musical debe poder transformarse según el contexto: intensificarse durante el combate, suavizarse en momentos de exploración, generar tensión ante la proximidad de enemigos. Esto requiere que la música se componga en capas que pueden superponerse, mezclarse o alternarse según las necesidades del momento.

Por lo tanto, será indispensable considerar las transiciones musicales como parte fundamental del diseño. ¿Cómo pasa la música de un estado tranquilo a uno de combate sin que suene abrupto? ¿Cómo mantiene la coherencia musical mientras responde a acciones impredecibles del jugador? Estas transiciones deben ser musicalmente satisfactorias con independencia del momento en que ocurran.

Modularidad

Las piezas musicales se construyen como bloques que pueden recombinarse de diferentes maneras, lo que se conoce como modularidad. Una melodía principal puede tener variaciones que se activan según el contexto, mientras que los elementos de percusión o ambientales pueden entrar y salir según la intensidad requerida.

Los compositores trabajan con middleware específico para videojuegos como FMOD o Wwise, que permiten programar comportamientos musicales complejos. La optimización del uso de memoria y recursos es crucial, sobre todo en plataformas con limitaciones técnicas.

Verticalidad y horizontalidad musical

La música vertical se refiere a las diferentes capas que pueden superponerse (melodía, armonía, percusión, efectos), mientras que la horizontal representa cómo estas capas evolucionan en el tiempo. Ambas dimensiones deben trabajar en conjunto para crear una experiencia musical cohesiva.

El proceso de iteración es constante. La música debe probarse en el contexto real del juego, ajustándose según el feedback del equipo y las pruebas con jugadores. (Una pieza que suena perfecta en el estudio puede no funcionar cuando se integra con todos los demás elementos del juego). La narrativa musical en videojuegos debe ser más sutil que en otros medios. No puede anticipar demasiado los eventos (como suele hacer el cine) porque el jugador tiene el control de la acción. En su lugar, debe crear un marco emocional que apoye la experiencia sin dirigirla completamente.

¿Música y sonidos comprados o a medida?

Algo común durante las etapas de construcción / bloqueo de niveles es la utilización de sonidos provisorios que más tarde, en la etapa de *polishing*, serán reemplazados por los definitivos. Esto ahorra tiempo y también sirve como base para que el diseñador o ingeniero de sonido, y más tarde el artista ambiental, comprendan el tono psicológico y narrativo del juego.

Lo ideal es contar con música compuesta específicamente para el juego, aunque existen librerías excelentes que se pueden adquirir o licenciar, y en todo caso, en juegos chiquitos, puede que baste con eso. ¡Eso sí, mucho cuidado con usar música y sonidos sin autorización!

Algo importante es proporcionar referencias al compositor, piezas que hayamos escuchado en cine, videojuegos y música en general que nos hayan volado la cabeza, para que entienda el concepto que está buscando el equipo.

Cinemáticas / *Level Cinematics*

Si bien las cinemáticas o *cutscenes* no forman parte directa de la etapa de polishing, son importantes porque hacen a la experiencia general y funcionan como puntos de anclaje narrativo. Sin duda, querremos tenerlas en el juego. A menudo, una buena «intro» animada funciona como entrada al gameplay[144] o es usada como material promocional.

Cabe notar que las *cutscenes* pueden ser cortos animados tanto como eventos preprogramados en el mismo engine, es decir, escenas guionadas como una película, pero «actuadas» por los personajes en tiempo real. Para el primer caso, los grandes estudios suelen tercerizar el trabajo a un estudio de animación. Para el segundo caso, es conveniente confiar la animación a una persona que, además de manejar el engine, entienda de cine, teatro y gestualidad en general. Esta persona no suele ser el LD, cuya tarea principal es la construcción de espacios, entre otras (como hemos visto hasta aquí, organiza la arquitectura, coloca objetos, hace el set dressing mínimo necesario, distribuye enemigos y se ocupa del flujo del gameplay). ¡Ya suficiente trabajo tiene, che!

Las cinemáticas deberían añadir valor a la experiencia de juego, no solo ser un vehículo para la exposición. Pueden usarse para crear

---

[144] Hay que diferenciar las animaciones de un trailer promocional de las cinemáticas que vemos, por lo general, al inicio de un videojuego o que están distribuidos a modo de escenas clave durante el gameplay.

momentos memorables, desarrollar personajes, o mostrar eventos espectaculares que serían difíciles de reproducir en el gameplay normal. Esta es la razón por la que el LD podría incorporarlas en su trabajo. En ese caso, se las suele denominar como «level cinematics».

Por puro sentido común, la consistencia visual entre el gameplay y las cinemáticas es algo muy deseable. Uno de los defectos más comunes es mostrar personajes o entornos con una calidad visual superior en las *cutscenes* que durante el juego, lo que puede crear una desconexión en la experiencia del jugador. ¡Bueno, es que estamos en el siglo XXI!

> *La **regla general** es: si se puede contar algo a través del gameplay, no lo haremos con una cinemática, lo haremos con el gameplay.*

Guion literario

Como sabemos, el guion de videojuegos se escribe usando condicionales para indicar qué ocurre en respuesta a las elecciones del jugador (ver el *Cap. I*, «Relación con la narrativa de un juego»). En el libro IV de esta serie, *Diseño y narrativa interactiva*, explicamos las técnicas y damos ejemplos. Cuando se trata de una cinemática, en cambio, el formato que usaremos es el tradicional guion audiovisual, como el del cine o las series de TV. Este tiene sus reglas, métricas y demás. Existen dos tipos: el guion literario —que describe la acción y los diálogos y es obra de un guionista—, y el guion técnico que hace el director, que incluye detalles como los planos de cámara y la duración de las escenas.

Por tanto, a no confundir. Tanto si estamos tercerizando una cinemática, como si la creamos internamente, es necesario proporcionar un guion literario, en formato tradicional de cine, al equipo que se encargará de la producción de esa cinemática.

Si vamos a tercerizar el trabajo, acompañando al guion se debe entregar la documentación necesaria —extrayéndola probablemente de la mitología o biblia narrativa— para que el estudio externo comprenda el tono y el lore del juego.

Y si vamos a crear la cinemática con el engine, lo mismo. Necesitaremos el guion para definir el entorno, cómo actuarán los personajes, qué dirán, las vistas de cámara y todos los detalles propios de una película.

¡Dame el control, maldita sea!

A diferencia del cine, donde el espectador es pasivo, cuando se presenta una animación los jugadores esperan volver al control de la acción lo antes posible. Una cinemática demasiado larga suele romper el ritmo del juego, a menos que seas Kojima. Los jugadores deben tener la opción de saltarlas, especialmente en las repeticiones del juego. Sin embargo, es importante asegurar que la información crucial para el gameplay y la historia se comunique de otras maneras si se salta la escena.

Narrativa ambiental

Puede ser una alternativa efectiva a las *cutscenes* tradicionales. En lugar de interrumpir el juego para mostrar información, como hemos explicado (ver el *Cap. I*, «Relación con la estructura dramática»), esta puede integrarse en el entorno mediante objetos interactivos, diálogos opcionales o eventos que ocurren mientras el jugador mantiene el control. Las cinemáticas pueden servir como momentos de respiro, permitiendo al jugador procesar lo que ha ocurrido y prepararse para lo que viene. También pueden usarse para ocultar tiempos de carga o transiciones entre niveles, haciendo que estos momentos técnicos necesarios sean parte natural de la narrativa.

Localización

Otro aspecto importante (OK, vale solo para billeteras gordas o juegos con *publishers* medianamente sensatos). Las cinemáticas tienen que diseñarse considerando que necesitarán doblaje en múltiples idiomas y subtítulos. Esto afecta tanto a la animación de los personajes como a la duración y ritmo de las escenas.

Duración y ritmo

- Mantener las cinemáticas breves y dinámicas (¡sí, los jugadores quieren volver a la acción!).
- Distribuirlas estratégicamente para no interrumpir demasiado el gameplay (ver «Vehículos narrativos» en *Estructura lúdica*).

- Considerar cinemáticas más cortas pero más frecuentes versus menos pero más largas (ojo con los plazos y costos).

Integración con el gameplay

- Permitir que el jugador mantenga cierto control cuando sea posible (cinemáticas interactivas).
- Usar el mismo motor del juego para mantener consistencia visual.
- Transicionar suavemente entre gameplay y cinemática.

Narrativa y emoción

- Mostrar lo que no se puede experimentar durante el gameplay normal o con pura narrativa ambiental.
- Usar para momentos dramáticos clave y revelaciones importantes. Por ejemplo, en el momento de un *plot twist*, o cuando un boss muestra la cara.
- Aprovechar los ángulos de cámara cinematográficos para mayor impacto. ¡Llamen al que estudia cine!

Aspectos técnicos

- Ofrecer la opción de saltarlas, especialmente en repeticiones (sí, de nuevo: ¡los jugadores quieren volver a la acción!).
- Considerar tiempos de carga y transición.
- Mantener coherencia con las capacidades gráficas del juego base, o bien cuidar mucho que se combinen con buen gusto.

Es obligatorio optimizar las *cutscenes* para que no afecten el rendimiento del juego. Esto incluye gestionar adecuadamente la memoria, los recursos y las transiciones entre las escenas y el gameplay, tareas que corresponden en general al equipo de programación o al artista técnico.

Una tendencia moderna es integrar momentos cinematográficos dentro del gameplay activo, como hace *God of War*, donde la cámara nunca corta, pero logra escenas tipo película mientras el jugador mantiene el control.

Motion Comics

Los *motion comics* representan una alternativa a las cinemáticas tradicionales. Fueron muy populares en los años 2000, pero han evolucionado, frecuentemente mezclándose con otros estilos de animación y narrativa visual. Algunos estudios optan por incorporar elementos de *motion comics* en un estilo más híbrido en lugar de usar el formato tradicional puro. Sin embargo, pueden ser una solución excelente para indies o hippies con bolsillos flacos.

Esta técnica narrativa combina el lenguaje visual del cómic con animación limitada, creando una estética única que puede ser tanto práctica como artísticamente efectiva, ¡y muchísimo menos costosa! Ya sabemos, son una especie de animación hecha con imágenes estáticas que se desplazan suavemente en diferentes capas, mientras quizás se oye una locución. Una de las principales ventajas de los *motion comics* es su eficiencia en términos de recursos. La combinación de ilustraciones estáticas con elementos animados selectivos permite crear secuencias cinematográficas de buena calidad con una fracción de los recursos.

Imaginemos un ejemplo: la escena comienza con un panel a página completa que muestra una ciudad futurista en ruinas. Las luces parpadeantes de los neones rotos se reflejan en los charcos de lluvia, creados mediante un sutil efecto de animación que hace brillar el agua. El cielo oscuro se mueve lentamente con un parallax suave, mientras las nubes digitales se desplazan creando profundidad.

La cámara realiza un zoom lento hacia un edificio específico, mientras los paneles se dividen cinematográficamente. El movimiento entre viñetas se realiza por medio de transiciones dinámicas, donde cada panel emerge del anterior, manteniendo la fluidez narrativa. Las sombras se deslizan a través de las imágenes, creando tensión.

En el siguiente panel, vemos al protagonista en una pose estática pero dramática, su gabardina ondeando sutilmente con un efecto de animación minimalista. Sus ojos, inicialmente cerrados, se abren lentamente (una solución simple pero impactante). El texto aparece en globitos que se materializan con un efecto de desvanecimiento, acompañado por un sonido de interferencia electrónica.

La acción se intensifica mediante una secuencia de paneles más pequeños que muestran detalles: un arma siendo desenfundada (con un destello animado), una gota de sudor cayendo (animada *frame por frame*), un ojo que se estrecha. Cada panel aparece con un timing preciso, acompañado por efectos sonoros que aumentan la tensión.

La escena culmina con una composición dividida: en un lado, nuestro protagonista en posición de combate; en el otro, la silueta amenazante del antagonista. Entre ellos, rayos de luz atraviesan la escena mediante una animación constante. Los elementos de la interfaz del juego se integran naturalmente en el diseño de los paneles, mostrando información sin romper la estética del cómic.

El sonido hace lo suyo: una mezcla de música ambiental, efectos de lluvia, y el zumbido de la ciudad crean una atmósfera envolvente. Los diálogos están doblados, pero mantienen la estética de diálogos de cómic que aparecen sincronizados con las voces. La escena termina con un efecto de «pase de página» que transiciona suavemente al gameplay, manteniendo algunos elementos estilísticos del *motion comic* durante los primeros segundos de juego para suavizar la transición.

Como se puede imaginar, toda la escena quedaría bárbara y habríamos invertido muchísimo menos tiempo —bueno, algo así como dos meses— y recursos que si fuera una cinemática animada.

> *Es factible experimentar con motion comics que incluyan elementos de elección, donde los jugadores puedan* ***tomar decisiones*** *que afecten el desarrollo de la historia. Esto crea un puente interesante entre la naturaleza pasiva de una cutscene tradicional y la interactividad del gameplay.*

El estilo visual distintivo de los *motion comics* también puede contribuir a la identidad artística de un juego. Títulos como *Max Payne* (2001) o *inFAMOUS: Second Son* (2014) han utilizado este formato para crear transiciones narrativas que no solo cuentan la historia, sino que refuerzan la estética general del juego. La naturaleza híbrida del formato permite jugar con diferentes estilos artísticos y técnicas de narrativa visual. *Kill It With Fire* (2020) usa esta técnica para sus secuencias entre niveles y para relatar elementos de la trama.

A diferencia de los cómics tradicionales, donde el lector controla el ritmo de lectura, los *motion comics* deben equilibrar la duración de cada escena para permitir que el texto sea leído —y escuchado— sin romper el flujo narrativo. Hay que considerar el tiempo de lectura promedio y adaptar el ritmo de la animación en consecuencia.

En términos de producción, los *motion comics* también pueden ser una herramienta valiosa para el prototipado y la previsualización.

Pueden usarse para probar secuencias narrativas y *timing* antes de comprometer recursos a *cutscenes* más elaboradas.

Moraleja: ¡las limitaciones técnicas pueden convertirse en ventajas estilísticas cuando se aprovechan creativamente!

VIII. El auge y caída del Abismo de la Eternidad

Chimalpopoca, Gomabola y el Invasor de Hierro (acompañado de su fiel y resignado soldado) salieron del Templo de los Mil Despropósitos a duras penas, cubiertos de polvo, sudor y la amarga sensación de que las estatuas animadas no habían sido diseñadas para el entretenimiento de nadie.

—¡Una victoria gloriosa! —gritó el Invasor, levantando su espadita al cielo—. Y gracias por volver por mí.

—¿Victoria? —bufó Chimalpopoca mientras arrastraba su macuahuitl, que ahora tenía unas cuantas piedras de obsidiana menos gracias a las peleas con las estatuas—. Te pasaste toda la batalla escondido detrás de tu soldado.

—¡Eso se llama liderazgo táctico! —replicó el Invasor, con el casco torcido una vez más.

—Sí, dale, papi, y yo soy un poeta —murmuró Chimalpopoca mientras Gomabola se limitaba a bufar en señal de apoyo.

El templo había sido solo el prólogo de lo que les esperaba. Al salir, se encontraron frente a un paisaje que no podía describirse con palabras simples; era un caos de dimensiones imposibles, como si la tierra misma hubiera decidido rebelarse contra la lógica.

—¿Qué es esto? —preguntó Chimalpopoca, con una mezcla de asombro y exasperación.

Desde dentro de su estómago, el pergamino respondió con un tono que sugería que estaba hojeando un manual cósmico:

—Parece ser... ah, sí, el Abismo de la Eternidad. Según mis notas, es una grieta dimensional que separa este mundo del siguiente. Muy útil si necesitas impresionar a alguien o caer al olvido eterno.

—¿Por qué eso está aquí, amigo? —preguntó el bruto.

—Oh, ya sabes, cosas de la narrativa. Siempre tiene que haber algo más grande al final.

El abismo estaba lleno de plataformas flotantes que giraban, desaparecían y reaparecían sin previo aviso. Entre ellas, enormes engranajes dorados giraban lentamente, como si alguien hubiera mezclado un reloj gigante con un escenario de pesadilla. Y en el centro del caos, suspendido en el aire, había un trono de cristal negro que irradiaba un brillo siniestro.

Sentada en el trono estaba una figura colosal, envuelta en una armadura que hacía que el Invasor de Hierro pareciera un nene jugando a disfrazarse. Sus ojos brillaban como dos soles moribundos, y en su mano sostenía una espada que parecía capaz de partir montañas.

—¿Qué es eso, por el amor de Dios? —susurró el soldado del Invasor, aferrándose a su garrote como si fuera un osito de peluche.

—¡Es... es... el Guardián del Abismo! —gritó el Invasor, aunque su voz temblaba más de lo que le habría gustado.

—¿Y qué hace ahí sentado? —preguntó Chimalpopoca, frunciendo el ceño.

El pergamino respondió con tono burlón:

—Probablemente espera que alguien lo derrote. Ya sabes, esas criaturas gigantes no tienen muchos pasatiempos.

—Bueno, eso suena como un problema —dijo Chimalpopoca, agarrando su macuahuitl con ambas manos.

El Guardián se levantó lentamente, su movimiento hacía temblar el aire. Con un gruñido que resonó en las profundidades de la tierra, levantó su espada y señaló a los intrusos.

—Quienes osan cruzar este abismo deben enfrentarse a mí. Solo los dignos podrán reclamar el poder del Trono Eterno.

—¿Dignos? —repitió Chimalpopoca, mirando al Pergamino, es decir a su panza—. ¿Vos creés que yo soy digno?

—Bueno, considerando tus opciones, diría que eres menos indigno que estos otros dos —respondió el Pergamino.

—¡Eso es suficiente para mí! —rugió Chimalpopoca, lanzándose hacia la primera plataforma.

Lo que siguió fue una batalla épica que desafiaba la lógica y las leyes de la física de Godot. Chimalpopoca saltaba de plataforma en plataforma, esquivando golpes de la espada colosal del Guardián, mientras Gomabola encontraba la manera de cruzar el abismo con una combinación de gracia y terquedad animal.

El Invasor, por su parte, intentó participar, pero terminó atrapado en un engranaje gigante, gritando ayuda mientras su soldado lo observaba con algo de lástima.

—¡Estoy... estratégicamente posicionado! —gritó desde su incómoda prisión metálica.

—Sí, claro... —murmuró el soldado, sacudiendo la cabeza. A continuación, disimuladamente desapareció entre los árboles.

Por fin, después de un salto que habría dejado a cualquier héroe mítico en vergüenza, Chimalpopoca aterrizó frente al Guardián.

—¡Esto termina acá, chabón! —gruñó, levantando su macuahuitl.

—¡Por supuesto que termina aquí! —añadió el Pergamino, con tono triunfal—. ¡Dale en el tobillo izquierdo! ¡Siempre es el punto débil!

Chimalpopoca no tenía idea de cómo sabía eso el Pergamino, pero lo intentó. Su macuahuitl golpeó el tobillo del Guardián con un estruendo, y la colosal figura dejó escapar un rugido antes de desplomarse. Su cuerpo se deshizo en un cúmulo de polvo refulgente.

El trono comenzó a brillar con intensidad, y una voz resonó en el abismo:

—El poder del Trono Eterno es tuyo, campeón...

Chimalpopoca se acercó con cautela, mientras el Invasor, finalmente liberado, gritaba:

—¡Es mío! ¡Yo lo quiero!

—¿Vos querés esto? ¿Es en serio? —preguntó el Bruto, mirando el trono.

—¡Sí!

Chimalpopoca sonrió, luego señaló hacia una plataforma lejana.

—Está justo ahí.

El Invasor, confiado como siempre, corrió hacia la plataforma... que desapareció bajo sus pies.

Y así, Chimalpopoca, Gomabola y el Pergamino abandonaron el Abismo de la Eternidad. ¿Reclamaron el poder del Trono? Nadie lo sabe, pero lo que está claro es que, al menos por un día, fueron los héroes de Pangea.

Una reflexión antes de que Skynet cobre conciencia de sí misma

HASTA AHORA, EL DISEÑO DE NIVELES HA SIDO UN PROCESO ARTESANAL, llevado a cabo por equipos creativos que dedican cientos, incluso miles de horas a construir mundos predefinidos. La curva de un camino, la sombra en un bosque o un enemigo acechando en la oscuridad ha sido planeado y sometido a prueba. Sin embargo, con el avance de las redes neuronales y los modelos generativos, nos acercamos al día en que estas decisiones creativas puedan ser delegadas a una IA, eliminando la necesidad de prediseñar cada elemento de un videojuego. Solo imaginemos lo que podría hacer la combinación de inteligencia artificial y sistemas procedurales.

El núcleo de esta innovación reside en los modelos generativos, como en los sistemas basados en aprendizaje profundo, que son capaces de analizar patrones de datos y usarlos para crear contenido nuevo. A partir de un conjunto inicial de reglas, una IA podría combinar múltiples variables, como el estilo gráfico, la dificultad, la temática y el diseño narrativo, para generar niveles en tiempo real. Esto ahorraría tiempo y recursos, y también permitiría la creación de mundos que evolucionan de manera dinámica, reaccionando al comportamiento del jugador.

El impacto de esta tecnología sería revolucionario. Por un lado, democratizaría el desarrollo de videojuegos, permitiendo que pequeños estudios e incluso creadores independientes puedan lanzar títulos ambiciosos sin necesidad de enormes presupuestos. Por otro, los jugadores experimentarían mundos más variados, donde cada partida sería irrepetible y prácticamente a su gusto.

Sin embargo, también habría desafíos importantes. Por ejemplo, garantizar que los niveles generados tengan un diseño coherente, y que no se sientan artificiales. Y eso solo sería el principio.

Tal vez no muy lejos en el tiempo, los videojuegos dejarán de ser una obra fija para convertirse en un arte «vivo». Son muchas las preguntas, pero las respuestas ya están a la vuelta de la esquina.

Epílogo

HAY VIAJES QUE DURAN TODA LA VIDA. *Diseño de juegos en América latina* es uno de esos. Nos llevó diez años de investigación, desarrollo y producción, aunque mucho viene de más atrás. Pero no se termina aquí, no se termina nunca. Desde el inicio, nuestra intención fue que cada libro funcionara como un portal que diera paso a nuevos mundos que esperan a ser descubiertos. ¡Que abrir un libro fuera como en *Myst*!

Aprender es una de las mejores misiones en el juego de la vida: explorar, deducir, buscar nuevos conocimientos. ¡Es el mayor *power up*! Y hay que hacer, hacer y hacer, sin pausa.

Queremos que nada los detenga a ustedes, que son nuestros hermanos y hermanas de toda América latina; que siempre sigan adelante con esperanza, haciendo lo que aman, buscando la felicidad a pesar de las tormentas que retumban por todos lados. Aunque parezca que el sendero es oscuro y lleno de monstruos, hay que adentrarse y luchar.

Gomabola escribió: *Si alguien te dice que no podés hacer lo que amás, escupile la cara*. Siempre se puede, quizás no sabemos cómo, pero todo es «un problema de diseño», solo eso. Se resuelve con una libreta y una birome. Todo tiene una estrategia y nada es imposible. Pero hay un secreto más: tenemos que hacerlo entre todos. Tenemos que unirnos.

En nuestro primer libro, allá por 2015, dijimos: «...a veces existe una combinación de cosas que nos cambian la vida. Tal vez este libro tenga esa suerte. Si uno solo de ustedes siente que puede, y un día lo recuerda por eso, la misión estará cumplida».

Muchas gracias a todos por convertir este viaje en pura magia.

Hasta siempre.

APÉNDICES

A. LEVEL DESIGN DOCUMENT
B. TÉRMINOS DE USO COMÚN

La arquitectura es el juego sabio, correcto y magnífico de los volúmenes bajo la luz.

—
Le Corbusier

APÉNDICE [A]

LEVEL DESIGN DOCUMENT (EJEMPLO)

[LVL 1] La Mazmorra de la Calavera de Oro

Versión 3.1c – Chimalpopoca el Bruto, 2025

I. Resumen

Nivel: 1. Chimalpopoca va en busca de la Calavera de Oro.

Temática: Antigua, recontra peligrosa guarida subterránea del templo del Reino de la Calavera llena de trampas, puzzles y enemigos terribles.

Objetivo: Chimalpopoca debe navegar por la mazmorra para recuperar la Calavera de Oro, un artefacto místico de inmenso poder (eso leyó en las noticias de *Pangea Hoy*). Su guanaco de combate, Gomabola, lo observa de lejos.

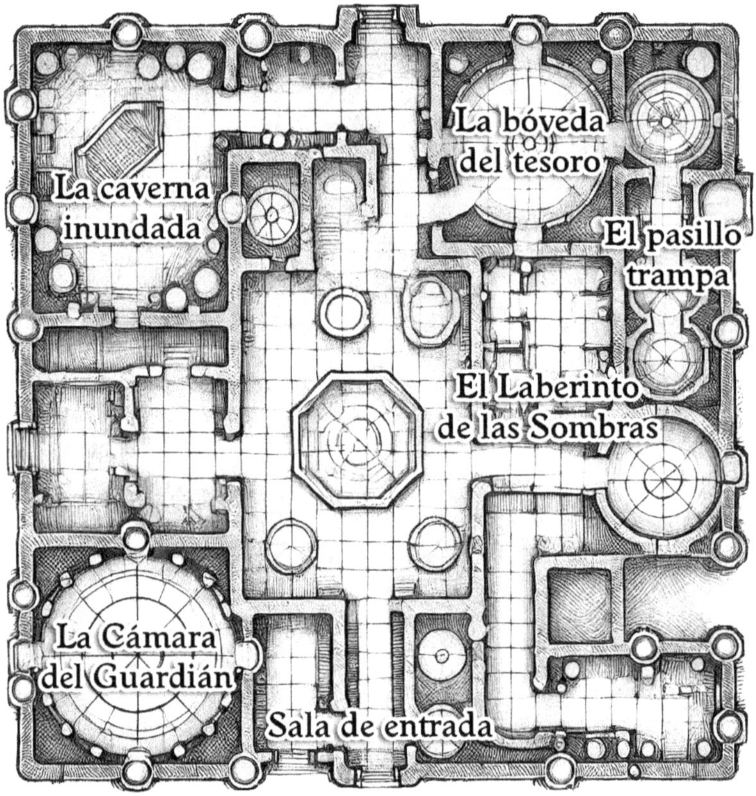

PLANO DE PISO (BOCETO)

II. Objetivos principales

- **Exploración:** fomentar que los jugadores exploren cada rincón para descubrir secretos y avances en la historia.
- **Desafío:** poner a prueba las habilidades de Chimalpopoca con trampas, puzzles ambientales y espacios de combate.
- **Recompensa:** brindar una sensación de logro mediante tesoros, narrativa y el premio final: la Calavera de Oro.

III. Estructura

Aquí se detallan solo las seis áreas principales del nivel, entendiendo que el resto del espacio positivo servirá a los fines de la exploración y los encuentros con enemigos, criaturas y trampas. La distribución de encuentros y dificultad va en continuo incremento y se colocan verificando su gameplay a medida que el jugador se aproxima *a)* al Gólem de Piedra y a *b)* la Bóveda del Tesoro, siempre intercalando áreas de calma.

1. Sala de entrada

Descripción: Un enorme arco de piedra conduce a la mazmorra. La sala está tenuemente iluminada por antorchas parpadeantes y contiene grabados que narran la terrible leyenda del Reino de la Calavera.

Elementos de juego

- Mecánicas tutoriales simples: palancas para abrir la puerta principal.
- Un mural que da pistas sobre los peligros de la mazmorra y la ubicación de la calavera.

2. El Laberinto de las Sombras

Descripción: una zona laberíntica envuelta en oscuridad. Se pueden encender antorchas para revelar partes del laberinto.

Elementos de juego

- **Navegación:** los jugadores deben encender antorchas mientras evitan pequeñas criaturas sombrías (crías de Luz Julepe).
- **Acertijo:** se debe activar una serie de placas de presión en la secuencia correcta para abrir la salida. En el mapa hay pistas.

3. La caverna inundada

Descripción: un espacio grande y abierto parcialmente sumergido en agua maloliente. Columnas emergen del agua, creando un desafío de plataformas.

Elementos de juego

- **Plataformas:** saltar entre las columnas mientras se evitan plataformas que colapsan.
- **Peligros:** agua infestada de pirañas que castiga los saltos fallidos.
- **Recompensa:** un cofre en una plataforma distante que contiene un mapa de la mazmorra.

4. La Cámara del Guardián

Descripción: una sala circular con un techo alto. Un gólem de piedra permanece inerte en el centro hasta que alguien se le acerca.

Elementos de juego

- **Combate:** el Gólem de Piedra es el primer miniboss del juego. Ataca con golpes de barrido y pisotones que generan ondas expansivas.
- **Recompensa:** derrotar al gólem desbloquea una puerta oculta hacia la próxima área y otorga al jugador una poción de vida y una llave.

5. El pasillo trampa

Descripción: un corredor estrecho y sinuoso lleno de placas de presión y trampas de dardos venenosos. Las paredes están adornadas con inscripciones desvaídas y avisos publicitarios sobre *Vlad Circus* (?).

Elementos de juego

- **Trampas:** las placas de presión activan dardos; algunas se desactivan si el jugador resuelve un puzzle cercano.
- **Puzzles:** un rompecabezas de tablilla de piedra que requiere que el jugador descifre la secuencia correcta de símbolos de las inscripciones. Alternativamente, Chimalpopoca puede romper la tablilla con su espada y revelar un botón que desactiva los dardos.

6. La bóveda del tesoro

Descripción: una cámara majestuosa llena de oro, joyas y artefactos. En el centro, sobre un pedestal ornamentado, reposa la preciosa Calavera de Oro. Está protegida por la enorme araña Luz Julepe, que tras luchar huirá antes de ser derrotada.

Elementos de juego

- **Trampa:** agarrar la Calavera de Oro activa una serie de trampas, incluyendo paredes que colapsan y una secuencia de persecución con una roca gigante (sí, ya sabemos quién anduvo antes por aquí).
- **Escape:** el jugador debe regresar al punto de inicio mientras la mazmorra colapsa. ¡Momento memorable!

IV. Diseño de enemigos

- **Enemigos básicos:** guerreros esqueleto, pirañas en la caverna inundada y murciélagos encontrados en pasillos y salas abiertas.
- **Enemigos élite:** crías de Luz Julepe, la gran araña asesina (boss del nivel que al endgame se presentará mucho más peligrosa y grande).
- **Miniboss 1:** el gólem de piedra en la Cámara del Guardián.

V. Diseño visual y sonoro

- **Temática visual:** una estética oscura y antigua con mampostería en ruinas, musgo crecido y runas brillantes.
- **Temática sonora:** pasos resonantes, agua goteando, música ominosa que se intensifica cerca de áreas clave.

- **Sonidos ambientales:** cuchicheos ocasionales de criaturas lejanas, crujidos de piedra y el zumbido de trampas mágicas. (?)

VI. Progresión y flujo

- **Inicio del jugador:** sala de entrada.
- **Punto de control 1:** después del Pasillo Trampa.
- **Punto de control 2:** después de derrotar al gólem de piedra.
- **Clímax:** recuperar la Calavera de Oro y escapar de la mazmorra en colapso. Solo se puede salir a salvo si Gomabola baja una palanca.

VII. Métricas y balanceo

- **Tiempo medio para completar el nivel:** 20-30 minutos.
- **Dificultad de los enemigos:** escala de fácil (guerreros esqueleto [1]) a desafiante (crías de Luz Julepe [2] y Gólem de Piedra [3]).
- **Salud y recursos:** pociones de vida y navajas de obsidiana (para la espada) distribuidas estratégicamente.

VIII. Rejugabilidad

- **Secretos:** habitaciones ocultas con tesoros e historia.
- **Caminos alternativos:** desafíos opcionales para recompensas extra.
- **Logros:** completar la mazmorra rápidamente, encontrar todos los secretos, derrotar al gólem sin recibir daño, conseguir que Gomabola haga caso y baje la palanca.

IMPORTANTE

ESTE ES UN LDD SIMPLIFICADO, que puede servir como ejemplo para el desarrollo de un nivel. No hay un formato específico, siempre se hace el que mejor se adapte a la forma de trabajar del equipo de desarrollo. Por ejemplo, podría incorporarse un plano de navegación con flechas que señalen la ruta principal y las alternativas.

La mayoría de los elementos que se mencionan, como el gólem de piedra y las crías de Luz Julepe, deberán estar descriptas en el documento de diseño de personajes (donde se detallan sus características, incluyendo apariencia, comportamiento, métricas, sonidos) y en los documentos de diseño narrativo y de gameplay. Los mencionados son algunos de los que contiene la «Biblia» o «Mitología» del juego.

Para refrescar esos conceptos, ver los *Caps. I* y *II*.

Las imágenes pueden ser solo referencias parciales tomadas de Internet o generadas con IA, o bien el arte de concepto definitivo proporcionado por los artistas. A menudo, si es un equipo prudente, habrá storyboards de todo el nivel, o de sus momentos principales.

Cada apartado podría contener más información (como un mapa de piso, la distribución de objetos importantes, recompensas y habitaciones secretas) y, por ejemplo, cuando se dice «temática visual» en el punto V, esta será consistente con el diseño arquitectónico y la narrativa ambiental que se ha determinado en la etapa de planificación. Si hubiera un momento en el que el personaje dialoga con otro, esa información (que estará en el game script, en formato de guion interactivo o similar) podría señalarse en el mapa de piso con pequeños íconos.

En el caso de los logros, estos probablemente estarán detallados, con imágenes, descripciones y recompensas adicionales, en el GDD general. Cada nivel y espacio del juego suele tener su propio documento de diseño. Lo importante siempre es trabajar con esmero y orden.

En el kit de apoyo de este libro hemos recopilado algunos documentos y consejos de varios level designers de grandes compañías que pueden ser útiles para la escritura de un LDD. Iremos agregando más con el tiempo, siempre que sean de dominio público.

Disponible en ***gamedesignla.com/kit***.

APÉNDICE [B]

TÉRMINOS DE USO COMÚN

EL DOMINIO DE ESTOS TÉRMINOS Y CONCEPTOS —que, por supuesto, provienen de la industria de desarrollo anglosajona y se dicen rutinariamente en inglés en las empresas— es elemental para cualquier aspirante a level designer. Conocer la jerga facilita la comunicación dentro de equipos multidisciplinarios y afina la comprensión de los principios esenciales del diseño de niveles.

Algunos términos son básicos. Por ejemplo, **Layout** (diseño o plano), **Flow** (flujo), **Pacing** (ritmo), **Assets** (activos), **Spawn Points** (puntos de aparición), **Checkpoints** (puntos de control), **Hitbox** (caja de colisión), **Pathfinding** (búsqueda de camino) o **Scripting** (programación de eventos).

A medida que la industria del videojuego evoluciona, también lo hace su lenguaje, por lo que mantenerse al día es clave para no ser dinamitado por Recursos Humanos. A continuación, listamos 200 de los términos más utilizados, aunque esta lista no abarca más que una tercera parte del lenguaje técnico que se utiliza en el presente.

Por otra parte, ciertos términos se dicen con ligeras variantes de acuerdo con el modelo de organización del equipo de producción. Otros son comunes a todas las disciplinas del desarrollo.

*En el **kit de diseño** proporcionamos también un documento con términos de uso común en el diseño de juegos de mesa.*

AI Pathing: Programar los PNJ para navegar por el entorno del juego. Esto incluye cómo encuentran su camino, evitan obstáculos y reaccionan ante el jugador y otros estímulos.

AI Patrolling: Definir rutas y comportamientos de enemigos que patrullan un área.

Alpha Brushes: Pinceles con canales alfa para esculpir y pintar detalles en niveles.

Alpha Mapping: Técnica para mezclar texturas basada en valores alfa.

Alpha Stage: Todas las características y contenidos principales del juego están implementados, pero todavía pueden estar incompletos o necesitar refinamiento. El objetivo es tener una versión jugable del juego para probar y evaluar internamente.

Ambient Audio Zones: Áreas con sonidos ambientales asignados para reforzar la ambientación.

Assets: Recursos gráficos, sonoros o de programación utilizados para construir el mundo del juego. Incluyen texturas, modelos 3D, efectos de sonido, etc.

Audio Occlusion/Obstruction: Simular bloqueo de sonidos por geometría.

Audio Reverb Volume: Volúmenes para configurar efectos de reverberación de audio.

Bakear (del inglés *to bake*, hornear): Proceso de pre-calcular y almacenar información compleja para su uso posterior, lo que generalmente resulta en un mejor rendimiento o una mayor eficiencia. Es posible hacer *baking* de texturas, iluminación, animaciones, física y normales.

Baked Lighting: Pre-calcular iluminación compleja y almacenarla en texturas.

Beats: Lugares en un nivel donde se colocan encuentros, objetos, momentos, artefactos narrativos y recompensas. Controlan el ritmo (*pacing*) del juego.

Beta Stage: Juego funcionalmente completo, con enfoque en la identificación y corrección de errores, la optimización del rendimiento, y ajustes basados en el *feedback* de testers externos. Se buscan y corrigen bugs que no se detectaron durante la fase Alpha. Se continúa con la fase de embellecimiento, llamada *Polishing* o *Flavour Stage*.

Blockout: Proceso de crear rápidamente formas básicas para definir la geometría inicial de un nivel.

Blueprints: los «planos maestros», diseños y esquemas iniciales que se utilizan para planificar y definir cómo será estructurado cada nivel o área del juego.

Bottleneck: Área estrecha que fuerza a los jugadores/enemigos a desplazarse en una sola fila, generalmente utilizada para aumentar la tensión.

Brush Geometry: Geometría creada y modelada utilizando "brochas" en un editor de niveles.

BSP Level Design: Utilizar árboles BSP para renderizar geometría estática eficientemente.

BSP Tree: Técnica de renderizado por división espacial binaria para niveles estáticos.

Build: Archivo o conjunto de archivos que contiene todos los *assets* (gráficos, sonidos, modelos, código, etc.) integrados y empaquetados de manera que se pueda ejecutar y probar el juego.

Checkpoint System: Ubicaciones que sirven como puntos de reinicio si el jugador muere.

Chokepoint: Área estrecha que canaliza el movimiento de los jugadores/enemigos.

Clipping: Problema visual que ocurre cuando dos objetos 3D se superponen o intersectan de manera incorrecta.

Code Lock: El proceso de desarrollo ha terminado y es tiempo de testear y aplastar *bugs*.

Collidable Environment Volumes: Definir volúmenes 3D con colisiones especiales.

Collision Box: Forma geométrica simple, generalmente un cubo o una caja, que rodea total o parcialmente a un objeto o personaje en un entorno virtual para detectar choques con otros objetos.

Collision Point: Un único punto en el espacio utilizado para detectar colisiones. Se emplea en objetos muy pequeños o proyectiles, donde una caja de colisión sería excesiva.

Constructive Level Design: Crear niveles agregando geometría en lugar de sustraerla.

Co-op Level Design: Consideraciones para modos multijugador cooperativos.

Core Loop: El ciclo central de interacciones que definen la experiencia fundamental de un juego.

Cover Placement: Ubicar estratégicamente objetos que brinden refugio al jugador.

Cover System: Mecánica que permite al jugador resguardarse detrás de objetos mientras combate.

Critical Path: La ruta principal e inevitable que el jugador debe seguir para progresar.

Culling: Técnica para no renderizar objetos que están fuera de la vista del jugador para ahorrar rendimiento.

Decal Projection Mapping: Proyectar detalles geométricos sobre superficies.

Deferred Decal Rendering: Renderizar detalles geométricos proyectados en una pasada posterior.

Destruction Volumes: Áreas donde los objetos pueden ser dañados o destruidos.

Displacement Mapping: Simular geometría de alta densidad mediante mapas de desplazamiento.

Distributed Level Design: Crear niveles enormes dividiéndolos en partes más pequeñas.

Dynamic Decal Rendering: Renderizar detalles geométricos dinámicos proyectados.

Dynamic Level Objects: Objetos que pueden cambiar de estado o ser modificados por el jugador.

Dynamic Lighting Zones: Áreas donde las luces pueden cambiar en tiempo real.

Dynamic Lightmap Baking: Regenerar mapas de iluminación cuando cambian las condiciones de luz.

Dynamic Music Zoning: Cambiar la música según el área del nivel.

Encounter Design: Planificar y distribuir enfrentamientos con enemigos.

Environmental Hazards: Elementos como fuego, electricidad, radiación que dañan al jugador.

Environmental Storytelling: Uso de pistas visuales en el entorno para contar una historia sin texto.

Field of View (FoV): El ángulo de visión de la cámara que determina cuánto puede ver el jugador.

Flow: Cómo se desarrolla la experiencia de juego a través de los diferentes niveles, manteniendo un ritmo y progresión adecuados.

Foley: Efectos de sonido que sincronizan con acciones del jugador como pasos, interacciones, etc.

Foreshadowing: Insinuar eventos futuros en el juego, preparando al jugador para lo que está por venir.

Fotogrametría: Técnica para obtener medidas precisas a partir de fotografías, especialmente aplicada en modelado 3D.

Framebuffer Object Rendering: Utilizar FBOs para renderizar efectos y componer niveles.

Framed Level Sequence Rendering: Renderizar secuencias de nivel cuadro por cuadro.

Freeform Geometry Modeling: Modelado libre de formas orgánicas dentro del editor de niveles.

Funnel System: Diseñar áreas que dirijan naturalmente a los jugadores (embudos).

Game Instance: Una instancia o ejecución particular de un juego.

Gameplay Capture Metrics: Datos recopilados sobre las acciones de los jugadores en un nivel.

Gameplay Metrics: Datos como tiempo, muertes, puntos que miden cómo juegan los usuarios.

Gameplay Pacing: Cómo se alterna la intensidad entre momentos de acción, exploración, puzzles, etc. a lo largo de un nivel.

Gameplay Trace Analysis: Analizar dónde se mueven y qué acciones toman los jugadores.

Gameplay: Las mecánicas y reglas que definen cómo se juega e interactúa dentro del juego (entre otras definiciones; ver *Cap. I*).

Geometry Slicing: Dividir mallas para gestionar mejor la visibilidad.

Gloss Map (mapa de brillo): textura que define qué tan brillante o reflectiva es cada parte de una superficie en un entorno 3D.

Graybox: Refinamiento del *whitebox*, añadiendo más detalles visuales y probando jugabilidad.

Hardware Tessellation: Usar procesadores gráficos para añadir más geometría de forma eficiente.

Hierarchical Level Instancing: Instanciar niveles anidados dentro de otros niveles.

High/Low Poly Modeling: Utilizar versiones simplificadas de objetos complejos.

Hitbox: Zona invisible alrededor de personajes u objetos que determina si han sido golpeados.

Instanced Level Objects: Reutilizar la misma geometría en múltiples ubicaciones.

Jump Node Placement: Ubicar nodos para habilitar mecánicas de salto entre plataformas.

Killbox: Volumen que elimina o resta vida cuando un personaje entra en un área prohibida.

Layout: Esquema o plano inicial de un nivel. Es una representación básica que muestra la estructuración del espacio de juego, ubicación de objetivos, enemigos, y elementos interactivos. Sirve como guía para el desarrollo posterior del nivel.

Level Additive Passes: Agregar detalles incrementalmente sobre la geometría base.

Level Art Pass: Proceso de aplicar detalles visuales finales a un nivel.

Level Assembly: Proceso de unir diferentes piezas de nivel en un todo cohesivo.

Level Asset Condition System: Sistema para alteraciones visuales basadas en condiciones.

Level Asset List: Inventario de mallas, texturas, etc. requeridos.

Level Audio Reverb Volumes: Definir volúmenes con efectos de reverberación de audio.

Level Authoring Tools: Herramientas especializadas para la creación de niveles.

Level Balancing: Ajustar dificultad, recursos, pausas entre combates, etc.

Level Behavior Tree Modeling: Utilizar árboles de comportamiento para diseñar IA en niveles.

Level Benchmark: Ejecutar un nivel con *configs* específicas para medir rendimiento.

Level Blocking Volume: Volumen utilizado para bloquear temporalmente áreas de un nivel durante el desarrollo.

Level Blockout: Primer paso donde se define la forma y distribución básica de un nivel.

Level Bot Pathing: Definir rutas de navegación para bots / IA en un nivel.

Level Budgets: Límites de complejidad geométrica, objetos, etc. para mantener el rendimiento.

Level Building Blocks: Piezas prefabricadas reutilizables para componer rápidamente niveles.

Level Cadence: El ritmo y flujo de eventos, desafíos, espacios abiertos / cerrados, etc.

Level Chunk: Dividir un nivel grande en piezas más pequeñas y manejables.

Level Cinematics: Secuencias cinemáticas o guiones visuales dentro de un nivel.

Level Compression: Técnicas para reducir el tamaño en disco de los datos de nivel.

Level Data Cooking: Preprocesar y optimizar datos de nivel para mejorar el rendimiento.

Level Design: El proceso de creación de niveles, mundos o etapas para un videojuego, incluyendo la disposición del terreno, colocación de objetos, enemigos, criaturas, desafíos y objetivos.

Level Documentation: Documentación sobre el diseño, flujo y objetivos de un nivel.

Level Editor: Herramienta de software especializada para diseñar niveles.

Level Flow Visualization: Herramientas para visualizar y analizar cómo se mueven los jugadores en un nivel.

Level Fly-Mode: Vista para recorrer y evaluar niveles de forma libre.

Level Fly-throughs: Recorrer un nivel de forma virtual antes de implementarlo.

Level Gameplay Metrics: Datos sobre cómo los jugadores interactúan y progresan en un nivel.

Level GameThread Optimization: Optimizar la carga en el hilo principal de juego.

Level Gating: Usar barreras y obstáculos para guiar / restringir el progreso del jugador.

Level Geometry Caching: Almacenar en caché geometría de niveles para un acceso más rápido.

Level Geometry Optimization: Técnicas para reducir el uso de memoria y mejorar el rendimiento.

Level Geometry: Las formas y estructuras 3D que componen el terreno y objetos del nivel.

Level Iteration Management: Administrar y rastrear cambios en el nivel a través de múltiples iteraciones.

Level Kit: Conjunto de assets optimizados para utilizarse en un nivel/juego específico.

Level Layout: El diseño y organización física del entorno del nivel.

Level Lighting Rig: Sistema de luces configurado para un nivel específico.

Level Material Layering: Apilar múltiples materiales para combinaciones complejas.

Level Mirroring: Reutilizar la misma geometría revirtiéndola horizontalmente.

Level Modules: Componentes prefabricados y reutilizables para construir niveles.

Level of Detail (LOD): Técnica de simplificar modelos geométricos según su distancia de la cámara.

Level Persistent Data: Datos que persisten entre sesiones de juego en un nivel.

Level Pipelines: Procesos estandarizados para diseñar, iterar y finalizar niveles.

Level Playtesting Pipeline: Flujo de trabajo para probar iterativamente un nivel.

Level Populator: Herramienta para distribuir automáticamente objetos, enemigos, etc. en un nivel.

Level Reverb Zones: Definir características acústicas por área.

Level Scale Reference: Objetos para ayudar a percibir correctamente el tamaño.

Level Scripting: Utilizar un lenguaje de scripting para programar eventos y reglas específicas del nivel.

Level Segmentation: Dividir un nivel en secciones más pequeñas y manejables.

Level Stitching: Técnica de unir varias piezas de nivel para formar uno más grande.

Level Streaming Budget: Límite de datos (memoria / ancho de banda) que pueden cargarse bajo demanda.

Level Streaming Events: Eventos que se activan cuando partes de un nivel se transmiten.

Level Streaming Volume: Volúmenes que controlan qué partes del nivel se transmiten.

Level Streaming: Técnica que carga secciones de un nivel grande según se necesiten para ahorrar memoria.

Level Style Guide: Documento con reglas visuales para mantener consistencia.

Level Template: Diseño prefabricado que se utiliza como punto de partida.

Level Themes: Conjuntos de elementos visuales/auditivos que crean ambientaciones distintivas.

Level Versioning: Sistema para rastrear y administrar diferentes versiones de un nivel.

Level Verticality Budget: Límites en cuanto a los cambios de altura permitidos.

Level Verticality: Uso de múltiples niveles de altura en el diseño de un nivel, ofreciendo opciones para navegar y explorar arriba y abajo, además de lateralmente.

Level Vignette: Escena introductoria que establece el tono y expectativas para un nivel.

Lighting (Iluminación): Colocación e intensidad de fuentes de luz en el nivel para crear la ambientación deseada.

Lighting Scenario: Configuración de luces para lograr un ambiente específico.

LOD Transition Zones: Áreas para cambiar suavemente entre niveles de detalle.

Loot (Botín): Objetos que se pueden recoger dentro del juego, como armas, munición, salud o ítems que mejoran el personaje.

Material Pass Rendering: Renderizar varias pasadas de materiales para efectos complejos.

Melee: Combate cuerpo a cuerpo, con o sin armas.

Mesh Instancing: Reutilizar la misma malla de geometría en múltiples ubicaciones.

Micro Stutters: Breves congelaciones debidas a carga de datos de nivel.

Mood: El tono emocional y estado de ánimo que se busca transmitir al jugador a través de los elementos visuales, sonoros y de jugabilidad de un nivel.

Nav Mesh Baking: Proceso de precomputar las áreas navegables del nivel.

Navigation Link Volumes: Volúmenes que definen conexiones navegables.

Navigation Mesh Voxelization: Convertir mallas de navegación a representación voxel.

Navigation Mesh: Representación de las áreas navegables del nivel utilizadas para *pathfinding*.

Navigation Surface: Áreas del nivel aptas para el desplazamiento.

Normales: Vectores que definen la dirección perpendicular a una superficie en un punto determinado. Sirven para calcular cómo se refleja la luz en esta, y ayudan a crear la ilusión de profundidad y detalle.

Occluder Geometry: Objetos que bloquean la vista para optimizar el rendimiento.

Occluders: Geometrías que bloquean la vista para optimizar rendimiento.

Onion Layering: Técnica de iluminación indirecta mediante varias capas.

Pacing: Ritmo al que se presentan los desafíos, historias y recompensas en el juego.

Pain Zones: Áreas que dañan / matan al jugador si entra en ellas (lava, picos, agujas, etc.).

Parallax Occlusion Mapping: Simular auto-oclusión añadiendo mapas de paralaje (parallax).

Parallax: Técnica que mueve capas de fondo a diferentes velocidades para simular profundidad.

Parámetro: Un valor que se puede ajustar para modificar el comportamiento de una función o sistema en un juego.

Pathfinding: Algoritmos que permiten que los personajes de IA encuentren rutas hacia sus objetivos.

Physics Optimization: Ajustes para que las simulaciones físicas funcionen de forma eficiente.

Pipeline: El conjunto de procesos secuenciales que transforman los recursos y elementos del juego (como modelos 3D, texturas, animaciones, efectos de sonido, etc.) desde su estado inicial de desarrollo hasta su forma final optimizada para ser ejecutada en el motor del juego.

Player Analytics: Datos de cómo los jugadores se mueven e interactúan.

Playtesting: Proceso de probar y refinar un nivel jugándolo repetidamente.

Point Light Mapping: Mapear luces puntuales para obtener sombras suaves.

Point of Interest (POI): Elemento destacado que atrae la atención del jugador.

Polishing: Etapa posterior a la fase Beta, una vez que el juego es funcionalmente completo y la mayoría de los errores han sido corregidos. Ahora, el foco está en mejorar la estética, la atmósfera, y la inmersión del juego.

Polygon Budget: Límites en la complejidad permitida en la geometría.

Power-ups: Ítems que otorgan habilidades temporales o mejoras permanentes, como mayor velocidad, fuerza o invulnerabilidad.

Precomputed Visibility: Precalcular qué áreas son visibles para optimizar el renderizado.

Primitivas: Formas geométricas básicas que sirven como bloques de construcción fundamentales para crear objetos y escenas más complejas.

Procedural Generation: Creación de niveles o contenido mediante algoritmos en lugar de diseñarlos manualmente.

Prop Placement: Distribuir objetos pequeños como decoración en el nivel.

Props (abreviatura de *properties*): Objetos secundarios dentro del entorno de un videojuego que no son personajes o elementos principales del gameplay. Pueden ser estáticos o con interactividad limitada. Contribuyen a la narrativa, ambientación y realismo del entorno. Ej: mobiliario, elementos decorativos, herramientas, detritus, señalética.

Radiosity Lightmaps: Mapas de luces precalculados que simulan iluminación global.

Raycast Environment Analysis: Utilizar raycasts para detectar problemas de geometría y navegación.

Resource Management: Optimizar el uso de memoria, renderizado, etc. en un nivel.

Rigging: En animación 3D, es el proceso de crear una estructura interna de huesos digitales («esqueleto») y controles que permiten deformar y animar un modelo de forma realista y controlada.

Runtime Level Cooking: Procesar datos de niveles mientras se ejecuta el juego.

Runtime Level Rebuilds: Reconstruir niveles en tiempo real cuando se modifican.

Runtime Level Validation: Validar y corregir errores en niveles en tiempo de ejecución.

Runtime Lightmap Updates: Actualizar mapas de luz en tiempo real según cambios dinámicos.

Runtime Virtual Texturing: Transmitir texturas bajo demanda en tiempo real.

Safe Zone: Área donde el jugador no puede recibir daño de enemigos/peligros.

Scripting: Proceso de escribir códigos que controlan eventos, comportamientos de personajes, y mecánicas de juego.

Seamless Travel: Transición sin carga entre diferentes niveles o áreas de un mundo.

Set Dressing: Decoración con objetos y elementos no interactuables que se colocan en un escenario. Ej.: muebles, cuadros, plantas, libros, utensilios de cocina, iluminación.

Sightlines: Diseñar la geometría del nivel para controlar lo que el jugador puede ver.

Sink Point: Ubicación donde los objetos pueden ser destruidos / eliminados.

Skybox Rendering: Técnicas para renderizar eficientemente cajas de cielo / horizonte.

Skybox: Textura envolvente que simula el cielo y horizonte distante.

Skydome: Similar al skybox, pero usa una estructura hemisférica en lugar de un cubo.

Snap to Grid: Función para alinear objetos a una cuadrícula en el editor de niveles.

Sparse Virtual Texturing: Transmitir y procesar texturas de forma selectiva bajo demanda.

Spawn Point: Ubicación donde los jugadores/enemigos aparecen inicialmente (o reaparecen).

Spline: Una curva suave definida matemáticamente que se utiliza para crear formas orgánicas y fluidas, como caminos o recorridos de vehículos.

Static Mesh: Un modelo 3D estático que no se anima, utilizado para representar objetos como edificios, rocas, muebles, etc.

Stealth Gameplay Zoning: Áreas diseñadas para jugabilidad furtiva (sigilo). Puede incluir zonas de sombra, rutas de escape y distracciones.

Stencil Optimization: Reducir sobrecargas al dibujar geometría compleja.

Subtractive Environment: Crear espacios excavando y sustrayendo geometría.

Terrain Erosion Simulation: Simular efectos erosivos en terrenos de forma procedural.

Terrain Sculpting: Modelar y dar forma al paisaje y relieves del nivel.

Terrain Splatting: Técnica para pintar mezclas de texturas en terrenos.

Texture Baking: Precalcular información como iluminación en mapas de textura.

Tile Streaming: Cargar secciones pequeñas de nivel según se necesiten.

Trigger: Volumen invisible que desencadena un evento de juego cuando el jugador entra en él.

Umbra / Penumbra Rendering: Simular sombras suaves y graduales.

Vertex Color Painting: Pintar colores en los vértices para obtener efectos.

Vertex Shaders: Programas que procesan vértices para efectos visuales avanzados.

Vertex Snapping: Colocar objetos de forma precisa alineándolos con los vértices de la geometría.

Vertical Design: Incorporar elementos elevados como plataformas, puentes, etc. para añadir dimensión vertical.

Verticality Zone: Área de un nivel que explota la dimensión vertical.

Visibility Culling: No renderizar objetos que están fuera del campo de visión.

Visibility Portals: Controlar qué áreas son visibles para optimizar.

Visual Feedback Markers: Pistas visuales que guían al jugador.

Visual Markers: Pistas visuales que guían al jugador hacia los objetivos.

Volumetric Fog: Niebla / humo renderizado en 3D para simular atmósferas densas.

Voxel Level Design: Crear niveles a partir de volúmenes 3D.

Weenie: Gran atracción visual que sirve como punto de referencia.

Whitebox: Primera iteración de un nivel utilizando geometrías simples para probar el flujo antes de añadir detalles.

World Composition: Procesos para ensamblar todos los componentes en un mundo de juego.

Wow Moments: Situaciones o escenas en donde se apela a la maravilla y emoción del jugador.

Bibliografía

Bayer, R. (2021). *Historia de la estética*. México: Fondo de Cultura Económica. ISBN: 9786071624475

Bogost, I. (2007). *Persuasive Games: The Expressive Power of Videogames.* Cambridge, MA: MIT Press. ISBN: 9780262514880

Caillois, R. (2001). *Man, Play, and Games*. Urbana: University of Illinois Press. ISBN: 9780252070334

Csikszentmihalyi, M. (1990). *Flow: The Psychology of Optimal Experience*. New York: Harper & Row. ISBN: 9780062283252

Eco, U. (1997). *Arte y belleza en la estética medieval.* Barcelona: Lumen. ISBN: 9788426412447

Frampton, K. (2024). *Historia crítica de la arquitectura moderna*. Barcelona: GG. ISBN: 9788425233791

Frasca, G. (2003). *«Simulation versus Narrative: Introduction to Ludology»*. En M. J. P. Wolf & B. Perron (Eds.), *The video game theory reader* (pp. 221-236). New York: Routledge. ISBN: 9780415965798

Garazo, F. (2023). *Mis primeros 50 Blueprints. Guía práctica de desarrollo de videojuegos*. Buenos Aires: Ed. Autor. ISBN: 9786310001791

Gibson, J. J. (1979). *The ecological approach to visual perception*. Boston: Routledge. ISBN: 9780898599596

Gombrich, E.H. (2011). *La historia del arte.* New York: Phaidon. ISBN: 9780714898704

Hodge, S. (2019). *Breve historia de la arquitectura.* Barcelona: Blume. ISBN: 9788417757472

Huizinga, J. (2005). *Homo Ludens: El juego y la cultura.* México: Fondo de Cultura Económica. ISBN: 9789681676391

Juul, J. (2005). *Half-real: Video Games Between Real Rules and Fictional Worlds.* Cambridge, MA: MIT Press. ISBN: 9780262516518

McGonigal, J. (2011). *Reality is Broken: Why Games Make Us Better and How They Can Change the World.* New York: Penguin Press. ISBN: 9780143120612

Nallar, D. (2015). *Diseño de juegos en América latina I: Teoría y práctica: Estructura lúdica.* Amazon Publishing. ISBN: 9781522977681

Nallar, D. (2016). *Diseño de juegos en América latina II: Teoría y práctica: Diseño y narrativa transmedia.* Amazon Publishing. ISBN: 9781533464958

Panofsky, E. (2007). *Arquitectura gótica y pensamiento escolástico.* Madrid: Siruela. ISBN: 9788498411058

Panofsky, E. (2003). *La perspectiva como forma simbólica.* Barcelona: Tusquets. ISBN: 9788483106488

Parker, G. (ed.) (2020). *Historia de la guerra.* Madrid: Akal. ISBN: 9788446052869

Pevsner, N. (1992). *Los orígenes de la arquitectura y el diseño modernos.* Barcelona: Destino. ISBN: 9788423321773

Piaget, J. (1962). *Play, Dreams and Imitation in Childhood.* New York: Norton. ISBN: 9781315009698

Rogers, S. (2014). *Level Up! The Guide to Great Video Game Design* (2nd ed.). Wiley. ISBN: 9781394298761

Salmond, M. (2021). *Video Game Level Design: How to Create Video Games with Emotion, Interaction, and Engagement.* Bloomsbury Academic. ISBN: 9781350015722

Sutton-Smith, B. (2001). *The Ambiguity of Play*. Cambridge, MA: Harvard University Press. ISBN: 9780674005815

Thomas, F., & Johnston, O. (1995). *The Illusion of Life: Disney Animation.* Disney Editions. ISBN: 9780786860708

Totten, C. W. (2019). *An Architectural Approach to Level Design*. CRC Press. ISBN: 9780815361367

Turkle, S. (1997). *Life on the screen: Identity in the Age of the Internet.* New York: Simon & Schuster. ISBN: 9780684833484

Vogler, C. (2002). *El viaje del escritor.* Barcelona: Robinbook. ISBN: 9788495601513

Williams, R. (2012). *The Animator's Survival Kit: A Manual of Methods, Principles and Formulas for Classical, Computer, Games, Stop Motion and Internet Animators*. Farrar, Straus and Giroux. ISBN: 0978-0865478978

Agradecimientos

COMO TODOS NUESTROS LIBROS, GAME LEVEL DESIGN SE PUDO HACER REALIDAD CON LA COMPRA POR ANTICIPADO DE NUESTROS LECTORES.

Desde ya, todo el equipo de Game Design LA agradecido por confiar en nuestro trabajo.

Ignacio Abratte
Agustín Adducci Recofsky
Alejandro Aguirre
Lucas Alberto
Lucio Alcaide
Lautaro Alfaro
Mathías Andino
Matías Aranda
Cristian Alejandro Arias
Nahuel Artime
Martin Asteasuain
Diego Azario
Alejandro Barrero
Leandro Bartelemi
Danilo Bascourleguy
María Alejandra Beltramo
Daniel Belvedere
Emanuel Berdichevsky
Gerardo Bertea
Martín Borda
Andrés Bravo
Ignacio Gabriel Bravo Bentancour
Javier Bregna
Fabio Brizuela
Sebastián Buratto
Claudia Maricel Bustamante
Fernando Caffaro
Tobías Calderón
Pablo Ariel Campos
Francisco Carbonari
Pablo Gastón Cardoso
Martín Caro
Mauricio Manuel Chamorro
Franco Chialvo
Gonzalo Cifaldi
Martín Clasen
Daniel Claverino
Sergio Colarieti
Marisa Conde
Natanael Correa
Pablo Damián Cotoia
Daniel Contarelli
Juan Manuel Corbetta
Juan María Cornejo
Gonzalo Coronel Rodríguez
Fernando Coun
Nicolás Crescenzi
Ignacio Cristina
Agustín Uriel Cundari
Julián Matías S. D'Avila
Bernardo D´Amore
Gustavo Del Dago
Claudia Di Leo
Rodrigo Díaz
Cristian Gabriel Díaz De Maio
Lucas Dima
Axel Dumas
Leonardo Ernesto Etchegoyen
Matías Nehuen Eckert
Martín Eschoyez
Gael Etchebest
Iván Fabrizio
Rubén Fanego
Juan Ignacio Fangano
Jean Paul Ferreira
Galo Fernández
Facundo Fernández Lleventon
Carlos Ferro
Máximo Frías
Micaela Frisón
Gustavo Fuentes
Fabián E. García
Sabrina García Fabaro
Julián Gardeñes

Tomás Girón
Maximiliano Glomba
Milton Guerra
Macarena González Caballes
Natalia Gutiérrez Daguer
Damián Hryb
Federico Krug
María Soledad Kruszyn
Patricio Land
Juan Pablo Largente
Facundo Jesús Lasta
Romina Solange Loguidici
Fernando Adrián López
Lucas Luna
Andrés Luna Castillo
Ivan Ignacio Machado Taier
Alvar Maciel
María Celeste Marrocco
Ezequiel Martínez
Nicolás Martínez Lalis
Nicolás Martino
Leandro Mastroianni
Alan Roberto Mejía
Patricia Mermoz
Leandro Meza
Víctor Gonzalo Misiti
Leo Monge
Mariano Morales Juárez
Walter Maximiliano Moré
Gonzalo Moreno Prat
Leonel Morese
Martín Moscato
Maximiliano Nicoletti
Mariano Noriega
Flavio Ogrizovic
Hernán Olazagoitia
Andrew Ortiz
José Oubel
Franco Pacheco
Matías Paredes
María Victoria Pazos Leiva
Hugo Peralta Molina
Javier Pérez
Oscar Luis Pérez
Hernán Pérez Tonini
Alejo Perot
José Esteban Pisera
Francisco Polich
Juan Portillo
Mariana Andrea Pucciarelli
Guillermo Puglia
Federico Puppo
Erick Ravelo
Roman Ripari
Luis Riveros
Gabriela Rodríguez
Patricio Nicolás Rodríguez
Nicolás Rodríguez
Matías Rodríguez
Martín Rodríguez
Nicolás Martín Rodríguez
Pablo Rodríguez Vicente
Juan Manuel Romano Siriani
Tifany Roman
Mauro Sebastián Romero
Francisco Rovito
Federico Iván Ruera
Raúl Guillermo Ruggeri
Diego Gabriel Ruiz
Jorge Sanabria
Esteban Sandoval
Walter Semolic
Diego Felipe Serrano Gutiérrez
Federico Schwab
Gastón Simonetti
Salvador Sturla
Verónica Tabasso
Iván Taier
Mauricio Tamo
Andrés Tapari
Cristian Tarantola
Juan José María Tirigall
Brian Toledo
María José Toppa
Francisco Torres
Luis Tovar
Abigail Tumbaco García
Nicolás Ugarte
Julián Valoria
Milo Benjamín Vargas
Giselle Vázquez
Mariano Venerus
Julián Vera
Juan Videla
Daniel Jesús Weimann Bahl
Osvaldo Daniel Wenner
Patricio Yanson

¡GRACIAS TOTALES!

Sobre los autores

AHORA ESTÁN MÁS LOCOS QUE ANTES.

Ilustración por John Tenniel, 1865

A Cecilia en la escuela la llamaban *Barat* porque había otra Cecilia. A su papá también lo llamaban Barat, así que siempre tuvo problemas de identidad. Es egresada de Bellas Artes, lectora serial y una loca por la historia de la cultura.

A Durgan le dicen de muchas maneras, en general *Dan*. Es para evitarse la confusión. En actos de índole burocrática tiende a invocar su segundo nombre, Alberto, porque es fácil de entender, aunque lo reniega debido a la falta de épica. Es un apasionado por los juegos; por jugarlos, hacerlos, estudiarlos, explicarlos. Autodidacta, aunque estudió programación, abogacía, ilustración, ufología, patafísica y otras cuestiones.

Game Level Design es —esta vez juran los autores sobre la tumba de Gomabola— el último de los cinco libros de la serie *Diseño de juegos en América latina*. Se cierra así un largo proceso de investigación y trabajo durante diez años, pero que, como se dice en el preludio, es el resultado de cuatro décadas anteriores dedicadas por Dan al maravilloso mundo del juego desde diferentes disciplinas; y para Ceci desde el arte, la historia y la cultura; saberes que son, en definitiva, la columna vertebral de esta pentalogía.

Ojalá este material sirva para que más personas descubran su vocación y se dediquen a lo que aman. Ojalá sirva a la Argentina.

Ese fue siempre el sueño.

Para ponerse en contacto, por favor escriba a:
libro@gamedesignla.com

En X/Twitter: @GameDesignLA / @durgan / @la_barat
En la web: www.gamedesignla.com

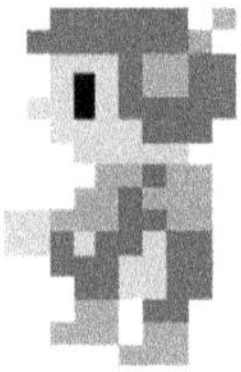

Un amorcito especial a nuestras geniales madres (las Elenas) y a la Hordita (Zoe, Jerónimo e Hipólita).

COLECCIÓN DISEÑO DE JUEGOS EN AMÉRICA LATINA

Una nueva forma de crear contenidos.

I. ESTRUCTURA LÚDICA | **II.** DISEÑO Y NARRATIVA TRANSMEDIA | **III.** MEMORIA DEL JUEGO | **IV.** DISEÑO Y NARRATIVA INTERACTIVA | **V.** GAME LEVEL DESIGN

Cómo diseñar para las formas narrativas del siglo XXI. Videojuegos, películas, novelas y cómics fluyen a través de múltiples formatos interconectados mediante una estructura lúdica.

Estructura lúdica propone una metodología concreta para el diseño y análisis crítico de juegos de todo formato. *Diseño y narrativa transmedia, Diseño y narrativa interactiva* y *Game Level Design* son de interés para educadores, creativos, desarrolladores de videojuegos, escritores y guionistas que desean hacer realidad sus proyectos y aumentar su probabilidad de éxito.

Memoria del juego es una herramienta para la creatividad. Explora la historia de la tecnología del entretenimiento en una colección de pequeñas hiperficciones basadas en hechos reales, un saber útil para adquirir visión estratégica.

Hay todo un mundo nuevo para explorar y empieza aquí, en estos libros.

Declarados de interés para la comunicación social y la cultura de la Ciudad Autónoma de Buenos Aires (Libros I a IV, D. 637/2023).

GAMEDESIGNLA.COM

www.ingramcontent.com/pod-product-compliance
Lightning Source LLC
LaVergne TN
LVHW050833051026
849532LV00006BA/1936
* 9 7 9 8 2 3 0 5 1 5 0 0 5 *